Monika Wienfort
Verliebt, verlobt, verheiratet

Monika Wienfort

VERLIEBT, VERLOBT, VERHEIRATET

Eine Geschichte der Ehe seit der Romantik

C.H.Beck

Mit 25 Abbildungen

Eine umfangreiche Bibliographie ist im Internet zu finden unter:
www.chbeck.de/go/Wienfort-Ehegeschichte-Bibliographie

Satz: Fotosatz Amann, Memmingen
Gesetzt aus der Aldus Roman und der Meta Plus
Druck und Bindung: GGP Media GmbH, Pößneck
Umschlagentwurf: Anzinger, Wüschner, Rasp, München
Umschlagabbildung: Ferdinand Georg Waldmüller,
Niederösterreichische Bauernhochzeit

Gedruckt auf säurefreiem, alterungsbeständigem Papier
(hergestellt aus chlorfrei gebleichtem Zellstoff)
Printed in Germany
ISBN 978 3 406 65996 6

www.beck.de

INHALT

EINLEITUNG 8

VORGESCHICHTEN 20
Die Liebesehe 20
Heiratsannoncen und Heiratsinstitute 21
Eheverbote und staatliche Ehepolitik 25
Konkubinat, wilde Ehe, nichteheliche Lebensgemeinschaft 30
Eheschließung und Staatsangehörigkeit 32
Bigamie und Polygamie 34
Verwandtenehen und das Verbot in Großbritannien, die Schwester der verstorbenen Ehefrau zu heiraten 35
Mischehen 39
Der Heiratsantrag 43
Standesungleiche Ehen 45
Morganatische Ehen 48
Partnerwahl als Lebensentscheidung 49
Vom alteuropäischen Heiratsmuster zum Golden Age of Marriage 52

CAROLINE UND WILHELM VON HUMBOLDT 55

HOCHZEIT 74
Heiratsalter 74
Verlobung 78
Polterabend und Myrten 80
Hochzeitsgeschenke 83
Aussteuer und Mitgift 84
Ganz in Weiß 87
Hochzeitsfeier – Standesamt, Kirche, Gäste 90
Namensrecht 101
Hochzeitsreise 104
Hochzeitsnacht 107

CLARA UND ROBERT SCHUMANN 109

EHELEBEN 125
Ansichten über die Ehe 125
Der Ehevertrag 127
Das eheliche Güterrecht 137
Die Schwiegermutter 146
Schwager und Schwägerinnen 148
Wohnen 149
Geselligkeit 150
Hochzeitstag 151
Eheratgeber 154
Gewalt in der Ehe 162
Das Geld der Ehefrau 164

VICTORIA UND FRIEDRICH VON PREUSSEN 170

EHEPAARE ALS ELTERN 187
Geburt 187
Mutterschaft vor und außerhalb der Ehe 188
Schwangerschaftsverhütung 191
Taufe 196
Stillen 197
Mutterschaft und staatliche Wohlfahrt 198
Schwangerschaftsabbruch 203
Elterliche Verantwortung und Kindererziehung 206
Mutterschaft und Berufstätigkeit 210
Lieblingskinder 212
Tod von Kindern 213

KATIA UND THOMAS MANN 214

EHESCHEIDUNG 236
Effi Briest 236
Häufigkeit von Ehescheidungen 242
Scheidungswilligkeit 244
Sühneversuche 245
Ehescheidungsgründe im Recht 246
Berühmte Ehescheidungsprozesse 254

Scheidungsfolgen 257
Ehescheidung in der europäischen Rechtszersplitterung 260
Wiederverheiratung 261
Ehescheidung im Nationalsozialismus 263
Ehescheidung in der DDR und der Bundesrepublik 264

FREYA UND HELMUTH JAMES VON MOLTKE 267

WITWEN UND WITWER 281
Viele Witwen, wenige Witwer 281
Trauerkleidung und Trauerkultur 283
Erbrecht der Ehegatten in Europa 285
Handwerker-, Unternehmer- und Beamtenwitwen 288
Arbeiterwitwen am Beispiel der Zeche Radbod 290
Die Hinterbliebenenrente nach 1918 und nach 1945 293
Onkelehen 296
Ein Exkurs: Die Witwenverbrennung in Indien 297

SCHLUSS 300

ANHANG 304
Anmerkungen 304
Zeittafel 328
Quellen und Literatur 329
Bildnachweise 335

EINLEITUNG

«Ich kann nicht mehr sagen, meine Liebe oder deine Liebe; beyde sind sich gleich und vollkommen eins, so viel Liebe als Gegenliebe. Es ist Ehe, ewige Einheit und Verbindung unserer Geister, nicht blos für das was wir diese oder jene Welt nennen, sondern für die eine wahre, untheilbare, unendliche Welt.»[1] Dieser emphatischen Ineinssetzung von Liebe und Ehe in Friedrich Schlegels Roman *Lucinde* aus dem Jahr 1799 wird zu Beginn des 21. Jahrhunderts kaum noch jemand zustimmen wollen. Die Geschichte der Ehe ist mit der Geschichte der Liebe verflochten, aber nicht mit ihr identisch. Während Liebe ein Lebensziel geblieben ist, steht nicht erst in letzter Zeit die Ehe stark in der Kritik. Die jüngsten Debatten in Deutschland und Europa um das Ehegattensplitting, die Ehe und das Adoptionsrecht für Homosexuelle und die deutliche Zunahme von Ehescheidungen wie von nichtehelichen Familienformen zeigen an, dass die Ehe nicht mehr für alle erstrebenswert ist, die Auseinandersetzung um sie aber weltanschauliche Züge trägt. Konservative Verteidigung und progressive Forderung nach Abschaffung konkurrieren in den Medien. Heute geht es allerdings weniger als in den siebziger Jahren um das Ende des Lebensmodells Ehe als vielmehr um ihre Erweiterung, um ihre Öffnung insbesondere für homosexuelle Paare. Und dies ist kein westeuropäisch-nordamerikanischer Sonderweg, sondern die Diskussion findet beinahe überall auf der Welt statt. Für solche aktuellen gesellschaftspolitischen Debatten soll mit diesem Buch eine historische Grundlage geschaffen werden.

Liebe, jedenfalls eine emotionale Neigung, stand in der Vergangenheit und steht meist auch in der Gegenwart am Anfang einer Ehe. Zwar spielten auch andere Faktoren eine Rolle, soziale, kulturelle und ökonomische, aber im 19. Jahrhundert wie heute wurden aus Liebespaaren nicht selten Ehepaare. In der Wahl des Partners gab die Neigung den Ausschlag. Die Eltern hatten wenig Einfluss. In den gehobenen Schichten spielte der Gedanke der Parität durchaus eine Rolle; Eltern wünschten für ihre Kinder eine gute Partie, wenn möglich, sozialen Aufstieg. Die Mehrheit der Bürgerkinder konnte aber immerhin aus mehreren Kandidaten und Kandidatinnen auswählen.

Seit dem späten 18. Jahrhundert orientiert sich in der westlichen Moderne die Beziehung der Geschlechter zunehmend an Werten wie Rechtsgleichheit und Individualität. Einen einheitlichen Entwurf der Ehe als Geschlechterverhältnis gab es im 18. Jahrhundert ebenso wenig wie im 20. – und in der Gegenwart erst recht nicht. Trotzdem bleibt die Ehe in ihrer rechtlichen Verbindlichkeit auch heute noch von anderen Lebensgemeinschaften unterschieden. Die Pluralisierung von Lebensmodellen, welche die Soziologie für die Jahrzehnte nach 1945 herausgestellt hat, begann nicht erst in der Nachkriegszeit, sondern mit den Ehedebatten der Romantik am Anfang des 19. Jahrhunderts, aber liegt auch in der Zunahme der Erwerbstätigkeit von Ehefrauen seit 1900 und den neuen Vorstellungen über Partnerschaft in der Ehe der zwanziger Jahre begründet.

Eine der wichtigsten Entwicklungen der Ehe in Deutschland betrifft ihre Zugänglichkeit. In der Frühen Neuzeit bis weit ins 19. Jahrhundert hinein war die Ehe vielfach ein rechtliches und soziales Privileg. Besitzlose Bevölkerungsgruppen, Soldaten oder Zuwanderer aus anderen Staaten stießen auf rechtliche Hindernisse. In der ersten Hälfte des 20. Jahrhunderts, mit dem Höhepunkt im Nationalsozialismus, verhinderte der Staat Ehen aus rassisch-eugenischen Gründen; übrigens war das nicht nur in Deutschland so. In den fünfziger und sechziger Jahren dann erlebte die Ehe in vielen westlichen Ländern ihr «goldenes Zeitalter», zumindest, was ihre Verbreitung betraf. Nie vorher und nie nachher war ein so großer Anteil der Bevölkerung verheiratet.

In diesem Buch geht es um die Frage, welche Handlungsspielräume für Ehefrauen und Ehemänner zu unterschiedlichen Zeiten zur Verfügung standen und was sie daraus machten. Ehen und Ehepaare im deutschen Sprachraum stehen im Vordergrund, andere Länder und Verhältnisse werden punktuell einbezogen.

Die Phasen einer Paarbeziehung von ihrem Beginn bis zu ihrem Ende sollen chronologisch interpretiert werden. Es geht dabei etwa darum, wie sich Individualisierung als gesellschaftlicher Prozess in der Ehe zeigt. Die Kapitel sind Themen wie dem Kennenlernen, von Hindernissen bis Eheverboten, der Hochzeitsfeier, dem Ehepaar als Eltern, Eheratgebern, der Ehescheidung und ihren Folgen, schließlich Witwen und Witwern gewidmet.

Nach den Ursachen des Wandels einerseits und dessen Geschwindigkeit andererseits wird gefragt. Ausgangspunkt für die Geschichte der Ehe ist die politische Bedeutung des familiären Patriarchalismus seit der Aufklärung. Jean-Étienne-Marie Portalis, Autor des familienrechtlichen Teils des Code Civil in Frankreich, stellt 1803 fest:

> Jede Familie muß ihre Leitung haben. Der Ehemann, der Vater ist stets als das Haupt angesehen worden. Die ehemännliche, die väterliche Gewalt sind republikanische Einrichtungen. [...] In den absoluten Monarchien, in den despotischen Staatswesen sucht die Macht, die uns knechten will, alle übrigen Gewalten zu schwächen. In den Republiken stärkt man dagegen die häusliche Ordnungsgewalt, um gefahrlos die politische und bürgerliche Ordnungsmacht mildern zu können.[2]

Die bürgerliche Ordnung des 19. Jahrhunderts beruht stärker als das Ancien Régime auf der Geschlechterungleichheit. Dieses Jahrhundert konnte keines der Ehefrauengleichstellung sein, weil der bürgerliche Verfassungsstaat privilegierter Männer gerade aus dem familiären Patriarchalismus seine wichtigste Legitimation bezog. Die Emanzipation der bürgerlichen Männer und der Männer der Unterschichten in dieser Phase der Demokratisierung benötigte eine Begründung. Über wen aber sollte ein armer Mann herrschen, wenn nicht über seine Ehefrau und Familie? In der ständischen Gesellschaft der Frühen Neuzeit hatte es ein einheitliches Ehe- und Familienrecht kaum irgendwo gegeben. Viele Bestimmungen galten nur in einer Stadt oder einem kleinen Territorium. Diese Rechtszersplitterung wurde zunehmend als defizitär wahrgenommen. Wenn in der allgemeinen Geschichtsschreibung die neuen Verfassungen des 19. Jahrhunderts als Beleg für die politische Partizipation der Bürger verstanden werden, darf nicht unterschätzt werden, welchen Anteil das Ehe- und Familienrecht an der Konstitutionalisierung der Moderne hatte.

Die Definitionen von Ehe kreisen um eine überschaubare Anzahl von Begriffen. Für das kanonische Recht, also das katholische Kirchenrecht im vorreformatorischen Europa, stellte die Ehe ein Sakrament dar. Das Sakrament diente hier der Zeugung und Erziehung von Kindern, also dem Fortgang der Welt. Die Zeugung von Nachkommen stellte nicht nur den Zweck der Ehe, sondern auch den Sinn und die Legitimation von Sexualität dar.

Mit der Reformation begann die Entwicklung einer neuen Interpretation der Ehe, die teilweise auf der Tradition des antiken römischen Rechts aufbaute; Ehe wurde nicht als Geheimnis religiösen Glaubens in die Transzendenz entrückt, sondern profan als Vertrag gedeutet. Martin Luther und andere Reformatoren wandten sich vom Mönchsideal der katholischen Kirche ab und begriffen die Ehe zwischen Mann und Frau als grundlegendes Verhältnis der Gesellschaft, als Basis für die soziale und politische Vergemeinschaftung in Familie und Verwandtschaft, in der Kirche, in Stadt und Gemeinde, schließlich im Staat. Damit begann die Verstaatlichung der Ehe in der westlichen Moderne.[3]

Mit der Ausformung des Naturrechts in der Frühen Neuzeit konnte die Ehe zum bürgerlichen Vertragsverhältnis werden. Immanuel Kant sprach von der Ehe durchweg in nüchternem Ton. Als Zweck der Ehe galt die rechtliche Absicherung der Sexualität und der aus ihr hervorgehenden Kinder. Im letzten Drittel des 19. Jahrhunderts hatte die Einhegung der Sinnlichkeit an Bedeutung verloren. Nun ging es um die Ehe als Grundlage der Familie, die als «heiliger Kreis» die Basis gesellschaftlicher Ordnung überhaupt darstellte und die so auch schon vor 1850 vorgestellt worden war. Die emphatischen Beschreibungen der Mitte des 19. Jahrhunderts wichen nach 1880 einer versachlichten Definition der Ehe, die den Vertrag und die entsprechenden Rechte und Pflichten erläuterte. Gleichzeitig verwissenschaftlichte die Ehedefinition Liebe und Sexualität.

Im Nationalsozialismus wurde die Ehe im Sinn der Eugenik und des Rassismus zur Trägerin der Volksgemeinschaft ideologisiert. Nach 1945 kehrte man in der Bundesrepublik zum Vertragsmotiv der Jahre um 1900 zurück. Wie damals zog sich das Recht auf das Formale zurück. Es hält sich die Liebe vom Leibe. Das Ideal der Liebesehe schrumpft auf die Freiwilligkeit der Eheschließung zusammen. Im geltenden Bürgerlichen Gesetzbuch klingt das seit 2002 so: «Die Ehe wird nur dadurch geschlossen, dass die Eheschließenden vor dem Standesbeamten erklären, die Ehe miteinander eingehen zu wollen» (§ 1310 BGB). Ein Vertrag muss auf dem freien Willen der vertragschließenden Parteien beruhen. Das hat die moderne Vertragsauffassung übrigens mit dem kanonischen Recht gemeinsam. Zwangsehen waren auch vor der Einführung der Zivilehe eigentlich rechtlich unwirksam, kein Priester durfte eine Trauung vornehmen, wenn einer der Partner bei der Trauung kein «Ja» herausbrachte.

Die Ehe als Vertrag stellt also primär ein rechtliches Verhältnis dar. Und dieses Verhältnis ist historischer Veränderung unterworfen. Am deutlichsten wird das an der Formel «bis dass der Tod euch scheidet», die auch heute noch gilt, weil Ehen nicht für eine begrenzte Vertragsdauer, sondern auf Lebenszeit geschlossen werden. Die Dauer kann freilich durch die Möglichkeit der gesetzlichen Ehescheidung eingeschränkt werden; dieses Recht wurde übrigens 2011 in Malta als dem letzten europäischen Land eingeführt. Mit der Unterschrift im Standesamt oder mit dem Abschluss eines separaten Ehevertrages wurde früher und wird bis heute aber noch anderes geregelt: Namen und Wohnsitz des Paares, Kompetenzen von Ehemann und Ehefrau in Bezug auf Einkommen und Vermögen, Erbfragen, die elterliche Sorge für Kinder und die Versorgung nach einer Ehescheidung.

In einem Vertragsverhältnis geht die Ehe jedoch nicht auf. Rechtliche Regelungen werden durch kulturelle Leitbilder, gesellschaftlich vorherrschende Vorstellungen und ökonomische Bedingungen ergänzt. Wir sprechen von Liebesehe, Konventions- oder Kameradschaftsehe, von arrangierter Heirat, von Hausfrauenehe und Zivilehe, von Mischehe in konfessioneller, ethnischer oder nationaler Hinsicht, von Scheinehe, Zweitehe und Zwangsehe. Solche Begriffe heben jeweils ein Merkmal hervor und verweisen damit auf die vielfältigen Kontexte, in denen die Ehe heute steht. Manche Kennzeichnungen stellen dabei im Grunde Gegenbegriffe dar, wie zum Beispiel Liebesehe und Zwangsehe.

Zur historischen Perspektive auf die Regulierung von Lebensentwürfen durch die Institution Ehe kommen neue Entwicklungen hinzu. Die Einführung einer eingetragenen Lebenspartnerschaft für gleichgeschlechtliche Paare in Dänemark im Jahr 1989 fand in vielen europäischen Staaten, in Australien und Südamerika Nachfolger. In der Bundesrepublik bietet das Lebenspartnerschaftsgesetz seit 2001 eine rechtliche Absicherung für gleichgeschlechtliche Lebensgemeinschaften. Von der Lebenspartnerschaft zu unterscheiden ist eine Ausdehnung der Ehe auf homosexuelle Paare, wie sie etwa in den Niederlanden seit 2001 besteht. In beiden Fällen kommt es aber zu einer Ausdehnung des Vertragsverhältnisses auf Gruppen, die bisher ausgeschlossen waren. Heute feiern homosexuelle Paare Hochzeit, übernehmen für den Partner Unterhaltsverpflichtungen und erziehen Kinder. Grundsätzlich schwächt sich die Hervorhebung der Ehe im modernen Recht ab. Begonnen hat diese Entwicklung im Familienrecht mit dem Bemühen um die rechtliche Gleichbehandlung von ehelichen und nichtehelichen Kindern, um deren historische Benachteiligung zu beseitigen. Heute genießen in vielen europäischen Staaten nichteheliche Kinder gleiche Rechte, zum Beispiel im Erbrecht. Die nichteheliche Lebensgemeinschaft wiederum erfährt in der Bundesrepublik seit der zweiten Hälfte der fünfziger Jahre eine zunehmende rechtliche Ausgestaltung, etwa im Unterhaltsrecht, die sie an die eheliche Lebensgemeinschaft annähert, in einzelnen Bereichen sogar ununterscheidbar macht.

Zur historischen Definition von Ehe gehört eine Eigenschaft, die ihre Bedeutung in modernen Gesellschaften weitgehend verloren hat. Über Jahrhunderte stellte die Eheschließung einen klassischen Übergangsritus dar. Kinder wurden mit der Heirat rechtlich zu Erwachsenen. Neuen Ehemännern wurde vielfach als Landwirt oder Firmeneigentümer wirtschaftliche Verantwortung übertragen, Frauen gründeten oder übernahmen einen Haushalt mit Schlüsselgewalt. Die Perspektiven der sozialen Gruppen unterschieden sich hierbei. Für Männer und Frauen der Arbeiterschichten begann das gemeinsame Leben im Regelfall unter harten ökonomischen Bedingungen. Kein Auskommen mit dem Einkommen – diese Formel bestimmte im 19. Jahrhundert ihr Leben. Für Arbeiter wie im Bürgertum waren die unterschiedlichen Geschlechterrollen prägend. Ehemänner fungierten als Ernährer der Familie, Frauen führten den Haushalt und erzogen die kleinen Kinder.

Die berufliche Etablierung bürgerlicher Männer fiel oft mit der Eheschließung zusammen. In jedem Fall gab es noch andere Übergangsschritte, die für Männer maßgeblich waren: das Abitur als Abschluss der Schulausbildung, das Studium mit den Bräuchen der Studentenverbindungen, Bildungsreisen, der Weg in den Beruf, Unternehmensgründungen oder -übernahmen, Ernennungen und Beförderungen.

Für die bürgerlichen Mädchen dagegen verdichteten sich die Lebenschancen in der Heirat – oder ihrem Ausbleiben. Daher wird erklärlich, warum im 19. Jahrhundert die Braut in den Mittelpunkt der Hochzeitsfeierlichkeiten getreten ist und das Brautkleid bis heute zu den faszinierendsten Themen gehört. Bürgerliche Frauen sahen in der Hochzeit zunehmend den wichtigsten Übergangsritus überhaupt. Als schönsten Tag sollten sie die Heirat erleben und ihn als den Tag begreifen, der über das Gelingen eines Lebens entschied. Die Alternativlosigkeit der Ehe angesichts noch sehr geringer Ausbildungs- und Berufschancen für bürgerliche Frauen bildete sich als ein drängendes soziales Problem heraus. Diese große Bedeutung des Hochzeitstages galt in mindestens einer Hinsicht für sämtliche Frauen unabhängig von Stand und sozialem Status. Von diesem Zeitpunkt an bildete die Mutterschaft, einschließlich des hohen Risikos der Geburt, die primäre Erwartung im Leben.

Während die Lebensperspektiven von Männern zwischen Berufsfindung und Ehe auch in der ersten Hälfte des 20. Jahrhunderts weithin stabil geblieben sind, hat die Emanzipation die Möglichkeiten für Frauen entscheidend erweitert. Mit der Chance auf eine Fachausbildung oder ein Studium konnten auch Frauen eine qualifizierte Berufstätigkeit anstreben. Allerdings bedeutete diese Option nicht selten bis in die Gegenwart eine Entscheidung für oder gegen die Ehe beziehungsweise die Mutterschaft. Für Männer ist es bis heute selbstverständlicher als für Frauen, Beruf, Ehe und Vaterschaft miteinander zu verbinden. Den meisten Frauen stellen sich immer noch zahlreiche praktische Hindernisse in den Weg. Traditionelle Mutter- und Vaterbilder, aber auch fehlende Betreuungsmöglichkeiten für Kinder vermindern die Berufschancen von Frauen meist nicht nur für wenige Jahre, sondern auf Dauer. Die Einführung der Elternzeit hat diese Konstellation als gesellschaftspolitische Herausforderung aufgenommen.

Die Darstellung der Stationen einer Ehe wird durch fünf Kapitel ergänzt, die jeweils einem berühmten Ehepaar gewidmet sind. Diese prominenten Paare sind natürlich nicht repräsentativ oder typisch für die ganze Gesellschaft. Sie wurden in der Absicht ausgewählt, wegen der guten Quellenlage das Leben der Frauen stärker in den Blick nehmen zu können. Die fünf Paare gehören der Ober- und Mittelschicht an. Sie sind alle Protestanten, genauer Kulturprotestanten, denn Frömmigkeit gehört weniger zu ihren Merkmalen. Der Blick auf diese Paare soll in erster Linie dazu dienen, die Konturen der Institution Ehe zu schärfen. Dabei umspannen die fünf Ehen den Zeitraum vom Ende des 18. Jahrhunderts bis in die fünfziger Jahre des letzten Jahrhunderts. Die rechtlichen Bedingungen waren dieselben wie für andere Paare, auch wenn sich wirtschaftliche Lebensperspektiven günstiger gestalteten und kulturelle Erwartungen an Habitus und Auftreten größere Spielräume gewährten.

Caroline von Dacheröden und Wilhelm von Humboldt

Caroline wurde 1766 als Tochter des preußischen Kammerpräsidenten Freiherr Karl Friedrich von Dacheröden in Minden geboren. Sie wuchs in Erfurt und auf den Gütern des Vaters in wohlhabenden Umständen auf und genoss eine sorgfältige und für ein Mädchen außergewöhnliche Erziehung, die auch Griechisch- und Lateinunterricht umfasste. Im Jahr 1791 heiratete Lina, wie sie genannt wurde, den Preußen Wilhelm von Humboldt, der aus einer erst im 18. Jahrhundert geadelten Offiziersfamilie stammte. Gemeinsam mit seinem Bruder, dem Naturforscher Alexander, zählt er zu den klassischen Berühmtheiten des frühen 19. Jahrhunderts. Wilhelm war Sprachwissenschaftler und Diplomat, Staatstheoretiker und Bildungsreformer. Auf den ersten Blick passten Caroline und Wilhelm vorzüglich zueinander. Beide stammten aus dem niederen Adel, der sich im Staatsdienst verwirklichte. Beide Herkunftsfamilien verfügten über Grund- und Landbesitz, und in beiden Familien wurde viel in die Ausbildung der Kinder investiert. Von Beginn an fasste dieses Paar seine Ehe als Neuordnung der Beziehung zwischen den Geschlechtern im Geist der Romantik auf. Carolines und Wilhelms Leben war gekennzeichnet von leidenschaftlicher Elternschaft für acht Kinder, häufigen Reisen und Auslandsaufenthalten, die sie auch getrennt unternahmen. Der Briefwechsel, der diesen Trennungen zu verdanken ist, gehört mit der Stilisierung einer idealen Liebe im jeweils vollkommenen Anderen zu den kanonischen Texten vom Paar des 19. Jahrhunderts.[4]

Clara Wieck und Robert Schumann

Die 1819 geborene Clara Wieck war die bekannteste Pianistin des 19. Jahrhunderts. Durch ihren Vater Friedrich zum Wunderkind gedrillt und verführt, gehörte ihr Alltag der Musik. Den Komponisten Robert Schumann lernte sie schon im Kindesalter kennen, weil er vom Vater unterrichtet wurde. Beide entstammten also der sozialen Welt der Musik, Clara praktisch von Geburt an, Robert zog als Sohn eines Zwickauer Buchhändlers und Verlegers die Musik gegenüber dem Jurastudium vor. 1840 konnte das Paar heiraten, nachdem Friedrich Wieck lange seine Einwilligung verweigert hatte. Auch die Ehe der Schumanns war mit vier Söhnen und vier Töchtern kinderreich. Das Leben der beiden bedeutenden Musiker wurde durch Claras Konzertreisen, die viel zum Lebensunterhalt beitrugen, Schumanns Tätigkeit als Herausgeber einer Musikzeitschrift und seinen Anstellungen in Leipzig und als Musikdirektor in Düsseldorf bestimmt. Robert litt an Depressionen und vermutlich an einer Psychose, in deren Zusammenhang er 1854 einen Selbstmordversuch unternahm und schließlich 1856 starb. Mit 37 Jahren wurde Clara Witwe, nun allein für den Unterhalt ihrer Familie verantwortlich.[5]

Victoria, geborene Prinzessin von Großbritannien, und Friedrich III., Deutscher Kaiser

Das «Kaiserpaar der 99 Tage» lenkt die Aufmerksamkeit auf die Spitze der Gesellschaft. Die Ehe des preußischen Prinzen und seit 1861 Kronprinzen mit der britischen Princess Royal, der ältesten Tochter der Queen Victoria, war gleichermaßen politisches Projekt wie Triumph persönlicher Neigung. In der britischen wie der deutschen und preußischen Öffentlichkeit wurde diese Ehe als Chance und Symbol für eine liberale Verfassungsordnung begriffen – mit welcher realen Perspektive, das sei zunächst dahingestellt. Friedrich und Victoria führten eine binationale Ehe, an sich nicht ungewöhnlich für den europäischen Hochadel des 19. Jahrhunderts. Rechtlich gesehen, bedeutete die Eheschließung in sämtlichen europäischen Ländern den Staatsangehörigkeitswechsel der Ehefrau; Frauen teilten nicht nur den Stand, sondern eben auch die Nationalität des Ehemannes. Für die britische Prinzessin stellte sich der Wechsel allerdings schwierig dar. Mental und emotional blieb Vicky, wie sie in der Familie genannt wurde, ihrem Herkunftsland eng verbunden. Diese Doppelnationalität oder Doppelloyalität wiederum trugen ihr in der preußischen Öffentlichkeit zahlreiche Feindschaften ein. Zum wichtigsten Gegner avancierte ausgerechnet der mächtigste Mann in Preußen und später auch im Reich: Graf Otto von Bismarck. Der Kinderreichtum des Paares war nicht nur aus dynastischen Gründen gewollt. Die Beziehung zum ältesten Sohn Wilhelm, der dann als Wilhelm II. Kaiser wurde, gestaltete sich für beide Eltern schwierig. Als Witwe musste sich die Kaiserin Friedrich von ihrem triumphierenden Ältesten demütigen lassen. Ihr Exil bildete das hessische Kronberg, wo sie kurz nach dem Tod ihrer Mutter 1901 starb.[6]

Katia Pringsheim und Thomas Mann

Thomas Mann war schon der anerkannte Autor der *Buddenbrooks*, als er 1904 um Katia Pringsheim, die Tochter eines Münchener Mathematikprofessors aus wohlhabender, assimilierter jüdischer Familie, warb. Der stolze hanseatische Bürgersohn hatte gezielt nach einer Frau gesucht, die Kultiviertheit ausstrahlte und an einen entsprechenden Lebensstil gewöhnt war. Katia hatte ein Mathematikstudium begonnen, allerdings ohne große Neigung. Die umworbene Schönheit sah eine Heirat und Mutterschaft als selbstverständliche Zukunftsperspektive an. Trotz des Mangels an Enthusiasmus auf Seiten Katias blieb Thomas Mann hartnäckig, und ein Leben als Gattin eines berühmten Schriftstellers war dann doch vielversprechend. Katia und Thomas bekamen sechs Kinder, alle mit künstlerischem Ehrgeiz, die sich unter dem Schatten des Vaters, den sie Zauberer nannten, nur schwer zurechtfanden. Katia wurde die Managerin, erste Leserin und Kritikerin ihres Mannes. Die Ehe der Manns wurde von Thomas' homoerotischen Neigungen beeinflusst, aber nicht beherrscht oder gar zerstört. Nach dem Tod Thomas Manns im Jahr 1955 verwaltete Katia das literarische und wirtschaftliche Erbe.[7]

Freya Deichmann und Helmuth James von Moltke

Die Kölner Bankierstochter Freya Deichmann wurde 1911 geboren und studierte Rechtswissenschaft. 1931 heiratete sie den preußischen Adelssohn Helmuth James von Moltke, der ebenfalls Jurist war und dann als Rechtsanwalt arbeitete. Die Familie Moltke bewirtschaftete das schlesische Gut Kreisau, das zum wichtigen Ort des Widerstands gegen den Nationalsozialismus wurde. Moltke bemühte sich als Rechtsanwalt um Hilfe für verfolgte Juden und arbeitete als Jurist im Kaiser-Wilhelm-Institut für Völkerrecht mit anderen Hitler-Gegnern zusammen. 1935 wurde Freya in Berlin zum Dr. iur. promoviert. Gleichzeitig übernahm sie in Kreisau Aufgaben in der Gutsverwaltung und erzog ihre beiden Söhne. Das Engagement im Widerstand des Kreisauer Kreises, das Freya mittrug, führte im Januar 1944 zu Moltkes Verhaftung. Im Januar 1945 wurde er vom Volksgerichtshof zum Tode verurteilt und hingerichtet. Nach dem Ende des Krieges fand Freya einen neuen Lebenspartner, den Philosophen Eugen Rosenstock-Huessy. Von 1960 bis zu ihrem Tod 2010 kümmerte sie sich von ihrem Wohnsitz in Vermont, USA, aus um die Gründung und den Ausbau der Begegnungsstätte Kreisau, die sich den deutsch-polnischen Beziehungen und der europäischen Verständigung widmet.[8]

In der westlichen Welt erscheint heute vielen die Ehe als unattraktiv, als Ort zu starker Bindung, wenn nicht der Repression. Persönliche Unabhängigkeit stellt einen hohen Wert dar. Manche, die die Ehe ablehnen, begründen das mit der häufig beobachteten Zerstörung der Liebe durch die Ehe. Liebe, so lautet das Argument, benötige keine Absicherung, im Gegenteil, das Recht schade bloß. Der Anspruch auf lebenslange Dauer wirkt unrealistisch, wenn sich viele Frauen und Männer nur noch auf eine serielle Monogamie als Lebensform einlassen. Die gerichtliche Auseinandersetzung in einem Ehescheidungsverfahren gilt ihnen als vermeidbares Ärgernis. Als Idealbedingung für das Aufwachsen von Kindern zählt die Ehe nur noch in wertkonservativen Milieus. In den europäischen Staaten wächst der Anteil derjenigen, die ohne Trauschein in einer stabilen Gemeinschaft leben. Auch der Anteil der Alleinlebenden steigt.

Auf der anderen Seite setzen die Befürworter der Ehe auf konservative Werte, aber auch auf moderne Visionen von Partnerschaft. Rechtliche Bindung wird als praktische Verantwortung und nicht in erster Linie als Freiheitsbeschränkung verstanden. Die Ehe gilt als haltgebend in der Unübersichtlichkeit der modernen Welt. Manche Trends sind nicht global. In den USA bleibt zumindest für die weiße Mittelschicht das Projekt Ehe bei hohen Ehescheidungsquoten sehr attraktiv. Folglich gibt es viele Zweit- und Drittehen. Die Praxis aufeinanderfolgender Lebensgemeinschaften wird auf diese Weise in die Institution Ehe eingebaut. Außerdem fordern in vielen Ländern Homosexuelle für sich das gleiche Recht auf Ehe wie für heterosexuelle Paare. Offenbar ist gerade aus der Sicht von Minderheiten eine Fixierung von Rechten und Pflichten durch Gesetze wünschenswert und die Zugänglichkeit der Ehe ein Bürgerrecht. Das Spannungsverhältnis zwischen stabilisierender Bindung und Freiheitsgewinn bleibt damit weiterhin bestehen.

VORGESCHICHTEN

Die Liebesehe

Das Ideal der Liebesehe ist untrennbar mit der literarischen Epoche der Romantik zu Beginn des 19. Jahrhunderts verbunden. In mancher Hinsicht lebten Caroline und Wilhelm von Humboldt bereits nach Idealvorstellungen, wie Friedrich Schlegel sie 1799 in seinem Skandalroman *Lucinde* vertrat. Die nüchterne Bestimmung der Ehe in der Aufklärung, die Theodor Gottlieb von Hippel formuliert hatte, ihr Zweck «scheint mir wechselseitige Unterstützung zu sein», wurde durch einen emphatischen und pathetischen Begriff ersetzt, der nicht einen pragmatischen Zweck der Ehe, sondern ihre Begründung als Liebesbund in den Mittelpunkt stellte. Schlegels Roman erregte die gebildete Welt, weil der Roman offen für eine sinnlich-sexuelle Beziehung zwischen den Ehegatten warb. Der Historiker Peter Borscheid spricht von einer schnellen Demokratisierung der Liebe als Ehegrund und Zweck seit dem frühen 19. Jahrhundert. Freie Gattenwahl, erotische Anziehung und die Einheit von Körper und Geist sollten eine moderne Eheauffassung prägen, die sich zumindest in der Theorie von den sakralen wie den vernunftbezogenen Ehelehren der Vergangenheit emanzipierte. Freilich operierte auch die Idee der Liebesehe mit traditionellen und vertrauten Kategorien. Wie in früheren Zeiten blieb der Heiratsmarkt ein Tauschmarkt, auf dem Attraktivität gehandelt wird. Und auch wenn die Romantiker einen Gegensatz zur Wirtschafts- und Warenwelt sahen und die Liebe im Gegensatz zu pragmatischem Kalkül konzipierten: In der Praxis wandelte sich das Ideal in den Versuch, in der Partnerentscheidung erotische Anziehung und gegenseitigen Nutzen miteinander zu verschmelzen. Allerdings wurde auch das schon schwierig genug.[1]

Das Ideal der Liebesehe ist seitdem nicht mehr verschwunden. Bis heute dominiert es die Vorstellungen und die Realität von Paarbeziehungen, auch wenn alternative Ehekonzepte denkbar bleiben. Die Humboldts, Friedrich und Vicky, die Schumanns, die Manns und die Moltkes hätten sich auch als Paare verstehen können, die gemeinsam an einem Lebensprojekt – ob der Selbstbildung, der Musik, der Liberalisierung der preußischen Verfassung, des idealen bürgerlichen Romans oder des Widerstands gegen die Diktatur – arbeiteten. Diese Paare erfüllten die Voraussetzungen für eine Ehe auf Augenhöhe durch ähnliche Kenntnisse und Interessen. Aber auch für viele Arbeiterehen im 19. Jahrhundert war das unter anderen Voraussetzungen ähnlich; hier stand allerdings die Erwirtschaftung des Lebensunterhalts beinahe ununterbrochen im Mittelpunkt. Den Sonderfall bildete eher das Bürgertum, das Männern und Frauen unterschiedliche Lebenssphären zuwies. Die Möglichkeit, gemeinsam Erfahrungen zu machen und Interessen nachzugehen, war für Bürgerkinder schon durch Erziehung und Ausbildung – zum Beispiel Pensionat versus Gymnasium und Universität – deutlich begrenzt.

Heiratsannoncen und Heiratsinstitute

Wer in seinem engeren sozialen Umfeld keinen passenden Ehepartner fand und nicht weiter auf den Zufall warten wollte, nahm auch im 19. Jahrhundert zur Annonce Zuflucht. Die ersten Heiratsannoncen erschienen im 17. Jahrhundert in England. In den *Frankfurter Frag- und Anzeigen-Nachrichten* wurde im Juli 1738 folgendes Inserat abgedruckt: «Ein honettes Frauenzimmer ledigen Standes, guter Gestalt, sucht ... einen guten Doctor oder Advocaten ledigen Standes ..., so groß und wohl aussieht.»[2] Das Prinzip hat sich bis zu den Partnerschaftsbörsen im Internet heute nicht geändert. Einerseits versuchen die Inserenten, den Wunschpartner so präzise wie möglich zu beschreiben («passendes» Alter, Körpergröße, Haarfarbe, aber auch «aus Paritätsgründen vermögend»), andererseits preist man sich als möglichst verlockend und attraktiv an. Da das Ziel in knappen Inseraten, nicht in ausführ-

Reelles Heirathsgesuch. 4178

Ein geprüfter (concess.) Buchdrucker (Preuße, 31 J. alt, luth.) wünscht die Bekanntschaft einer jungen Dame oder Witwe zu machen, die bei sonst liebenswürd. Eigenschaften und häusl. Sinn ein disponibles Vermögen von einigen tausend Thalern besitzt, durch welche ihm sein selbständ. Etablissement ermöglicht würde. — Gef. Off. sub J. J. T. durch d. Exp. d. Ztg. erbeten. Discretion selbstredend.

Heiratsgesuch, 1864

lichen brieflichen Darlegungen erreicht werden muss, wird der Warencharakter für Suchende und Gesuchte auf dem «Heiratsmarkt» offensichtlich. Andere Eigenschaften der Heiratsannoncen aber haben sich durchaus verändert. Im 19. Jahrhundert gaben viele Männer Inserate auf, die ökonomische Kriterien in den Vordergrund stellten. Sie sämtlich als bloße Mitgiftjäger zu denunzieren ginge trotzdem zu weit. Häufig wurde eine «Arbeitsgattin» gesucht, die in einem Handwerkerbetrieb oder einem Ladengeschäft mitarbeiten und die unmündigen Kinder aus der ersten Ehe des Mannes erziehen sollte. Jedenfalls aber kam kein Mann auf die Idee, mittels Annonce eine vor allem physisch anziehende Ehefrau zu suchen. Auch die Frauen, die per Inserat einen Ehemann suchten, wünschten sich in erster Linie einen Mann, der eine gesicherte Lebensstellung bieten konnte.

Erst gegen Ende des 19. Jahrhunderts, als sich der Zeitungsmarkt zum Massenmarkt entwickelt hatte und die Mehrheit der Bevölkerung in West- und Mitteleuropa lesen konnte, erlebten Heiratsannoncen ihren ersten Boom. In Großbritannien bestand um 1900 die Mehrheit der Inserenten aus Frauen. Seit dem Beginn des 20. Jahrhunderts wurde die private Heiratsanzeige durch gewerbliche Heiratsvermittlungen ergänzt. Heiratsvermittler hatte es allerdings schon sehr viel länger gegeben, etwa bei den deutschen Juden. Im Judentum erweiterten die meist weiblichen Vermittler die lokal begrenzten Kontakte dieser kleinen Minderheit, um passende jüdische Ehepartner zu suchen; sie übernahmen auch frühe Sondierungen einer ökonomisch passenden Heirat, indem sie über die zu erwartende Mitgift der Braut informierten. Als Besitzerinnen von Agenturen firmierten in der Regel Frauen, die «persönliche Vermittlung» garantierten und mit ihrer Erfahrung, Diskretion und ihren Erfolgen in den «höchsten Kreisen» warben. Gewerbliche Heiratsvermittlung war übrigens am Ende des 19. Jahrhunderts juristisch umstritten. Das Bürgerliche Gesetzbuch von 1900 legte schließlich fest, solche Vermittlungsgebühren seien sittenwidrig und nicht einklagbar. Die Heiratsinstitute lösten – und lösen bis heute – das Problem, indem sie nur gegen Vorkasse, also für Angebote von Heiratskandidaten an die zahlenden Kunden, tätig werden.[3]

Spätestens seit dem Ende des Zweiten Weltkrieges, der in Deutschland und anderen kriegführenden Ländern einen Frauenüberschuss zur Folge hatte, stammt die Mehrheit der Gesuche von Frauen. Darin spiegeln sich, neben dem Tod vieler junger Männer im Krieg, verschiedene Tendenzen, die allesamt nicht zugunsten der Frauen auf dem Heiratsmarkt wirken. Die höhere Lebenserwartung von Frauen lässt mehr Witwen als Witwer nach einem neuen Lebenspartner suchen. Und während Männer auch in höherem Lebensalter Chancen haben, eine jüngere oder deutlich jüngere Lebensgefährtin zu finden, ändern sich die Vorstellungen über das passende Alter der Partner in Hinsicht auf das umgekehrte Altersverhältnis nur langsam. In den fünfziger Jahren war das Angebot einer «Einheirat» populär. Männer suchten eine Möglichkeit der Existenzgründung, Frauen, häufig verwitwete Inhaberinnen eines Geschäftes oder eines landwirtschaftlichen Betriebes, boten diese an; dabei muss man berücksichtigen, dass die Frauen häufig nicht über die notwendige Ausbildung verfügten, um den Betrieb allein weiterzuführen. Frauen wünschten sich «Ehekameraden» und machten damit deutlich, dass sie sich nicht grundsätzlich unterordnen wollten. Heiratsannoncen von Männern suchten nach einer «Dame» mit «Freude an gepflegter und kultivierter Häuslichkeit». Selten waren die Vorstellungen so präzise wie in dieser Anzeige: «Wünsche mir die Bekanntschaft einer Dame mit eigenem Lichtspielhaus … zwecks baldiger Heirat.»[4]

Das Annoncengeschäft weitete sich seit den sechziger Jahren aus. Verschiedene Rubriken, wie *Heiraten – weiblich, Heiraten – männlich,* kündigten die heutige Vielfalt an. Während in den fünfziger Jahren die Konfession noch eine wichtige Rolle spielte, indem ausdrücklich etwa ein katholischer Partner gesucht wurde, ließ die Bedeutung dieser

Eigenschaft später nach. Seitdem erfährt man aus den Anzeigen, die sich zunächst auch bloß auf eine «Bekanntschaft» richten können, weniger über den Inserierenden. Geschlechtsspezifische Unterschiede in den Vorstellungen haben sich jenseits physischer Attribute abgeschliffen. Es werden «kluge» und «humorvolle» Männer wie Frauen gesucht. «Akademiker» meint eher eine Status- als eine Berufsbestimmung. Statt Details über Vermögen und Einkommen erfährt man mehr über Interessen und Fähigkeiten (Liebe zur Natur, gehobene Küche, Reisen, Cellospiel, Golf). Aber immer noch stellt Parität ein wichtiges Ziel dar, nur die Kodierung erscheint heute anders. Nicht auf das Jahreseinkommen, sondern auf den Lebensstil, über dessen ökonomische Grundlagen allerdings keine Täuschung möglich ist, richtet sich der Fokus.[5]

Mit der Heiratsannonce ist eine klassische Angst verbunden, die durch Literatur und Film medial wachgehalten wird: die Angst vor dem Heiratsschwindler. Bis heute wird Frauen zwar eine Heirat aus Berechnung zugetraut, aber die klassische Femme fatale wählt andere Mittel als die Mehrfachheirat. Seinen Ursprung hat der Topos vom Heiratsschwindler in den schon beschriebenen Schwierigkeiten vieler Frauen, einen passenden und begehrenswerten Partner zu finden. Attraktive Männer, die sich um mehrere Frauen gleichzeitig mit dem Ziel bemühen, Geld, Schmuck oder Immobilien zu erschwindeln, sind daher immer wieder einmal erfolgreich. Vermutlich ist die Dunkelziffer bei dieser Betrugsform hoch, weil es vielen Frauen peinlich ist, auf einen solchen Mann hereingefallen zu sein.[6]

Noch bis in die Jahrzehnte nach dem Zweiten Weltkrieg war es für Paare schwierig, sich vor der Eheschließung intim kennenzulernen. Erst 1973 wurde der sogenannte Kuppeleiparagraph aus dem Strafgesetzbuch gestrichen. Dieser Paragraph hatte jeder Person Strafe angedroht, die unverheiratete Männer und Frauen für sexuelle Begegnungen zusammenbrachte; das betraf Verwandte und Bekannte eines Paares, aber auch Vermieter von Wohnungen und Hotels und damit weite Bereiche des Alltags. Erst nach seiner Änderung konnten Bekanntschaftsanzeigen erscheinen, die nicht unbedingt auf eine Ehe zielten. Zwar hatte es schon im 19. Jahrhundert keine «Unzuchtstrafen» mehr gegeben, die den sexuellen Kontakt von unverheirateten Männern und Frauen betrafen. Anders verhielt es sich mit der Sexualität unter Männern, die nach Paragraph 175 des Strafgesetzbuches in der Bundesrepublik bis 1969 strafbar war. Die gesellschaftliche Missbilligung nichtehelicher Sexualkontakte blieb bis in die siebziger Jahre allgemein bestehen.[7]

Eheverbote und staatliche Ehepolitik

In der Frühen Neuzeit hatten zahlreiche europäische Staaten Gesetze erlassen, die unerwünschte Ehen verhindern sollten. Bis zum Oktoberedikt 1807 unterlag die Mehrheit der Landbewohner in den östlichen Provinzen Preußens der Gutsuntertänigkeit, das heißt, Heiratswillige brauchten eine Einverständniserklärung des Gutsherrn. In vielen Fällen reichte dafür die Zahlung einer Gebühr. Aber es gab auch Fälle, in denen der Gutsherr die Heiratserlaubnis verweigerte, etwa wenn eine Magd auf ein anderes Gut heiraten wollte. Meist lohnte es sich, Geduld zu haben, und hartnäckigen Bewerbern wurde die Heirat schließlich doch erlaubt. Diese Einschränkung der Freiheit traf die Untertanen empfindlich, und die Abschaffung des Heiratskonsenses in den Agrarreformen empfand die Landbevölkerung in Pommern, Schlesien und Brandenburg als großen Fortschritt.[8]

Die frühindustrielle Gewerbeentwicklung konnte bereits vor 1807 individuelle Heiratschancen begünstigen, was das Bevölkerungswachstum entscheidend beförderte. Letzteres setzte in weiten Teilen Nordwesteuropas im zweiten Drittel des 18. Jahrhunderts ein und dauerte bis zum Beginn des 20. Jahrhunderts an. Für diese Entwicklung war auch der Rückgang der Sterblichkeit von Bedeutung, aber die Geburtenrate spielte eine größere Rolle. Immer mehr Menschen heirateten. Das Heiratsalter sank, und je geringer das Alter der Frau bei der Eheschließung war, desto mehr Kinder konnten geboren werden. Vor allem in den ersten industriellen Gewerbegebieten und vor allem dort, wo die Textilindustrie Fuß gefasst hatte, in den Niederlanden und England, in Schlesien und Westfalen, bestand nun die Möglichkeit, bald nach Beendigung der Schulzeit ein eigenes Einkommen zu erwirtschaften und damit die Chance zur Heirat zu bekommen.

Die Ehepolitik der Staaten seit dem späten 18. Jahrhundert zeigt deutlich, welche unterschiedlichen Interessen dabei eine Rolle spielten. Der Zentralstaat des 18. Jahrhunderts, Preußen mit König Friedrich II. an der Spitze, hatte das Thema Ehe primär der Bevölkerungspolitik zugeordnet. Ehepolitik bedeutete Eheförderung – je mehr Ehen, desto mehr Nachwuchs. In einem Europa, in dem Preußen die kleinste Macht unter den großen Staaten darstellte, erlaubte das Bevölkerungswachstum den Traum vom Aufstieg, nicht zuletzt durch die Möglichkeit, die Armee mit Landeskindern zu vergrößern. Seit den frühen 1790er Jahren wirkte das französische Vorbild. Das revolutionäre Frankreich hatte allgemein für Freiheit gekämpft, und im Geist der Aufklärung gehörte die Eheschließungsfreiheit dazu. Im Habsburger Reich dachte man an der Staatsspitze zwar ähnlich, aber die Ausgangslage war eine andere. Das Reich besaß mit fast 20 Millionen Einwohnern «Menschen satt». Die Probleme Österreichs lagen eher darin, die große Menschenzahl gegen die regionalen Eliten für die Großmachtpolitik des Staates zu mobilisieren, etwa durch eine Steigerung der Steuereinnahmen. In den einzelnen österreichischen und ungarischen Ländern konnte der Staat nur schwer seine Interessen in der Bevölkerungspolitik verfolgen. Die restaurative Politik, mit der man unter Staatskanzler Fürst Metternich versuchte, die Auswirkungen der Französischen Revolution zu bekämpfen und nach Möglichkeit rückgängig zu machen, erleichterte es keinesfalls, die lokalen und regionalen Obrigkeiten zu entmachten. Der einzelne Staatsbürger sollte ständisch gebunden bleiben und die Geburt als Adliger oder Tagelöhner weitgehend die Lebenschancen bestimmen. Den örtlichen Eliten gelang es teilweise über das gesamte 19. Jahrhundert hinweg, mit der Verhinderung von Ehen vor allem der ärmeren Bevölkerung die eigene Standespolitik durchzusetzen.[9]

In vielen Staaten wurden Gesetze erlassen, die eine Eheschließung an ökonomische Bedingungen knüpften. In Hamburg wurden in der ersten Hälfte des 19. Jahrhunderts Soldaten und Handwerksgesellen mit Eheverboten belegt. Eine Heiratsgenehmigung setzte den Erwerb des Bürgerrechts voraus – eine kostspielige Angelegenheit, die für viele außerhalb ihrer Reichweite blieb. Als 1861 die Möglichkeit einer Zivilehe eingeführt wurde, entfielen diese Beschränkungen. In Tirol wurde der Ehekonsens, also die Erlaubnis der Eheschließung durch die Gemeinde, 1818/20 eingeführt, in den 1870er Jahren modifiziert und erst 1921 abgeschafft. Die Tiroler Ortsobrigkeiten im Habsburger Reich handhabten die Gesetze restriktiv, um die Eheschließung von Angehörigen der Unterschichten zu verhindern aus Furcht, diese landlosen Menschen könnten mitsamt ihren Kindern der örtlichen Armenkasse zur Last fallen. Überdies wurden die Armen als Knechte und Mägde benötigt, und Gesinde durfte nicht verheiratet sein. Heiratsverbote waren daher auch von Nutzen, um ein Arbeitskräftereservoir an unverheirateten Männern und Frauen zu erhalten. Diese Entwicklungen vollzogen sich in einer Gesellschaft mit ohnehin geringen Heiratschancen und einem hohen Heiratsalter. In der Agrarwirtschaft der Alpentäler gelangte häufig bloß der Hoferbe zur Eheschließung. Den übrigen Kindern blieb manchmal nur die Auswanderung. Auch mit Blick auf eine Heirat stellte Amerika für viele das «gelobte Land» dar.[10]

In Tirol konnten sich die Obrigkeiten mit ihrer Eheverbotspolitik nicht immer durchsetzen. Höhere Instanzen, die Bezirkshauptmänner und die Statthalter der Zentralregierung in Wien, entschieden gelegentlich liberaler als die Ortsbehörden. Außerdem schloss ein Eheverbot Sexualität nicht aus. Dort, wo Ehebeschränkungen in Kraft waren, wie etwa in Bayern, kam es zu deutlich mehr nichtehelichen Geburten. An der Verbreitung der Armut änderten die Beschränkungen ebenfalls nichts. Die Eheverbotspolitik entsprach vor allem dem Interesse der dörflichen Oberschichten, also der Bauern und der zünftigen Handwerksmeister, die das bestehende Muster sozialer Ungleichheit erhalten wollten. Der Status von Verheirateten war in diesen Gesellschaften deutlich höher als derjenige der Ledigen. Auch den Kaufleuten in den Städten und der katholischen Geistlichkeit war an der Kontrolle und Disziplinierung der Unterschichten mittels Eheverbot gelegen.[11]

Während man in vielen europäischen Ländern im 19. Jahrhundert versuchte, Ehen von mittellosen Bevölkerungsgruppen zu verbieten oder ihre Zahl einzuschränken, lockten die Vereinigten Staaten die europäischen Einwanderer mit Eheschließungsfreiheit. Ein Mangel an europäischen Frauen kennzeichnete die Kolonialgesellschaft auch in den USA. Entsprechend wurden in Großbritannien, den deutschen Staaten, in Polen und später in Italien ledige Frauen gesucht, die bereit waren, die Reise über den Atlantik zu wagen. Für die schwarze Bevölkerung des Südens der USA lagen die Dinge anders. Bis zur Aufhebung der Sklaverei am Ende des Bürgerkrieges 1865 konnten Sklaven keine legale Ehe schließen. Ehen unter Sklaven blieben stets von der Bereitschaft des Sklavenhalters abhängig, diesen Bund zu akzeptieren. Auch wenn manche Herren die Bindung anerkannten, schon weil man sich Sklavennachwuchs versprach, kam es in ökonomischen Krisen häufig genug vor, dass Mann und Frau getrennt auf dem Sklavenmarkt verkauft wurden, von den Kindern ganz zu schweigen. Nach der Aufhebung der Sklaverei wurden Ehen zwischen Schwarzen zwar legal, aber in den sogenannten Black Codes, den neuen Rassegesetzen, die in den Südstaaten an die Stelle der *peculiar institution* (Sklaverei) traten, wurde die Ehe zwischen Schwarzen und Weißen verboten. In den westlichen Staaten der USA waren auch Chinesen vom Verbot der Eheschließung zwischen den Rassen betroffen. Im Jahr 1916 besaßen 28 US-Bundesstaaten Gesetze gegen rassische Mischehen.[12]

Wichtige Katalysatoren für den Paradigmenwechsel von sozialen zu rassisch-eugenischen Ehekriterien auch in Europa waren die Erfahrung mit der indigenen Bevölkerung in den Kolonien und die Rassendiskussion in den USA. Plötzlich wurde die Wahrnehmung der Dichotomie Weiß-Schwarz als größtmöglicher Gegensatz prägend, was sich an den Diskussionen über Mischehen zwischen indigenen Frauen und weißen Männern zeigt – der umgekehrte Fall spielte zwar als Männerphantasie eine einflussreiche Rolle, kam aber praktisch kaum vor. In den 1880er und frühen 1890er Jahren gab es in den deutschen Kolonien offenbar noch wenig Vorbehalte gegen Mischehen. Nach der Jahrhundertwende gingen die Gouverneure der deutschen Kolonien dazu über, Mischehen zu verbieten. Die passende Rechtsnorm lieferten mangels eines Reichsgesetzes die kolonialen Gerichte, die hervorhoben, dass die einheimische Bevölkerung den Reichsvorschriften über Eheschließung generell nicht unterläge – das bedeutete faktisch ein Eheverbot zwischen Schwarz und Weiß. Eine bezeichnende Ausnahme bildete Samoa, wo Ehen zwischen deutschen Männern und einheimischen Frauen Praxis blieben. Frauen aus Samoa entsprachen europäischen Schönheitsidealen und galten nicht als «schwarz», offenbar auch deshalb, weil vor allem die Häuptlingstöchter substantiellen Besitz mit in die Ehe brachten. Quantitativ spielten Mischehen in den Kolonien des Deutschen Reiches keine Rolle. Für Deutschsüdwestafrika geht man von vierzig Ehen dieser Art aus, für Samoa – bei einer sehr viel geringeren weißen Bevölkerung – bis 1907 von etwa neunzig. Aber die Debatte im Reichstag 1913, in der sich eine Mehrheit aus Zentrum, Sozialdemokratie und Linksliberalen für die Anerkennung von Mischehen in einem Reichsgesetz aussprach, veranschaulicht die prinzipielle Bedeutung.[13]

Im 20. Jahrhundert konzentrierten sich die staatlichen Ehegesetze nicht mehr auf die Verhinderung von Ehen aus sozialen Erwägungen, sondern im Zeichen der Eugenik auf die Verschränkung von «Rasse» und «Volksgesundheit». Generell sympathisierte man vor allem in protestantischen Ländern mit einer aktiven «Gesundheitspolitik», die als Teil eines *social engineering* verstanden wurde, während in den katholischen Ländern die ablehnende Haltung des Papstes gegenüber Geburtenbeschränkungen Richtschnur des Handelns blieb. Bereits 1899 hatte der US-Bundesstaat Michigan die Eheschließung von Personen mit Geschlechtskrankheiten untersagt. 1923 verlangte Dänemark von «Geisteskranken» eine amtliche Eheerlaubnis. In der Weimarer Republik wurden Gesetzentwürfe zur «Hebung» der Volksgesundheit diskutiert, allerdings ohne Ergebnis. Seit 1934 setzte man in Schweden ein Sterilisationsprogramm um. Die Eugenik als Staatspolitik erreichte im Nationalsozialismus eine einzigartige Qualität. Die «Eheeignung» wurde nach 1933 besonders geprüft. 1935 verbot man die Eheschließung von Gesunden mit «Erbkranken», zu denen man vor allem Geschlechtskranke, aber auch Menschen mit geistigen und psychischen Krankheiten zählte. Die Eheverhinderungspolitik des nationalsozialistischen Staates mündete über die Zwangssterilisation in das Mordprogramm der T4-Aktion. Für die «Ehetauglichkeit» verlangte der NS-Staat ein amtsärztliches Zeugnis über Potenz und Gebärfähigkeit, aber auch über die soziale Prognose im Hinblick auf Mutterschaft der Frau und Ernährerfunktion des Ehemannes.[14]

Vor dem Ersten Weltkrieg existierte kein allgemeines Konzept von einer Eheschließungsfreiheit als individuellem Grundrecht. Viele Staaten hielten sich selbstverständlich für berechtigt, die Ehen von Offizieren und einfachen Soldaten an bestimmte Erfordernisse zu knüpfen und gegebenenfalls zu verbieten. Die Begründung der Eheverbote änderte sich: Hatten bis ins 19. Jahrhundert hinein soziale und religiös-konfessionelle Hindernisse bestanden, wurden diese im 20. Jahrhundert durch rassisch-eugenische Vorbehalte ersetzt. Allerdings erhielten manche Teile der Bevölkerung, vor allem Arme, die keiner ethnischen oder religiösen Minderheit angehörten, erstmals eine Chance auf Heirat.

Konkubinat, wilde Ehe, nichteheliche Lebensgemeinschaft

Im Unterschied zu heute, da nichteheliche Lebensgemeinschaften im Regelfall Resultat einer freien Entscheidung sind, gestalteten sich die Verhältnisse im 19. und in der ersten Hälfte des 20. Jahrhunderts anders. In Adel und Bürgertum war eine nichteheliche Lebensgemeinschaft äußerst selten, wenn überhaupt, stellte sie einen veritablen Skandal dar. Frauen und Männer der Unterschichten ließen sich vom Zusammenleben aber auch durch ein Eheverbot und entsprechende polizeiliche Maßnahmen nicht abhalten. Bei den Unterschichten Hamburgs war – nicht zuletzt wegen der Ehebeschränkungen – die wilde Ehe jedenfalls weit verbreitet. Anscheinend wurde sie hier nicht als sittenwidrig angesehen. Vor allem die Kirchen kämpften gegen die wilden Ehen, weil sie gegen die Vorstellungen von einer gottgewollten Ordnung verstießen. Katholische und protestantische Pfarrer bemühten sich überall, unverheiratet zusammenlebende Paare entweder zur Eheschließung zu bewegen oder zu trennen. Häufig standen einer Heirat formale Hindernisse entgegen. Das war etwa dann der Fall, wenn einer der Partner noch verheiratet war und, bei Protestanten, eine Ehescheidung nicht erreicht werden konnte. Um dem Drängen des Pfarrers zu widerstehen, machten viele Paare ihre Armut geltend. In Stollberg im Erzgebirge lebten 1854 13 Paare im Konkubinat, weil sie angaben, die Traugebühren nicht bezahlen zu können. In diesen Fällen erfolgte gelegentlich eine Eheschließung, wenn dem Paar finanzielle Unterstützung versprochen wurde.[15]

Praktische Eheverhinderung für Ausländer war im 19. Jahrhundert nicht selten. Zwar kannte Preußen keine allgemeinen Eheverbote, aber Angehörigen anderer deutscher Staaten, die nach dem preußischen Unterstützungsgesetz von 1842 wegen Armut nicht als Einwohner in den Gemeinden angenommen wurden, verweigerten die Gemeinden die Eheschließung. Gebürtige Hessen in Preußen oder Württemberger in Bayern liefen Gefahr, dort keine Ehe schließen zu können. Das Leben im Konkubinat war oft die Folge. Die Betroffenen gaben dann meist an, sie würden heiraten, wenn man sie «naturalisieren», also einbürgern würde. Es blieb unklar, ob diese Angaben zutrafen oder ob die Befragten nur verbergen wollten, dass keine Heiratsabsicht bestand.[16] Die Häufigkeit der Konkubinate ist schwer zu schätzen. In Sachsen ging man in der Mitte des 19. Jahrhunderts von einem Verhältnis von elf legitimen Ehen zu einem Konkubinat aus. Auch in Hamburg scheint der Anteil der wilden Ehen hoch gewesen zu sein. Die Enquete über die sittlichen Verhältnisse der evangelischen Landbewohner aus den 1890er Jahren berichtete nur von wenigen Fällen, in denen wirtschaftliche Gründe vorlagen: «In den ersten beiden Fällen sind die Frauen Witwen, welche Witwenpension beziehen, und um dieselbe nicht zu verlieren, heiraten sie nicht wieder, sondern unterhalten das Verhältnis als wilde Ehe.»[17]

Nach 1945 nahm die Anzahl der Ehen ohne Trauschein vor allem im nördlichen Europa stark zu, in Südeuropa blieben sie selten. Solche Unterschiede sind auch im globalen Zusammenhang auffällig: In den USA kommen wilde Ehen vor allem in der weißen Mittelschicht kaum vor, sind bei der schwarzen Bevölkerung aber häufig. In Großbritannien dagegen sind sie wie in der Bundesrepublik alltäglich. Dabei wirken wiederum konfessionelle Unterschiede und der Stadt-Land-Gegensatz an regional unterschiedlichen Verhaltensmustern mit. Verallgemeinernd kann man festhalten, dass das Heiratsverhalten zur Betonung von Unterschieden zwischen sozialen, ethnischen und religiösen Gruppen dient und als solches nie unveränderbar feststehend erscheint.

Eheschließung und Staatsangehörigkeit

Eheschließungen als Ausländer oder mit einem ausländischen Staatsangehörigen brachten nicht erst im 20. Jahrhundert Schwierigkeiten mit sich. Die Folgen einer binationalen Eheschließung waren jedenfalls für Frauen gravierend. Grundsätzlich blieben die europäischen Rechtsordnungen bis in die Mitte des 20. Jahrhunderts patriarchalisch geprägt: Die Ehefrau nahm mit der Eheschließung automatisch die Staatsangehörigkeit des Ehemannes an und verlor die eigene Nationalität. Das galt selbst für die britische Prinzessin Victoria, die mit ihrer Ehe zur Preußin wurde. Formal war sie von da an bei Reisen auf die Erlaubnis der preußischen Regierung angewiesen. Die Abhängigkeit der Staatsangehörigkeit der Ehefrau von der des Mannes gehörte selbstverständlich zum Alltag in der Mehrheit der europäischen Staaten, hatte aber gelegentlich schwerwiegende Folgen. 1845 verzichtete Karl Marx in der Emigration auf seine preußische Staatsbürgerschaft. Diese Entscheidung machte ihn, seine Frau Jenny und die Kinder zu Staatenlosen. In der Folge benötigte Jenny die Hilfe ihres Bruders Ferdinand von Westphalen, des preußischen Innenministers, wenn sie ins heimatliche Trier reisen wollte.[18]

In den neunziger Jahren des 19. Jahrhunderts heiratete die britische Gesellschaftsschönheit Daisy Cornwallis-West den steinreichen Erben einer ostpreußischen Magnatenfamilie, Hans von Pleß. Daisy wurde folglich nach deutschem Recht deutsche Staatsbürgerin. Auch die britischen Gesetze von 1870 und später von 1914 legten übrigens fest, dass die Frau eines Ausländers selbst zur Ausländerin wurde. Nach dem Ende des Ersten Weltkrieges nahm der Fürst von Pleß die polnische Staatsbürgerschaft an, in dem letztlich erfolglosen Bemühen, seinen Besitz in Oberschlesien zu retten. Daisy reichte den Antrag auf Erteilung der polnischen Staatsbürgerschaft erst nach der Ehescheidung im Jahr 1924 ein. Der Antrag wurde von der polnischen Regierung abgelehnt. Als geschiedene Frau eines polnischen Staatsbürgers verlor Daisy ihre deutsche Staatsbürgerschaft, ohne die britische wiederzuerlangen, denn dafür wäre eine Rückkehr nach Großbritannien nötig gewesen. Daisy galt von nun an in Deutschland als «Devisenausländerin» und war staatenlos geworden. Nach 1933, als die nationalsozialistische Regierung eine umfassende Devisenzwangsbewirtschaftung einführte, liefen die Apanagezahlungen der Pleß'schen Verwaltung in Schlesien und aus dem polnischen Pleß immer zögernder ein. Im Jahr 1937 machte die Pleß-Verwaltung in Schlesien die Devisenstelle in Breslau dafür verantwortlich, dass sie keine Devisengenehmigung für Zahlungen mehr erhielt. Die Mittel für den Lebensunterhalt der geschiedenen Fürstin und schwerkranken Frau, deren früherer Ehemann und die gemeinsamen Söhne inzwischen als polnische Staatsbürger in Paris und London lebten, waren unter diesen Umständen kaum noch zu beschaffen. Aus der Gattin eines der reichsten Deutschen der Jahrhundertwende war in den späten dreißiger Jahren eine staatenlose geschiedene Frau in prekärer finanzieller Lage geworden.[19]

Die meisten Regierungen begründeten die «abgeleitete» Staatsangehörigkeit von verheirateten Frauen mit der Vorstellung von der Stabilität der Familie. Mehrere Staatsangehörigkeiten in einer Familie schienen undenkbar. Man fürchtete in Konfliktfällen diplomatische Schwierigkeiten, wenn es etwa um den Schutz von eigenen Staatsangehörigen durch die Konsulate im Ausland ging. Die Übertragung der britischen Staatsangehörigkeit an Ausländerinnen bei der Heirat mit einem britischen Mann wurde nicht nur als unproblematisch, sondern sogar als wünschenswert bewertet, um die *Britishness* der neuen Familie zu gewährleisten. Ähnlich funktionierte der Rassismus der amerikanischen Südstaaten, indem sexuelle Beziehungen zwischen weißen Frauen und schwarzen Männern als Bedrohung der sozialen Ordnung galten. Viele Kolonialregime versuchten, Heiraten einheimischer Männer mit europäischen Frauen zu verhindern. Während es niederländischen, deutschen oder britischen Männern nach zeitgenössischer Meinung gelingen konnte, nichtweiße Frauen durch Heirat und Familiengründung zu akkulturalisieren, wurde das weißen Frauen nicht zugetraut. Im Gegenteil, im amerikanischen Süden webte sich ein elaborierter Ehrenkodex um das sexuelle Verhalten der weißen Frau. In Großbritannien wurde dann in der Zwischenkriegszeit die Staatsangehörigkeit von Ehefrauen zu einem Thema der Frauenbewegung. Angesichts der Massenmigration forderten britische Frauen in den Dominions eine Staatsangehörigkeit aus eigenem Recht. Die Vereinigten Staaten erließen zwischenzeitlich sogar Staatsangehörigkeitsgesetze, die Britinnen, die US-Amerikaner heirateten, zur Staatenlosigkeit verurteilten. Erst 1948 erhielten geborene Britinnen die Garantie, auch bei einer Eheschließung mit einem Ausländer ihre Staatsangehörigkeit behalten zu können.[20]

Bis 1953 erwarben in der Bundesrepublik ausländische Frauen durch ihre Eheschließung mit einem deutschen Mann automatisch die deutsche Staatsbürgerschaft, und umgekehrt verloren deutsche Frauen, die einen Ausländer heirateten, meist ihre deutsche Staatsbürgerschaft. Seit den siebziger Jahren sind Männer und Frauen im Staatsangehörigkeitsrecht gleichgestellt. Im Fall einer Eheschließung mit einem oder einer Deutschen ist an die Stelle der automatischen Verleihung der Staatsbürgerschaft die an Bedingungen geknüpfte Einbürgerung des ausländischen Partners getreten.

Bigamie und Polygamie

In den christlich geprägten Gesellschaften des Westens repräsentiert die Monogamie die allgemeine Norm. Das christliche Ehekonzept hatte sich von den Vorstellungen des Alten Testaments abgekehrt und dem griechisch-römischen Erbe zugewandt, in dem selbst der Göttervater Zeus zwar zahllose Liebschaften verfolgte, aber nur eine Ehefrau besaß. Die sukzessive Monogamie, also die Schließung von mehreren Ehen nacheinander, kam im 18. und 19. Jahrhundert schon wegen der hohen Sterblichkeit häufig vor. Der genetische Vorteil der Frauen, der ihnen prinzipiell eine höhere Lebenserwartung bescherte, egalisierte sich durch die große Gefahr, die eine Schwangerschaft und das Wochenbett darstellten. Erst mit dem wissenschaftlichen Verständnis von Hygiene und der Prophylaxe des Kindbettfiebers, einer bakteriellen Infektion, die häufig durch Ärzte übertragen wurde, sank die Müttersterblichkeit nachhaltig.

Bigamie in Gestalt eines Doppellebens ist bis heute selten. Allerdings kann man davon ausgehen, dass viele vor allem männliche Auswanderer, die eine Familie in Europa zurückließen, sich in den Vereinigten Staaten neu verheirateten, ohne sich zuvor um die Formalitäten einer Ehescheidung gekümmert zu haben. Für die in Deutschland zurückgebliebenen Ehefrauen wurde die Ehescheidung dann wichtig, wenn sie sich wieder verheiraten wollten. Das bekannteste westliche Beispiel für eine polygame Ordnung bilden die Mormonen in den USA, die einem Mann die Eheschließung mit bis zu sieben Frauen erlaubten. Einerseits schützte die amerikanische Verfassung Religionsfreiheit und bot Raum für individuelle Gestaltung der religiösen Praxis, andererseits aber störte die Polygamie nach Ansicht des Kongresses und vieler Mitglieder anderer protestantischer Denominationen die akzeptierte gesellschaftliche Ordnung, nicht zuletzt, weil sie an Zustände in afrikanischen Königreichen und im Islam erinnerte. Der Oberste Gerichtshof entschied 1878, dass Polygamie «eine abscheuliche Praxis sei, die religiöse Doktrinen über das Gesetz des Landes stelle und am Ende dem Bürger erlaube, eigene Gesetze zu machen». Der Kongress bekräftigte nachdrücklich, dass es keinem religiösen Bekenntnis gestattet werden könne, sich über die Verfassung zu stellen. Die Mormonen, die sich in Utah angesiedelt hatten, verzichteten 1890 zumindest offiziell auf die Praxis, um einen eigenen Bundesstaat innerhalb der Vereinigten Staaten gründen zu können.[21]

Verwandtenehen und das Verbot in Großbritannien, die Schwester der verstorbenen Ehefrau zu heiraten

Verwandtenehen, also Ehen innerhalb einer begrenzten Gruppe (Endogamie), waren im 19. Jahrhundert in vielen Ländern üblich. Unter den europäischen Fürstenfamilien kamen sie seit dem Mittelalter häufig vor; die degenerativen Folgen wie die «Habsburgerlippe» waren unübersehbar und wurden in der Öffentlichkeit diskutiert. Heiraten zwischen Cousins und Cousinen erlebten zwischen 1880 und 1920 in Großbritannien, Frankreich, der Schweiz und Südwestdeutschland einen Höhepunkt. Auch außerhalb Europas, etwa in den muslimischen Gesellschaften Arabiens und Indiens, kamen sie häufig vor.

Die kanonischen Eheverbote der christlichen Kirchen hatten stets versucht, gegen solche Familienallianzen vorzugehen. Dabei entstand Verwandtschaft im christlichen Sinn eben nicht nur als «Blutsverwandtschaft» in einer Abstammungsgemeinschaft, sondern auch spirituell durch Schwägerschaft. Zunächst erstreckten sich die kirchlichen Eheverbote bis in den vierten Grad der Verwandtschaft. Die rigorose Verbotsgesetzgebung wurde aber durch eine großzügige Dispenspraxis gemildert. Gegen eine moderate Gebühr war meist ein Dispens erhältlich. So wurde es in vielen europäischen Gesellschaften üblich, dass ein Onkel seine Nichte heiratete. Auch Eheschließungen zwischen Cousin und Cousine wurden in adligen und bürgerlichen Familien gern gesehen. Unter solchen Bedingungen entwickelten sich Herrscherdynastien, aber auch Pfarrer-, Gelehrten- und Kaufmannsfamilien. 1893 heiratete Max Weber Marianne Schnitger. Sein Vater und ihr Großvater waren Brüder. In manchen Familien waren Cousinenheiraten notorisch. Charles Darwin und seine Verwandtschaft mit der Familie Wedgewood sind das bekannteste Beispiel in Großbritannien. Darwins naturwissenschaftliches Interesse für Vererbung hängt auch mit der öffentlichen Diskussion zusammen, die in Europa zu dieser Zeit geführt wurde, meist anhand der Beispiele von Fürstenfamilien, in denen etwa die Bluterkrankheit erblich auftrat. Überhaupt lässt sich für das 19. Jahrhundert von einer wachsenden Faszination für Abstammung, Genealogie und erbliche Eigenschaften sprechen, deren ethnisch-pseudowissenschaftliche Interpretation dann auch rassistischen Vorstellungen den Weg bereitete.

Der hohe Anteil von Verwandtenehen im europäischen Adel hängt mit den Vorstellungen von ständischer Ebenbürtigkeit, konkreten Erbinteressen und der geringen Größe der gesamten Gruppe zusammen. Vergleichbare Strategien verfolgten das gehobene Bürgertum und der niedere Adel in Südwestdeutschland und der Schweiz. Die Unternehmerfamilien Chamberlain, Martineau und Ryland in Birmingham verband die Zugehörigkeit zur unitarischen Gemeinde, einer protestantischen Freikirche. Die Ehen, die diese Familien untereinander schlossen, gewährleisteten konfessionellen Zusammenhalt und ökonomische Parität. Die Quäkerfamilien Barclay und Gurney, die als

Bankiers Imperien aufbauten, schlossen mehrfach Verwandtenehen. Wie in den Romanen Jane Austens oder Elizabeth Gaskells beschrieben, in denen viele verwandte Paare auftauchen, erfüllten sie gleich mehrere Erwartungen auf einmal: soziale Parität, eine «wohltemperierte» und von Geburt an bestehende «natürliche» Zuneigung und die Wahrung der Familientradition. In einer zunehmend antagonistischen Klassengesellschaft wie in Großbritannien drückten solche Ehen soziale Harmonie und bewundertes Ebenmaß aus. Die Austen-Heldinnen Emma Woodhouse und Elinor Dashwood entscheiden sich, nach einigen Verirrungen, für ihre angeheirateten Verwandten. Die Sehnsucht der Frauen nach dem Abenteuer, insbesondere nach dem Mann als Abenteurer wird am Ende durch das Naheliegende und Bekannte überwunden. Eine Verwandtenehe stellte das geringere Risiko dar. David Sabean und andere betonen, dass dieser Trend vermehrter Endogamie zumindest in besitzenden Familien gegen die Annahme spricht, Familie und Verwandtschaft hätten in der Moderne generell an Bedeutung verloren.[22] Allerdings setzte sich dieser Trend im 20. Jahrhundert nicht fort. Zwar blieb ein ähnlicher sozialer Status auch im 20. Jahrhundert wichtig, und in Unternehmerfamilien kam Allianzenbildung durch Eheschließung auch weiterhin vor. So heiratete beispielsweise der Erbe der Frankfurter Metallgesellschaft, Richard Merton, 1910 die Hamburger Bankierstochter Ella Behrens. Mit der wachsenden sozialen Mobilität erweiterten sich jedoch die Verkehrskreise, und die verbesserte Frauenbildung ermöglichte neue Bekanntschaften. In der Gegenwart kommen Verwandtenehen in Einwanderergruppen, zum Beispiel bei Türken in der Bundesrepublik, häufiger vor. Hierbei geht es um kulturelle und sprachliche Vertrautheit, aber auch um die Sicherung eines patriarchalischen Herrschaftsverständnisses. In der Verbindung von Verwandten- und Zwangsehen zeigt sich eine prekäre Folge des Versuchs, engmaschige Netzwerke und kulturell homogene Milieus zu schaffen.[23]

Ausgerechnet in Großbritannien mit seiner Vorliebe für Verwandtenehen in den gehobenen Schichten wurde mit dem Ehegesetz von 1836 eine Form der Eheschließung, die anderswo weit verbreitet war, verboten. In der Mehrheit der europäischen Länder war es für einen Witwer möglich, die Schwester seiner verstorbenen Ehefrau zu heiraten – in Frankreich etwa erreichten Eheschließungen zwischen Männern und den Schwestern ihrer verstorbenen Frauen in der zweiten Hälfte des 19. Jahrhunderts einen Anteil von immerhin drei Prozent. Der umgekehrte Fall, in dem eine Frau den Bruder ihres verstorbenen Mannes heiratete, kam weit seltener vor. Besonders wenn kleine Kinder zu versorgen waren, erschien es als natürlich, dass eine Schwester der Mutter, die ja die Tante der Kinder war, als neue Ehefrau in Betracht kam. Der Eifer der parlamentarischen Gesetzgeber, das restriktive kanonische Eherecht in ein Gesetz zu übernehmen, stürzte viele Paare in große Schwierigkeiten. Manche Paare heirateten im Ausland und hofften auf Anerkennung ihrer Ehe in England. Erst 1907, nach vielen erfolglosen Versuchen, gelang die Aufhebung des Gesetzes, das im übrigen Europa nur Erstaunen ausgelöst hatte.[24]

Die Vorliebe für Verwandtenehen findet sich in vielen europäischen Gesellschaften; das gilt aber nicht für sämtliche ihrer Gruppen. Generell kommen geografisch isolierte Gesellschaften (in Bergtälern, auf Inseln) auf höhere Anteile von Verwandtenehen. Verwandtenehen konnten auch, wie in Osteuropa, mit entfernteren Verwandten geschlossen werden. Auf diese Weise wurden große familiäre Netzwerke gebildet. Unter den ostpreußischen Adelsfamilien des 19. Jahrhunderts waren Ehen mit Mitgliedern anderer Familienzweige und Mehrfachehen mit Nachbarfamilien keineswegs selten. Wo Landbesitz vererbt wurde, standen Verwandte höher im Kurs als bei der armen Bevölkerung. David Sabean hat für das Dorf Neckarhausen herausgefunden, dass dort in den 1860er Jahren die Hälfte aller Eheschließungen im Verwandtenkreis stattfand, wobei sowohl Blutsverwandtschaft als auch angeheiratete Verwandtschaft berücksichtigt wurden. In den besitzenden Bevölkerungsschichten des 19. Jahrhunderts genoss die Verwandtenehe offenbar als Reaktion auf zunehmende soziale Differenzierung großes Ansehen. Die Abschottung nach unten blieb in einer Gesellschaft, in der die soziale Mobilität anstieg, wichtig. Unter städtischen Arbeitern gab es dagegen kaum Neigungen, Verwandte zu heiraten; das wäre eher als Einschränkung der Heiratsmöglichkeiten empfunden worden. In der Welt der Arbeiterschaft hatten endogame Ehen keinen sozialen Sinn.[25]

Mischehen

Eheschließungen zwischen Katholiken und Protestanten stießen mindestens bis zur Einführung der Zivilehe im Deutschen Reich 1875 grundsätzlich auf Schwierigkeiten, von dem möglichen Widerstand der Familien ganz zu schweigen. Eine ökumenische Trauung gab es nicht. Die Eheleute mussten einen Pfarrer finden, der zur Trauung bereit war. 1825 legte der preußische Staat fest, Kinder seien in der Konfession des Vaters zu erziehen. Dies war die Wurzel eines Konflikts, der in den «Mischehenstreit» der 1830er Jahre zwischen dem Staat und der katholischen Kirche mündete. Im Rheinland mit seiner katholischen Bevölkerungsmehrheit waren Mischehen selten gewesen. Mit der Übernahme der Herrschaft durch Preußen im Jahr 1815 bestanden Mischehen meist aus einem protestantischen Bräutigam, zum Beispiel einem Beamten, der ins Rheinland versetzt worden war, und einer einheimischen katholischen Braut. Im Regierungsbezirk Düsseldorf stieg der Anteil der Mischehen bis 1824 von 7,4 auf 11,3 Prozent an. 1837 ordnete der neue Kölner Erzbischof Droste-Vischering für den katholischen Klerus an, die kanonischen Ehegebote streng einzuhalten. Konkret ging es um die Erziehung von Kindern in gemischtkonfessionellen Ehen. Die katholische Kirche erwartete von ihren Gläubigen das Versprechen katholischer Kindererziehung, die Regelung des Staates bevorzugte dagegen mit der Konfession des Vaters praktisch den Protestantismus. Der Staat trat damit auch in Fragen der Konfession für eine patriarchalische Ordnung ein. Die Folgen waren für die katholische Kirche im Rheinland inakzeptabel. Die Auseinandersetzung eskalierte, der Bischof wurde seines Amtes enthoben und in der Festung Minden festgesetzt. Die katholische Bevölkerung des Rheinlands solidarisierte sich mit dem Bischof. Unruhen brachen aus, die sich auf die Provinz Posen mit ihrer mehrheitlich katholischen Bevölkerung ausweiteten. Erst der Thronwechsel 1840 beruhigte die Lage. Der neue König Friedrich Wilhelm IV. suchte einen Ausgleich. Droste-Vischering konnte zwar nicht in sein Amt zurückkehren, aber 1841 akzeptierte der preußische Staat die Position der katholischen Kirche.[26]

Eheschließungen zwischen verschiedenen Konfessionen waren auch in Großbritannien im 19. Jahrhundert noch durch Hindernisse geprägt, die eher die Wahl eines konfessionsgleichen Partners nahelegten. Grundsätzlich konnte nur in der anglikanischen Kirche geheiratet werden. Für Dissenter, also Angehörige der protestantischen Freikirchen wie Methodisten und Baptisten, galten Sonderregelungen. Für Mischehen zwischen Mitgliedern der Freikirchen und Katholiken führte der *Marriage Act* von 1836 den Zwang zu ziviler Registrierung ein. Wie in anderen Ländern bildete das nie ganz zu unterdrückende Verlangen einer Eheschließung zwischen konfessionell oder religiös Verschiedenen das Einfallstor des Staates, die überkommene kirchliche Oberhoheit in Ehesachen einzuschränken und letztlich zu beseitigen.[27]

Einzelne katholische Ehewillige in Deutschland stießen auch nach der Einführung der Zivilehe auf Probleme. 1881 berichtete Kronprinzessin Victoria ihrer Mutter über eine protestantisch-katholische Ehe im Hochadel. Paul von Mecklenburg heiratete als Angehöriger eines protestantischen Fürstenhauses seine katholische Cousine Marie von Windisch-Grätz. Das Brautpaar ließ sich gegen den Willen des Brautvaters zivil und protestantisch trauen. Ein katholischer Priester, der bereit war, das Paar zu trauen, fand sich nicht, da das Versprechen katholischer Kindererziehung verweigert wurde und damit auch der Papst dieser Ehe die Zustimmung verweigerte. Queen Victoria als überzeugte Protestantin meinte kühl, dann müssten eben eine zivile und eine protestantische Trauung reichen. Für die Gewissensnöte einer katholischen Braut besaß sie nur wenig Verständnis.[28]

Ehen zwischen Juden und Christen waren zu Beginn des 19. Jahrhunderts noch vielfach verboten. Das preußische Allgemeine Landrecht untersagte Ehen zwischen Christen und Nichtchristen; Juden wurden nicht explizit erwähnt. Nur in Frankreich und in Sachsen-Weimar konnte in den 1840er Jahren eine solche Ehe geschlossen werden. In Sachsen-Weimar war man bei der liberalen napoleonischen Gesetzgebung geblieben. In Mecklenburg-Schwerin war die Ehe zwischen Juden und Christen 1813 erlaubt, aber bereits 1817 wieder untersagt worden. In Kurhessen bemühte man sich zu Beginn des 19. Jahrhunderts um eine Lösung wenigstens für Paare, die schon lange im Konkubinat lebten. In Preußen gab es seit 1847 die Möglichkeit, eine fakultative Zivilehe zu schließen, die aber voraussetzte, dass beide Partner aus ihrer Religionsgemeinschaft ausschieden. In Hamburg waren solche Ehen seit der Provisorischen Verordnung von 1851 und mit der fakultativen Zivilehe 1861 möglich. Viele Paare lösten das Problem daher auf anderem Wege: Wie schon Rahel Levin, die für ihre Heirat mit Varnhagen von Ense zum Protestantismus übertrat, entschied man sich für den Religionswechsel. Jenny von Westphalen heiratete mit Karl Marx den Sohn eines Konvertiten. Die Kinder des konvertierten Hofbankiers Simon Freiherr von Eichthal heirateten in den bayerischen Adel ein. Der Sohn Karl von Eichthal war mit einer Tochter des bayerischen Obersten Johann Baptist Graf Khuen von Belasi verheiratet, die Tochter Anna Sophia mit einem Grafen Berchem. Die Assimilation von Teilen des Judentums vollzog sich damit im 19. Jahrhundert zu einem guten Teil über die Eheschließung (Konnubium).[29]

Rechtliche Ehehindernisse für Angehörige verschiedener Konfessionen fielen im Deutschen Reich mit der Einführung der Zivilehe 1875 fort. Aus der Perspektive der Religionsgemeinschaften freilich vollzog sich der Tolerierungsprozess nur langsam. Im orthodoxen Judentum kamen Mischehen nicht vor. Nur bei den Reformjuden akzeptierte man sie. Vor 1850 lebten gemischte Paare, meist aus dem gewerblichen Milieu, in Hamburg meist in wilder Ehe. Nach der begrenzten Zulassung als Folge der Revolution von 1848/49 ging es ihnen hauptsächlich um eine Legitimierung der Kinder, die den Makel der nichtehelichen Geburt verlieren sollten. Von allgemeiner Akzeptanz christlich-jüdischer Mischehen konnte keine Rede sein. Antisemitische Vorurteile waren nicht nur in den deutschen Staaten bereits zuvor verbreitet. In Hamburg und anderen Städten hatten 1819 die Hep-Hep-Unruhen das Gewaltpotential aufgezeigt.

Mischehen zwischen Christen und Juden blieben auch nach 1870 ein urbanes Phänomen. Ihr Anteil an den von Juden geschlossenen Ehen wuchs in Hamburg und Berlin schnell. Zwischen 1886 und 1890 wurden in Hamburg 499 jüdische Ehen und 150 Mischehen geschlossen. 1910 war bereits jede dritte Ehe mit jüdischer Beteiligung eine Mischehe. Im Regelfall richtete sich die Konfession der Kinder auch in diesen Familien nach derjenigen des Vaters, obwohl im Judentum die

Geburt durch eine jüdische Mutter entscheidend war. Unter den Bedingungen des 19. Jahrhunderts war der Assimilationsdruck groß. Trotzdem konnte sich auch in Mischehen jüdische Kultur behaupten. Die Angaben über den Anteil der jüdischen Kinder aus den Mischehen schwanken zwischen 25 und 40 Prozent. Auch in Mischehen wurde also Nachwuchs für das Judentum geboren.[30]

Im Nationalsozialismus erfolgte die Umdeutung der Mischehe als konfessionelle Erscheinung in die «Rassenmischehe». Im November 1933 wandte sich ein «Gesetz gegen Mißbräuche bei der Eheschließung» gegen die «Verschleierung der Rassenzugehörigkeit» durch Juden. Das «Gesetz zum Schutze des deutschen Blutes und der deutschen Ehre» von 1935 untersagte Ehen zwischen «Volljuden» und «Staatsangehörigen deutschen oder artverwandten Blutes». Bestehende Mischehen waren nicht betroffen. In der Folge erleichterte der NS-Staat die Annullierung beziehungsweise Scheidung. Sie kamen allerdings selten vor: Der jüdische Bevölkerungsanteil im Deutschen Reich hat in den zwanziger Jahren nicht über einem Prozent gelegen, und man kann davon ausgehen, dass etwa 25 Prozent der heiratenden Juden einen christlichen Partner wählten. Für die Nationalsozialisten aber hatte das Thema im Kontext der Verschränkung von Antisemitismus, Ehe und Sexualität zum Aufbau einer «arischen» Volksgemeinschaft paradigmatische Bedeutung. «Rassenschande», also sexuelle Kontakte zwischen Juden und Nichtjuden, wurden vor allem dann gegeißelt, wenn nichtjüdische Frauen eine Beziehung zu jüdischen Männern unterhielten.[31]

Der Ausbau der Abstammungsdokumentation zum «Ariernachweis» kam für viele Heiratswillige faktisch einem Eheverbot gleich. Für bestehende Mischehen wurde ein diskriminierendes Klassifizierungssystem erdacht. Paare, bei denen der Mann Christ und die Frau Jüdin war, lebten in «privilegierten Mischehen». Meist konnten sie in ihren Wohnungen bleiben, während Paare, in denen der Mann Jude war, in beengte «Judenhäuser» umziehen mussten. Die Kategorisierung richtete sich aber auch danach, ob in der Ehe Kinder vorhanden waren oder nicht. Victor Klemperer lebte als getaufter Jude in einer nichtprivilegierten Mischehe und berichtete als Betroffener über den Druck, der auf solchen Ehen lastete, vor allem während des Weltkrieges. Einerseits wusste er genau, dass ihn seine Frau Eva vor der Deportation in ein Konzentrationslager schützte, andererseits erlebte er tagtäglich bei Freunden und Nachbarn, wie dieser Schutz versagte. Der Tod des «arischen» Ehegatten bedeutete für den jüdischen Partner im Regelfall Deportation und Tod. Viele «arische» Ehepartner machten dennoch von der Möglichkeit, die ihnen das Gesetz bot, Gebrauch und bemühten sich, den jüdischen Partner loszuwerden. Klemperer umgekehrt dachte darüber nach, seiner Ehefrau zu ihrem Schutz die Scheidung zu empfehlen. Eva Klemperer stand wie andere mutig zu ihrem Mann. Der Protest in der Rosenstraße in Berlin, bei dem 1943 «arische» Frauen die Freilassung ihrer verhafteten jüdischen Männer verlangten, ist das berühmteste Beispiel für Widerstand, obwohl die Aktion letztlich nicht die Ursache für die Freilassung der Männer gewesen ist.[32]

Der Heiratsantrag

Wenn das Kennenlernen sich im sozialen Nahbereich abspielte und das Signalisieren von gegenseitigem Interesse die Regel war, konnte der Heiratsantrag doch nur vom Mann ausgehen. Der Frau war es höchstens möglich, zu einem solchen zu ermuntern oder ihn abzulehnen. In den unterbürgerlichen Schichten vollzog sich dieses Geschehen meist ohne große Förmlichkeit. Der Entschluss zur Heirat erfolgte gemeinsam, häufig im Zusammenhang mit einer Schwangerschaft. Im Bürgertum war im 19. Jahrhundert ein Heiratsantrag üblich. Höchstens der Ablauf konnte verschieden sein: Der zukünftige Bräutigam überlegte, ob erst die Zustimmung der Braut und dann die des Brautvaters eingeholt werden sollte oder umgekehrt. Berichte über einen das Knie beugenden Bräutigam, der die entscheidende Frage tut: «Willst du meine Frau werden?», sind selten. In Fontanes Roman *Frau Jenny Treibel* wird diese Szene zwischen Corinna und ihrem Vetter Marcel jedenfalls taktvoll ausgelassen. Unsere Vorstellungen stammen eher aus den Filmen des 20. Jahrhunderts, in denen die Frage des Mannes und die Zustimmung der Braut als Tradition dargestellt werden. Zahlen zum Verhältnis von abgelehnten zu angenommenen Heiratsanträgen lie-

Verlobung in den fünfziger Jahren

gen nicht vor. Katia Pringsheims «Ja» nach anfänglichem Zögern zeigte allerdings ein Muster. Als der Frankfurter Bürger Otto Hauck 1891 um Mathilde Metzler warb, blieb diese unsicher, weil sie Otto zwar schätzte und mochte, wohl aber kaum leidenschaftlich verliebt war. In ihrem Tagebuch berichtet sie schließlich: «Um ¼ 10 kam Otto! Ich bin Braut, glückliche Braut!» Gerade in dieser Situation konnte das familiäre Votum für den Bewerber den Ausschlag geben. Hier machte sich bemerkbar, dass die Gattenwahl meist in den Verkehrskreisen der Eltern stattfand. Für Katia Pringsheim und Mathilde Metzler gehörte die Ehe zum Lebensplan. Beide sahen letztlich keinen Grund, sich den Wünschen der Eltern zu widersetzen. Auf der anderen Seite kann von elterlichem Zwang keine Rede sein. Die jungen Frauen konnten auf einen anderen Bewerber warten, aber wiederum nicht zu lange. Die Wahrscheinlichkeit, dass ein Heiratsantrag eines Bewerbers aus dem Herkunftsmilieu angenommen wurde, war jedenfalls hoch. Von einer arrangierten Ehe im eigentlichen Sinn, in der die Frau gedrängt wird, einen bestimmten Bewerber zu akzeptieren, konnte man aber meist nicht sprechen.[33]

Heute kann auch die Frau dem Mann einen Heiratsantrag machen. Gleichgeschlechtliche Paare folgen gelegentlich dem Ritual. Von Heiratsratgebern in Buchform oder Internetforen unterstützt, sind romantische Anträge populär, in Venedig oder vor anderen malerischen Kulissen. Der Heiratsantrag erscheint heute von der Konvention gelöst: Die Form des Entschlusses zur Heirat folgt den individuellen Vorlieben des Paares.

Standesungleiche Ehen

Rechtlich gesehen, kann es eine standesungleiche Ehe nur in einer Gesellschaft geben, die eben ständisch organisiert ist, also nicht auf universeller Rechtsgleichheit basiert. Sie stellt einen Extremfall von Exogamie (Eheschließung außerhalb einer begrenzten Gruppe) dar, da sie keine soziale Parität anstrebt. Noch im 18. Jahrhundert hatten ständische Vorstellungen Kriege auslösen können. Der Wasunger Krieg von 1747, eine Auseinandersetzung zwischen den sächsischen Fürstentümern, hatte seinen Ausgang in einer Rangstreitigkeit zwischen Hofdamen, in der die Missheirat (Mesalliance) einer Prinzessin Solms, die nur einen Herrn von Pfaffenrath geheiratet hatte, im Mittelpunkt stand. Standesungleichheit als Idee existierte im 19. Jahrhundert zwar auch in anderen deutschen Staaten, aber rechtlich bedeutsam wurde sie nur dort, wo es viele arme adlige Ehesuchende gab: in Preußen.

Die für Ehen in der Frühen Neuzeit generell wichtigste ständische Trennlinie war diejenige zwischen Adel und Bürgertum. Allerdings irrte, wer glaubt, hier hätte es ein allgemeines Eheverbot gegeben. Im Allgemeinen Landrecht für die preußischen Staaten von 1794, das in diesem Punkt die Rechtspraxis der vergangenen Jahrzehnte zusammenfasste, wurden Ehen zwischen Männern von Adel und Frauen aus dem «niederen» Bürgerstande, also den Töchtern von Handwerkern und Bauern, als standesungleich untersagt. Die sehr viel häufigere Konstellation, in der ein adliger Mann eine Beamten- oder Kaufmannstochter heiraten wollte, stieß nicht auf rechtliche Schwierigkeiten. Vom umgekehrten Fall, in dem eine Adelstochter einen Bürger heiraten wollte, sprach das Landrecht überhaupt nicht. Dieser Regelung lag ein fundamentaler Unterschied der Geschlechter zugrunde: Ein adliger

Mann übertrug durch die Eheschließung seinen Adel auf seine Ehefrau und die künftigen Kinder; daraus resultierte das Anliegen, die Aufnahme von Bauerntöchtern, Kleinbürger- und Unterschichtenfrauen in den Adel zu verbieten. Heiratete eine adlige Frau einen nichtadligen Mann, war ihr Adel verloren und ihre Kinder so bürgerlich wie die Mehrheit der Bevölkerung. Während der Adel im Mann autonom existierte, bemaß sich die Adligkeit einer Frau bloß relational, gebunden an die Beziehung zum Vater und zum Ehemann.[34]

In den rechtspolitischen Diskussionen im Preußen der 1840er Jahre, in die sich auch König Friedrich Wilhelm IV. einschaltete, ging es um die Frage, ob überhaupt Dispense zu standesungleichen Ehen erteilt werden sollten und welche rechtlichen Folgen eine solche Ehe dann für die Ehefrau und die Kinder haben würde. In der Praxis betraf das häufig mittellose adlige Männer, die Frauen der Unterschicht heiraten wollten. Während der König im Sinne seines Adelsrestaurationsprojektes lieber keine Dispense erteilen beziehungsweise wenigstens den Kindern den Adelstitel und -namen vorenthalten wollte, votierte der Justizminister Mühler entschieden für eine bürgerliche Ordnung, in der Frauen und Kinder den Stand des Familienoberhauptes teilen sollten. In dieser Sichtweise bestand die wesentliche Eigenschaft des männlichen Familienoberhauptes überhaupt in der Fähigkeit, den eigenen Stand auf die Familienmitglieder zu übertragen. Doch Friedrich Wilhelm IV. ordnete an, bei Dispensen den Kindern solcher Ehen den Adel abzusprechen. Auch nach der Revolution von 1848/49 blieb die standesungleiche Ehe im Verfassungsstaat Preußen erhalten, obwohl die hohen Gerichte der Ansicht waren, Dispense in diesem Sinn seien längst überflüssig. Erst nach Beendigung des Verfassungskonflikts konnte die mehrmals aufgeschobene Eherechtsreform vom Preußischen Abgeordnetenhaus wieder aufgenommen und die Paragraphen 30–33 des Allgemeinen Landrechts aufgehoben werden.[35]

Adligen Männern in Preußen, die eine standesungleiche Ehe schließen, aber ihren eigenen Adel behalten wollten, blieb also bis in die 1860er Jahre nur das Dispensgesuch. Bei der Lektüre solcher Dispensgesuche werden völlig verarmte adlige Männer vor allem im preußischen Osten lebendig, die als Tagelöhner oder Müllergesellen arbeiten mussten. 1862 bat der Tagelöhner Johann von Sbichowski aus dem westpreußischen Marienwerder um die Erlaubnis, die Dienstmagd Anna Bialk heiraten zu dürfen. Im strengen Sinn des Allgemeinen Landrechts hatte diese adlige Armutsbevölkerung damit sogar den Anspruch auf ihren Adel verwirkt, weil sie sich eben nicht standesgemäß ernähren konnte. Im Regelfall erteilte das zuständige Gericht die Erlaubnis, vor allem dann, wenn die schriftliche Zustimmung von drei männlichen Verwandten des Antragstellers, den Agnaten, vorgelegt werden konnte. Von einer durch den Lebensstil gewährleisteten Zugehörigkeit zum Adel konnte in diesen Fällen allerdings keine Rede mehr sein. Manche Betroffenen verzichteten lieber gleich auf das «von» im Namen.[36]

Adlige Tagelöhner bildeten in den Dispensgesuchen allerdings eher die Ausnahme. Von den 150 Antragstellern gehörte ein Drittel zur gewerblichen Bevölkerung mit niedrigem Einkommen. Auch die übrigen Antragsteller, unter denen sich Rittergutsbesitzer, Offiziere, Landräte und Beamte fanden, zählten nicht zu den wohlhabenden Mitgliedern ihrer Berufsgruppen. Aber während die Tagelöhner durchgängig Frauen heirateten, die ihren sozialen Status teilten, unterliefen die anderen das herrschende Paritätsmuster und schlossen die Ehe mit Frauen, die sozial schlechter gestellt waren. Die Frauen heirateten umgekehrt «hinauf», sozial nach oben. Der sozialen Endogamie als vorherrschendem Muster wurden also zumindest gelegentlich auch Grenzen gesetzt.

Während Ehen mit bürgerlichen Beamten-, Offiziers- und Kaufmannstöchtern vor allem bei adligen Männern in Preußen häufig vorkamen, und sei es, um mit der Mitgift die schlechte finanzielle Lage zu verbessern, blieben Ehen der Adelstöchter mit bürgerlichen Männern seltener. 1814 heiratete Silvia von Ziegesar aus einer sächsischen Adelsfamilie den Pfarrer Friedrich August Koethe. Zwar fanden sich Adel und Bürgertum in vielen Regionen Deutschlands in einem bildungs- und kulturinteressierten Milieu zusammen, dennoch hatte die Ehe mit einem Pfarrer mit bescheidenem Einkommen für Silvia von Ziegesars Lebensstellung gravierende Folgen. Auch wenn die Schranken im alltäglichen Umgang von Adel und Bürgertum in vielen Bereichen im 19. Jahrhundert niedriger wurden und sich mehr Adelstöchter für eine Ehe mit einem bürgerlichen Beamten, Pfarrer oder Gutsbesitzer entschieden, wurden in den Herkunftsfamilien solche Ehen als Abstieg der Adelstochter begriffen. Für viele adlige Frauen, deren Familien Ehen mit bürgerlichen Männern ablehnten, bedeutete das praktisch Eheverzicht und ein Dasein als «alte Jungfer» im «Tantenflügel» des Schlosses.[37]

In Preußen wurde das Verbot von standesungleichen Ehen erst 1869 formell aufgehoben. Das hing mit der in der ersten Hälfte des 19. Jahrhunderts mehrmals gescheiterten Adelsreform zusammen, die vermutlich mit dieser Bestimmung früher aufgeräumt hätte. In der Reichsgründungszeit war von ihr nur noch eine symbolische Bedeutung übrig geblieben. Ein adliges Privileg, das die rechtliche Abgrenzung des Adels demonstriert hatte, verschwand endgültig aus dem bürgerlichen Recht.[38]

Morganatische Ehen

In manchen kontinentaleuropäischen Staaten existierte ein Rechtsinstitut, das in der britischen *common law*-Tradition vollkommen abgelehnt wurde: die morganatische Ehe oder auch Ehe zur linken Hand. Besonders bedeutsam wurde diese Eheform in den deutschen Territorien und Staaten mit ihrer Vielzahl von fürstlichen, also souveränen Herrscherfamilien. Mit ihr war es fürstlichen Personen möglich, eine standesungleiche Ehe zu schließen, die kirchenrechtlich volle Gültigkeit, aber zivilrechtlich nicht die üblichen Folgen einer Eheschließung hatte. Der Ehegatte teilte nicht den fürstlichen Stand. Damit wurde die morganatische Ehefrau eines Königs nicht Königin, sondern erhielt einen niedrigeren Adelstitel. Die Kinder aus einer solchen Ehe waren nicht nachfolgeberechtigt, konnten also nicht die Thronfolge antreten und mussten entsprechend aus dem fürstlichen Privatvermögen versorgt werden. In der Praxis des 19. Jahrhunderts betraf das beinahe ausschließlich fürstliche Männer, die sich mit Frauen des niederen Adels, bürgerlichen Frauen, gelegentlich auch Schauspielerinnen oder Tänzerinnen verheiraten wollten.

Die berühmteste morganatische Ehe in Deutschland wurde der 1787 geschlossene Bund des badischen Markgrafen Karl Friedrich mit Luise Caroline Geyer von Geyersberg. 1818 wurde den Nachkommen aus dieser Verbindung die Thronfolge in Baden für den Fall zugesichert, dass keine legitimen männlichen Nachkommen des Hauses mehr vorhanden waren. Im Jahr 1830 trat diese dynastische Notlage ein. Luise Carolines Sohn Leopold wurde Großherzog von Baden. Ein anderes Beispiel im 19. Jahrhundert betraf ausgerechnet einen Coburger, den Prinzen Leopold von Sachsen-Coburg-Gotha, also einen Verwandten des britischen Prinzgemahls Albert. Nachdem die familiären Bemühungen, Leopold in der bereits häufiger praktizierten Coburger Manier mit der spanischen Königin zu verheiraten, gescheitert waren, schloss der Prinz 1861 eine morganatische Ehe mit der Schauspielerin Konstanze Geiger. Zwar war die sächsische Fürstenfamilie alles andere als begeistert, aber letztlich entschloss sich Herzog Ernst II. von Sachsen-Coburg-Gotha, Konstanze als «Freifrau von Ruttenstein» in den Adelsstand zu erheben. Damit war die größte Kalamität beseitigt, und eventuellen Nachkommen wurde wenigstens die Adelsqualität gesichert. Leopold kam zugute, dass er keine Ambitionen auf einen Fürstenthron mehr besaß. So konnte das Paar abwechselnd in Gotha und Paris ein der Kunst und Kultur gewidmetes Leben führen.[39]

Partnerwahl als Lebensentscheidung

Die Partnerwahl stellte im 19. Jahrhundert vor allem aus Sicht der Frauen eine Entscheidung über das gesamte zukünftige Leben dar. Während der Mann im Regelfall sein Berufsleben außerhalb des Ehehaushaltes verbrachte, konnte für eine Frau alles davon abhängen, ob sie einen Handwerker oder einen Kleinbauern heiratete. In einem gut situierten Handwerkerhaushalt bestand die Möglichkeit, die Ehefrau von der Mitarbeit im Gewerbe zu befreien. Als Ehefrau eines Kleinbauern musste sie neben dem Haushalt und der Kindererziehung mindestens noch im Garten oder bei der Viehzucht mitarbeiten. Entsprechend nahm sich der Heiratsantrag auch eines deutlich älteren Handwerksmeisters attraktiver aus als der eines Bauern.[40]

Für die württembergische Gemeinde Nürtingen hat Peter Borscheid die Partnerwahl von der Mitte des 18. bis zum Ende des 19. Jahrhunderts verfolgt. In diesem agrarisch und kleingewerblich geprägten Gebiet blieben im gesamten Zeitraum sachliche Gesichtspunkte bei der Partnerwahl vorherrschend. Überwiegend fanden sich Paare mit ähnlicher finanzieller Ausstattung, in Württemberg «Beibringen» genannt, zusammen. Der Gesichtspunkt der Parität war dabei nicht bloß bei den Wohlhabenden gegeben, sondern auch bei der Arbeiterbevölkerung. Heiratswillige mit nur wenigen Talern Ersparnissen wünschten sich einen Partner, der wenigstens über eine ähnliche Summe verfügte. In einer Welt, in der Knappheit bis zum Existenzminimum eine tägliche Erfahrung war, besaß das Ökonomische eine eigene Dignität. Partnerwahl war damit Resultat einer bewussten Strategie. Sie war jedenfalls nicht das Ergebnis einer zufälligen Begegnung zu einem gänzlich offenen Zeitpunkt, wie es im romantischen Liebesideal vom «Blitz aus heiterem Himmel» angelegt ist.

Zahlreiche Ehedokumente aus den Jahrzehnten um 1800 zeigen überdies, dass unter der bäuerlichen und gewerblichen Bevölkerung kein Modell existierte, das die Mitgift als eine einseitig von der Ehefrau beziehungsweise ihrer Herkunftsfamilie zu erbringende Leistung klassifizierte. Der Ausdruck Einbringen war geschlechtsneutral. Ein Heiratsinventar listete den Besitz sowohl des Mannes als auch der Frau auf. Nur im Adel und im gehobenen Bürgertum bedeutete das Eingebrachte unter verschiedenen Bezeichnungen mehrheitlich Frauenbesitz. Erst das Bürgerliche Gesetzbuch von 1900 legte diese Ausdrucksweise, die das Eingebrachte als schützenswerten Frauenbesitz klassifizierte, für die Gesamtbevölkerung als Norm fest.[41]

Je deutlicher die Partnerwahl als wirtschaftliche Paritätsentscheidung konzipiert war, desto eher spielte die Familie, hauptsächlich die Eltern, eine zentrale Rolle. Die Suche nach dem idealen Gatten beschäftigte mindestens bis zur Mitte des 20. Jahrhunderts nicht bloß Vater und Mutter, sondern auch Geschwister und die weitere Verwandtschaft. Im Adel und beim Bürgertum gab man sich besondere

Mühe, die Vorteile von Neigungsehen mit ökonomisch-sozialer Parität zu verbinden. Man schuf Foren und Gelegenheiten für die passenden Bekanntschaften. Alexander Fürst zu Dohna-Schlobitten aus einer führenden ostpreußischen Adelsfamilie lernte seine Braut Antoinette von Arnim in den 1920er Jahren auf einem Ball der Deutschen Adelsgenossenschaft kennen. Aber nicht immer führte diese Taktik zum gewünschten Erfolg. 1809 stand Baron von Löwenclau den Plänen seines Sohnes Carl, eine Tochter des Generals von Thadden zu heiraten, skeptisch gegenüber. Gegen die Braut an sich war zwar nichts zu sagen, aber die Feststellung des Generals, «er könne seiner Tochter nichts mehr mitgeben als sie alle Jahre in Kleidung zu halten», rief beim zukünftigen Schwiegervater große Missstimmung hervor.[42]

Die Orte des Kennenlernens waren vielfältig, aber beinahe immer bestimmten sozial und kulturell distinkten Gruppen vorbehalten. Das engte den Kreis der Heiratskandidaten von vornherein ein. Clara Wieck begegnete Robert Schumann in ihrem Elternhaus, und das dürfte typisch gewesen sein. Das Treffen von unverheirateten Männern und Frauen im Umfeld von dörflichen Spinnstuben oder in Begleitung der Familie auf dem Jahrmarkt bot ähnliche Möglichkeiten für die Unterschichten. In den Städten um 1900 war das Schlafgängerwesen weit verbreitet, das unverheiratete Arbeiter zu Wohngenossen von Arbeiterfamilien machte. Überhaupt folgten die Arbeiter im Kaiserreich einem Endogamieprinzip, das sich schon aus dem schichtenspezifischen Wohnen, Arbeiten und der Geselligkeit ergab. Arbeiter heirateten vielfach Dienstmädchen, die wiederum aus dem städtischen oder ländlichen Unterschichtenmilieu stammten. Handwerkerfamilien lebten nicht selten mit den Gesellen zusammen. Die Handwerkerwitwe setzte diese Wohngemeinschaft möglicherweise fort und fand es passend, dem Gesellen die Einheirat anzubieten. Vom Prinzip der Parität abzuweichen war im 19. Jahrhundert schwierig. Der Zürcher Anatomieprofessor Jacob Henle verliebte sich in den 1840er Jahren in die Näherin Elise Egloff und beschloss, sie zu heiraten. Allerdings unterzog er seine Braut zunächst einem Erziehungsprogramm mit Pensionat und entsprechendem Unterricht in Geschichte, Französisch und Musik. Der Entschluss, eine nichtbürgerliche Frau zu heiraten, bestätigte somit einmal mehr die Lebensbedingung der Bürgerlichkeit. Wie Elise mit diesem Bildungsprogramm zurechtkam, wissen wir nicht. Das Paar heiratete, allerdings starb Elise wenige Jahre später im Kindbett.[43]

Vom alteuropäischen Heiratsmuster zum Golden Age of Marriage

Das europäische Heiratsmuster, das die historische Demographie vor allem in den sechziger und siebziger Jahren des 20. Jahrhunderts identifiziert hat, meint eigentlich ein nordwesteuropäisches Heiratsmuster, denn es zeigte eine Trennlinie in Europa, die von St. Petersburg nach Triest verlief, den Kontinent also in Nord-Süd-Richtung durchschnitt. Das Heiratsverhalten westlich dieser Linie haben die Pioniere John Hajnal und Edward Shorter durch ein hohes Heiratsalter und eine hohe Ledigenquote von über zehn Prozent bei den 49-Jährigen beschrieben, und entsprechend meinte man, in Osteuropa zeichne sich eine Alternative mit niedrigem Heiratsalter und einer niedrigen Ledigenquote ab. In der jüngeren Forschung ist dieses dichotomische Modell in Zweifel gezogen worden. Heute geht man nicht mehr von einer scharfen Trennlinie zwischen Westen und Osten, sondern von Zonen mit unterschiedlichen regionalen Mustern aus. Für Polen etwa hat man herausgefunden, dass das Heiratsalter in west-östlicher Richtung abgenommen hat. Dagegen finden sich selbst in Großbritannien gravierende Unterschiede, die vermutlich mit den wirtschaftlichen Bedingungen zusammenhängen. Für Bayern, Österreich und die Schweiz wird ein alpines Heiratsmuster beschrieben, das sich durch eine extrem hohe Ledigenquote von bis zu 50 Prozent auszeichnete. Während man für einige baltische Regionen viele Gemeinsamkeiten mit dem westlichen Verhalten festgestellt hat, ist das osteuropäische Muster möglicherweise am ehesten in den Balkanländern zu finden. Insgesamt wird nun hervorgehoben, dass für ein Heiratsmuster auch andere Faktoren, nämlich Erbregeln, Haushaltsgründungen und Haushaltsgrößen, schließlich die unterschiedliche Stellung von Männern und Frauen berücksichtigt werden müssen.[44]

Seit Beginn des 20. Jahrhunderts bis in die siebziger Jahre ist der Anteil der Verheirateten im Deutschen Reich beziehungsweise in der Bundesrepublik kontinuierlich gestiegen. 1970 waren 49,9 Prozent der Bevölkerung verheiratet.[45] In den westlichen Industriegesellschaften ermöglichte die wirtschaftliche Entwicklung immer mehr Menschen eine Heirat, und in der Bundesrepublik wurden Ehe und Familie durch das Grundgesetz 1949 unter den besonderen Schutz des Staates gestellt. Die Landwirtschaft, die traditionell mit einer hohen Rate von ledigen Knechten, Mägden und ehelos bleibenden Kindern wirtschaftete, verlor insgesamt stark an Bedeutung. In den beiden Jahrzehnten nach Ende des Zweiten Weltkrieges erlebten die westeuropäischen Gesellschaften das Ende der Wachstumsentwicklung und den Höhepunkt der Eheschließungszahlen. Nie vorher und nie nachher war der Anteil der Verheirateten an der Bevölkerung so hoch. In der Bundesrepublik lag die Zahl der Eheschließungen pro tausend Einwohner zwischen 1950 und 1954 bei 9,6 pro tausend Einwohner, in Frankreich zwischen 1946 und 1950 bei 9,7. In der zweiten Hälfte der sechziger Jahre kehrte sich der Trend um, und die Heiratsziffern sanken, in Frankreich auf 7 pro tausend Einwohner, in der Bundesrepublik auf 7,8. Seitdem bleibt die Zahl der Eheschließungen niedrig, und die steigende Zahl nichtehelich geborener Kinder verweist auf eine hohe Bedeutung nichtehelicher Lebensgemeinschaften.[46]

Das Statistische Bundesamt gibt für 2010 die Zahl der eingetragenen Lebenspartnerschaften gleichgeschlechtlicher Paare mit 23 000 an. Dabei hat der Anteil der Paare, die diese Rechtsform wählen, zwischen 2006 und 2010 von 19 auf 37 Prozent zugenommen. Da solche Angaben im Rahmen des Mikrozensus freiwillig sind, könnte der Anteil tatsächlich noch etwas höher liegen. Heute haben also mehr als ein Drittel der gleichgeschlechtlichen Paare, die zusammenleben, ihre Partnerschaft eingetragen, mit vermutlich steigender Tendenz.[47]

Das Kennenlernen und die Einigung als Paar wurden im 19. und im 20. Jahrhundert von sehr unterschiedlichen Bedingungen geprägt. Während im 19. Jahrhundert die Ähnlichkeit in der sozialen Stellung überragenden Einfluss besaß, konnte eine zunehmende soziale und räumliche Mobilität seit den 1920er Jahren auch andere Ehen ermöglichen. Soziale Homogenität ergab sich im 19. Jahrhundert trotz großer Unterschiede, etwa in der Bildung. Während das bürgerliche Mädchen bloß auf wenige Jahre Schulbildung und ein Jahr Gesellschaftserziehung im Pensionat zurückblicken konnte, wurden die Bürgersöhne zur Universität oder als Teil einer kaufmännischen Ausbildung zu ausländischen Geschäftsfreunden geschickt. Vom Unterricht in den alten Sprachen, deren Kenntnis bis ins 20. Jahrhundert primärer Ausweis von Bildung blieb, waren die Töchter ausgeschlossen. Im Adel und im Bürgertum versuchten viele Eltern nach Kräften, die Entscheidung für einen Ehegatten zu beeinflussen. Mangels Alternativen waren sie häufig erfolgreich. Männer und Frauen der Unterschichten genossen eine größere Freiheit der Partnerwahl, wenn man berücksichtigt, dass bürgerliche Partner für sie kaum in Frage kamen. Staatliche Eheverbote haben in den westlichen Staaten an Bedeutung verloren. Der Zugang zur Eheschließung gehört heute zu den Grundrechten. Soziale, religiöse und kulturelle Vorbehalte sind zu individuellen Entscheidungskriterien geworden. Die Verstaatlichung der Ehe als Institution in der Moderne geht mit einer Privatisierung der Partnerwahl einher.

CAROLINE UND WILHELM VON HUMBOLDT

Es ließe sich überhaupt über das Heiraten ein Buch schreiben,
es ist in vieler Rücksicht oft eine wehmütige,
und doch die schönste und himmlischste Einrichtung,
die es unter Menschen gibt.

Wilhelm an Caroline von Humboldt, 18.11.1813,
in: Humboldt, *Briefe*, Bd. 4, S. 177

Caroline von Dacheröden und Wilhelm von Humboldt verband bereits vieles, bevor sie sich überhaupt kennenlernten. Beide kamen aus den gutsituierten Verhältnissen des niederen Adels. Carolines Familie saß auf altem thüringischen Grundbesitz und war im Staatsdienst etabliert. Bei Wilhelm war der Adel zwar neueren Datums und der Grundbesitz überschaubar, aber die Familie Humboldt verfügte über ein ansehnliches Vermögen aus dem Holzhandel, der Pacht von Lotto und aus dem Tabakmonopol. Beide hatten früh einen Elternteil verloren, Wilhelm den Vater, Caroline die Mutter, und in beider Elternhäuser spielte Bildung eine zentrale Rolle. Für Wilhelm wurden die Mutter Marie-Elisabeth und der Bruder Alexander wichtig. Für Caroline spielte der Vater Carl Friedrich von Dacheröden, ein Jurist und ehemaliger preußischer Kammerpräsident in Minden, die wichtigste Rolle.

Wilhelms Erziehung lag für mehrere Jahre in den Händen des berühmten Pädagogen Joachim Heinrich Campe, der später am Philanthropin in Dessau aufgeklärte Prinzipien in ein menschlich und wissenschaftlich bildendes Programm für Knaben goss. Bei der Erziehung von Mädchen war die Bildungsbetonung eher ungewöhnlich und bei Caroline vermutlich eher der Tatsache zu verdanken, dass sie am Unterricht des Bruders teilnahm. Mit der Bildung verbunden war eine für den Adel typische Distanz zwischen Eltern und Kindern. Gouvernanten und Pädagogen übten als Erzieher einen Beruf aus, Elternliebe nahmen die Kinder, wenn überhaupt, nur von Weitem wahr. Besonders Caroline erinnerte sich nur ungern an ihre Jugend unter der Fuchtel einer strengen Erzieherin.[1]

Kurz vor Ausbruch der Französischen Revolution kamen unter der gebildeten Jugend Freundschaftsbünde in Mode, im Falle von Wilhelm und Caroline war es der Tugendbund, der für beide eine Emotionalität bot, die sie im Elternhaus vermisst hatten. Der Kult der Freundschaft, dem übrigens erst in dieser Zeit auch Frauen folgen konnten, äußerte sich von Beginn an in Briefen. Beinahe alles, was man über Wilhelms und Carolines Beziehung weiß, verdankt sich den Briefen, die sie selbst oder ihre Freunde geschrieben haben. Im Tugendbund gingen die Mitglieder eine Verpflichtung zur gefühlvollen Freundschaft als Idee ein. Dass dieses Bündnis auch möglich war, wenn man sich persönlich nicht oder noch nicht kannte, zeigt, wie der Wille die Vorstellung prägte. Im 20. Jahrhundert wäre es wohl kaum jemandem eingefallen, gänzlich unbekannten Menschen emphatisch Freundschaft zu schwören. Der Übergang von Freundschaft zu Liebe gestaltete sich in diesen Bünden jedenfalls in der Semantik fließend und häufig als Gemeinschaftserlebnis.

In ihrem ersten Brief an Wilhelm lädt Caroline diesen nach Burggörner, dem Gut des Vaters, ein: «Lass mich, mein Bruder, Dich nicht vergebens bitten. [...] Laß Dir von Carln [dem Freund Karl von la Roche (M. W.)] sagen, dass ich gut bin und ein warmes, liebevolles Herz im Busen trage, das mich verlangt, es mit heiligen Banden an das Deine zu knüpfen, und daß es Dir entgegenwallt mit reiner schwesterlicher Liebe.» Obwohl noch keine persönliche Bekanntschaft bestand, erkennt man die zitternde Erwartung eines starken Gefühls bei Caroline: «Wenn es schon Abend ist, findest Du mich in der Laube, sonst gehe ich gleich hin, denn ich muß Dich zuerst allein sehen. Ich ertrüge nicht im Beisein anderer die Erschütterung des ersten Moments, ohne mich zu verraten. Lebe wohl, mein Freund, mein Bruder, mein teurer Wilhelm.»[2]

Entschlossen nahm Caroline die «Liebe auf den ersten Blick» vorweg. Sie antizipierte, wünschte und erhoffte, was dann geschah: «Lieber Bester! Daß man so lieben kann, wie wir uns lieben, das ist doch des Himmels bestes Geschenk, ist aller Tränen des Schmerzes, aller Leiden wert. Nur in solcher Liebe fühlt man sich lebendig in allen Kräften seiner Seele, erhoben über die Schläge des Schicksals und näher dem Urquell ewiger Liebe.»[3] Damit charakterisierte Caroline das Liebesprogramm, dem die Beziehung in den kommenden Jahrzehnten folgte. Liebe war nicht ohne Schmerz denkbar, auch nicht wünschbar, denn nur in der gegenseitigen Durchdringung von Liebe

Wilhelm von Humboldt am Schreibtisch, rechts im Hintergrund wahrscheinlich die Büste Carolines

und Schmerz äußerten sich Lebendigkeit und das Leben. Ohne die Dramatisierung des Gefühls war die romantische Überwindung des klassischen Ideals des Gleichmaßes nicht zu haben.

Auch Wilhelm mühte sich, die Liebeserschütterung in Worte zu fassen, denn schließlich existierte sie nur in dieser sprachlichen Fassung für die Ewigkeit. Wilhelm versicherte sich des Gefühls als einer Zukunftsordnung, die Bestand hat: «Aber du liebst mich, Lina, o! von Dir glaubt es mein Herz mit hoher Zuversicht. Und du wirst mich immer so lieben. Wen Linas Herz einmal liebte, den liebt es, so lange es lieben kann.»[4] Gemeinsam entwarfen Wilhelm und Caroline das Liebeskonzept der Verschmelzung, «des eins werden in den Gefühlen». Die Mehrdeutigkeit dieses Konzepts zeigte sich darin, dass Wilhelm zu diesem Zeitpunkt noch nicht beabsichtigte, Caroline zu heiraten. Karl von la Roche, von Wilhelm darin bestätigt, plante noch Ende des Jahres 1788 eine Eheschließung mit Caroline. Von Carolines Seite scheint das allerdings nicht zur Debatte gestanden zu haben. Jedenfalls teilte sie

Wilhelm im Frühjahr 1789 mit, sie habe sich von La Roche entfernt. Wilhelm wiederum reiste im Sommer erst einmal nach Paris, um die große Revolution persönlich in Augenschein zu nehmen.

Während sich Wilhelm und Caroline langsam exklusiv annäherten, lockerte sich der Tugendbund. Besonders Caroline war mit den Regeln, aber auch mit den weiblichen Mitgliedern Brendel Veit (der späteren Dorothea Schlegel) und Caroline von Beulwitz unzufrieden. Karl von la Roche wurde klar, dass Caroline ihn nicht heiraten wollte. Der Freundschaftsbund konnte seine – zumindest aus heutiger Perspektive exaltierte – Liebesspannung nicht auf Dauer halten, die Erregungskurve fiel ab.

Am 16. Dezember 1789 verlobten sich Wilhelm und Caroline. Wilhelm hat nicht, wie in gehobenen Kreisen üblich, zunächst beim Vater der Braut um Erlaubnis gebeten, sondern die Autonomie der Gefühlsentscheidung behauptet. An sich war er kein unpassender Kandidat, aber für eine Familie mit altem Grundbesitz sicher auch keine glänzende Partie. Außerdem war er deutlich zu jung, sogar ein Jahr jünger als Caroline, und als Student noch ohne Lebensstellung. Gewöhnlich lag das Heiratsalter für junge adlige Männer, die im Staatsdienst eine Stelle erhalten wollten, bei über dreißig Jahren. Noch viele Jahre später, 1823, verteidigte Wilhelm einen geringen Altersunterschied in der Ehe: «Es zeigt mir aber immer mehr, dass es gar nicht gut ist, wenn die Frau jünger als der Mann ist. [...] Es ist wirklich wahr, ohne völlige Gleichheit im Alter und allem ist es mit der Ehe nie das Höchste, es ist nichts so fatal, als wenn sich der Mann so viel klüger und erfahrener hält als die Frau, es kann da lange nicht so ein Genuß des ganzen Wesens durch das ganze Wesen sein.»[5]

Im Januar 1790 wurde Wilhelm Referendar am Kammergericht, aber Vater Dacheröden erwartete Amt und Amtstitel von seinem zukünftigen Schwiegersohn. Wilhelm hatte zwar selbst wenig Sinn für Karriere, fügte sich aber den Vorstellungen des Schwiegervaters wie des Standes. Er wurde bei Hofe vorgestellt und zum Legationsrat im Auswärtigen Dienst ernannt. An Einkommen verfügte er bloß über die Zuwendungen der Mutter. Eine Heirat ohne Zuschuss aus dem Dacheröden-Vermögen war damit unmöglich – so jedenfalls rechnete es Wilhelm seiner Braut vor.

Eine Verlobungsfeier war in der ersten Hälfte des 19. Jahrhunderts nicht allgemein üblich. Caroline und Wilhelm versprachen einander die Ehe im Geheimen auf einer größeren Festlichkeit. Später ging es darum, ob die Eltern der Brautleute dieser Verlobung zustimmten. Die Zustimmung wurde erteilt, und die Hochzeitspläne konkretisierten sich. Das Paar heiratete am 29. Juni 1791 im Haus des Brautvaters in Erfurt, das zum Erzbistum Mainz gehörte. Vater Dacherödens enge Beziehung zum Coadjutor (Amtsverweser) des Erzbistums Mainz, Carl Theodor Freiherr von Dalberg, sorgte dafür, dass dieser und auch andere Mitglieder der Erfurter Adels- und Beamtengesellschaft bei der Eheschließung anwesend waren. Auch Alexander von Humboldt, Schiller, Lotte und Caroline von Beulwitz und der lebenslange Freund Karl von la Roche nahmen an dem Fest teil. Aus Carolines wie Wilhelms Perspektive fehlt ein Zeugnis für die besondere Bedeutsamkeit ihrer Hochzeit als Ritual. Da beide ihre Ehe als gemeinsames Lebensprojekt betrachteten, spielte der formelle Beginn vielleicht auch eine geringere Rolle.

Caroline erhielt anscheinend keine Mitgift, wie sie in adligen Kreisen um 1800 üblich war. Angesichts der Jugend und des fehlenden Einkommens des Bräutigams musste der Vater Dacheröden einen bedeutenden jährlichen Zuschuss zum Lebensunterhalt leisten und dem Paar auf seinen Gütern eine Wohnung anbieten. Wilhelms Mutter jedenfalls weigerte sich, auf Dauer für das junge Paar aufzukommen. Immerhin verfügte Wilhelm über genügend Mittel, um Möbel, Besteck und silberne Leuchter anzuschaffen. Einige Gegenstände kamen aus Schloss Tegel. Zur Ausstattung gehörte auch eine Kutsche, die Wilhelm gekauft hatte. Kutschen und Pferde blieben für Wilhelm zeitlebens wichtig; im Voreisenbahnzeitalter war nur so unabhängiges Reisen möglich. Überhaupt bedeutete Reisen dem Paar viel. Während sich für Wilhelm Forschungs- und diplomatische Reisen zur Selbstverständlichkeit entwickelten, fühlte sich die häufig kränkelnde Caroline unterwegs regelmäßig besser. Das Leben der Humboldts verkörperte damit einen idealen aristokratischen Lebensstil, der die geistigen und geselligen Anregungen des Reisens mit den Annehmlichkeiten und der Ästhetik der ländlichen wie städtischen Residenz verband. Nach der Hochzeit verließ das Paar Erfurt, um auf dem Dacheröden-Gut Burgörner in Thüringen zu leben. Nicht nur Caroline, sondern auch Wilhelm hat diesen Landsitz zeitlebens besonders geliebt. Hier begann ein bei allen familiären, beruflichen und gesundheitlichen Schwierigkeiten angenehmes Leben mit Unterstützung von Dienern, Gouvernanten und Hauslehrern.[6]

Das Ehepaar Humboldt genoss den privilegierten Lebensstil der adligen Oberschicht. Carolines Vater hatte keinen Grund, seiner Tochter und nach dem Tod des Sohnes einzigen Erbin die Nutzung des Vermögens zu versagen. Wilhelm war an der Verwaltung von Finanzangelegenheiten wenig interessiert, kümmerte sich aber als ausgebildeter Jurist um die Formalitäten; er erledigte die Rechtsgeschäfte und führte Ausgabenbücher. Während der Trennungen des Paares entschied Caroline selbständig über ihre Finanzen. Sie fertigte Aufstellungen über ihre Ausgaben an und bemühte sich um Sparsamkeit. Trotzdem summierten sich Reise- und Wohnungskosten zu vergleichsweise hohen Beträgen, von den Ausgaben für den Ankauf von Kunstwerken zu schweigen.

Caroline und Wilhelm entwickelten in ihren Briefen das Ideal einer romantischen Liebe, die in der Paarbeziehung das Leben selbst adeln sollte. In einer erotisch-sinnlichen wie geistigen Beziehung sollten sich die Geschlechter auf Augenhöhe begegnen. Diese Vorstellung von der Liebe führte das Ehepaar Humboldt einerseits zur Verbindung vollkommener Freundschaft und leidenschaftlicher Sinnlichkeit, auf der anderen Seite aber verstanden sie diese Liebesbeziehung nicht als exklusiv. Die «vollkommene Freundschaft» blieb auch dann erhalten, wenn die Sinnlichkeit andere Ziele fand. Caroline erlebte mehrere Affären, zum Beispiel mit Wilhelm von Burgsdorff und Graf Gustav von Schlabrendorf, für Wilhelm bedeutete die Königsberger Arztgattin Johanna Motherby mehr als ein kurzes Abenteuer. Die Trennung von Liebe und sexueller Begierde war für Wilhelm jedenfalls ohne Weiteres möglich. Er notierte die Kosten für Bordellbesuche in seinem Ausgabenbuch und schrieb darüber an seinen Freund Friedrich Gentz, der ihm bei diesen Unternehmungen Gesellschaft leistete.

Wie Friedrich Schlegel lehnten die Humboldts vor allem eine Vorstellung ab, welche die Vertragsgestalt der Ehe pragmatisch-praktisch in einem bürgerlich normierten Tausch von Sexualität gegen soziale Sicherheit sah: «Da liebt der Mann in der Frau nur die Gattung, die Frau im Mann nur den Grad seiner natürlichen Qualitäten und seiner bürgerlichen Existenz, und beyde in den Kindern nur ihr Machwerk und Eigentum.» Um das «Heiligtum der Ehe» als «natürlich» stilisieren zu können, wurden die pragmatischen Eheentscheidungen der Zeitgenossen als erzwungene Konvention bedauert: «Nach jenem System ist es noch das beste, wenn man mit Absicht aus bloßer Gefälligkeit und Höflichkeit heiratet, und gewiß muß es für solche Subjekte eben so bequem wie unterhaltend sein, im Verhältnis der Wechselverachtung neben einander weg zu leben.» In ihrer unkonventionellen, gelegentlich wohl auch schmerzlichen «Verbindung der Geister» hatten sie mit den bürgerlichen Regeln gebrochen. Im Sinn einer höheren Liebesmoral erschien das allemal als gerechtfertigt: «ewige Einheit der Verbindung der Geister» versus «Wechselverachtung» – da fiel die Entscheidung nicht schwer.[7]

Caroline und Wilhelm verbanden die Exklusivität ihrer Ehe und die Gegenwart der Liebe in Affären. Im Juni 1804 zog Wilhelm eine Bilanz, welche die Besonderheit der ehelichen Beziehung hervorhob: «Du hast mir nie einen Kummer gemacht und mir so viele und so große Freuden geschenkt, die größeste durch Deine bloße Existenz neben und mit mir. Den meisten Menschen, auch den Männern, werden beim Heiraten die schönsten und zartesten Gefühle abgestumpft. Es gehört viel dazu, wen (sic, M. W.) die Alltäglichkeiten des Lebens nicht herabziehen, nicht gleichgültig machen sollen [...] Darum muß ich wohl sagen, ich bin im ganzen dem Heiraten gar nicht sonderlich gut.» Das negative Urteil galt nicht der eigenen Ehe, die als «geistige Verbindung» mit hohem Ideal verstanden wurde. Caroline erschien ihrem Mann als das personifizierte Unveränderbare: «[...] daß ich in der ganzen Reihe der Zeiten, in denen ich Dich gekannt, vom ersten Mal in Burgörner an bis jetzt (wo Dich so auf einmal verglichen alle so unendlich verschieden glauben würden) Dich immer durchaus gleich gefunden, daß Du mir immer gleich einfach und groß in Deinen Ansichten, gleich wahr, milde und tief in Deinen Gefühlen, und ich kann es mit Wahrheit hinzusetzen, gleich ausdrucksvoll und reizend in Deiner äußeren Gestalt gewesen bist.»[8] Wilhelm versicherte, dass Caroline für ihn nie den Reiz der mit Geist verbundenen Sinnlichkeit verloren habe. In der Ehe mit Caroline wurde nach Humboldts Ansicht die Gefahr der Veralltäglichung und Banalität vermieden, nicht nur obwohl, sondern gerade weil Caroline für ihn stets das Streben nach Einfachheit und Wahrheit verkörpert hatte. Tiefe der Gefühle und Wahrheit als Prinzip stellten die Garanten dieser Ehe dar, die sich zumindest aus Humboldts Perspektive nicht mit anderen vergleichen ließ.

Die romantisch verstandene Unterschiedlichkeit der Geschlechter bildete einen Fixpunkt der Humboldt'schen Ehelehre: «Überhaupt ist die Ehe ein eigen Ding. Sie ist das Heiligste und Höchste und Süßeste, aber wie diese

Dinge überhaupt, kann sie auch – ach! Und beim besten Mann so leicht – das Leben bis in die innersten Gefühle verbittern. Ein Mann läuft keine Gefahr, dadurch zu leiden, wenigstens ist es dann meistenteils seine Schuld. Aber die Frauen leiden unglaublich und müßten noch mehr leiden, wenn sie nicht fast durchgängig noch immer viel zu gut wären, um die Dinge in den natürlichen Farben zu sehen.»[9] Wilhelm glaubte, die Ehe verursache zwar Leiden für beide Geschlechter, bestand aber darauf, dass die «bitteren Gefühle» der Männer nicht mit dem «unglaublichen Leiden» der Frauen vergleichbar seien. Mag sein, dass er damit auf die bei aller Toleranz doch irritierenden Affären in der eigenen Ehe anspielte.

Emotionalität in ihrer Ehe und das leidenschaftliche Verlangen nach Selbstvervollkommnung wurden durch Motive christlicher Frömmigkeit, die vor allem Wilhelm in der Theologie Friedrich Schleiermachers fand, ergänzt. Beim Tod ihrer Kinder war der christliche Glaube Caroline nur wenig Hilfe, und für Wilhelm bedeuteten weniger der Kulturprotestantismus als die Werke der griechischen Literatur Transzendenz und Heilsgewissheit. «Es ist unglaublich, wie man den Homer, so wie ich, seit seinem 16. Jahre liebt und ewig wieder liest, wie sich das Leben in einzelne Verse verwebt. Es sind eine unglaubliche Menge, bei denen ich mich dieser oder jener Zeit, dieser oder jener Empfindung erinnere, wo sie mir lebhaft und immer zu meinem Heile vorschwebten. Ehemals ging es den meisten Menschen so mit der Bibel. Jetzt sind viele, die weder die Bibel noch den Homer so haben und gar nichts, was so aus dem Dunkel der Jahrhunderte aufsteigt und durchs ganze Leben zieht.»[10]

Wilhelm führte ein zweigeteiltes Leben zwischen Politik und Diplomatie einerseits und der Berufung zum Gelehrten andererseits. Auf der einen Seite standen die Jahre mit politischem Amt, in denen er von Caroline häufig getrennt war. Als vermögender Landbesitzer war Humboldt auf eine Erwerbstätigkeit nicht angewiesen. Allerdings war es vor allem in den Jahren der Befreiungskriege schwierig, aus dem Gutsbesitz tatsächlich ein Einkommen zu erhalten. Das Gehalt als Minister oder Diplomat war deshalb nicht nur zur standesgemäßen Repräsentation im Amt wichtig. In der kurzen Amtszeit als Minister blieb Wilhelm der Aristokrat, der dem König aus persönlicher Loyalität diente. Wilhelm zeigte seinen fehlenden Enthusiasmus für ein Staatsamt im Grunde schon kurz nach der Hochzeit, und auch später erschien ihm ein Leben als Privatgelehrter auf Schloss Tegel erstrebenswert. Beim Übersetzen aus dem Griechischen oder der Zusammenfassung seiner philologischen Forschung war Wilhelm ganz bei sich selbst. Darin war er seinem forschungsreisenden Bruder Alexander durchaus ähnlich. Als Privatgelehrter, der sich auf Reisen sprachgeschichtlichen Studien widmete, wurde die Verbindung mit Caroline besonders glücklich. Schließlich hatte Caroline selbst einige Veröffentlichungen von Übersetzungen aus dem Französischen, Beschreibungen von Kunstwerken, die sie auf der Reise gesehen hatte, und Rezensionen aufzuweisen. Caroline verstand seine wissenschaftlichen Ambitionen und unterstützte sie. In den Briefen ihres Mannes las sie auch politische Stellungnahmen, denen sie meist Verständnis entgegenbrachte. In den Befreiungskriegen nahm Caroline politisch Partei. Für ihren Sohn Theodor, der am Krieg teilnahm, wünschte sie sich das Eiserne Kreuz. Sie gerierte sich als patriotische Preußin, allerdings ohne den Franzosenhass, den die Tochter Caroline zeigte. Ihre nationale Leidenschaft war geringer als in der neuen Nationalbewegung, möglicherweise weil sie Paris und die französische Sprache und Kultur besonders schätzte. Dafür teilte sie trotz ihrer Freundschaft mit Rahel Varnhagen den Antisemitismus der «Befreiungskrieger», obwohl Wilhelm in diesem Punkt anders dachte und sich als Wegbereiter der Judenemanzipation in Preußen bleibende Verdienste erwarb.[11]

Caroline und Wilhelm besaßen – wie in der Oberschicht üblich – einen Ehevertrag. Über diesen Kontrakt lässt sich nur sagen, dass Caroline von ihrem Vater einen beträchtlichen jährlichen Zuschuss von 400 Talern erhielt. Es ist nicht zu erkennen, ob Caroline diesen Zuschuss persönlich, etwa als Nadelgeld, erhielt oder ob Wilhelm der Empfänger der Zahlung war. Wilhelm wies einmal angesichts der bevorstehenden Hochzeit der Tochter Adelheid auf die Existenz des Vertrages hin; das Dokument selbst scheint nicht erhalten zu sein. Caroline fühlte sich offenbar durch die rechtlichen Beschränkungen von Ehefrauen in Vermögensangelegenheiten nicht benachteiligt. Wilhelm forderte sie 1810 auf, ein notarielles Dokument über das durch Erbschaften angewachsene Vermögen aufzusetzen: «Ich weiß sicher, liebe Seele, daß Du das Deinige immer zugleich als mein ansiehst. Aber es können, vorzüglich in jetziger Zeit, Fälle kommen, in denen es sehr wichtig für die Kinder, ja selbst für Dich werden kann, genau dartun zu können, was ausschließlich Dein Eigentum ist.»[12] Wilhelm kam es offensichtlich darauf an, in der unsicheren Kriegszeit das Vermögen seiner Frau gegen mögliche eigene Gläubiger zu schützen.

Wilhelm ordnete und sammelte zwar gern Arbeitsmaterial und Briefe, zur Durchsicht der zahlreichen Familienpapiere, die rechtliche Angelegenheiten betrafen, konnte er sich aber nur mühsam aufraffen. Das Vermögen der Humboldts wie der Dacheröden-Familie stellte eine komfortable Lebensgrundlage dar. Caroline erbte schließlich nach dem Tod des Bruders die Güter des Vaters und bezog daraus ein regelmäßiges Einkommen. Wilhelm erwartete, dass sich Caroline auch mit finanziellen Angelegenheiten beschäftigte: «Um unser Geld mußt Du Dich wohl recht ordentlich bekümmern, ich bitte dich sehr darum.» Als Wilhelm 1809 trotz der Ernennung zum Staatsrat für Kultus und Unterricht zunächst kein Gehalt bekam und das Humboldt-Vermögen für einige Zeit wegen der Kriegslage nicht zugänglich war, schrieb er an seine Frau: «Du liebe teure Li, bist meine einzige Rettung. Du wirst mich und die Kinder künftig ernähren.» Caroline war während der längeren Trennungen von ihrem Mann daran gewöhnt, Entscheidungen über beträchtliche Beträge allein zu treffen.[13]

Für Wilhelm und Caroline stellte der Hochzeitstag kaum eine Erinnerung an den konkreten Beginn ihrer Ehe, sondern eher eine Versicherung der Richtigkeit ihres Lebens dar. Im späteren Leben erwähnte Wilhelm in seinen Briefen diesen Tag, wenn das Paar getrennt war. Wilhelm verbrachte also den Hochzeitstag öfter von Caroline getrennt, aber dennoch «froh und heiter». Am 29. Juni 1809 erinnerte Wilhelm seine Frau an den Hochzeitstag vor 18 Jahren und ordnete seine Ehe einmal mehr in den Prozess der eigenen Persönlichkeitsbildung ein: «Keinen Tag aber sehe ich so gerne wiederkehren, als diesen; er ist mir wie unser gemeinschaftlicher Geburtstag; er hat mein höchstes Glück gegründet, ich hatte vorher, wie ich recht gut weiß, manche Anlage, und trug manches in mir, aber Du erst hast mir die wahren Richtungen gegeben.» Im März 1816 schrieb Wilhelm an Caroline: «Weißt Du, daß ich erst heute und plötzlich, da ich bei Steins saß und sie von ihrer Heirat sprachen, entdeckt habe, daß wir in diesem Jahre 25 Jahre verheiratet sind? Mir macht so eine Entdeckung immer Freude, süßes, liebes Herz.» Offensichtlich spielte das Jubiläum der silbernen Hochzeit noch keine zentrale Rolle im Leben, jedenfalls schrieb Wilhelm nichts über die Planung einer größeren Festlichkeit. Wilhelm stellte das Ehejubiläum eher in den Kontext von

Trennung und gemeinsamem Leben. Gleich im Anschluss kam er nämlich auf seine derzeitige Einsamkeit zu sprechen und drückte die Hoffnung aus, doch bald einmal einige Jahre ununterbrochen mit Caroline zusammenleben zu können.[14]

Caroline und Wilhelm führten, modern gesprochen, eine offene Ehe, in der Liebesbeziehungen mit Dritten grundsätzlich akzeptiert waren. Allerdings schweigen beide in ihrem meist die Liebe in hohem Ton preisenden Briefwechsel über diese Realitäten. Wilhelms Liebesbriefe an Johanna Motherby spiegeln sich im Ehebriefwechsel nur insofern, als er Caroline seine Zuneigung zu Johanna offen bekannte. Carolines Liebe zu Wilhelm von Burgsdorff schlug sich vor allem in Briefen an Rahel Varnhagen nieder, die in dieser Liebesangelegenheit zur beiderseitigen Vertrauten wurde: «Sie wissen auch [...] wie es mir ist in seinem Anschaun, seiner Nähe, wie sein Wiedersehn eine Fülle von Glück und Leben für mich aufschloß.» So deutlich wurde Caroline in ihren Briefen an den Gatten nicht, aber Wilhelm konnte aus ihren Äußerungen entnehmen, dass ihr Burgsdorff viel bedeutete und sie jede Möglichkeit nutzte, ihn zu sehen.[15]

Die Humboldts können als Prototyp des getrennt zusammenlebenden Paares gelten. In dieser Bedeutung sind sie frühe moderne Europäer. Außerdem bereitet Carolines und Wilhelms Italienliebe dem deutschen Bürgertum des 19. Jahrhunderts den Weg. Caroline lebte in Rom und in Paris für längere Zeit ohne ihren Mann, eine Reise nach Neapel unternimmt sie ohne ihn und besteigt den Vesuv. Wilhelm wiederum reiste zum preußischen König nach Königsberg und Memel, zum Wiener Kongress und lebte als Gesandter in Wien und London. Die Trennungen des Paares folgten Wilhelms diplomatischen Aufträgen und sprachgelehrten Interessen. Für Caroline waren gesundheitliche Gründe, die sie selbst oder die Kinder betrafen, maßgeblich. Aus Angst vor Epidemien verließ Caroline im Frühjahr 1804 mit dem kranken Sohn Theodor Rom, um erst ein Jahr später zurückzukehren.

Caroline und Wilhelm lebten abwechselnd in großen Residenzstädten wie Wien, Paris und Rom oder auf den Landgütern in Thüringen oder in Tegel bei Berlin. In Rom lag die Wohnung des preußischen Gesandten im Palazzo Tomati auf dem Pinci-Hügel mit seinen schönen Gärten. Die Humboldts zogen 1802 in den Palazzo, dessen Wohnungen und Zimmer vorzugsweise an ausländische Künstler vermietet wurden. Die Diplomatenfamilie wurde so auf natürliche Weise zum geselligen Zentrum der deutschen Gemeinschaft in Rom. Auch in Paris bildete sich um das Paar schnell eine Salongeselligkeit. Carolines Interesse an der Kunst und den Künstlern und ihre Talente als Gastgeberin boten ein Forum vor allem für den deutschsprachigen geistigen Austausch.

Kontakt zu den Geschwistern hatten die beiden nur sporadisch. Caroline verstand sich mit ihrem Bruder Ernst, den sie «das Bild» nannte, nicht besonders gut. Auch über ihre Schwägerin urteilte sie eher abschätzig. Alexander von Humboldt war als «Berufsreisender» meist unterwegs. Zwischen den Brüdern aber bestand stets ein enges Verhältnis. 1818 verbrachten sie eine gemeinsame Zeit in London: «Alexander ist vergnügt und wirklich sehr liebenswürdig. Er geht in seiner gewöhnlichen Tätigkeit sehr viel herum und ißt gerade jetzt auch ein paar Tage nicht bei mir. Sonst sind wir meistenteils zusammen.»[16]

Für die Humboldts gehörte die Gastgeberrolle zu den selbstverständlichen Aufgaben öffentlicher Repräsentation. Caroline und Wilhelm waren in der Adelsgesellschaft des Ancien Régime aufgewachsen und in der Umbruchzeit um 1800 mit auf- und absteigenden Staatsmännern und Beamten, den Weimarer Gottheiten Goethe und Schiller, mit Rahel Varnhagen und beinahe allen anderen bekannt, die in der politischen wie geistigen Gesellschaft Rang und Namen besaßen. Spätestens in Paris und dann in Rom wurden sie als Gastgeber selbst zu Inspiratoren und Formenden der Geselligkeit. Caroline interessierte sich in Rom, das politisch von geringer Bedeutung war, am meisten für bildende Künstler, denen sie nicht bloß Gastgeberin, sondern Mäzenatin wurde. Einige der berühmten Darstellungen der Humboldts und ihrer Kinder sind dort entstanden, etwa das Porträt Carolines von Gottlieb Schick.

Nach 1800 wurde das Ehepaar durch Erbschaften wohlhabend. Wilhelm erbte nach dem Tod der Mutter Schloss Tegel; Alexander wurde ausbezahlt. Der Tod von Carolines Vater machte diese zur Alleinerbin der thüringischen Güter um Burgörner. Mit Wilhelms Ernennung zum Preußischen Gesandten im Rom 1802 standen ihm 3400 Taler Jahreseinkommen zu. Für seine Verdienste als preußischer Politiker erhielt Wilhelm 1820 eine Dotation, aus der das Gut Ottmachau in Schlesien angekauft wurde. Trotz dieses Reichtums dachte das Paar häufig über Geld nach, denn die Einkünfte konnten ausbleiben oder geringer ausfallen als die Ausgaben. Immer blieb der Lebensstil des Ehepaars Humboldt aufwendig. In den Jahren 1808 und 1809, die Caroline ohne Wilhelm in Rom verbrachte, gab sie große Summen für den Ankauf von Kunstwerken aus.[17]

Caroline und Wilhelm bekamen zwischen 1792 und 1809 acht Kinder. Drei der Kinder überlebten die ersten Jahre nicht. Für beide Eltern bedeuteten die Kinder viel. Ihre Charaktere, später ihre Bildung und Zukunft sind im Briefwechsel des Paares oft Thema. Caroline sah in ihnen ihren ersten Lebenszweck. Sie fürchtete sich wie viele Frauen im 19. Jahrhundert vor der Geburt eines Kindes. Das große Risiko war ihr bewusst. Caroline schrieb ihrem Mann 1797 kurz vor der Geburt des Sohnes Theodor: «Es verlangt mich, Dir noch ein Wort zu sagen, und Euch, meine geliebten Kinder. Ich hoffe, wir bleiben zusammen. Blieben wir nicht, teurer Bill, so bleibe meinem Andenken hold und den süßen Kindern, auch dem kleinen Wesen, das ich erwarte. Erzähle ihnen allen etwas von der Mutter, die sie geliebt hat über alles.» Gerade im Blick auf die Ehemänner und die dann verwaisten Kinder war den Müttern klar, dass der eigene Tod zu den großen Familienkatastrophen gehören würde. Die Ambivalenz schien unüberwindbar. Einerseits wünschte sich die Mehrheit der Frauen selbstverständlich Kinder, andererseits gehörte die Tragödie einer bei der Geburt oder kurz danach sterbenden Mutter zu den selbstverständlichen Möglichkeiten im 19. Jahrhundert.[18]

Vornamen wurden im 19. Jahrhundert meist in der Familie vererbt oder durch verwandte oder nichtverwandte Paten weitergegeben. Besonders für die ersten Kinder suchte man Namen mit besonderer Bedeutung aus. Carolines älteste Tochter erhielt die Vornamen Marie Wilhelmine Caroline, der älteste Sohn wurde Wilhelm genannt. Vielleicht wollte das Paar damit nochmals verkünden, dass es sich auch in seinen Kindern gemeinsam verwirklichte. Als 1804 in Paris wiederum eine Tochter geboren wurde, entschied Caroline offenbar allein: «Die Kleine, die ich Mathilde Louise Virginie genannt habe und gewöhnlich Louise nenne, ist sehr hübsch.» Der jüngste, 1809 in Rom geborene Sohn hieß Hermann. Sein Name knüpfte sowohl an Goethes Epos *Hermann und Dorothea* als auch in besonderer Weise an die nationalen Werte der Befreiungskriege an.[19]

Die meist geringe Innovationsbereitschaft bei Vornamen führte übrigens im Adel zu einem inflationären Gebrauch von Kosenamen, vor allem um die aktuelle Generation von Friedrichen, Wilhelms, Charlottes und Luises von den Vorgängern desselben Namens zu unterscheiden. In Adel und Bürgertum drückte man die sehr geschätzte Familienintimität gern mit Kosenamen aus: Caroline und Wilhelm waren zunächst Lina, dann Li und Bill. Die Kinder nannten sie Adel oder Li, der Sohn Wilhelm hieß das Jüngelchen oder Bruder (da ihn offenbar die Schwester Caroline so nannte).

Für Caroline und Wilhelm gehörte die Taufe zu den selbstverständlichen Ritualen. Im Ausland gab es gelegentlich formale Probleme. 1800 hatten die Humboldts Adelheids Taufe in Paris durch die schwedische und die preußische Botschaft bestätigen lassen. Nach der Geburt der Tochter Louise 1804 in Paris musste sich Caroline allein um die Taufe kümmern. Sie erkundigte sich bei ihrem Mann nach den Einzelheiten. Ansonsten teilte sie ihm nur mit, dass sie beabsichtigte, Louise «in etwa vierzehn Tagen» taufen zu lassen. Von einem besonderen Fest der Familie war in diesem Zusammenhang nicht die Rede.[20]

Caroline entschied sich ohne Zögern, die Kinder selbst zu stillen. Das Stillen drückte für sie in besonderer Weise die physische Form der Mutterschaft aus. Sie folgte einem Plan, der das Abstillen mit ungefähr einem Jahr vorsah. Nach der Geburt des ältesten Sohnes Wilhelm schrieb sie mit Bedauern an ihren Mann: «Ich bin leidlich wohl, aber traurig, da mir die schöne Zeit so mächtig zu Ende geht und Brüderchen so ganz der Mutterbrust entwächst.»[21]

Caroline zeigte sehr früh eine besondere Vorliebe für den ältesten Sohn Wilhelm. 1795, als die Mehrzahl ihrer Kinder noch gar nicht geboren war, schrieb sie gewohnt schwärmerisch: «Ich werde nichts, nimmer, nichts mehr haben, was in diesem Sinn mir mehr so gehören wird wie dieser Junge. Es ist mein bestes Kind, ich bin dessen so sicher, und ich vermag nicht, so kindisch ich auch fühle, das es ist, vermag nicht, mich ohne tausend Tränen von ihm zu trennen.»[22] Nachdem Wilhelm mit neun Jahren in Rom an Malaria gestorben war, konnte diese besondere Vorliebe nicht mehr verschwinden. Den Todestag dieses Lieblingssohnes vergaß das Ehepaar nie.

«Seitdem ist mein Leben ein Gewebe voller Leiden» und «Die Schmerzen der mütterlichen Brust sind die tiefsten des menschlichen Lebens, und Sie wissen, ob ich für etwas anderes als für meine Kinder gelebt habe», schrieb Caroline an ihren Vater. Zwar erkannte sie auch Wilhelms Leiden an: «Humboldts Schmerz ist der Schmerz eines Mannes, der sein Schicksal trägt, aber der seinige und der meine sind fürs Leben.» Aber die geradezu physische Lebenserfüllung von Frauen in der Mutterschaft, die Caroline – wie beim Stillen – von der Mutterbrust sprechen ließ, machten das Leid der Mutter aus Carolines Sicht eben doch einmalig. Das Grab des Kindes in Rom wurde für die Mutter zum Sehnsuchtsort, der ihre Neigung zu Italien und zum Reisen generell grundsätzlich rechtfertigte.[23] Caroline erlebte den Tod eines Kindes noch zweimal. Im Oktober 1804 starb die drei Monate alte Tochter Luise, die Wilhelm nie gesehen hatte, in Paris an den Folgen der Pockenimpfung. 1807 verlor das Paar den zweijährigen Gustav, die Todesursache blieb ungeklärt.[24]

Caroline und Wilhelm beobachteten Charakter und Talente ihrer Kinder genau. Trotz des allgemein hohen Tons in der Sprache spürt man Unterschiede. Wilhelm unterschied sich von vielen Vätern des 19. Jahrhunderts, da er keine besondere Neigung für die Söhne entwickelte. Die älteste Tochter Caroline begeisterte als Kleinkind, enttäuschte die Eltern aber später im Aussehen, durch ihre Sprödigkeit und ihr Kränkeln; sie blieb unverheiratet. Adelheid und Gabriele wurden die Lieblingskinder, weil sie attraktiv und leicht lenkbar erschienen. Das Doppelporträt dieser beiden Humboldt-Töchter, das Gottlieb Schick 1809 malte, wurde im 19. Jahrhundert berühmt. Der zweite Sohn Theodor dagegen erschien den Eltern als Sorgenkind. Er lernte nicht gut und zeigte – aus heutiger Sicht – Formen von Hyperaktivität: «Wenn man nur etwas auffinden könnte, seine grenzenlose Lebhaftigkeit zu mildern, denn sie ist ordentlich furchtbar und droht ihn zu zerstören.»[25] Die frühe Festlegung der Eltern hatte sicher Einfluss auf die Zukunft der Kinder. Caroline blieb im Elternhaus, Theodor wurde Soldat und erbte später Ottmachau in Schlesien. 1818 irritierte Theodor seine Eltern, als er heiratete, während sich seine Mutter in Rom und sein Vater in London aufhielten. Enttäuscht hielt Caroline fest: «Ich schicke Dir die Abschrift von Theodors Brief und meine Antwort. Ich weiß nicht, ob sie Dir so recht sein wird. Ich hätte vielleicht strenger schreiben sollen, denn sein Brief ist nicht liebend, wie ich mit tiefem Schmerz empfinde.» Die alten Besitzungen dagegen fielen an die Lieblingstöchter: Adelheid und ihr Ehemann erbten Burgörner, und das Schloss Tegel ging in den Besitz Gabrieles und ihres Ehemanns über.[26]

Wilhelm, geprägt im späten 18. Jahrhundert, kümmerte sich intensiv um die Erziehung seiner Kinder und übertraf in diesem Engagement viele bürgerliche Väter im 19. Jahrhundert. Das war einerseits naheliegend, weil er sich als Gelehrter verstand und in den ersten Ehejahren über viel freie Zeit verfügte. Andererseits entsprach solches Verhalten kaum einem adlig-bürgerlichen Männlichkeitsideal. Dominanzstreben war ihm in Familie und Beruf fremd. Er erteilte den Kindern persönlich Unterricht, wenn es Schwierigkeiten mit den Erziehern gab. Caroline stellte die Mutterschaft zwar in den Mittelpunkt ihres Lebens, das hinderte sie aber nicht daran, ihre kleinen Töchter für Monate in Rom bei ihrem Mann zurückzulassen. In diesem Sinn war sie unbürgerlich und noch der Adelswelt des Rokoko verhaftet.

Bei den Humboldts bezog sich die Erziehung vornehmlich auf die klassische Bildung. Der Universitätsreformer und seine Frau hielten das Studium der klassischen Sprachen für selbstverständlich. Auch die Tochter Caroline sollte wie die Söhne Griechisch lernen. Die Perspektiven der Kinder blieben aber zeitgemäß geschlechtsspezifisch. Die Söhne wurden auf den Militärdienst, Universität und Beruf vorbereitet, für die Töchter galt die Heirat als Ziel. Die beiden Töchter Adelheid und Gabriele wurden sehr jung, Adelheid war erst fünfzehn Jahre alt, an adlige Mitarbeiter des Vaters verheiratet. In diesem Punkt entschied das Adelspaar also überaus konventionell.

Nur gelegentlich verzichteten Caroline und Wilhelm auf das literarische Pathos der Liebe. Immerhin aber kann man erkennen, dass sie sich, wenn auch mit liebevollem Spott, durchaus kritisch sehen konnten. Caroline schrieb: «Du moquierst Dich auf die niedlichste Weise über mein Verschreiben mit den vielen T in dem Wort entfernteste Bergketten. Bei Dir, süßestes Leben, wird kein Gott und kein Mensch Dich je überführen können, Dich je verschrieben zu haben, denn da alle Buchstaben eine so liebenswürdige Familienähnlichkeit haben, so möchte es schwer sein, den Beweis zu führen. Verzeih mir, teuerste Seele, aber da Du schon voraussetzest, daß ich mich rächen werde, so muß ich doch nicht hinter Deinen Erwartungen zurückbleiben!»[27]

Wilhelm überlebte Caroline um sechs Jahre. Nach Carolines Tod wurde Wilhelm als Witwer zum Botschafter eines idealen Eheentwurfs. Caroline und Wilhelm wussten Ende 1828 über den aussichtslosen Gesundheitszustand Carolines Bescheid. Wilhelm schrieb: «Ich habe nun die schreckliche Gewissheit, dass ich die Mutter überleben werde. Ich hoffte immer das Gegenteil, und es wäre für mich, für Euch alle, auch für meine Frau selbst, so sehr sie mich vermißt haben würde, besser gewesen. Ich werde suchen ruhig und gefaßt zu bleiben und mich in das Unvermeidliche zu finden. Aber mein innerstes Dasein wird durch diesen Tod noch mehr als die äußere Existenz zerstört. Das weiß ich, wie man eine Naturbegebenheit voraus weiß.»[28] Wilhelm sah mit der symbiotischen Ehe auch die eigene Existenz am Ende. Und er mochte sich nicht damit abfinden, allein zurückzubleiben, vor allem weil er die Bedeutung Carolines für die Kinder und damit für die Familie höher einschätzte als seine eigene.

Caroline starb am 26. März 1829 in Tegel, in Anwesenheit Wilhelms und der Töchter. «Sie hatte bis zum letzten Atemzug das volle Bewußtsein, sprach mit uns bis wenige Augenblicke vor ihrem Einschlafen, und ihr Hinscheiden bestand nur aus einem allmählichen Aufhören des Atmens.»[29] Wilhelm fand Trost in seiner wissenschaftlichen Arbeit. Er hielt engen Kontakt zu den Töchtern und beschäftigte sich mit der Erinnerung an Caroline. Neben den Gedanken an die Verstorbene verfolgte er zwei konkrete Erinnerungsprojekte: den Bau des Grabmals im Park von Tegel und die Beschäftigung mit Carolines Briefen. Beide Projekte erweiterten sich nach Wilhelms Tod zu einer Memorialkultur des Humboldt'schen Ehepaars. Das Grabmal wurde auch Wilhelms Grabmal, und Carolines Briefe ergaben zusammen mit denen ihres Ehemannes einen der berühmtesten Paarbriefwechsel überhaupt. Selbstverständlich wurde Caroline im Tegeler Park bestattet. Den genauen Ort, gegenüber dem Schloss, hatte Caroline selbst ausgesucht und damit die Grabstätte der Familie für die Zukunft bestimmt. Das adlige Ehepaar hatte vermutlich kaum jemals über dieses Privileg einer privaten Grabstätte nachgedacht. Während die Kirchen in den deutschen Staaten in der zweiten Hälfte des 19. Jahrhunderts versuchten, Bestattungen auf Friedhöfen durchzusetzen, genoss der Adel um 1800 das Recht, die Familienangehörigen auch nach dem Tod in der Nähe zu behalten, noch unangefochten. Die räumliche Nähe von Carolines Grab hatte eine starke Wirkung auf Wilhelm. An die Tochter Gabriele schrieb er: «Tegel wirst Du gewiß recht schön finden, und dem lieben Grabe so nahe zu sein, wird dir unendlich wohl tun; ich kenne es nun in allen Jahres- und Tageszeiten, und seine Nähe gehört wie zu meinem Dasein.»[30]

Caroline hatte 1817 eine Statue bei Bertel Thorvaldsen, die «Hoffnung», in Auftrag gegeben: «Von modernen Bildhauern hat man nie so etwas gesehen. Es ist etwas ganz Neues. Die Figur stellt eine Hoffnung vor, in der rechten

Hand hält sie eine Granatblume, der Blick ruht darauf, als hoffte er still auf die Frucht, mit der linken hebt sie das schöne Gewand. [...] die ganze Statur hat etwas Lichtes, Hohes, Stillbewegtes, als träte sie einem vom Fußgestell entgegen. Es ist etwas durchaus Neues, nie Gesehenes, sie macht sich in allen Linien, und wie man sie auch wendet, gleich schön. Ich möchte sie wohl in Marmor besitzen.»[31] Die Töchter Caroline, Adelheid und Gabriele wünschten sich die Aufstellung der Statue auf dem Grab. Wilhelm allerdings gab ganz praktisch zu bedenken, dass eine Marmorstatue den Berliner Wetterbedingungen kaum gewachsen sein würde. Er berief sich auf die Kunstförderin Caroline, die doch immer «mild und zart» gegen Künstler und Kunstwerke gewesen sei, und entschied, die Fertigstellung einer Kopie abzuwarten und das Original im Kabinett von Schloss Tegel aufzustellen. Die Thorvaldsen-Statue wurde zum Mittelpunkt der von Karl Friedrich Schinkel gestalteten Grabstätte.[32]

Der Briefwechsel des Ehepaars Humboldt entstammt einer romantischen Briefkultur, die Briefe nicht primär als Austausch von Nachrichten, sondern als Bestätigung von Lebensauffassungen verstand. Die Humboldts bewahrten die Briefe sorgfältig auf, und nach Carolines Tod begann Wilhelm sie als Teil des Vermächtnisses zu ordnen. Humboldt war sich der eigenen Bedeutung als Gelehrter und Politiker der Goethezeit bewusst, daher hat er wohl mit einer Veröffentlichung seiner Briefe an andere berühmte Männer gerechnet. Carolines Briefe dagegen wurden für Wilhelm zum Tagebuch des gemeinsamen Lebens. «Das wohltätigste ist, dass die Vergangenheit einem zur Gegenwart wird. Die Briefe der lieben Mutter sind auch darin ein unerschöpflicher Schatz. Ich kann in ihnen, da wir leider oft getrennt waren, unser ganzes Leben wieder von neuem leben und finde darin immer zugleich auch euch Kinder in jeder Periode des Alters so lieblich wieder.»[33] Wilhelm betrachtete die Briefe auch materiell als privaten Besitz, der ihm Caroline jeden Tag vergegenwärtigte. Er verfügte, dass die Briefe in der weiblichen Linie der Familie weitergegeben werden sollten.

Die Edition des Briefwechsels besorgte schließlich erst Humboldts Urenkelin Anna von Sydow im Jahr 1905. Die Herausgeberin griff in den Text ein, ließ Missliebiges fort, ohne Auslassungen zu kennzeichnen. Da die Originalbriefe 1945 in Tegel verbrannt sind, lassen sich die Abweichungen heute nicht mehr nachvollziehen. Dieses Gesamtkunstwerk eines Ehebriefwechsels kann nur noch unter Berücksichtigung der Tatsache interpretiert werden, dass es möglicherweise schwerwiegende Eingriffe gegeben hat. Trotzdem zeigen die Briefe wichtige Eigenschaften der Ehepartner wie auch die Grundlagen dieser Ehe. Die Beziehung auf Augenhöhe stärkte beide, indem sie eine neue Gemeinsamkeit schuf. Die Verschiedenheit von Mann und Frau blieb in der romantischen Verschmelzung zur Einheit bestehen. Während Wilhelm sein Leben nicht nur als Ehemann und Vater, sondern auch als Staatsmann und Gelehrter führte, verwirklichte sich Caroline als Mutter, Freundin, Gastgeberin und Mäzenatin. Zwar nahmen beide an den Lebensbereichen des jeweils anderen teil, aber die Einheit blieb dem Einklang der Liebe vorbehalten. Die ideale Harmonie ehelicher Einheit, die die Humboldts für sich beanspruchten, ist ohne Abbild geblieben: Ein gemeinsames Bildnis des Paares gibt es nicht.

HOCHZEIT

Heiratsalter

In den letzten Jahrzehnten ist das Alter, in dem Paare in Europa heiraten, stetig gestiegen. Das Heiratsalter hat nicht nur demographische, sondern auch kulturelle Auswirkungen. Noch heute sind bei der Eheschließung die Frauen meist jünger als ihre Männer. In der Historischen Demographie, die sich mit der Bevölkerungsentwicklung in quantitativer Hinsicht befasst, ist meist nur das durchschnittliche Heiratsalter von Belang, und überdies konzentriert man sich auf das Heiratsalter der Frauen, weil es sich angesichts der zeitlichen Begrenzung der Fruchtbarkeit unmittelbar auf die mögliche Kinderzahl auswirkt. Das europäische Heiratsmuster, wie es vor allem von John Hajnal und Peter Laslett beschrieben worden ist, zeichnet sich im Weltmaßstab durch späte Eheschließungen aus. Mit dem Aufschieben der Eheschließung wurde sichergestellt, dass ein Paar wirtschaftlich auf eigenen Füßen stand. Ein höheres Durchschnittsalter bei der Eheschließung begrenzte zusätzlich die Zahl der Geburten. Dieses Modell hat mit der Autonomie des Paares und mit der Lebensform einer Kernfamilie zu tun. Allerdings kann es auch mit einem geringeren Heiratsalter verbunden sein; in Böhmen, in Süditalien und im Süden Spaniens herrschte im 19. Jahrhundert dieses Muster vor. Außerdem lassen sich gerade in Norddeutschland zahlreiche Bauernfamilien finden, in denen spät geheiratet wurde, obwohl der Hof von einer größeren Familie bewirtschaftet wurde. In den großfamiliären Siedlungsformen wie in Osteuropa, in den arabischen Ländern oder in Indien wiederum bleiben die Söhne im elterlichen Haushalt und verheiraten sich früh. Heiratsalter und Haushaltsform hängen also zusammen, aber noch andere Faktoren sind für die Ausprägung eines regionalen Musters bedeutsam. Dabei können natürliche Bedingungen der Landschaft oder die konkrete Bewirtschaftungsform des Landes eine Rolle spielen. In den Alpen mit ihrem geringen Nahrungsspielraum sind Ehewillige restriktiv behandelt worden. Dadurch wurde die Zahl der Ehen begrenzt, aber auch das Bevölkerungswachstum reguliert, was in einer Region mit nur eingeschränkt möglicher Landwirtschaft und vergleichsweise geringen Erträgen eine wichtige Rolle spielte.[1]

Obwohl sich Europa im Vergleich mit dem Vorderen Orient, Afrika oder Teilen Asiens als Großregion mit später Eheschließung beschreiben lässt, zeigt der detailliertere Blick die Unterschiede innerhalb des Kontinents. In der ersten Hälfte des 19. Jahrhunderts heirateten männliche Isländer, Iren und Schweizer erst mit über 30 Jahren, die Frauen mit 28 Jahren. In Frankreich und Deutschland lagen die Zahlen mit 28 Jahren für Männer und 26 Jahren für Frauen nur wenig niedriger. Auch wenn man heute nicht mehr von einer klaren Grenze zwischen West- und Osteuropa ausgeht, steht doch fest, dass das Heiratsalter in diesem Zeitraum im Osten generell deutlich niedriger lag. Für viele russische Dörfer hat man ein Heiratsalter für Männer und Frauen von circa 20 Jahren festgestellt.[2]

Im 20. Jahrhundert sank das Heiratsalter in vielen europäischen Staaten nur allmählich. Für die Mehrheit der Bevölkerung war eine Eheschließung erstrebenswert, und man entschloss sich dazu, wenn die ökonomischen Bedingungen dies zuließen. In der Arbeiterbevölkerung wirkten sich bessere Verdienstmöglichkeiten entsprechend aus. In Deutschland blieb das Heiratsalter bis in die dreißiger Jahre bei 29 Jahren für Männer und 26 Jahren für Frauen stabil. Erst zwischen 1950 und 1970 sank es in der Bundesrepublik stark ab: Während Männer 1950 mit durchschnittlich 27,4 Jahren eine erste Ehe eingingen, war der Tiefpunkt 1970 mit 25,3 Jahren erreicht. Für Frauen lauten die entsprechenden Zahlen 24 und 22,6 Jahre. Seit 1970 allerdings hat sich der Trend umgekehrt. Das Heiratsalter der Männer ist zwischen 2000 und 2009 von 31 auf 33 Jahre gestiegen. Im Jahr 2000 heirateten Frauen mit 28, heute mit 30 Jahren. Insgesamt überwiegen für Deutschland die Phasen eines hohen Heiratsalters. Wie in anderen europäischen Ländern, in Frankreich, Schweden und den Niederlanden, stellen die beiden Jahrzehnte nach dem Zweiten Weltkrieg mit hohen Ehequoten und geringerem Heiratsalter einen Sonderfall dar. Nie vorher und nie nachher war das Heiraten derart beliebt. Man kann also zusammenfassen, dass gerade in Deutschland die späte Heirat ein Grundmuster darstellt, welches nur in den Jahrzehnten nach dem Zweiten Weltkrieg aufgebrochen wurde.[3]

Rechtlich gesehen, existieren bis heute überall ein Mindestalter, das nicht unterschritten werden darf, und eine Ehemündigkeit, die generell mit der Volljährigkeit einhergeht. In der Bundesrepublik ist man mit 18 Jahren ehemündig, aber geheiratet werden kann mit Erlaubnis der Eltern oder eines Gerichts schon mit 16 Jahren. Traditionell war und ist das gesetzliche Heiratsalter in vielen Staaten für junge Männer und Frauen unterschiedlich. Für Männer lag oder liegt es bis heute höher, für Frauen niedriger, unter anderem weil die Eheschließung für Mädchen an das Einsetzen der Menstruation und damit an die biologische Möglichkeit der Mutterschaft geknüpft wird. In den USA stieg das Ehemündigkeitsalter für Frauen im 19. Jahrhundert auf 16 Jahre; zuvor konnten Mädchen bereits mit zehn oder zwölf Jahren verheiratet werden. Im Iran können dreizehnjährige Mädchen verheiratet werden. In Spanien wurde 2013 nach kontroverser Diskussion das Mindestalter von 14 auf 16 Jahre angehoben. Während die Adoleszenz in den westlichen Ländern immer weiter ausgedehnt wird und auch 30-Jährige häufig wirtschaftlich nicht auf eigenen Füßen stehen, zudem eher selten und spät geheiratet wird, sollen mit Bezug auf die Biologie der Geschlechtsreife auch Kinder verheiratet werden. In den muslimischen Ländern machen sich religiöse Traditionalisten für eine frühe Ehe von Mädchen stark, weil nach der Überlieferung Mohammed die neunjährige Aischa geheiratet hat. Für das sehr niedrige gesetzliche Heiratsalter von Frauen kann es zahlreiche Gründe geben: Reinheitsvorstellungen korrespondieren mit der Furcht der Familie vor nichtehelichen Schwangerschaften. Aber auch der Wunsch, mit Hilfe von frühen Eheschließungen politisch oder ökonomisch vorteilhafte familiäre Verbindungen zu schaffen, scheint wichtig zu sein, und je jünger die Braut, desto weniger ist mit Protest oder Widerstand zu rechnen.[4]

Noch bis ins 20. Jahrhundert stellten die Anforderungen an das Heiratsalter ein Problem für heiratswillige Teenager dar. In Großbritannien wurde der schottische Grenzort Gretna Green berühmt und berüchtigt, wo sich bis heute eine florierende Hochzeitsindustrie hält. In Schottland konnten im 19. Jahrhundert Sechzehnjährige ohne elterliches Einverständnis heiraten. Einerseits wurde das Angebot von Jugendlichen genutzt, auf der anderen Seite war es aber auch bei Männern beliebt, die eine minderjährige Erbin gegen den Willen ihrer Eltern heiraten wollten. Jedenfalls ließ und lässt sich bis heute in Gretna Green, ähnlich wie in Las Vegas, eine Trauung ohne längere Wartezeit, Aufgebot und andere bürokratische Hemmnisse gegen eine geringe Gebühr durchführen. In Las Vegas richtet sich das Angebot heute eher an diejenigen, die sich schnell und auf ungewöhnliche Weise, etwa im Naturschutzgebiet oder bei einer *drive thru wedding*, das Jawort geben möchten. Allerdings gibt es hier wie dort keine anderswo ungesetzlichen Eheschließungen für besonders junge Paare mehr. Im Zeitalter geringerer Heiratsneigung geht es eher um spontan Entschlossene, die das Familienfest meiden, oder um Paare, die die Romantik ihrer Beziehung in einer spielerischen Form des Durchbrennens zelebrieren wollen.

Auch der Altersabstand zwischen den Partnern lässt wichtige Schlüsse zu. Während Arbeiter- und Unterschichtenehen im 19. Jahrhundert generell einen geringen Altersunterschied zwischen Frauen und Männern aufwiesen, war das im Bürgertum anders. Viele bildungsbürgerliche Männer heirateten mit über 30 Jahren, weil sie erst dann die Ausbildung abgeschlossen hatten und eine Familie ernähren konnten. Da bürgerliche Mädchen im 19. Jahrhundert schnell «alterten», schon mit 25 Jahren als alte Jungfern galten, waren die Bräute meist deutlich jünger. 35-jährige Männer, die 18-jährige Mädchen heirateten, bildeten im Bürgertum eher den Normal- als den Sonderfall. In Emmy von Rhodens Kultbuch *Der Trotzkopf* (1885) verlobt sich der Assessor Gontrau nach sehr kurzer Bekanntschaft mit der siebzehnjährigen Heldin Ilse, deren Teenagersprache er «entzückend» findet. Solche Verbindung war im Roman wie im Leben kein Einzelfall. Ilses beste Pensionatsfreundin Nellie heiratet den wesentlich älteren Lehrer Dr. Althoff.

Zu dem Bildungsgefälle zwischen studierten Männern und nur in der Töchterschule erzogenen Frauen kam ein Altersgefälle hinzu, das sich meist als Machtunterschied äußerte. In vielen Berichten bürgerlicher Ehemänner beschrieb dieser sich selbst als Erzieher und Lehrer seiner formbaren jungen Frau.[5]

Wenn die Entscheidung für eine Eheschließung fiel, solange der Bräutigam noch kein festes Einkommen hatte, konnte das eine lange und sehnsuchtsvoll-schmerzliche Wartezeit zur Folge haben. Sigmund Freud verlobte sich mit Martha Bernays im Juni 1882. Freud war zu diesem Zeitpunkt 26, seine Braut 21 Jahre alt. Da sich Freud noch in der Ausbildung zum Arzt befand, entschied Marthas Mutter sich für einen Umzug nach Wandsbek, um die Verlobten zu trennen. In den nächsten vier Jahren sah sich das Paar nur selten und schrieb sich beinahe jeden Tag. Endlose Variationen von «Aber Du mußt mir Glück bringen, Du bist selbst das Glück für mich, ohne Dich ließe ich jetzt ohne Lebenslust die Arme sinken, mit Dir für Dich will ich sie rühren, uns unseren Teil an dieser Welt zu erobern, ihn mit Dir zu genießen» waren die Folge. Freud, der eine traditionelle Vorstellung von den häuslichen Aufgaben der Frau hatte, war klar, dass die Heirat ohne seine berufliche Etablierung weiter aufgeschoben würde.[6]

Verlobung

Im 19. Jahrhundert und danach konnte sowohl das Eheversprechen selbst, das sich das Paar gab, als auch eine dann stattfindende Feier als Verlobung bezeichnet werden. Nach der Entscheidung war für Adel und Bürgertum zunächst die öffentliche Bekanntmachung wichtig: Meist verkündeten die Eltern, oft nur die Brauteltern, die Verlobung ihrer Kinder oder ihrer Tochter in einer Zeitungsanzeige. Die Verlobung stellt aber auch eine rechtliche Form des Eheversprechens dar, dessen Erfüllung aber nicht gerichtlich erzwungen werden konnte. Noch heute enthält das Bürgerliche Gesetzbuch Paragraphen, in denen vor allem die Folgen einer aufgekündigten Verlobung festgelegt werden. Laut Gesetz müssen vom Partner erhaltende Geschenke zurückgegeben werden. Erst 1998 wurde das «Kranzgeld» offiziell abgeschafft, das einer verlassenen Braut zustand, wenn der Bräutigam ihr die Jungfräulichkeit genommen hatte. Allerdings wurde und wird in Verlöbnisangelegenheiten selten ein Prozess angestrengt.

Eine Verlobungsfeier war in der ersten Hälfte des 19. Jahrhunderts – wie heute – nicht allgemein üblich. Die Form war verhältnismäßig offen. Nicht jede Braut erhielt als Geschenk einen Verlobungsring. Zur Feier der Verlobung ihrer Tochter Martha veranstalteten Theodor und Emilie Fontane 1898 ein «kleines, feines Essen» für neun Personen in ihrer Wohnung.[7] In der Frankfurter Bankiersfamilie Metzler wurde die Verlobung der Tochter Mathilde 1891 durch ein feierliches Mittagessen und anschließende Besuche bei Großeltern und Verwandten begangen. Meist wurde die Verlobung als familiäres Ereignis verstanden, das im Elternhaus der Braut stattfand. Als Gäste erschienen Familienangehörige und wenige enge Freunde.[8]

Obwohl es nicht als wünschenswert galt, die Brautzeit über ein Jahr hinaus auszudehnen, mussten zahlreiche bürgerliche Paare länger auf die Eheschließung warten. Wenn Braut und Bräutigam an unterschiedlichen Orten lebten, ergab sich daraus ein intensiver Briefwechsel. «Eine so milde Sehnsucht zieht mich jetzt zu Dir, mein ganzes Wesen hat nur eine stete Richtung, und ich fühle mich jetzt seit vier Tagen wieder zum ersten Mal Dir und mir ganz ergeben; denn seit ich in Nürtingen gewesen, ohne Dich sehen zu können, war ich wie in zwei Teile gespalten, ich fehlte mir überall», schrieb Eduard Mörike 1830 an seine Braut Luise Rau. In der Gattung der Brautbriefe wurden Liebesbeschwörungen, aber auch Vorstellungen über das zukünftige Leben und Reflexionen über gemeinsame Grundsätze ausgetauscht.[9]

Die Aufkündigung von Verlobungen gehörte zum Alltag. Auch Frauen mochten ihr Versprechen nicht immer erfüllen. Bevor Jenny von Westphalen ihre Wahl für Karl Marx traf, war sie bereits einmal verlobt gewesen. Emilie Fontane berichtete ihrem Mann 1883 über einen Bekannten: «Der Sohn hat eine Anstellung u. könnte nun nach 5jähriger Verlobungszeit heiraten, aber seine Braut will nicht!»[10] Man kann darüber streiten, ob es sich bei gelösten Verlobungen in Adel und Bürgertum tatsächlich um größere gesellschaftliche Skandale gehandelt hat. Sicher blühte der Klatsch, und viele Männer zogen es vor, sich von jungen Frauen, die eine Verlobung hatten platzen lassen, fernzuhalten. Irreparabel aber war der Schaden nicht. Erfolgte in einigem zeitlichen Abstand eine Eheschließung mit einem neuen und akzeptablen Partner, trat die «Jugendsünde» in den Hintergrund.

Franz Kafkas gescheiterte Verlobung mit Felice Bauer scheint gesellschaftlich nicht dramatisch gewesen zu sein. Allerdings hatte die Familie Bauer mit anderen familiären Schwierigkeiten zu kämpfen, so dass man sich mit diesem zusätzlichen Tiefschlag nicht mehr beschäftigen wollte. In der Familie Mann erregten gescheiterte Verlobungen kaum Aufsehen. Selbst bei der Mutter Julia Mann bildeten die Frauenbeziehungen ihres Sohnes Heinrich, namentlich die am Ende gelöste Verlobung mit Ines Schmied, keinen Grund zu besonderem Entsetzen. Sicher haben wir es hier mit einem bürgerlichen Milieu zu tun, das mit seiner Verbindung zur Kunst- und Literaturszene in den Metropolen München und Prag wenig repräsentativ für das Bürgertum insgesamt war. Die bekannteste aufgelöste Verlobung des 19. Jahrhunderts war aber nicht typisch: König Ludwig II. von Bayern entschied sich gegen die Eheschließung mit Prinzessin Sophie in Bayern. Sophie musste schließlich mit einem französischen Herzog vorliebnehmen.

Polterabend und Myrten

Im gesamten 19. Jahrhundert lassen sich Zeugnisse für die Begehung eines Polterabends finden, ohne dass er bis heute zur gesellschaftlichen Regel wurde. Fanny Mendelssohn berichtete ihrem Bruder Felix in London 1829 von dem «stillen» Polterabend, den man anlässlich ihrer Heirat mit dem Maler Hensel gefeiert habe.[11] In den 1850er Jahren schrieb *Pierers Universallexikon*, ein Polterabend sei vor allem im nördlichen Deutschland üblich. Er bot der Familie und den Freunden der Brautleute die Gelegenheit für poetische Scherze, Gesänge und Musik.

Um 1900 war ein Polterabend mit Freunden im bescheidenen Rahmen im sozialdemokratischen Arbeitermilieu ein lieb gewordener Brauch. Die Gäste wurden zu Hause empfangen. Im Lebensbericht

Moritz Brommes kommt zum Ausdruck, dass der mit «einem Fäßchen Bier» und heiteren Freunden gefeierte Polterabend aus Sicht des Bräutigams das Ende vieler Freiheiten markierte. Das Ende der Brautzeit konnte für die Arbeiterschaft in Stadt und Land auch mit einer Feier in den Vereinen, in denen die Brautleute Mitglied waren, begangen werden. Noch in den zwanziger Jahren waren in den Jungmädchenvereinen auf dem Land solche Feiern üblich. Als Vorsitzende des Vereins amtierte dort meist die Gutsherrin, die in ihren Berichten die Bedeutung der sozialen Kontrolle über die Sittlichkeit der jungen Paare hervorhob: «Ein Fest aber feiern wir immer mit großer Liebe und Begeisterung, und das ist, wenn eins unserer Mitglieder heiratet – in Ehren, mit den Kränzel heiratet, selbstverständlich.» Die Vereinsfeier der Jungmädchen bereitete mit Reden auf die Braut und diversen Spielen auch die übrigen Vereinsmitglieder auf den Brautstand vor. Im dort präsentierten Bohnenkuchen konnten die Mädchen entweder eine weiße Brautbohne oder eine schwarze Altjungferbohne finden. Das Lebensziel Eheschließung war damit auch in der Festkultur präsent.[12]

Myrten tauchten im deutschen Sprachraum als Symbol der Venus und der Jungfräulichkeit sehr häufig im Zusammenhang mit Brautzeit, Polterabend und Hochzeit auf. Der Myrtenkranz symbolisierte für viele Bräute den unwiderruflichen Übergang vom Mädchen zur Frau. Unter den Übergangsriten bei der Hochzeit spielte der Kranz im säkularen wie im kirchlichen Kontext lange eine herausgehobene Rolle. Die Kirchen gestatteten eigentlich nur «keuschen» Bräuten das Erscheinen vor dem Traualtar mit Brautkranz. So verzichtete eine Braut entweder auf dieses «Ehrenzeichen», oder sie trug den Kranz trotz Nichteinhaltens der Regeln. In der Umfrage der evangelischen Sittlichkeitsvereine aus den 1890er Jahren stellte die Frage nach dem Anteil der Bräute, die ohne Myrtenkranz heiraten mussten, ein Standardthema dar. Die Antworten fielen unterschiedlich aus, aber die Mehrzahl der Pfarrer betonte, dass sie «erwiesenermaßen gefallene» Bräute nicht mit Kranz heiraten ließen. Es ist zu vermuten, dass «erwiesenermaßen» eine fortgeschrittene Schwangerschaft der Braut bedeutete. In den östlichen Gebieten Preußens scheint das ein Viertel der Bräute betroffen zu haben. Manche Pfarrer berichteten, dass auch Bräutigame von Sanktionen betroffen waren; ihnen wurde der kleine Myrtenstrauß, den sie am Anzug trugen, verboten. Für Arbeiter in der Stadt und bäuerliche Landbewohner kamen Eheversprechen, Sexualität und Schwangerschaft vielfach in einer Weise zusammen, die den Lehren der Kirchen zuwiderlief. Die stillschweigende Ablehnung der kirchlichen Sexual- und Ehemoral war seit der zweiten Hälfte des 19. Jahrhunderts verbreitet. Die evangelischen Pfarrer der Enquete betonten übrigens, dass die Lage in den katholischen Nachbargebieten nicht besser sei. Der Anteil nichtehelicher Geburten in manchen katholischen Regionen wie Altbayern oder Tirol blieb jedenfalls hoch.[13]

Die sittliche Besorgnis der ländlichen Führungsgruppen aus Gutsherrschaft und Pfarrern resultierte aus der Erfahrung, dass viele junge Paare bereits ein Kind erwarteten, wenn sie vor den Traualtar traten. Der lippische Pfarrkandidat Krecke berichtete 1843: «Nur wenige Paare habe ich kopuliert [getraut, M. W.], wovon die Braut nicht augenscheinlich schwanger war.» Weiter schreibt er: «Ehrbare Hausväter aus den beiden größten Dörfern haben die Klage geführt, daß ein keusches Brautpaar nur noch selten vorkomme und daß Unkeuschheit gar nicht mehr als Schande gelte, wenn es nur wirklich zum Ehestand käme.» Die Sanktionsmöglichkeiten der Kirche waren begrenzt. «Unlängst sollte in Heidenoldendorf eine Braut getraut werden, welche 8 Tage vorher ins Kindbett gekommen war und sollte sogleich nach der Trauung eine ‹lustige Hochzeit mit Musik› gefeiert werden. Die Trauung wurde unter diesen Umständen versagt und um 8 Tage hinausgeschoben; die lustige Hochzeit fand aber dennoch 8 Tage vor der Trauung an einem Sonntage statt.»[14] Trotz des kirchlichen Einspruchs hielt die Bauernfamilie am Termin für die Hochzeitsfeier fest.

Illegitime Kinder stellten in der ländlichen Gesellschaft des 19. Jahrhunderts keinen ausreichenden Grund für einen Verlust des gesellschaftlichen Ansehens oder der Heiratschancen dar. Für die bäuerlichen Oberschichten waren ökonomische Erwägungen, zum Beispiel eine Mitgift von einem auf den Hof einheiratenden Partner, wichtiger als die Einhaltung einer strikten Sexualmoral. Zwar hat Jürgen Schlumbohm festgestellt, dass Großbauern in Niedersachsen sich bemühten, die Sexualität ihrer Töchter stärker zu kontrollieren. Dennoch stand ein nichteheliches Kind einer vorteilhaften Eheschließung nicht unbedingt im Wege, zumal wenn es sich um eine Erbtochter handelte. Die rechenhafte Denkweise bei der Gattenwahl stieß gelegentlich auf harte Kritik. Die Frauenrechtlerin Louise Otto schrieb 1851 in der *Frauenzeitung* über die Gebräuche unter sächsischen Bauern, die Heiratsvermittler zurate zogen, um eine passende Partie für ihre Kinder zu finden. Otto sah allerdings die Töchter nicht bloß als Opfer, sondern bemerkte: «Die Mädchen sind in diesem Punkt ebenso unzart und gefühllos wie die Männer. Meist denken sie nur ans Geld, um ihre Putzsucht befriedigen zu können, oder sie heiraten nur aus Eitelkeit, um zeitig einen Mann zu haben und Braut zu sein, um auf den Bällen ‹nicht mehr allein zu erscheinen›, wie sie selbst sagen.» Louise Ottos Plädoyer für eine gefühlsbezogene Neigungsehe einschließlich Zeit zur Charakterprüfung stellte die Verhältnisse auf dem Land gewiss zu einseitig dar. Gerade diejenigen, die über eine ökonomisch starke Position verfügten, besaßen die Möglichkeit, den Gatten auszuwählen, so dass Neigung sehr wohl eine Rolle spielte.[15]

Hochzeitsgeschenke

Zu Beginn des 19. Jahrhunderts waren Hochzeitsgeschenke meist Einrichtungs- und Haushaltsgegenstände, die bereits am Polterabend übergeben wurden. Bei der Hochzeit von Christoph Hanff und Kunigunde von Viatis 1825 erhielt das Brautpaar vom Bruder des Bräutigams «schöne Wein- und Biergläser». In Nürnberg kamen dann von Freunden und Nachbarn Zuckerhüte, Seifen, Lichter, eine Nachtlampe sowie einige Goldstücke hinzu. Bei den Bauernhochzeiten, die Jürgen Schlumbohm untersucht hat, standen Geldgeschenke im Vordergrund, die allerdings selten in bar geleistet wurden. In den Beschreibungen der Hochzeit findet sich entsprechend eine Liste mit Geldbeträgen, im Regelfall eher als Versprechen für die Zukunft.[16]

Als Geschenk von Frauen für Frauen waren selbstgefertigte Handarbeiten häufig; sie waren nicht teuer, drückten aber trotzdem eine hohe Wertschätzung aus. In den wohlhabenden Familien von Unternehmern und Kaufleuten hielt man weniger von Selbstgemachtem. Geschenke dienten der Repräsentation und mussten wertvoll wirken. Von Näherinnen bestickte Kissen und Tafelsilber oder Leuchter als Geschenke sollten im häuslichen Zusammenhang nützlich sein, aber auch ästhetischen Ansprüchen genügen.[17]

In den Unterschichten kamen die selbst beschaffte Aussteuer und ein Hochzeitsgeschenk der Eltern zusammen. Franz Rehbein und seine Frau Dora mussten die Wohnungseinrichtung vom Ersparten beschaffen. Moritz Bromme nannte einen Tisch mit vier Stühlen als Geschenk der Schwiegereltern. Vom eigenen Vater erhielt er einen «Regulator», also eine Wanduhr. Die anderen Gäste der Hochzeit brachten vielleicht Blumen oder Lebensmittel. Hinzu kamen die Kommode, die seine Frau mit in die Ehe brachte, und die Möbel, die das Ehepaar gemeinsam von einem befreundeten Tischler erwarb.[18]

Möbel und Hausrat sind bis heute als Hochzeitsgeschenke beliebt. Dabei ist es wichtig, dass die Geschenke zur vorhandenen Einrichtung passen oder den Hausrat, etwa das Essservice, ergänzen. Die Abneigung gegen nicht passende oder überflüssige Geschenke ist groß, daher werden Geldgeschenke populär. Immer häufiger wird auch ein Brauch übernommen, der in den zwanziger Jahren von einem Kaufhaus in Chicago erfunden wurde und auch in Großbritannien verbreitet ist: Das Brautpaar verweist in der Einladung auf das Lieblingsgeschäft, in dem eine Wunschliste ausliegt.[19]

Aussteuer und Mitgift

Der Besitz, mit dem Braut und Bräutigam in die Ehe gingen, hatte unterschiedliche Bestandteile, und auch die Bezeichnungen variierten. In vielen Bauernfamilien war es üblich, auch das von Männern in die Ehe gebrachte Vermögen als Mitgift, Brautschatz oder Eingebrachtes zu bezeichnen. In den wohlhabenden Bauernfamilien kam es vor allem darauf an, den einheiratenden Partner so auszuwählen, dass der Hof profitierte. Die Mitgift setzte sich aus einem Geldbetrag, Vieh, Möbeln, Hausgeräten, Kleidung und Wäsche zusammen. Im Tiroler Dorf Innichen lagen entsprechende Geldbeträge um 1800 bei 150 oder 200 Gulden. Als die Lauenburger Bauerntochter Catharine Möller 1806 den Bauernsohn Johann Drewes heiratete, brachte sie ihrem Bräutigam 50 Taler Bargeld, ein Pferd, zwei Ochsen, zwei Kühe, vier Schweine, vier Schafe, ein Bett und ein Ehrenkleid sowie die Veranstaltung von Verlöbnis und Hochzeit als Brautschatz «zur Abfindung von ihrem Bruder» mit. Die Braut des Kaufmanns Johann Schlüter besaß 1851 einen Brautschatz von 3600 Talern. Für Schlüter, für den es die zweite Ehe war, ergab sich kein unmittelbarer Zugriff auf das Vermögen seiner Frau. Allerdings konnte er über die jährlichen Zinsen – bei üblichen vier Prozent also 144 Taler – frei verfügen. Die Aussteuer, die in diesem Ehevertrag als Naturalmitgabe bezeichnet wurde und die aus Möbeln, Hausgerät, Leinen und Silberzeug, Kleidung und Schmuck bestand, blieb ebenfalls alleiniges Eigentum der Frau. In Adel und Bürgertum verstand man unter Brautschatz oder Mitgift das Vermögen an Immobilien und Bargeld der Ehefrau, das bei der Eheschließung entweder in die eheliche Gütergemeinschaft floss oder als Besitz getrennt blieb, aber in der Regel durch den Ehemann verwaltet wurde. Während der Begriff Mitgift sich deutlich auf die besitzenden oberen Schichten bezog, meinte Aussteuer den mobilen Besitz an Haushaltsausstattung und persönlicher Kleidung oder Schmuck, den die Braut von ihren Eltern erhielt oder der gemeinsam von den Brautleuten zusammengetragen wurde.[20]

In der Logik des familiären Besitztransfers zwischen den Generationen verlor die Mitgift in dem Maß an Bedeutung, wie ein bürgerliches Erbrecht Söhne und Töchter gleich behandelte. Historisch war die Mitgift gerade ein Ausgleich für eine Schlechterstellung oder Nichtberücksichtigung der Töchter im Erbfall. Allerdings konnte die Mitgift für manche besitzenden Gruppen bis ins 20. Jahrhundert Vorteile bieten. Im italienischen Recht war die Mitgift als abgesonderter Teil des Familienvermögens besonders geschützt. Eine Familie konnte also versuchen, einen Teil des Vermögens in dieser Weise vor Gefahr, wie einem Konkurs der Familienfirma, in Sicherheit zu bringen. Die Herkunftsfamilie konnte auch darauf verzichten, die Mitgift an den Ehemann der Tochter auszuzahlen, und stattdessen diese nur im Testament zusichern. Auf diese Weise konnte wenigstens ein Teil des Vermögens vor Gläubigern geschützt werden. Am Ende des 19. Jahrhunderts gingen viele Italienerinnen dazu über, das eigene Vermögen, das sie in die Ehe mitbrachten, als Mitgift zu deklarieren. Faktisch nutzten diese Vorkehrungen die rechtliche Möglichkeit, einen Teil des Vermögens unter besonderen Schutz zu stellen und vor den Unwägbarkeiten des Geschäftslebens zu schützen.[21]

Der Interessenausgleich zwischen der Familie, die im Fall geschäftlicher Schwierigkeiten Besitz sichern wollte, und den Gläubigern, die Zugriff auf das gesamte Vermögen verlangten, war schwierig. Die Konkursordnung des Deutschen Reiches von 1877 legte fest, dass der Nießbrauch am Vermögen der Ehefrau zur Konkursmasse gehörte und damit zur Befriedigung der Forderungen der Gläubiger herangezogen werden konnte. Eheverträge, die das von der Frau eingebrachte Vermögen separierten und absicherten, mussten länger als zwei Jahre zurückliegen, um vor Gericht anerkannt zu werden. Diese Bedingungen erklären, warum Eheverträge beinahe überall nur bei bestimmten Beschäftigungsgruppen, besonders bei selbständigen Gewerbetreibenden und Unternehmern, üblich waren. Einerseits waren diese Gruppen bereits an den Abschluss von Eheverträgen gewöhnt, andererseits fühlten sich die Väter der Bräute zu Vorsichtsmaßnahmen verpflichtet und machten wohl häufig die Einwilligung zur Eheschließung vom Abschluss eines Ehevertrages abhängig.

Mägde und Lohnarbeiterinnen konnten kaum eine Ausstattung oder einen Geldbetrag von ihren Eltern erwarten. Daher versuchten sie frühzeitig, für das Eheleben einen Teil des Lohns zu sparen. Franz Rehbein berichtet, dass seine Frau Dora als Magd auf einem Bauernhof kaum bares Geld als Lohn erhielt und der Lohn stets der Mutter ausgezahlt wurde. Gelegentlich konnte aber ein eindrucksvoller Betrag angespart werden, vor allem wenn die Eheschließung erst um das dreißigste Lebensjahr erfolgte. Auch Rehbein gelang es kaum zu sparen: «Die Zeit, die ich als freier lediger Tagelöhner so recht nach Kräften auszunutzen gedachte, um noch vor meiner beabsichtigten Verheiratung ein kleines Sümmchen beiseite zu legen, sollte nicht gar zu lange mehr andauern.» Seine Braut erwartete ein Kind, und damit würden sie bald keine zwei vollen Löhne mehr verdienen. Bei Moritz Brommes

Heirat war eine Aussteuer in Form einer Wohnungseinrichtung nicht vorhanden. Betten und Schränke mussten auf Raten gekauft werden.[22]

In den zwanziger Jahren erhielt Freda von Arnim, die Alexander Fürst zu Dohna-Schlobitten heiratete, eine umfangreiche Ausstattung an Kleidern und Wäsche sowie ein fürstliches Nadelgeld von 1000 Mark monatlich. Dieses Geld gehörte der Braut persönlich, für Investitionen in die Schlobitter Wirtschaft stand es rechtlich nicht zur Verfügung. Eine Mitgift im Sinne von Immobilien, Aktien- oder Barvermögen erhielt die Gräfin dagegen nicht. In einer Befragung westfälischer Ehepaare, die zwischen 1900 und 1915 geheiratet hatten, gaben 44 Prozent an, eine Aussteuer von den Brauteltern erhalten zu haben. Immerhin 12 Prozent der Paare besorgten aber die erste Ausstattung der Wohnung selbst. In den sechziger und siebziger Jahren nahm der Anteil der Paare, die eine Aussteuer von den Brauteltern erhielten, auf 37 Prozent leicht ab. Bemerkenswert ist, dass Eltern aus der unteren Mittelschicht besonders großzügig waren. Zumindest in dieser Phase einer wohlhabend gewordenen Bundesrepublik stattete also keineswegs nur die Oberschicht die Töchter mit Möbeln und Haushaltsgegenständen aus. Insgesamt allerdings wurden Mitgift und Aussteuer seit den sechziger Jahren in dem Maß unwichtiger, als die Bedeutung von Bildung und Ausbildung stieg. Die Eltern der Bräute zogen sich aus dem Projekt eines unmittelbaren Statuserhalts für die Kindergeneration zunehmend zurück. Der Schwerpunkt des Besitztransfers verschob sich von der Mitgift auf die Erbschaft. In der modernen Welt, in der die Eheschließung allgemein auch für Frauen an ökonomischer Bedeutung verliert, kommt die Mitgift seltener vor, und die Tochter erbt – ob verheiratet oder nicht – an der Seite ihrer Brüder.[23]

Ganz in Weiß

In der Frühen Neuzeit heirateten Frauen wie Männer in ihrer Festkleidung, die auch aus einer Tracht bestehen konnte. Ein Hochzeitskleid sah meist wie ein schwarzes Feiertagskleid aus, das für die Hochzeit mit einem weißen Schleier geschmückt wurde. Die Heirat ganz in

Brautpaar 1907, die Braut im schwarzen Hochzeitskleid

Weiß ist also keineswegs eine altehrwürdige Tradition, sondern kam erst im Laufe des 19. Jahrhunderts, am frühesten in der Stadt und in den wohlhabenden Schichten, in Mode. Im angelsächsischen Raum wurde Queen Victoria zum Trendsetter, die im Februar 1840 in einem weißen Hochzeitskleid heiratete. Adel und Bürgertum übernahmen die Sitte schnell, auch weil Zeitschriften dafür warben. Auf dem Land und bei den Unterschichten bevorzugte man weiterhin ein Festkleid, das sich auch bei anderen Gelegenheiten tragen ließ. Für eine sich wieder verheiratende Witwe schlugen die Ratgeber des späten 19. Jahrhunderts ein graues oder mattlila Kleid vor. Der Myrtenkranz der jungfräulichen Braut wurde bei Witwen durch Orangenblüten ersetzt.[24]

Ein Bräutigam aus den Oberschichten trug im 19. Jahrhundert einen Frack. Zum Frack gehörten eine weiße Binde und weiße Handschuhe,

Jüdische Hochzeit von Benjamin Lind und Lina Grünbaum, 1914

Lackschuhe und ein Zylinder, kein faltbarer Chapeau claque, wie es warnend in den Anstandsbüchern hieß. Offiziere heirateten in Deutschland selbstverständlich in Parade- oder Galauniform. Nicht nur in Kriegs-, sondern auch in Friedenszeiten wurde es im Kaiserreich selbstverständlich, in Offiziersuniform zu heiraten. Die Anpassung an den Kaiser, der stets in Uniform auftrat, machte aus der Dienstkleidung eine erstrebenswerte Mode. Damit hatte ein Bräutigam, der nicht wenigstens über eine Reserveoffiziersuniform verfügte, ein Problem. Noch in den zwanziger Jahren entschloss sich Alexander Fürst zu Dohna-Schlobitten, auf Wunsch seines Schwiegervaters Adolf Graf von Arnim-Muskau, in einer traditionellen und eigens angefertigten «ostpreußischen Ständeuniform» zu heiraten. In den Mittelschichten heirateten die Männer meist in einem dunklen Anzug. Auch immer mehr Bräute aus den Arbeiterschichten konnten sich im 20. Jahrhundert ein weißes Brautkleid leisten. Gelegentlich blieb das Kleid in der Familie und wurde an die Schwester oder von der Mutter an die Tochter weitergegeben. Viele Frauen aber hängten ihr Brautkleid als Erinnerung in den Kleiderschrank, um es nie wieder zu tragen.[25]

Hochzeitsfeier – Standesamt, Kirche, Gäste

Grundsätzlich beging die Mehrheit der Bevölkerung die Eheschließung auf bescheidene Weise. Großartige Feste feierten der Adel, insbesondere die regierenden Familien, und das wohlhabende Kaufmannsbürgertum. Die Hochzeiten in reichen Bauernfamilien bildeten schon in der Frühen Neuzeit für die adligen Landesherren ein Ärgernis. Die Obrigkeit versuchte energisch, den Luxus dieser Feste zu begrenzen, auch um den Unterschied zu den Oberschichten zu wahren. Dennoch lagerte sich seit dem Mittelalter in den ländlichen Kulturen ein reiches Brauchtum an die Hochzeit an, das in andere Bevölkerungsgruppen ausstrahlte.[26]

Bei den häuslichen Festen des gebildeten Bürgertums um 1800 lag der Schwerpunkt auf Gesängen, Gedichten und Toasts, die dem Paar dargebracht wurden. Ehe- wie Familienideal drückten sich in der Sprache der Freundschaft aus, welche die Romantik so eindrucksvoll entfaltet hatte. Einladungen zur Hochzeit konnten in kargen Zeiten unspektakulär ausfallen. 1813 schrieb der Arzt Justinus Kerner an seinen Freund, den Dichter Ludwig Uhland: «O lieber, lieber Uhland! Wenn du doch nur am 28sten (am Sonntag) nach Enzweihingen reiten würdest, wir könnten uns dann über manches noch besprechen und Du wärest bei unserem Hochzeitsschmaus anwesend, bei dem niemand sein wird als wir, wo Richele die sauern Spatzen dazu selbst kochen wird.»[27] Nicht die Eheschließung an sich und die Trauung standen hier im Mittelpunkt, sondern das Treffen der Freunde und ein Hochzeitsmahl in ländlicher Tradition, das von der Braut Friederike persönlich zubereitet wurde.

Auf dem Land fanden dagegen auch im 19. Jahrhundert große Bauernhochzeiten statt. Den Berichten der Pfarrer an das Lippische Konsistorium kann man entnehmen, dass die Feiernden Wert auf eine lustige Hochzeit mit reichlich Branntwein legten. Musikhochzeiten mit 600 Gästen fanden sogar in der Passionszeit statt. Mehrere hundert Gäste, das eigene Dorf und die «Freundschaft» aus den umliegenden Gemeinden machten die Hochzeiten auf den großen Bauernhöfen zu mehrtägigen Großereignissen, die den Vorstellungen der Pfarrer von sozialer Ordnung und gelebter Frömmigkeit keineswegs entsprachen.

Allerdings übertrieben die Pfarrer möglicherweise die Zahl der Gäste und den Eindruck von moralischem Chaos.[28]

Vor Einführung der Zivilehe war es Aufgabe der Pfarrer, die Paare zu trauen. Ehen wurden somit in der Kirche geschlossen, aber um 1800 wurde wie in Großbritannien und den USA die Trauung im eigenen Haus, die durch einen kirchlichen Dispens erlaubt werden konnte, bei Adel und Bürgertum sehr populär. Zur Hochzeit Jenny Humberts, die in der Wohnung der Eltern einer Freundin stattfand, stellte man im vorderen Saal der Wohnung, «der einer Kapelle glich», den Altar auf. Ferdinand Beneke resümierte über seine Hochzeit mit Karoline von Axen 1807 entsprechend: «In uns war der Altar.» Die bürgerliche Wohnung wurde so auch zum sakralen Raum der Familie. Noch um 1900 bevorzugten Familien der adligen und bürgerlichen Oberschichten eine kirchliche Trauung im Elternhaus der Braut. Als Mittel der Distinktion hatte dieser Schauplatz, der aufwendig als Trauzimmer mit Altar und Blumenschmuck vorbereitet wurde, große Attraktivität.[29]

Die Mehrzahl der Trauungen fand allerdings in der Kirche statt. Manchen Beobachtern fielen Veränderungen auf. Ein Augsburger Amtsarzt vermeldete um 1860, dass «in den höheren Kreisen keine Hochzeiten nach altem Schlage [als große Feiern mit Tanz, M. W.] mehr gehalten werden». Bei den wohlhabenden Brauern, Metzgern und Bäckern kam das wohl noch vor. Vor allem aber wies der Arzt darauf hin, dass kaum noch Haustrauungen stattfanden, wenngleich sich die Protestanten lieber in der Sakristei und die Katholiken eher in einer Seitenkapelle als vor dem Hauptaltar das Jawort gaben. Offensichtlich existierte ein Bedürfnis nach Intimität, auch wenn den Vorstellungen der Kirche nachgegeben wurde. Die ärmeren Bevölkerungsgruppen hatten keine Wahl, denn Haustrauungen kosteten zumindest in der katholischen Kirche der 1860er Jahre im Vergleich mit Trauungen in der Kirche das Doppelte. In der Kombination mit einem Hotel oder gehobenem Restaurant stellte die Kirche schon deshalb zunehmend den angemessenen Ort auch für Adel und Bürgertum dar, weil nur dort zahlreiche Gäste Platz fanden. Die repräsentativen Hochzeiten des späten 19. Jahrhunderts stellten eher ein öffentliches Ereignis als eine intime Familienzeremonie dar.[30]

Auch die Hochzeitsfeier von Christoph Hanff und Kunigunde von Viatis fand nach der Trauung in der Kirche im Elternhaus des Bräutigams, einem Pfarrhaus, statt. Der abendliche Tanz der Hochzeitsgesellschaft im Pfarrhaus wurde übrigens von den Dorfbewohnern beobachtet, die «mäuschenstill im Halbdunkel auf der Hausflur saßen und standen, und wundernd den lustigen Hochzeitsgästen zusahen».[31] Die Grenze zwischen der bürgerlichen Hochzeitsgesellschaft, die aus der Familie des Bräutigams und einigen auswärtigen Gästen bestand, und den ländlichen Einwohnern blieb scharf gezogen.

Zahlreiche Memoiren bürgerlicher Männer thematisierten die Geschichte der eigenen Eheschließung nur äußerst knapp. Der Historiker Friedrich Meinecke bemerkte in seinen Lebenserinnerungen: «Das Intime meiner Verliebung, Verlobung und Verheiratung (21. Juni 1895) mit Antonie Delhaes, Tochter des Berliner Sanitätsrates Delhaes, behalte ich für mich.» Der preußische Staatsbeamte und spätere Oberbürgermeister der Stadt Berlin Adolf Wermuth platzierte in seinen Erinnerungen die Eheschließung in den 1880er Jahren in den Kontext seines beruflichen Aufstiegs: «Recht an dem Scheidewege zwischen Orts- und Reichsverwaltung hat der Himmel mir mein Weib Marie Renken aus Bremen zugesellt, das von nun ab viel Freude und ebensoviel Leid mit mir teilen sollte.»[32] Meinecke wie Wermuth hielten ihre Ehe für eine Privatangelegenheit, welche die Leser der Erinnerungen kaum etwas anging. Meinecke beschrieb die Braut vor allem als Tochter ihrer Eltern und zeigte so, dass es sich um eine gesellschaftlich passende Eheschließung handelte. Wermuth verzichtete sogar auf diese Angabe und beschränkte sich auf die Station der eigenen Karriere. In dieser Diskretion unterschied sich der Arbeiterführer August Bebel übrigens nicht von seinen bürgerlichen Kollegen. In seinen Lebenserinnerungen findet sich bei der Darstellung der Heirat 1866 noch nicht einmal der Name der Ehefrau, Julie Otto: «Meine Braut war Arbeiterin in einem Leipziger Putzwarengeschäft. Wir verlobten uns im Herbst 1864, kurz vor dem Tode ihrer braven Mutter, und heirateten im Frühjahr 1866. Ich habe meine Ehe nie zu bereuen gehabt. Eine liebevollere, hingebendere, allezeit opferbereitere Frau hätte ich nicht finden können.» Julie Bebel hat ihren Mann in seiner politischen Arbeit stets unterstützt. In den Lebenserinnerungen von seiner Liebesgeschichte und Hochzeit zu berichten wäre Bebel wohl allzu banal vorgekommen.[33]

Die demonstrative Nichtbeachtung der Hochzeit als festlicher Höhepunkt des Lebens findet sich gelegentlich auch bei Frauen. Die Lebensbeschreibung von Jenny Marx beginnt mit dem Satz: «Am 19. Juni 1843 war mein Hochzeitstag.» Übergangslos folgte ein Kurzabriss der Hochzeitsreise. Man könnte sagen, je wichtiger ein politisches, literarisches oder gesellschaftliches Lebensprojekt war, desto unwichtiger nahm man später die Hochzeit. Jenny Marx sah in der Rückschau keinen Grund, sich mit der Schilderung der von ihrer Familie abgelehnten Hochzeit mit Karl Marx aufzuhalten.[34]

Mit der Einführung der Zivilehe – in Baden seit 1869, im Deutschen Reich dann 1875 – übernahm der Staat die Zuständigkeit für die rechtsgültige Eheschließung. Von nun an konnte eine Ehe nach dem öffentlichen Aufgebot nur vor dem Standesbeamten geschlossen werden. Der Standesbeamte holte, wie es die kanonische Trauformel vorgab, die Zustimmung beider Eheleute ein, das Jawort, und erklärte das Paar dann «kraft Gesetzes» für «rechtmäßig verbundene Eheleute». Aus kirchlicher Sicht blieb freilich die Trauung durch den Pfarrer entscheidend.

Die neue Ordnung hatte Auswirkungen auf die Kosten einer Eheschließung, denn von nun an waren zivile und kirchliche Gebühren zu zahlen. 1868, also vor der Einführung der Zivilehe, hatten die Gebühren für das Aufgebot und die Trauung im Erzbistum Breslau für die wohlhabendsten Bevölkerungsgruppen und dann abgestuft nach Klassensteuersatz acht beziehungsweise 18 Mark betragen. In der untersten Steuerklasse betrugen die entsprechenden Sätze 1,20 beziehungsweise drei Mark. Für die Ober- und Mittelschichten stellten die Gebühren damit sicher keinen Grund für eine Ablehnung der Eheschließung dar, aber man kann sich vorstellen, dass die Ärmsten die Gebühren von insgesamt ungefähr fünf Mark nur ungern zahlten. In der evangelischen Kirche wurden die sogenannten Stolgebühren nach der Einführung der Zivilehe abgeschafft, um die ohnehin schon geringere Kirchenbindung der Unterschichten in protestantischen Gegenden nicht weiter zu gefährden. In der katholischen Kirche verzichtete man zumindest auf die Erhebung einer Gebühr für das Taufzeugnis, das zur Eheschließung vorgelegt werden musste, «wenn Gefahr vorhanden ist, dass durch Verweigerung der Gebührenfreiheit die Unterlassung der kirchlichen Trauung herbeigeführt werde».[35]

Die Einführung der Zivilehe hatte zunächst vor allem Auswirkungen auf die protestantischen Trauungen. In Baden blieben seit 1869 zehn Prozent der Ehen von Protestanten ohne kirchlichen Segen. Die Industriestädte Mannheim und Pforzheim traten mit besonders hohen Raten ausschließlich zivil geschlossener Ehen hervor, so dass die Annahme schon zeitgenössisch nahelag, die Verweigerung der kirchlichen Trauung habe sich besonders unter der protestantischen Arbeiterbevölkerung ausgebreitet. In seinen *Sozialen Briefen aus Berlin* bemerkte Otto von Leixner 1891 eher am Rande, dass die Berliner Arbeiterinnen die Ehe «gewöhnlich nur vor dem Standesbeamten» schlössen. Für die Unterschichten vor allem in den Städten und protestantischen Regionen wurde die zivile Trauung häufiger zum einzigen Akt, der überdies nach der Bestellung des Aufgebotes wenig Vorbereitung erforderte. Der Landarbeiter und Tagelöhner Franz Rehbein, der zu Beginn des 20. Jahrhunderts seine Memoiren veröffentlichte, berichtete: «Viel Plage verursachten uns die Anstalten zu unserer Hochzeit nicht. Ich setzte die Arbeit für den Tag aus, ebenso nahm sich meine Braut von ihrem Bauern den benötigten Urlaub. Zwei Tagelöhner aus unserem Bekanntenkreise begleiteten uns zu den Trauungszeremonien – und dann waren wir verheiratet. [...] Am nächsten Mittag waren wir schon wieder an der Arbeit.»[36]

In Arbeiterkreisen wurde nach der Trauung die Hochzeit als Familienfest gefeiert. Moritz Bromme berichtete über seine Hochzeit in den 1890er Jahren im Vergleich zur Darstellung seiner beruflichen, politischen und gewerkschaftlichen Arbeit knapp. Die zivile Trauung war nur als Datum, der 10. August 1895, präsent, die «ziemliche nette» Feier hatten die Eltern der Braut ausgerichtet. Als Gäste des Festes waren die Eltern, Geschwister und einige Freunde anwesend. Das Hochzeitsdatum stellte aus Sicht des Bräutigams beinahe die wichtigste Eigenschaft des Ereignisses dar, denn knapp drei Wochen später wurde das erste Kind geboren. Brommes Bericht ist die große Angst der Braut anzumerken, vom Vater ihres Kindes sitzen gelassen zu werden, denn sie hatte bereits ein nichteheliches Kind. Vater dieses Kindes war laut Bromme ein Kaufmann, der bereits verstorben war, so dass die Mutter keine Alimente erhielt. Als Mutter eines nichtehelichen Kindes ein zweites Kind wiederum von einem anderen Mann zu bekommen hätte dann wohl auch die Geduld der Eltern überstrapaziert.[37]

Für Adel und Bürgertum blieb die Entscheidung ausschließlich für das Rathaus aber selten. In einem Anstandsbuch, das um 1900 vielfach verbreitet wurde, wurde die zivile Trauung auf dem Standesamt nur knapp erwähnt. Da es sich bloß um eine «rein gesetzliche Formalität» handelte, trug man ausdrücklich kein Festgewand, sondern «elegante Promenadentoilette». Friedrich Payer, ein liberaler Abgeordneter des Reichstags aus Württemberg und im Ersten Weltkrieg zeitweise Stellvertreter des Reichskanzlers, berichtete in seinen autobiographischen Aufzeichnungen stolz über seine außergewöhnliche Hochzeit, die er gegen Widerstände aus der Verwandtschaft durchgesetzt hatte: «Wir waren dann, als wir am 13. Juli 1876 heirateten, in ganz Stuttgart das erste Brautpaar aus bürgerlichen Kreisen, das nur standesamtlich getraut wurde.»[38] In der Ablehnung der kirchlichen Trauung trafen sich kirchenkämpferischer Liberalismus des Bürgers und religiöse Gleichgültigkeit der Arbeiterschichten.

Aufwendige Festlichkeiten im wohlhabenden Bürgertum zelebrierten die Hochzeit nach ziviler und kirchlicher Trauung als gesellschaftliches Großereignis. Die Speisenfolge des Festessens, das meist in einem erstklassigen Hotel stattfand, geriet in den Mittelpunkt. Auf familiäre Intimität kam es bei solchen Festen sichtlich nicht an. An die Stelle von Herzlichkeit, Diskretion und Bescheidenheit als Zeichen für ein immaterielles Familienideal traten Status- und Repräsentationsbewusstsein in demonstrativem Konsum. Der Berliner Bankier Wilhelm Weber ließ es sich nicht nehmen, die Kosten des Festmahls bei der Hochzeit seiner Tochter – 2575 Mark bei 85 Gästen – in der Hauschronik der Familie zu vermerken. Am Ende des 19. Jahrhunderts standen für die Planung von Festreden, Darbietungen und Gedichten zur Hochzeit populäre Ratgeber zur Verfügung, mit deren Hilfe die Trauzeugen und Festgäste den Konventionen entsprechende Texte fabrizieren konnten.

Im Ratgeber findet sich übrigens sogar ein Gedicht für eine «gemischte Ehe», das im Inhalt vage blieb, um es sowohl für protestantisch-katholische als auch für jüdisch-christliche Eheschließungen verwenden zu können. Solche Vorschläge zeigten jedenfalls an, dass der Anteil von konfessionellen Mischehen stieg und dass sie als weniger anstößig empfunden wurden.[39]

Die Akzeptanz der kirchlichen Trauung entwickelte sich nach 1880 unterschiedlich. In mancher Hinsicht entstand erst mit der Einführung der Ziviltrauung ein konfessioneller Unterschied, der zur Zeit des kirchlichen Traumonopols noch nicht bestanden hatte: Während Ehen im katholischen Bevölkerungsteil weiterhin kirchlich eingesegnet wurden, entschieden sich manche Protestanten dagegen. Insgesamt sank der Anteil der kirchlich getrauten Paare auf drei Viertel der Bevölkerung. Aber ein konstanter Abwärtstrend lässt sich nicht beobachten, eher schon blieb dieser Anteil von 25 Prozent über die ersten Jahrzehnte des 20. Jahrhunderts bemerkenswert stabil.

Die Neigung, sich kirchlich trauen zu lassen, bestand auch in der Zeit des Nationalsozialismus fort. Einerseits bemühten sich die Ideologen der Partei, namentlich Heinrich Himmler, besonders für die SS eine Abkehr von christlichen Bräuchen durchzusetzen, auf der anderen Seite wünschte der Nationalsozialismus aber auch keine Konfrontation mit den kirchlichen Ritualen, an die die Bevölkerung gewöhnt war. Offene Verbote gab es dementsprechend nicht. Zwischen 1933 und 1935 erlebten zumindest manche protestantischen Kirchengemeinden sogar einen erhöhten Zulauf. Kircheneintritte, aber auch Taufen, Konfirmationen und Trauungen nahmen gerade dort zu, wo ein großer Teil der protestantischen Bevölkerung in der Weimarer Republik eher kirchenfern gelebt hatte. In Braunschweig ließen sich allein 1934 1200 Paare in evangelischen Kirchen trauen. Das waren deutlich mehr als in den zwanziger Jahren, in denen die Zahl der jährlichen Trauungen zwischen 650 und 800 geschwankt hatte. Nach 1936 und in den Kriegsjahren sank die Zahl wieder ab; 1944 waren es nur noch 179 Paare. Im Durchschnitt lag der Anteil der Paare in Braunschweig, die sich kirchlich trauen ließen, bei knapp unter 50 Prozent. Unter diesen Paaren be-

Hochzeit Max Schmelings mit der Schauspielerin Anny Ondra, 1933

fanden sich einige, in denen ein Partner «gottgläubig» war, das hieß den Nationalsozialisten und «Deutschen Christen» nahestand. Es fiel selbst Nationalsozialisten schwer, auf das vertraute Ritual zu verzichten oder sich dem Druck von Familienangehörigen zu entziehen, für die eine kirchliche Trauung einfach dazugehörte.[40]

Die berühmteste Hochzeit im Nationalsozialismus, die des Boxidols Max Schmeling mit der Schauspielerin Anny Ondra, fand 1933 auch als kirchliche Trauung statt. Selbst in der SS setzten sich neuheidnische «Eheweihen» nicht durch. Auf der Ordensburg Vogelsang in der Eifel wurden seit 1937 solche Hochzeiten veranstaltet. Stets trat der Bräutigam in Uniform auf, die Braut sollte ein helles Kleid, aber weder einen «orientalischen» Schleier noch «jüdische» Myrte tragen. Auch christlicher Schmuck, etwa ein Kreuz, war untersagt. Der Trauraum war mit SS-Fahnen, Hakenkreuz, Runensymbolen und Opferschalen ausgestattet. Die Feier selbst wurde durch einige Nietzsche-Zitate aus

Zarathustra oder aus Rosenbergs *Mythus des 20. Jahrhunderts* eingeleitet. Geleitworte der Kameraden des Mannes, Buchüberreichung (vorzugsweise *Mein Kampf*), Ringwechsel und die Präsentation von Brot und Salz gingen den Ersatztraufragen voraus: «Ich frage Euch, ob ihr gewillt seid, eine wahre deutsche Ehe zu führen in der Gemeinschaft eures Weges, Deutschland allein zu dienen, die Ehe als heilige deutsche Verpflichtung zu erkennen und auf Euch zu nehmen. So sprecht nach ernster Prüfung Euers ehrlichen Willens: Wir geloben es.» Nach dem Gelöbnis des Brautpaares überreichte der Brautführer der Braut den Dolch ihres Mannes für den ersten Sohn und übergab dem Bräutigam einen neuen Dolch. Nach einer Verpflichtung der Ehegatten zum «Willen zum Kind» und der Aushändigung einer SS-Urkunde erklangen Lieder. Die Teilnehmer entboten den Hitlergruß, und das Paar verließ den Raum. Unverkennbar war das Ritual der christlichen Trauung nachempfunden, die SS-Version stellte aber klar, worauf es dem nationalsozialistischen Staat ankam: die Verpflichtung auf Kinder und die Gewaltbereitschaft, die der Dolch symbolisierte.[41]

Im Ersten und im Zweiten Weltkrieg wurden in Deutschland und anderen kriegführenden Staaten die gesetzlichen Bestimmungen zum Aufgebot außer Kraft gesetzt. Trauungen konnten damit praktisch ohne Ankündigung erfolgen. Aus der Sicht des Staates sollte damit einerseits Paaren, die möglicherweise ein Kind erwarteten, die rasche Legalisierung ihrer Beziehung möglich werden. Andererseits ging man davon aus, dass sich die neuen Ehemänner selbstverständlich auf das Ideal der Verteidigung der Heimat verpflichten ließen.

Die Kriegshochzeit wurde in der staatlichen Propaganda zum Kulminationspunkt der Opferbereitschaft der Bevölkerung stilisiert. Die Plötzlichkeit der Zeremonie, die Kargheit der Ausstattung ohne weißes Hochzeitskleid, Kranz und Schleier, die provisorische oder äußerst bescheidene Feier – das alles zusammen wurde in vaterländische Tugend, in ein Zeugnis von tapferer Männlichkeit und weiblicher Selbstopferung umdefiniert. In der Kurzgeschichte *Die Kriegshochzeit* von 1916 stellt die Schriftstellerin Helene Christaller das Brautpaar in den Kontext der deutschen Volksgemeinschaft. In der Erzählung sucht sich das Brautpaar einen Trauzeugen auf dem Marktplatz. Der blonde Mann in

Eisenbahneruniform mit «echt deutschem Gesicht» erklärt sich sofort bereit, die Bitte zu erfüllen. «Menschen, die sich nie gesehen und sich vielleicht nie wieder sehen werden, stehen am wichtigsten Lebenstage sich zur Seite. Wie eine goldene Verheißung der Zukunft leuchtet diese Brüderlichkeit über der Feindschaft der ganzen Welt.»[42]

Allerdings mussten nicht alle Bräute im Krieg auf die Insignien der Hochzeit verzichten. Weiterhin fanden auch länger geplante Hochzeiten statt. Als 1916 die Tochter des Reichskanzlers, Isa von Bethmann Hollweg, den Grafen Zech von Burkersroda heiratete, besaß sie ein weißes Hochzeitskleid, einen Kranz und einen Schleier. Brauteltern und Familienangehörige waren anwesend. Bei der Trauung in der Dorfkirche von Hohenfinow stand die Schuljugend Spalier. Allerdings traten viele Männer der Familien in Uniform auf. Trotz der notwendigen Ausstattung und der traditionellen Form konnte man sich über den Krieg nicht hinwegtäuschen.

Nach dem Ende des Ersten Weltkrieges machten sich die revolutionären Wirren für Heiratswillige bemerkbar. Kaisertreu und daher politisch tief enttäuscht, wollte der preußische Offizier und Gutsbesitzer Hans von Wedemeyer seine Braut Ruth von Kleist-Kiekow in Pommern unmittelbar nach dem 9. November 1918 heiraten. Tatsächlich stimmte die Familie der Braut zu, und am 17. November konnte eine stille Hochzeit mit wenigen Freunden und Verwandten als Gästen stattfinden: «Ich konnte das Brautkleid meiner Schwester Maria anziehen und die Brautschuhe meiner Schwägerin Mietze.» Die Bescheidenheit der Hochzeit entsprach den Umständen, aber auch den Gewohnheiten der pietistischen pommerschen Gutsfamilien, von denen einige später am Widerstand gegen Hitler beteiligt waren. Die Hochzeitsreise bestand aus zwölf arbeitsfreien Tagen in der neuen Heimat der Braut, dem Gut Pätzig in der Neumark.[43]

Im Zweiten Weltkrieg konnte die Kriegstrauung seit November 1939 auch als Ferntrauung stattfinden. Der Bräutigam blieb im Feld, an seiner statt befand sich ein Stahlhelm auf dem Tisch des Standesamtes. Im Anschluss fanden zwei kleine Feiern statt, eine in der Familie der Braut und eine mit den Kameraden an der Front. Aber manche Paare verzichteten auch darauf – schließlich war der Entschluss zur Heirat in

Ferntrauung eines Frontsoldaten, 1941

besonderer Weise von pragmatischen Überlegungen diktiert. Die Abwesenheit des Bräutigams wurde in der Leichentrauung radikalisiert. 1941 unterzeichnete Hitler einen Erlass, der Eheschließungen mit gefallenen Soldaten erlaubte, um ein ungeborenes Kind zum ehelichen Nachkommen zu machen oder der Ehefrau Versorgungsansprüche als Soldatenwitwe zuzubilligen.[44]

Laut Umfragen des Instituts Allensbach sank der Anteil der kirchlich getrauten Paare in der Bundesrepublik zwischen 1953 und 1979 nur von 88 auf 83 Prozent. Eine andere repräsentative Umfrage hat 2010 ergeben, dass immer noch 62,8% der verheirateten Deutschen kirchlich getraut sind. Allerdings dürfte dieser Anteil nun sinken, da in den Städten in protestantisch geprägten Gebieten und in den neuen Bundesländern der Anteil derjenigen wächst, die keine kirchliche Trauung wollen. In derselben Umfrage gaben knapp 53 Prozent der ledigen wie verheirateten Bundesbürger an, dass sie eine kirchliche Trauung wegen der Festlichkeit für passend halten. Der Unterschied zwischen alten und neuen Bundesländern ist deutlich. Während im Westen 60 Prozent für die kirchliche Trauung optierten, waren es im Osten nur 30 Prozent.[45]

Namensrecht

Im 19. Jahrhundert war es allgemein üblich, dass die Ehefrau ab der Eheschließung mit Frau angesprochen wurde. Der Unterschied in der Anrede von verheirateten und unverheirateten Frauen, Frau und Fräulein, Mrs und Miss, Madame und Mademoiselle, Signora und Signorina, war überall in Europa vorhanden, während der Familienstand des Mannes in der Anrede keine Berücksichtigung fand. Der Status von Frauen orientierte sich traditionell an der Beziehung zu Männern – dem Vater oder dem Ehemann. Die Anrede mit Frau war im 19. Jahrhundert eindeutig an die Ehe gebunden, bei einem Fräulein konnte es sich sowohl um ein unverheiratetes junges Mädchen als auch um eine ledige ältere Dame handeln. Im Jahr 1919 erschien in der *Gewerkschaftlichen Frauenzeitung* eine kurze Meldung über eine neue Verfügung des preußischen Innenministers. Mit dieser Verfügung wurde Folgendes bekannt gegeben: «Die Bezeichnung ‹Frau› für eine Angehörige des weiblichen Geschlechts ist nicht gleichbedeutend mit ‹Ehefrau›. […] Es kann deshalb auch keiner ledigen Frau verwehrt werden, sich ‹Frau› zu nennen.» Der Minister setzte ausdrücklich eine Vorschrift aus dem Jahr 1869 außer Kraft, die das Gegenteil ausgedrückt hatte. In der Praxis blieb die Anrede Fräulein für junge unverheiratete Frauen unverändert in Gebrauch. Ledige ältere Frauen konnten aber zunehmend mit Verständnis rechnen, wenn sie den Wunsch äußerten, mit Frau angesprochen zu werden. Die Vorstellungen der gewerkschaftlich organisierten Frauen, die Anrede Frau als Einheitsanrede durchzusetzen und damit das neue Selbstbewusstsein der Frauen als

Staatsbürgerinnen in der Weimarer Republik zu demonstrieren, ließ die Unterschiede zwischen dem Milieu der Arbeiterbewegung und dem konservativen Bürgertum in neuer Weise hervortreten.[46]

Seit den fünfziger Jahren wurde die Forderung der «ersten Frauenbewegung» im Kaiserreich nach einer einheitlichen Anrede weiblicher Personen als Frau wieder aufgenommen. 1955 wies ein Erlass des Bundesinnenministers die Behörden in diesem Sinn an. Allerdings setzte sich der Minister nicht durch, und 1972 bemühte sich die Regierung erneut um eine Reform. Zumindest in den siebziger und achtziger Jahren kannten wohl viele eine ältere unverheiratete Dame, die nachdrücklich forderte, weiterhin als Fräulein tituliert zu werden, und in konservativen Kreisen mochte man nicht darauf verzichten, junge, unverheiratete Frauen in dieser Weise anzusprechen, auch wenn die Frauen selbst anderer Ansicht waren.[47]

Im Allgemeinen legten die Eherechte des 19. Jahrhunderts fest, dass die Ehefrau den Namen des Mannes annahm. Allerdings unterschieden sich die rechtlichen und auch kulturellen Gewohnheiten in Europa deutlich. Gerade das deutsche Bürgertum ging besonders weit im symbolischen Aufgehen der weiblichen Identität im Ehemann. Es orientierte sich ausgerechnet am hohen Adel in Deutschland, bei dem offizielle Titel ebenfalls den Namen der Frau verschwinden ließen. Aus Victoria, der britischen Princess Royal, wurde die Prinzessin Friedrich und nach dem Tod ihres Ehemanns die Kaiserin Friedrich. Während eine adlige verheiratete Frau immerhin auch eine weibliche Form des Ehenamens als Frau von Müller oder Gräfin Waldenburg führen konnte, nutzten bürgerliche Frauen in Deutschland im Schriftverkehr gern auch den Vornamen und den Titel ihres Gatten: Frau Peter Meister oder Frau Geheimrätin Schulze, Frau Kommerzienrätin Schmidt und Frau Doktor Meier. Anscheinend war das Bedürfnis, Näheres über die gesellschaftliche Stellung der Menschen zu erfahren, und umgekehrt, die eigene Stellung genau anzuzeigen, in den deutschen Staaten besonders ausgeprägt. In einer «Analyse einer Verlobungskarte», die der Soziologe Robert Michels zu Beginn des 20. Jahrhunderts in kritischer Absicht verfasste, liest sich das so: «Man kann sagen, dass […] die Gattin in der Ehe vom Ehemann, soweit der Name in Frage kommt, sozusagen mit Haut und Haaren verschlungen wird. Es bleibt von ihr keine Spur übrig. Fräulein Mariechen Müller wird Frau Zacharias Winkelfink. Die Frau tauscht also den Namen, der die Herkunft angibt, gegen einen Namen ein, der angibt, in wessen Besitz sie übergegangen ist.» Michels hob besonders hervor, dass die in Deutschland übliche Anrede der Ehefrau mit dem Titel des Mannes in Italien, Frankreich und England unüblich und lächerlich wäre.[48]

Widerstand gegen diese Konventionen regte sich nur selten. Als der jüdische Philologe Kurt Löwenstein und die Beamtentochter Mara Kerwel 1911 heirateten, schlossen sie einen alternativen Ehevertrag, der beide Gatten verpflichtete, in Zukunft den Namen «Kerlöw» zu führen: «Zur Legalisierung dieser Namensführung soll die staatliche Genehmigung eingeholt werden. Sollte diese nicht erteilt werden, so verpflichten sich die Kontrahenten in allen außeramtlichen Handlungen sich des Namens Kerlöw zu bedienen.» Das Paar verband das Projekt des Gemeinschaftsnamens Kerlöw mit einem Ehekonzept, das zwar die standesamtliche Trauung notgedrungen akzeptierte, aber einen «in jeder Beziehung gleichberechtigten und gleichverpflichteten Ehebund» eingehen wollte. Löwenstein gelang es immerhin, in den zwanziger Jahren unter den Namen Kerlöw oder «Kerlöw-Löwenstein» Zeitungsartikel zu veröffentlichen.[49]

Die Reformen des Namensrechts in der Bundesrepublik seit den siebziger Jahren haben Ehepaaren zusätzlich zur traditionellen Version größere Wahlmöglichkeiten gelassen. Es ist möglich, einen Doppelnamen oder den Namen der Ehefrau zum Ehenamen zu wählen oder sich für die Beibehaltung der Geburtsnamen zu entscheiden. Allerdings verhält sich die Mehrheit der eheschließenden Bevölkerung gemäß der Tradition: 80 Prozent der eheschließenden Frauen nehmen den Namen des Ehemannes an.

Die Namenspolitik ist übrigens bis heute in Europa unterschiedlich. Während in Österreich, der Schweiz und der Bundesrepublik gesetzliche Normen gelten und in der Bundesrepublik die Standesämter Vor- wie Nachnamen staatlich verwalten, werden Namen in Großbritannien und den USA nicht als staatliches Regulierungsgut betrachtet. In Spanien führen Ehemänner und Ehefrauen unterschiedliche Namen, die jeweils die Herkunft wiedergeben. Eheliche Kinder tragen bis heute den Namen des Vaters und der Mutter, verbunden durch ein y (und). Allerdings ist die Weitergabe der Namen, auch um Namen mit immer mehr Elementen zu verhindern, in der Folge auf den Namen des väterlichen Großvaters begrenzt. In Großbritannien wie in den USA führen Ehefrauen einen Geburtsnamen und einen Ehenamen, der laut Heiratsurkunde angenommen wurde, parallel, je nach Zusammenhang.[50]

Hochzeitsreise

Die Hochzeitsreise kam erst im 19. Jahrhundert in Mode. Gewöhnlich reiste dann das frisch verheiratete Paar nach der Trauung, noch vor der Hochzeitsnacht, ab und überließ die Festgesellschaft sich selbst. Dem städtischen Publikum wurde die Eheschließung mit einer Zeitungsanzeige bekannt gemacht. Dem Bericht über die Hochzeit des Malers Christoph Friedrich Hanff mit Kunigunde von Viatis 1825 kann man entnehmen, dass die Reise sich auf die Fahrt des jungen Paares vom Ort der Hochzeit, dem Dorf Neunkirchen in der Nähe von Bayreuth, durch die Fränkische Schweiz nach Nürnberg, den Wohnort des Bräutigams und nun auch des Paares, beschränkte. Dabei nahmen die Reisenden, zu denen auch Verwandte und Freunde gehörten, nicht den direkten Weg, sondern besuchten Schloss Fantaisie und die Burg Rabeneck, Muggendorf und die Rosenmüllershöhle. Diese Reiseroute und die entsprechenden Besichtigungen erhoben die Fahrt mit geringem Aufwand, nur einer Übernachtung, zu einer Vergnügungsreise zu Orten der Romantik.[51]

In Mitteleuropa wurden nach 1850 die Verwandtenbesuche, die nach der Hochzeit auf dem Programm eines jungen Paares aus den gehobenen Gesellschaftsschichten gestanden hatten, allmählich unüblich. Der Bericht des Augsburger Amtsarztes Koller von 1860, der das Verschwinden von einigen geräuschvollen Hochzeitsbräuchen wie Trompetenumzügen beobachtete, wies wie zum Ausgleich auf die «jetzt Mode gewordene Hochzeitsreise» hin. Wer es sich leisten konnte, machte eine Hochzeitsreise in die Schweiz mit ihrer faszinierenden

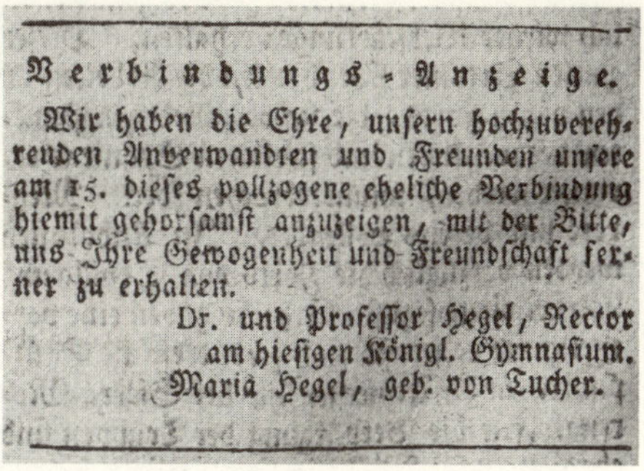

Verbindungs-Anzeige.

Wir haben die Ehre, unsern hochzuverehrenden Anverwandten und Freunden unsere am 15. dieses vollzogene eheliche Verbindung hiemit gehorsamst anzuzeigen, mit der Bitte, uns Ihre Gewogenheit und Freundschaft ferner zu erhalten.

Dr. und Professor Hegel, Rector am hiesigen Königl. Gymnasium.
Maria Hegel, geb. von Tucher.

Heiratsanzeige von Georg Wilhelm Friedrich und Maria Hegel, 1811

Berglandschaft. Dabei ging es nicht um eine frühe Form des Alpinismus und anstrengende Wanderungen als vielmehr um die Annehmlichkeiten der Luxushotels in Zürich oder am Genfer See. Friedrich Payer und seine Frau Alwine brachen nach einer «vergnügten» Hochzeitsfeier zu einer vierwöchigen Hochzeitsreise mit Stationen am Starnberger See, Innsbruck und Bozen, den oberitalienischen Seen, dem Gotthard und Zürich auf. Fürst zu Dohna-Schlobitten und seine Frau reisten 1926 nach Évian-les-Bains und für zwei Wochen nach Montreux, um im Anschluss noch die verwandte Familie Solms in Lich zu besuchen.[52] Gelegentlich spielten auch familiäre Bindungen eine Rolle, etwa wenn Max und Marianne Weber 1893 London als Ziel der Hochzeitsreise wählten. In anderen Familien bevorzugte man beliebte Kurorte, wie das Frankfurter Ehepaar Otto und Mathilde Hauck, das 1891 für vier Wochen nach Baden-Baden reiste.[53]

Von einer Hochzeitsreise konnte bei Arbeitern um 1900 noch keine Rede sein. Die einzige Frage bestand darin, wie lange man sich eine Arbeitspause erlauben konnte. Aber die Mehrheit der Heiratenden war bereits am nächsten Tag wieder am Arbeitsplatz. Erst im 20. Jahrhundert erlebten Hochzeitsreisen ihre Demokratisierung. Auch Kleinbürgerpaare konnten nun verreisen. Allerdings führten diese Hochzeitsreisen nicht in die Schweiz, sondern in einheimische Erholungsregionen, in den Schwarzwald oder an die Ostsee.

In den USA kam die Reise zu den Niagarafällen bereits im 19. Jahrhundert in Mode und ist bis heute ein populäres Ziel für Flitterwöch-

Szene aus dem Film «Die Hochzeitsreise» von Ralf Gregan mit Dieter Hallervorden und Liselotte Pulver, 1969

ner. Im deutschen Bürgertum traten Hochzeitsreisen, die Paris als Stadt der Liebe oder Venedig als «Romantik-Mekka» ansteuerten, seit dem zweiten Drittel des 19. Jahrhunderts an die Stelle mehrtägiger Feiern mit zahlreichen Gästen. Seit dem 19. Jahrhundert steht am Beginn der Ehe idealerweise eine Zeit exklusiver Zweisamkeit, die möglichst alltagsfern an Traumorten zu verbringen ist. Entsprechend wünschen sich viele Paare möglichst exotische Destinationen wie die Malediven. Neben das Erlebnis selbst tritt dann die Erinnerung an die Hochzeitsreise als unvergesslicher Anfang der Ehe.

Hochzeitsnacht

Zuverlässige Quellen zur Sexualität in der Ehe sind vor den anonymisierten Umfragen des späten 20. Jahrhunderts rar. In den Unterschichten konnte wohl von einer eigentlichen Hochzeitsnacht als Datum des ersten Geschlechtsverkehrs kaum die Rede sein, wie der hohe Anteil von Ehen, der nach dem Eintritt einer Schwangerschaft geschlossen wurde, zeigt. In Adel und Bürgertum wurde dagegen großer Wert auf die Jungfräulichkeit der Braut gelegt, während dem zukünftigen Ehemann erste sexuelle Erfahrungen mit Arbeiterinnen, Dienstmädchen oder Prostituierten meist zugestanden wurden. Man könnte sogar argumentieren, die Jungfräulichkeit der Braut gehörte zu den zentralen Distinktionsmerkmalen des Bürgertums im 19. Jahrhundert. Die Brautnacht führte dann entweder zwei sexuell unerfahrene Menschen zusammen oder einen Mann, der bereits über erste sexuelle Erfahrungen verfügte, und eine unerfahrene Frau. Daran geknüpft war auch eine Doppelmoral, die Monogamie und eheliche Treue zwar als generellen Wert installierte, in der Praxis eheliche Untreue des Mannes aber nachsichtig behandelte. Explizite sexuelle Aufklärung fand in Ober- und Mittelschichtfamilien nicht statt. Während man in den armen Stadtvierteln angesichts von überbelegten Wohnungen und notorischer Enge über Sexualität meist aus eigener Anschauung informiert war und zumindest bei männlichen Gymnasiasten entsprechende Schriften kursierten, war es nicht unwahrscheinlich, dass manche bürgerlichen Bräute äußerst unwissend in die Ehe gingen.[54]

Am Ende des 19. Jahrhunderts wurden die Anzeichen deutlicher, dass die Hochzeitsnacht für manche Frauen – auch Männer – traumatische Folgen hatte. Im Zusammenhang mit Sigmund Freuds Arbeiten über die Psyche galt Hysterie als ein Leiden vornehmlich von Frauen, das sich auch aus einer traumatisierten Sexualität erklärte. Die Forderung des Soziologen Robert Michels zog eine klare Schlussfolgerung aus dramatischer Lage: «Statt, daß man in der Brautnacht die junge Frau ihrem Bräutigam überliefert, wie man eine gefangene Maus dem Kater vorwirft, damit er sie verschlinge, sollten die Brautleute also vielmehr einer an der Seite des anderen wie zwei treue Freunde und getreue Kameraden leben, die, geschlechtsverschieden, allmählich erst das Bewußtsein ihres Geschlechts erlangen und allmählich erst davon Gebrauch machen.»[55] Michels' Vorschläge demonstrieren die Ansatzpunkte für die «Kameradschaftsehe», die in den zwanziger Jahren populär wurde. Als praktikabel erschien eine allmähliche Entdeckung der Sexualität erst nach der Eheschließung aber wohl den wenigsten.

Je weniger im 20. Jahrhundert der erste sexuelle Kontakt mit der Eheschließung gekoppelt war, desto geringer wurde das Jungfräulichkeitsproblem. Allerdings verliefen die Grenzen zwischen liberalen und restriktiven Umgangsformen wohl anders als im 19. Jahrhundert. Während im Bürgertum, zumal in säkularen Kreisen, die Bedeutung der Jungfräulichkeit der Braut abnahm, hielten kirchentreue Katholiken auch in den Arbeiterschichten an einem Konzept fest, das den Geschlechtsverkehr für Männer wie für Frauen an die Ehe band. Die Arbeiterbewegung bemühte sich in den zwanziger Jahren um eine neue Sexualmoral, die gleichzeitig den Sozialismus und das persönliche Glück der Einzelnen fördern sollte. 1930 forderte Artur Rode die sexuelle Aufklärung der Jugend einschließlich der Information über Empfängnisverhütung als Teil eines Wegs «von der Ehe zur neuen Liebe». Damit wurde deutlich, dass auch die Eltern der Arbeiterschicht entweder wenig informiert waren oder sich kaum zutrauten, mit ihren Kindern über Sexualität zu sprechen. Außerdem sollte der Sozialismus nach Rodes Ansicht vor allem dadurch gefördert werden, dass der Jugend eine klassenbewusste Partnerwahl nahegelegt wurde, um die Gefahren von Entfremdung und Trennung zu minimieren. Stabilität der Beziehungen war also auch im Arbeitermilieu ein wünschenswertes Ziel. Gleichzeitig sollten die restriktiven Gesetze zur Empfängnisverhütung und Abtreibung energisch bekämpft werden.[56] In vielen europäischen Staaten wurde die Entkoppelung von Ehe und Sexualität im 20. Jahrhundert unumkehrbar.

CLARA UND ROBERT SCHUMANN

Die Ehe von Clara Wieck und Robert Schumann war keineswegs ein von den Eltern geplantes Projekt. Clara wurde als Tochter des Musikpädagogen Friedrich Wieck und der Sängerin Marianne Tromlitz 1819 in Leipzig geboren. Die Eltern ließen sich scheiden, als Clara vier Jahre alt war, und der Vater bestand darauf, seine Tochter selbst zu erziehen. Friedrich Wieck entdeckte und förderte das Musiktalent seiner Tochter sehr früh. Sie wurde ein Pianistenwunderkind, das seine Weihe ganz klassisch durch einen Auftritt vor dem Dichterfürsten Goethe erhielt. Auf Konzertreisen durch Deutschland und Europa feierte sie als Virtuosin große Erfolge. Clara lernte Robert bereits als junges Mädchen kennen. Robert, Sohn eines wohlhabenden Buchhändlers, kam ins Haus, um bei Friedrich Wieck Klavierunterricht zu nehmen. Im Jahr 1831 lebte er einige Wochen bei den Wiecks. Während Caroline und Wilhelm von Humboldt eine umfassende Bildung genossen hatten, konzentrierten sich die Bürgerkinder Clara und Robert früh auf die Musik. Claras Allgemeinbildung bestand lediglich aus Englisch und Französisch, dazu aus Reiseerfahrungen und den Benimmregeln auf Empfängen. Aber während Clara seit dem vierten Lebensjahr beim Vater Klavierunterricht erhielt, wählte Schumann die Musik aus eigener Motivation. Das Jurastudium, das die Familie für ihn vorgesehen hatte, sagte ihm nicht zu. Da der früh verstorbene Vater auf die musikalische Erziehung Wert gelegt hatte, verfügte Robert über gute Voraussetzungen für die angestrebte Musikerkarriere.

Claras und Roberts Neigung erwuchs aus ihrer gemeinsamen Liebe zur Musik. Friedrich Wieck versuchte mit allen Mitteln, die Verbindung der beiden zu beenden. Er vertraute den Karrierechancen eines Komponisten wenig und verhielt sich damit nicht anders als viele bürgerliche Väter, die die wirtschaftlichen Chancen prospektiver Schwiegersöhne kritisch prüften. Auch Clara teilte solche bürgerlichen Vorstellungen durchaus. Obwohl sie von Kindheit an in der Lage war, selbst zum Unterhalt beizutragen, schrieb sie Robert im Jahr 1837 ziemlich schnörkellos: «Also Robert, prüfe dich, ob du im Stande bist, mich in eine sorgenfreie Lage zu versetzen.»[1]

Clara und Robert Schumann, 1850

Wieck wollte für seine Tochter ein anderes Leben, das für eine Frau im 19. Jahrhundert ungewöhnlich war: eine Karriere als Pianistin, ein Leben als Star. Heirat und Mutterschaft spielten in diesem Plan keine Rolle. Für die Ablehnung der geplanten Heirat gab es gute und weniger gute Gründe. Tatsächlich war Clara mit 18 Jahren noch sehr jung, und über die wirtschaftlichen Aussichten Roberts konnte man durchaus unsicher sein. Auf der anderen Seite stand bereits fest, dass Clara durch ihre Konzerte in nennenswerter Weise zum Familieneinkommen beitragen würde. Allerdings fürchtete Friedrich Wieck mit gewisser Berechtigung, dass Ehe und wahrscheinliche Mutterschaft die künstlerische Entwicklung seiner Tochter gefährden könnten. Und auch ein egoistisches Motiv scheint eine Rolle gespielt zu haben: Vater Wieck wünschte seine Tochter als Zeugnis seiner Fähigkeiten als Klavierlehrer bei sich zu behalten. Möglicherweise fühlte sich der Vater aber auch von seinem Schüler Robert hintergangen.[2]

Friedrich Wieck versagte dem Heiratsplan die notwendige väterliche Zustimmung. Damit konnte eine Eheschließung nur erfolgen, wenn ein Gericht diese Zustimmung ersetzte. In Sachsen war die Prozedur, durch die eine solche Erlaubnis erlangt werden konnte, vergleichsweise neu. Erst 1835 hatte die kirchliche Gerichtsbarkeit der protestantischen Konsistorien aufgehört. Gegen vielfachen Widerstand der protestantischen Geistlichen nahm Sachsen damit einen Weg, den Preußen schon am Ende des 18. Jahrhunderts gegangen war. Das Verfahren war auf staatliche Gerichte übergegangen, die allerdings mit Beisitzern aus den Konsistorien arbeiteten. Das betraf neben generellen Ehesachen auch Ehescheidungen. Mit der Verstaatlichung des Eherechts war meist eine großzügigere Praxis verbunden. Der Patriarchalismus wurde abgeschwächt, und die Schutzfunktion des Rechts trat in den Vordergrund.

Im Mai 1839 schrieb Clara ihrem Vater aus Paris einen Brief, in dem sie nochmals um die Einwilligung zur Hochzeit bat. «Lieber Vater, versprichst Du mir deine Einwilligung, wenn Dir Schumann ein Einkommen von 1000 Thaler ausweisen kann? 2000 Thaler wären doch etwas zu viel verlangt, das kann sich nur nach und nach finden. Gieb uns die Hoffnung und wir werden glücklich sein, und Schumann wird noch mit ganz anderem Muth darauf hinarbeiten mich zu besitzen; ich verspreche Dir hingegen, Schumann nicht eher zu heiraten, als bis uns keine sorgenvollen Tage mehr erwarten.»[3] Claras Bitten blieben erfolglos. Das Verfahren Schumann-Wieck zog sich, nicht zuletzt wegen Einwendungen Wiecks, mehrere Monate hin: «Die Gründe seiner Weigerung wissen wir uns nicht zu erklären; wir sind uns keiner Fehler bewußt; unsere Vermögensumstände sind der Art, dass wir einer sorglosen Zukunft entgegensehen dürfen. Was daher Herrn Wieck abhält, diesem Bunde seine Zustimmung zu geben, kann lediglich eine persönliche feindselige Gesinnung gegen den Mitunterzeichneten sein.» Clara und Robert stellten in einer Eingabe an das Appellationsgericht Leipzig fest, die Begründung des Vaters – ungesicherter Lebensunterhalt Roberts – sei nicht stichhaltig. Die persönliche Abneigung war ein Grund, der gerichtlich als nicht relevant eingestuft wurde. Erst als das Appellationsgericht Leipzig Friedrich Wieck eine Beweispflicht für seine Behauptungen über Roberts angeblich schlechte finanzielle Lage auferlegte, verzichtete dieser auf weiteren Widerstand. Im September 1840 konnte geheiratet werden.[4]

Wegen des väterlichen Widerstands mussten Clara und Robert drei Jahre Brautzeit überstehen. Seine Verlobung hatte das Paar mit dem Tausch von Ringen besiegelt. Bei Unstimmigkeiten schrieb Robert schon einmal an Clara: «Und nun auch, dass Du gar wenig von meinem Ring hältst – seit gestern habe ich Deinen auch gar nicht lieb mehr und trag ihn auch nicht mehr.» Die Treffen der Liebenden mussten wegen der Haltung von Claras Vater lange Zeit heimlich stattfinden. Die zeitweise Trennung, vor allem wenn Clara sich auf Konzertreise befand, fiel den Liebenden schwer. «Mein Gemüth ist jetzt sehr bewegt, den Vater zu sehen, wie er unglücklich ist, wenn er daran denkt, mich einmal zu verlieren – ich fühle Pflichten gegen ihn und muß dich doch so unendlich lieben! – Er meint, ich würde dich vergessen, vergessen? Das Wort macht mich schaudern! Er kennt nicht die Stärke eines liebenden Herzens.» Clara versicherte Robert in diesem wie in zahlreichen weiteren Briefen ihren Willen zum Durchhalten.[5] Claras und Roberts Briefe bestanden zu einem großen Teil aus Beschwörungen gegenseitiger Liebe und Treue. Sie diskutierten die wirtschaftlichen Aussichten ihrer Ehe mit begründetem Optimismus, da sowohl die Honorare für Kompositionen wie die Gagen für Künstler im 19. Jahrhundert hoch waren. Das galt besonders für Clara als jugendliche Klaviervirtuosin. Auch wenn man bedachte, dass die Künstlerin sämtliche Reise- und Aufenthaltskosten selbst tragen musste, erzielte sie bei großen Konzerten wegen der hohen Eintrittspreise häufig einen Reingewinn von mehreren hundert Talern. Es gab aber auch andere Sorgen. Robert erwähnte in seinen Brautbriefen knapp ein «schweres psychisches Leiden», das ihn 1833 über einen längeren Zeitraum gequält hatte. Dieser Brief kündigte damit die depressive Erkrankung, die Roberts Leben überschattete und zu seinem frühen Tod zumindest beitrug, bereits an.

Roberts Verlobung mit Clara war nicht sein erster Versuch einer Lebensbindung. Die Aufkündigung einer Verlobung kam häufiger vor. Wegen Nichteinhaltung des Eheversprechens konnte vor Gericht geklagt werden. Frauen, die vergeblich auf die Erfüllung des Versprechens warteten, hofften mit der Klage zumindest auf eine finanzielle Entschädigung. Vor seiner Verbindung mit Clara war Robert mit der Pianistin Ernestine von Fricken verlobt gewesen, die er ebenfalls im Hause Wieck kennengelernt hatte. In dieser Vorgeschichte könnte übrigens auch ein Grund für den Widerstand des Vaters Wieck gelegen haben. Bei dieser ersten Verlobung hatte Robert auch an eine

Mitgift und das Erbe gedacht. Die Verlobung wurde gelöst, als Robert erfuhr, dass Ernestine kein adliges Fräulein, sondern eine nichtehelich geborene Adoptivtochter ohne Erbanspruch war. In einem Brief an Clara stellte Robert die Auflösung der Verlobung als einvernehmlich dar: «Du sagst etwas hart, ich hätte das Band mit Ernestinen z e r r i s s e n; das ist nicht wahr, es ist in gehöriger Form mit beider Seiten Einwilligung aufgelöst.» Claras Befürchtung, die aufgelöste Verlobung würde im Gerichtsverfahren wegen fehlender väterlicher Einwilligung, etwa durch eine Zeugenaussage Ernestines, eine fatale Rolle spielen, wurde aber nicht Wirklichkeit.[6]

Nach der langen Verlobungszeit freuten sich Robert und Clara auf den Polterabend. Clara schrieb ins Tagebuch: «D. 11. Polterabend. Mein Robert machte mir noch ein schönes Brautgeschenk ‹Myrthen› – ich war ganz ergriffen. Cäcilie überreichte mir den Myrthenkranz, es war mir ordentlich heilig zumute, als ich ihn berührte. Einige Freunde verbrachten mit uns einen heiteren Abend.» Myrte tauchte im deutschen Sprachraum als Symbol der Venus und der Jungfräulichkeit sehr häufig im Zusammenhang mit Brautzeit und Hochzeit auf. Wie für Clara symbolisierte der Myrtenkranz für viele Bräute den unwiderruflichen Übergang vom Mädchen zur Frau – im Konvolut der Übergangsriten bei der Hochzeit spielte der Kranz im säkularen wie im kirchlichen Kontext eine herausgehobene Rolle.[7]

Am 12. September 1840 fand die Trauung in der Dorfkirche Schönefeld bei Leipzig statt. Angesichts der Umstände war es wenig erstaunlich, dass die Trauung im kleinen Kreis und ohne den Vater Friedrich Wieck vollzogen wurde. Roberts Eltern waren bereits verstorben. Claras Mutter, ihre Freundinnen Emilie und Elise List, Roberts Bruder Carl und einige Freunde Roberts feierten im Haus des Bruders. Am Nachmittag unternahm man einen Ausflug nach Zweinaundorf. Die ganze Feier blieb bescheiden. Clara berichtete: «Es wurde ein wenig getanzt – es herrschte keine Ausgelassenheit, und doch auf allen Gesichtern eine innere Zufriedenheit.» Der Braut kam es darauf an, den Ernst dieser Lebensentscheidung zu betonen. Ein Triumphgefühl gegenüber dem widerstrebenden Vater wurde nicht direkt spürbar.

Clara erhielt von ihrem Ehemann ein Musikstück als Hochzeitsgeschenk. Die Freundin Henriette Reichmann übergab eine Stickerei, die *Egmonts Traum* darstellte und damit gleich mehrere Sinnebenen einer Hochzeitsgabe an die Braut mustergültig verband. Die feine Handarbeit drückte hausfrauliche

Fähigkeiten und Vorlieben aus. Das Motiv des Egmont aus dem gleichnamigen Drama von Goethe veranschaulichte allgemein die Goethe-Begeisterung der Zeit und im Besonderen die dramatische Verehrung der Geliebten, die dem Helden unerreichbar ist.[8]

Über eine Mitgift und Aussteuer im klassischen Sinn verfügte Clara nicht. Im Gegenteil, während der langwierigen Auseinandersetzungen um die Heiratsgenehmigung forderte Claras Vater Schadenersatz für die Aufwendungen, die er für Claras Pianistenausbildung geltend machte, eine Ablösesumme für die Enttäuschung, die seine Tochter ihm bereitete. «Als ich dem Vater sagte, ich müsse doch Geld zu einer Einrichtung haben, sagte er [Friedrich Wieck], ‹wenn Dein Bräutigam dich liebt, so wird er Dir 1000 Taler auf so feine Weise in die Hände spielen, dass Du es kaum merkst.› Das empörte mich bis ins Innerste hinein! Das ist also der Lohn für mein jahrelanges Herumreisen, dass ich nun nicht einmal so viel haben soll, mich ausstatten zu können? Ich soll mich lassen von meinem Bräutigam ausstatten? Nein, dazu bin ich zu stolz.» Clara und Robert mussten für die Ausstattung selbst sorgen, was ihnen angesichts der vergleichsweise hohen Einkünfte recht leichtfiel.[9]

Es war vermutlich kein Wunder, dass Robert und Clara ihren schwer errungenen Ehestand in besonderer Weise feierten. Die beiden begannen ein Ehetagebuch: «Das Büchlein, das ich heute eröffne», schrieb Robert, «hat eine gar innige Bedeutung; es soll ein Tagebuch werden über Alles, was uns gemeinsam berührt in unserm Haus- und Ehestand; unsere Wünsche, unsere Hoffnungen sollen darin aufgezeichnet werden; auch soll es sein ein Büchlein der Bitten, die wir aneinander zu richten haben, wenn das Wort nicht ausreicht; auch eines der Vermittlung und Versöhnung, wenn wir uns etwa verkannt hatten.» Vielleicht dachte Robert an die Erfahrungen der langen Verlobungszeit, in der das Paar die erste Verliebtheit bereits hinter sich gelassen hatte. Konflikte waren wohl schon aufgetaucht, und besonders Roberts Temperament legte es nahe, nach einer Ergänzung zum mündlichen Austausch zu suchen. Im Ehetagebuch sind die Kompositionen Roberts und die Konzerte Claras, das Üben und die Klavierstunden, die Clara gab, besprochen, aber auch der familiäre Alltag, das Verhältnis zum Vater, Schwangerschaften und Geburten, eheliche Auseinandersetzungen, Krankheiten, finanzielle Sorgen und schließlich vor allem die Reisen der ersten Jahre nach Kopenhagen, Böhmen, Dresden und Russland.[10]

Robert und Clara planten das Ehetagebuch auch als Erinnerungsspeicher für die Zukunft. Ihre Offenheit dürfte das mit beeinflusst haben. Clara schrieb grundsätzlich mehr als Robert. Im ersten Jahr überwog die Euphorie. Clara notierte: «Ich bin höchst glücklich, und werde es immer mehr – ist es mein Robert so wie ich, so will ich nichts weiter wünschen – ich könnte ihm manchmal vor Liebe Leides thuen mit meinen Küssen, statt ruhiger, (wie man sagt, daß man in der Ehe wird) werde ich immer feuriger! – Mein armer gepeinigter Mann.»[11] Die ersten Ehejahre der Schumanns verliefen insgesamt harmonisch, noch wenig gestört von Roberts gelegentlich auftretenden Depressionen. «Unser eheliches Zusammenleben war wie immer liebevoll und glücklich, bis auf einige kleinere Stürme, die aber vorübergingen, deren Schuld ich übrigens trug», meinte Clara. Sie spielte damit auf die unterschwellig stets vorhandenen Geldsorgen an, denen Clara gern mit der Ansammlung eines Sicherheitskapitals begegnet wäre. Robert wiederum fügte sich zwar in die Konzerttätigkeit seiner Ehefrau, auch weil ihm selbst als Künstler klar war, dass für eine Virtuosin die Auftritte ein inneres Bedürfnis darstellten. Aber es fiel ihm schwer zu akzeptieren, dass Clara zum Familieneinkommen wesentlich beitrug. Vermutlich kannte er auch kein anderes Künstlerehepaar, das in einer ähnlichen Konstellation lebte, vom bürgerlichen Umfeld zu schweigen.[12]

Von Beginn an sahen sich beide als Künstlerpaar, in der die Kunst des jeweils anderen vorbehaltlos akzeptiert wurde. Seit 1833 konnte Robert wegen Lähmungserscheinungen an einem Finger, die er sich vermutlich durch zu belastendes Üben zugezogen hatte, seine Werke nicht mehr selbst interpretieren. Er war damit in besonderer Weise auf Clara angewiesen, die seine Klaviermusik in den nächsten Jahrzehnten präsentierte. Damit war vordergründig die Arbeitsteilung zwischen Komponist und Pianistin klar. Auf der anderen Seite aber komponierte Clara ebenfalls. Schon vor ihrer Hochzeit zweifelte sie am Wert ihrer Kompositionen: «Ich glaubte einmal, das Talent des Schaffens zu besitzen, doch von dieser Idee bin ich zurückgekommen, ein Frauenzimmer muß nicht componieren wollen – es konnte es noch keine, sollte ich dazu bestimmt sein? Das wäre eine Arroganz, zu der mich blos der Vater einmal in früherer Zeit verleitete.»[13] Offensichtlich hatte Clara bereits genug Mühe, ihre ungewöhnliche Identität als Pianistin zu verteidigen. Die Bedeutung ihrer Kompositionen spielte sie dann mit der Berufung auf den angeblich nicht kreativen weiblichen Geschlechtscharakter und dem Hinweis auf den allzu ehrgeizigen Vater herunter. Trotzdem hat Clara, von Robert durchaus ermuntert, in den 1840er Jahren mehrere Lieder und Romanzen komponiert. Im Mittelpunkt ihres musikalischen Lebens aber hat das nicht gestanden.

Clara Schumann war eine der wenigen bürgerlichen Frauen im 19. Jahrhundert, die in moderner Form unter der dauernden Doppelbelastung von Beruf und Haushalt litt. Sicher hatte es schon in der Frühen Neuzeit Sängerinnen, Tänzerinnen und Schauspielerinnen gegeben. Trotzdem war Clara eine Ausnahme: Sie setzte ihre Tätigkeit auch als Ehefrau und Mutter fort. Eine Starpianistin hatte allerdings auch keinen Regelarbeitstag, und das Üben und Unterrichten, das einen Großteil von Claras Zeit beanspruchte, fanden zu Hause statt. Sowohl während der Ehe als auch als Witwe war sie für die Leitung des Haushalts zuständig. In den späteren Jahren wurde sie darin von ihren Töchtern unterstützt. Als Hilfe fand sich zu Beginn der Ehe eine Verwandte der eigenen Verwandtschaft, «ein braves Mädchen, das die Wirthschaft auf das Beste bestellt». Gerade dieser Status als entfernte Verwandte konnte aber auch Schwierigkeiten hervorrufen: «Sie [Claras Tante Emilie] meint ich sei viel zu gut gegen das Dienstmädchen, führe nicht genug Herrschaft in meinem Hause», klagte die noch unerfahrene Hausfrau Clara zu Beginn ihrer Ehe. Ärger mit den Dienstmädchen und Kinderfrauen, auch die Entlassung einer Köchin, die des Diebstahls von 50 Flaschen Wein beschuldigt wurde, blieben Claras, nicht Roberts Probleme.[14]

In der Ehe der Schumanns bestand das größte Konfliktpotential in Claras fortgesetzter Tätigkeit als Musikerin. Robert verstand einerseits die Berufung seiner Frau und erkannte vor allem in den ersten Jahren der Ehe die wirtschaftlichen Vorteile an, die mit den Erlösen der Konzerte ein bürgerliches Leben ermöglichten. Auf der anderen Seite pflegte er ein durchaus traditionelles Familienverständnis, das der Ehefrau und Mutter die Rolle im Haus zuwies. Möglicherweise trug auch seine Krankheit dazu bei, dass das Ehearrangement letztlich von beiden Partnern akzeptiert wurde. Robert Schumanns Temperament wie seine Krankheit haben auch zu Auseinandersetzungen zwischen den Ehepartnern geführt. Hätte Robert noch länger in der Familie gelebt, wären Gefühle der Minderwertigkeit vielleicht noch in anderer Weise zum Ausdruck gekommen.

Für die Schumanns stellte die Wohnung gleichzeitig auch einen wichtigen Arbeitsplatz dar. Für die Gestaltung des Alltags brachte das die Schwierigkeit mit sich, dass Robert vormittags Ruhe zum Komponieren benötigte, Clara aber eigentlich üben musste. Robert dachte darüber ausführlich nach: «Und dazu fehlt es meiner lieben Künstlerin jetzt oft an Zeit. [...] und daran bin ich schuld und kann es doch nicht ändern. Klara sieht doch auch ein, dass ich ein Talent zu pflegen habe, und dass ich jetzt in der schönsten Kraft bin und die Jugend noch nützen muß. Nur so geht es in Künstlerehen; es kann nicht alles beieinander sein, und die Hauptsache ist doch immer das übrige Glück und recht glücklich sind wir gewiß, daß wir uns besitzen, und verstehen, so gut verstehen und lieben von ganzem Herzen.»[15] Robert relativierte die kleinen Schwierigkeiten im großen Glück. Clara wiederum klagte zwar über ihre Nöte, genügend Übungszeit zu bekommen, akzeptierte aber den Vorrang des komponierenden Gatten.

Obwohl, rechtlich gesehen, Claras Einkommen ihrem Mann zur Verfügung stand, sah Clara die Konzerthonorare als eigenes Einkommen an und konnte in selbstbewusster Weise über Geld sprechen. Dabei kehrte sie die bürgerliche Rollenverteilung sogar um: «Ach Robert, wüßtest Du doch, wie es immer so liebevoll in meinem Innern aussieht, wie ich dich auf Händen tragen, dir das Leben immer nur rosenfarben zeigen möchte [...] der Gedanke, Du sollst für Geld arbeiten, ist mit der Schrecklichste, denn dies kann dich nicht einmal glücklich machen, und doch sehe ich keinen anderen Ausweg, wenn Du mich nicht auch arbeiten lässt, wenn Du mir alle Wege, etwas zu verdienen, abschneidest.»[16] Letztlich fand sich Robert, der gerade in den ersten Ehejahren weniger verdiente, aber auf sein Erbteil zurückgreifen konnte, mit der Konzerttätigkeit seiner Frau ab. Dabei wurde diese Entscheidung durch das Selbstverständnis als Künstler erleichtert. Robert Schumann sah ein, dass auch Clara als Pianistin künstlerisch wirken wollte.

Robert war zwar auf die ehemännliche Rolle als Ernährer und Finanzchef sehr bedacht, aber Clara regelte finanzielle Angelegenheiten auch selbständig. Als Pianistin wurde sie Unternehmerin für ihre Kunst. Vor der Gründung von Konzertagenturen, die sich um Planung und Organisation von Konzertreisen, um Auftrittsorte und Eintrittspreise, um die Reisemodalitäten und die Unterkunft kümmerten, mussten die Künstler sämtliche Vereinbarungen persönlich treffen. Das betraf auch das finanzielle Risiko einer in jedem Fall kostenträchtigen Konzertreise. Erst seit den 1880er Jahren konnten sich Künstler auf die Vorbereitungen einer Konzertagentur stützen. Clara reagierte auf diese Bedingungen mit Sorge. Im Gegensatz zur Mehrheit der bürgerlichen Ehefrauen, die kaum Mitspracherecht besaß, genoss Clara sowohl die Vorteile wie die Nachteile ihrer Rolle als Miternährerin der Familie. Praktisch musste sie bei jedem Konzert um den wirtschaftlichen Erfolg bangen.[17]

Zu Beginn ihrer Ehe wurden Verlobungs- und Hochzeitstag feierlich begangen. Auf einer Reise nach Karlsbad 1842 tranken die Schumanns mittags Champagner, in Erinnerung an den Verlobungstag vor fünf Jahren. «Die Feste hören überhaupt nicht auf; am 12ten war der Jahrestag unsrer Hochzeit: am 13. Geburtstag und Kindstaufe.» Gerne widmete Robert Clara zu diesem Anlass eine neue Komposition. Vor allem aber bot der Hochzeitstag Anlass zum Rückblick. Nach zweijähriger Ehe entschieden sich Clara und Robert bloß für ein Glas Wein: «Zwei glückliche Jahre waren vorbei – möchten noch viele solche folgen.» Zwölf Jahre später waren Robert und Clara an ihrem Hochzeitstag getrennt, da Robert sich in der Klinik befand. Clara schrieb in ihr Tagebuch: «Welch ein Tag! Heut waren es 14 Jahr, daß ich mit meinem Robert vereint wurde. Zum ersten Mal verlebte ich seitdem diesen Tag ohne ihn.» Und mit der Trennung war es nicht genug. Im weiteren Abschnitt berichtete Clara über ein Schreiben des Arztes, der berichtete, dass Robert während seiner Krankheit an der Existenz Claras und der Kinder zweifle, weil er lange keinen Brief erhalten habe. Einen gemeinsam verlebten Hochzeitstag hat es dann nicht mehr gegeben.[18]

Clara und Robert hatten acht Kinder. Wie andere Mütter fürchtete Clara die Risiken der Geburt: «Meine innigste Bitte zu Gott ist die, daß er mich nur jetzt noch nicht von Robert nehme – das wäre das Traurigste, was ich mir denken kann! – Ich brauche noch viele, viele Zeit, um meinem Robert all die Liebe zu erweisen, die ich für ihn hege – sie ist ja ganz unendlich.» Laut Robert war die Geburt der ersten Tochter Marie «schmerzensvoll» und gefährlich. Robert freute sich sehr über das Kind, das er zum «ersten ordentlichen Ehrenmitglied unsres Bundes» ernannte. Und befriedigt stellte er fest, dass das Kind «mir äußerlich gleicht». Für Robert Schumann spielte das Geschlecht des Kindes bei der ersten Geburt offenbar keine besondere Rolle. Er war froh, dass Mutter und Kind die Geburt gesund überstanden hatten. Als wenig später wieder eine Tochter geboren wurde, notierte Clara: «Ich hatte mir und dem Robert besonders einen Knaben gewünscht, und gewiß war mein Robert innerlich betrübt, daß es nicht so war, doch ist er zu gut, als daß ihm dies

Kind nicht auch lieb wäre, schon um meinetwillen, und wir sind ja auch noch jung, der Himmel wird ihm schon auch noch einen Knaben schenken, der sein Vaterherz erfreut.» Als die dritte Tochter Julie erwartet wurde, ersehnte das Paar die Geburt eines Sohnes. Dieser Sohn verstarb dann früh.[19]

Clara und Robert wählten als Vornamen ihrer Kinder die Namen von Verwandten und Freunden aus. Die älteste Tochter erhielt den «lieben Namen» Marie, vermutlich in Anknüpfung an Marie Wieck, die Halbschwester Claras. Marie wurde in einem kleinen Kreis der Verwandten am 13. September 1841, Claras Geburtstag, getauft. Claras Mutter Marianne und Frau Devrient als Freundin und ehemalige Vermieterin waren persönlich anwesend, die Paten Carl Schumann und Felix Mendelssohn wurden durch den Buchhändler Barth und den Freund Raimund Härtel vertreten. Der erste Sohn wurde, «trotzdem, dass Du nie Pathenstelle bei meinen Kindern vertreten willst, nie mich besuchst, nach Dir Emil genannt», wie Clara an ihre Freundin Emilie List schrieb. Der jüngste Sohn Felix erhielt seinen Namen nach Felix Mendelssohn Bartholdy, dem verstorbenen Freund der Eltern.[20]

Nach der Geburt ihres ersten Kindes hielt Clara Schumann im Ehetagebuch ihre Sorge als unerfahrene Mutter fest. «Aber Sorge macht so ein Kind auch, besonders ein Erstes, mit dem man noch gar nicht recht umzugehen weiß – mit Recht nennt man so ein Kind ein Angstkind, denn das ist es wahrhaftig! Jede Bewegung meiner Kleinen betrachte ich mit einem Gefühl von Angst und Freude. Jetzt geht es gut mit Mariechen, aber die höchste Zeit war es, dass wir dem Kinde eine andere Amme schafften, sonst wäre es halb verhungert.» Wie für andere bürgerliche Mütter im 19. Jahrhundert stellte sich die Frage, ob das Kind selbst gestillt werden sollte. Clara hatte sich dagegen entschieden, vielleicht auch deshalb, weil sie möglichst schnell wieder Konzerte geben und auf Reisen gehen wollte. Im Ehetagebuch gibt es keine Reflexion zur Stillfrage, die für Caroline von Humboldt so entscheidend gewesen war. Für Clara scheint es selbstverständlich gewesen zu sein, eine Amme zu beschäftigen, die sich um das Kind kümmerte.[21]

Clara stellte als bürgerliche Mutter eine Ausnahme dar. Sie war zwar nicht die einzige berühmte Künstlerin im 19. Jahrhundert, allerdings waren nur wenige verheiratet und hatten kleine Kinder. Der klassische Weg führte eine Künstlerin – manchmal nach dem Höhepunkt ihrer Karriere – nicht selten in eine Ehe. Damit war dann aber gleichzeitig das Bühnenleben beendet. Selbst die schwedische Opernsängerin Jenny Lind, der größte Gesangsstar des 19. Jahrhunderts, trat nach ihrer Eheschließung nur noch sehr selten in Konzerten auf. Claras Notizen zeugten in den frühen Jahren von großer Liebe zu ihren Kindern. Mit den vielen Schwangerschaften nahm ihre Begeisterung ab. Während sich Robert offenbar über die wachsende Kinderzahl freute, traten für Clara die Sorgen im Zusammenhang mit Schwangerschaft, Geburt und Kinderpflege in den Vordergrund.

Robert sah in den Kindern zunächst die Erfüllung des Wunsches nach einer bürgerlichen Familie. Sein Engagement als Vater ging über das Übliche hinaus. Während sich Clara auf einer Konzertreise befand, redigierte Robert in Leipzig seine Musikzeitung und komponierte. Außerdem hütete er – mit der Kinderfrau – die kleine Marie: «Die Trennung hat mir unsere sonderbare schwierige Stellung wieder recht fühlbar gemacht. Soll ich denn mein Talent vernachlässigen, um dir als Begleiter auf der Reise zu dienen? Und du, sollst du deshalb dein Talent ungenutzt lassen, weil ich nun einmal an Clavier und Zeitung gefesselt bin? Jetzt wo du jung u. frisch bei Kräften bist? Wir haben den Ausweg getroffen. Du nahmst Dir eine Begleiterin, ich kehrte zum Kind zurück u. zu meiner Arbeit. Aber was wird *die Welt* sagen? So quäle ich mich mit Gedanken. Ja es ist durchaus nöthig, dass wir Mittel finden, unsere beiden Talente nebeneinander zu nützen u. zu bilden.»[22] Die Meinung einer bürgerlichen Welt, die Claras Konzertreisen missbilligte, blieb Robert wichtig.

Der Alltag der Familie wurde von Roberts Komponistendasein und den Konzertreisen Claras bestimmt. Da man auch zu Hause arbeitete, ergaben sich manchmal Schwierigkeiten, eine geeignete Wohnung zu finden, und mehrere Umzüge waren die Folge. Als Witwe lebte Clara unstet. In den frühen sechziger Jahren entschied sie sich für Baden-Baden, 1873 siedelte sie nach Berlin über. Dort ist sie nicht heimisch geworden. Seit 1879 lebte sie in Frankfurt, wo sie auch Unterricht gab.

Im Juli 1856, als man Clara mitgeteilt hatte, der Zustand ihres Mannes sei hoffnungslos, konnte sie ihn endlich besuchen. «Er lächelte mich an und schlang mit großer Anstrengung, denn er konnte seine Glieder nicht mehr regieren, seinen Arm um mich.» Schumann starb am 29. Juli. Clara erlebte die Beisetzung von der Friedhofskapelle aus mit. Die Beobachtung ihrer Trauer durch die Öffentlichkeit schien ihr unerträglich. Clara begann ihr Leben als

Witwe mit 36 Jahren. Die unmittelbaren Folgen des Todes des Ehegatten waren sehr belastend. Clara schrieb: «Wie schwer habe ich heute den ganzen Tag gekämpft, wie schwer lastet der morgende Tag auf meiner Seele! Oh hätte ich den geliebten Freund, an seinem Herzen mich recht auszuweinen! Und doch ausweinen kann sich das Herz ja nie, das ihn den herrlichsten der Männer verlor. Geist meines Roberts sieh auf mich herab, tröste, stärke dein unglückliches Weib – ach, ich kann nicht mehr!»[23] Claras Ehe mit dem kongenialen Musiker war von beiderseits ähnlichen Werten geprägt. Clara fand Trost in ihrer Kunst, die sie mit ihrem Mann verbunden hatte. Ganz praktisch lenkten Übungen und Konzerte, die Konzentration erforderten, die Künstlerin Clara von ihrem Kummer als Witwe ab.

Unter den Künstlerwitwen des 19. Jahrhunderts nimmt Clara Schumann eine besondere Stellung ein. Sie ist selbst eine Künstlerin von Rang gewesen, und insofern wird diese Bezeichnung ihr nicht gerecht. Nach dem Tod ihres Mannes hatte Clara mit wirtschaftlichen Sorgen zu kämpfen. Sie wollte und musste Künstlerin bleiben und weiter Konzerte geben, um für den Lebensunterhalt der Familie zu sorgen. An ihre Tochter Marie schrieb sie traurig: «Mir ist gar wehmütig ums Herz – du – mit 15 Jahren schon vaterlose Waise! Erinnerst Du Dich wohl, wenn er so zärtlich zu dir war, wenn er sich über Deine kleinen Gedichte so freute und gar, wenn Du in Melodien sie sangest als kleines Kind.»[24]

Einige Kinder waren von schwerwiegenden gesundheitlichen Problemen betroffen. Der Sohn Ludwig lebte in den 1870er Jahren in der Irrenanstalt Colditz. Die Tochter Julie starb 1872 kurz vor der Geburt ihres dritten Kindes an Tuberkulose, der Sohn Felix 1879 ebenfalls an dieser Krankheit. Für die anderen Kinder wurde der berühmte Name der Eltern eher zur Hypothek als zur Chance. Ferdinand Schumann ließ sich zum Bankkaufmann ausbilden, war aber labil und teilweise von Morphium abhängig. Sämtliche Kinder lernten Klavier spielen, Marie und Eugenie Schumann wurden Musiklehrerinnen, Elise Schumann gab Konzerte. Clara Schumann übernahm in den späteren Jahren die Sorge für sieben Enkel, die sie in verschiedenen Schulen unterbrachte. Insgesamt konnten sich die Töchter eher auf im 19. Jahrhundert akzeptierte Lebensmodelle zurückziehen, indem sie entweder heirateten oder als ledige Musiklehrerinnen ihren Unterhalt selbst bestritten. Den Söhnen fiel die Selbständigkeit weit schwerer. Einerseits gehörte die Musik selbstverständlich zum Aufwachsen in einem Künstlerhaushalt, andererseits reichten Talent und Ehrgeiz für eine eigene Musikerkarriere nicht aus.[25]

Claras Witwenschaft wurde durch die wirtschaftlichen Sorgen und die Überlegungen wegen der Kinder verdunkelt. Dabei hatte sie es vor allem durch die Konzerteinnahmen durchaus zu einer gutbürgerlichen Existenz gebracht. Aber im Unterschied zur Mehrheit der bürgerlichen Familien fußte ihr Status nicht auf einer gesicherten Beamtenstellung oder einem florierenden Unternehmen, sondern auf den Wechselfällen künstlerischer Existenz. Große Sparsamkeit und gelegentlich übertriebene Geldsorgen waren die Folge. Die Kinder hatten auch schon vor Schumanns Tod bei Verwandten oder im Internat gelebt. Insofern stellte der Tod des Vaters keine bedeutende Zäsur dar. Die kleinen Kinder kannten ihren Vater kaum, das jüngste hatte er nie gesehen. «Sorgenvolle Tage wegen der Kinder, die Jungen können bei Breusing nicht bleiben, aber wohin mit ihnen? Welch wichtige Frage! Welche schlaflosen Nächte können mir solche Sorgen machen! Wie fühlt man da das Alleinstehen, wie schwer für eine Mutter allein über das Schicksal der Kinder zu entscheiden.»[26]

Nach Roberts Tod blieb ihr Engagement nicht mehr auf Konzertreisen beschränkt, sondern wurde durch Lehrtätigkeiten ergänzt. Dabei wurde ihr häufig die Entscheidung schwer. Im Jahr 1871 erhielt sie ein Angebot, an der Hochschule in Berlin zu unterrichten. Ihrem Freund Joseph Joachim, der das Angebot vorbereitet hatte, gab sie zu bedenken: «Sollten sie meine Forderungen sehr hoch finden – und ich gebe zu, dass sie es sind – so gebe ich ihnen zu erwägen, dass ich 52 Jahre alt bin, wo man einen gänzlich neuen Lebenslauf mit der größten Selbstüberwindung nur beginnt.»[27] An einer Lehrtätigkeit am Konservatorium hatte Clara auch deshalb Interesse, weil ihr die Konzerte mit den Jahren nicht leichter fielen. Ihr Lampenfieber nahm eher zu als ab. Dazu trugen wohl auch ihre gesundheitlichen Schwierigkeiten, namentlich Gelenkschmerzen, bei, die Auftritte zur Qual werden ließen. Seit den 1860er Jahren wurde sie von zunehmender Taubheit getroffen, die man sich nicht erst seit Beethoven für einen Musiker nur tragisch vorstellen kann. Während Clara die zahlreichen Schwangerschaften und mindestens eine Fehlgeburt bemerkenswert gut verkraftet hatte, gab es bei den Gesundheitsproblemen des Alterns keine dauernde Hilfe.

Clara überstand die ersten Jahre als Witwe nicht zuletzt durch die enge

Beziehung zu Johannes Brahms, der Clara zumindest zu Beginn der Bekanntschaft sehr verehrt hatte. Eine Liebesbeziehung zwischen den beiden Musikern, die vielfach vermutet worden ist, lässt sich beim heutigen Wissensstand nicht belegen. Trotzdem bot Brahms Clara einen Rückhalt, auch in finanzieller Hinsicht, obgleich Clara die Hilfsangebote des Freundes meist ablehnte. Clara verstand sich insofern auch als Künstlerwitwe, als sie sich um das musikalische Vermächtnis ihres Mannes kümmerte. Sie bemühte sich energisch, die Musik Robert Schumanns im europäischen Publikum zu verankern. Zwar war sie gelegentlich der Meinung, die Zuhörer würden die Musik kaum begreifen, gleichwohl freute sie sich über den Beifall. Ganz besonders lag ihr an der Errichtung eines Denkmals für Schumann, für das 1873 in Bonn das Musikfest veranstaltet wurde. Als Erbin der Urheberrechte verhandelte Clara auch mit den Verlagen, die Schumanns Werk publizierten. Im Jahr 1877 boten ihr Breitkopf & Härtel für die Revision einer Gesamtausgabe der Werke Robert Schumanns 10 000 Reichsmark. Im Jahr 1879 beauftragte Clara Max Kalbeck mit einer Biographie ihres Mannes und stellte ihm den Nachlass zur Verfügung. Kalbeck schrieb über Schumanns Jugendzeit und verfasste ein Buch über Johannes Brahms.[28]

Claras Stellung in der Musikwelt changierte zwischen der Verwalterin des künstlerischen Erbes ihres Mannes in der Auseinandersetzung mit der Wagner-Verehrung in Deutschland und der eigenen Rolle als große Virtuosin. Im Oktober 1878 fand in Frankfurt eine Feier zu Claras fünfzigstem Künstlerjubiläum statt. Anschließend wurde auch im Gewandhaus in Leipzig gefeiert. Gerade auch nach dem Tod ihres Mannes trat die Verehrung für Clara als Klaviervirtuosin in enge Verbindung mit einem Votum für die Schumann'sche Musik.[29]

Clara starb im Jahr 1896 und überlebte damit ihren Mann um vierzig Jahre. Sie blieb als Pianistin eigenständige Künstlerin, Ernährerin ihrer Familie und bemühte sich um Roberts Nachruhm. In der gesellschaftlichen Auseinandersetzung um die musikalische Hegemonie, die im letzten Drittel des 19. Jahrhunderts tobte, besetzte sie gegen die Wagner-Verehrung eine eigenständige Position. Während der Name Clara Schumann meist nur Musikkennern ein Begriff ist, hat auch mittels ihrer Tatkraft der Name ihres Mannes einen bedeutenden Platz in der europäischen Musikgeschichte behauptet.

Das Ehepaar Schumann entwickelte ein Selbstverständnis, das sich auch in der öffentlichen Darstellung äußerte. Erstmals 1846 standen beide für ein Marmorrelief von Ernst Rietschel Modell. Das Doppelporträt zeigt beide im Profil, mit Robert im Vordergrund, der damit markanter wirkt. 1850 ließen sie sich zu Werbezwecken fotografieren. Clara und Robert posierten als bürgerliches Musterpaar, Clara sitzend, Robert stehend, gediegen gekleidet, mit dem Klavier in der Mitte. Claras linke Hand liegt nur locker auf den Tasten, als wolle sie das Spielen nur probieren. Während Robert tiefsinnig nach unten schaut, blickt Clara ihn leicht lächelnd an.

EHELEBEN

Ansichten über die Ehe

Der Ehe kommt im Leben des Einzelnen in der Moderne eine große Bedeutung zu. Das zeigen Umfragen, die das Allensbacher Institut für Demoskopie in den achtziger Jahren in der Bundesrepublik durchführte. Beinahe 70 Prozent der Ehefrauen und Ehemänner zählten die Heirat zu den drei wichtigsten Ereignissen ihres Lebens. Die Geburt der Kinder wurde demgegenüber nur von etwa 55 Prozent genannt. Aus diesen Ergebnissen kann man schließen, dass zumindest bis in die neunziger Jahre eine Mehrheit der verheirateten Bevölkerung ein besonderes Selbstverständnis als Ehepaar besaß. Auch um 1850 war der Status des Verheirateten der Fixpunkt des privaten Lebens. Allerdings muss man einen deutlicheren Geschlechterunterschied als in der Gegenwart annehmen. Während sich heute die Mehrheit der Frauen auch über Ausbildung und Beruf definiert, konnten im 19. Jahrhundert vor allem in bürgerlichen Kreisen nur unverheiratete Frauen als Lehrerinnen einer qualifizierten Berufstätigkeit nachgehen. Für Männer dagegen stellte der Beruf unabhängig von Familienstand und sozialem Status das zentrale Identitätsmerkmal zumindest nach außen hin dar.[1]

Bei der Betrachtung junger Ehepaare hatte schon Theodor Fontane über die Unvergleichbarkeit der Perspektiven von Männern und Frauen in der Ehe sinniert. Während der Schriftsteller für sich selbst «Poetenverrücktheit» und «Poetendünkel» als freiwillig gewähltes Leitmodell erkannte, sah die Lebensperspektive für Frauen düster aus: «Aber die armen Frauen! Hunger, Noth und Sorge, kleine Kinder, keine Aussichten (oder höchstens auf neue [Kinder]) und von der Welt mit einem Blick des Mitleids oder auch wohl mangelnder Achtung gestreift.» Ihm erschien die Familiengebundenheit der Frauen als deprimierend alternativlos, mit wenig Chance auch nur auf Behaglichkeit, von der Aussicht auf Ruhm zu schweigen. Immerhin meinte er, Emilie habe es doch, nach einem schweren Anfang, später – gemeint waren die 1880er Jahre – gut getroffen.[2]

Tatsächlich verfügte Emilie Fontane wie andere bürgerliche Ehefrauen durchaus über Selbstbewusstsein, aber um Gleichberechtigung in einem politisch-rechtlichen Sinn ging es ihr nicht. Sie berichtete ihrem Mann 1870 aus London, wo sie sich mit einigen jungen Frauen unterhalten hatte, die auf das Frauenwahlrecht hofften: «Auch ich wurde nach meiner Meinung gefragt; aber ich konnte nur lachend sagen: ich hätte nicht Gelegenheit gehabt, über den Gegenstand nachzudenken, I had such a good position as the wife of you, that I don't want another; which answer amused much Mr. Merrington.» Theodor lobte die «amüsante» Meinung seiner Frau: «Man kann all diesen Dingen gegenüber sagen: ‹Warum nicht!› Aber doch mit größerem Recht: ‹Wozu?› Die Frauen, die zur Zeit Ludwigs XIV. die Welt, den König und die Gesellschaft regirten, hatten kein Stimmrecht, haben sich aber leidlich wohl dabei befunden, jedenfalls besser als jene Unglücklichen, die sich in ‹Erfüllung ihrer Bürgerpflicht› an die Wahlurne drängen.»[3] Theodor Fontane fehlte das Verständnis für ein allgemeines Wahlrecht von Männern und Frauen offensichtlich vollkommen. Sein Vergleich der Mätressen Ludwigs XIV. und deren inoffizieller, vom Willen des Königs abhängiger Herrschaft mit den Wählern eines Parlaments ließ jeden Sinn für ein Repräsentativsystem vermissen und machte das Wahlrechtsverlangen von Frauen im Grunde lächerlich. Die Ironie, die darin lag, dass Emilie Fontane schließlich jahrelang über die wirtschaftlich prekäre Situation des Schriftstellers geklagt hatte, um nun eine «good position» zu behaupten, entging ihm vollständig.

Theodor Fontane wies in den 1860er Jahren in lakonischer Weise auf die hohe Anforderung hin, die in den bürgerlichen Normen für Männer lag. An seine Frau schrieb er: «Bei deiner Rückkehr dann will ich mir 8 Tage gönnen und Gatte, Vater und Mensch sein. Im allgemeinen ist man ja nur Schreibe- und Erwerbsmaschine, in steter Besorgnis, dass der Kessel platzt.» Für das wirtschaftliche Wohlergehen der Familie war Theodor allein zuständig. Emilie konzentrierte sich auf das

Leben als Ehefrau und Mutter. Ihre Abhängigkeit von Fontanes Entscheidungen stellte für sie stets eine Belastung dar, nicht zuletzt wegen häufiger Geldprobleme.[4]

Die Trennung der familiären Zuständigkeiten, Erwerbsarbeit für den Ehemann, Haushaltsführung und Kleinkindererziehung für die Ehefrau, betraf sämtliche sozialen Gruppen im 19. Jahrhundert. In den ländlichen wie städtischen Unterschichten musste die Ehefrau mit der Geburt von Kindern meist ihre Lohnarbeit aufgeben. Gelegentlich bedeutete das den Wegfall von Arbeit und daher eine Erleichterung, auf der anderen Seite aber auch das Fehlen von dringend benötigtem Einkommen. Franz Rehbeins Ehefrau gab nach der Geburt des Kindes ihre Tätigkeit als Magd auf, das erhöhte den Erwerbsdruck auf den Ehemann. Die Ehefrau von Moritz Bromme blieb nach der Geburt des ersten Kindes noch in der Fabrik, da das Kind von der Großmutter gegen Bezahlung betreut werden konnte. Nach der Geburt des zweiten Kindes wäre diese Betreuung zu teuer geworden. Frau Bromme musste von nun an mit wesentlich schlechter bezahlter Heimarbeit zum Familieneinkommen beitragen. Außerdem belastete die Heimarbeit nicht nur zeitlich, sondern auch räumlich. In den engen Zimmern wurden nun auch noch die Stoffe und Näharbeiten gelagert.[5]

In der Bundesrepublik verzichteten in den fünfziger Jahren auch Ehefrauen von Arbeitern auf Erwerbstätigkeit, wenn sie Kinder hatten. Heute bemühen sich Frauen, nach der Geburt eines Kindes schnell an den Arbeitsplatz zurückzukehren. Einerseits geht es um wirtschaftliche Selbständigkeit der Frauen und ein höheres Familieneinkommen, andererseits um den Anschluss an das fortschreitende Wissen im Beruf.

Der Ehevertrag

Die rechtlichen Regelungen zur Verfügung über Vermögen und Einkommen in der Ehe waren im ehelichen Güterrecht festgelegt. Vor dem Inkrafttreten des Bürgerlichen Gesetzbuches im Deutschen Reich 1900 gehörte dieser Bereich zu den besonders schwierigen Rechtsmaterien. Man schätzt, dass im 19. Jahrhundert in Deutschland um die 100 un-

«Der Ehevertrag» von William Hogarth, aus dem Gemäldezyklus «Marriage à la mode», ca. 1745

terschiedliche Güterrechte existierten, eingeteilt in zwei Grundformen, die Gütergemeinschaft und die Gütertrennung. Bei der Gütergemeinschaft schuf die Eheschließung ein gemeinsames Vermögen, über das im Regelfall der Ehemann verfügen konnte und das am Ende der Ehe hälftig geteilt wurde. Bei der Gütertrennung blieb jeder Partner im Besitz seines Vermögens. Die Modifikationen, die in den verschiedenen Regionen galten, regelten hauptsächlich die Verfügungsrechte des Mannes. In den meisten Güterrechtssystemen unterschieden sich zwar manche Folgen beträchtlich, zum Beispiel im Erbrecht, aber in einer Hinsicht blieben sie ähnlich: Kaum eine Ehefrau in Europa konnte um 1900 über ihr Vermögen selbständig verfügen. Das BGB führte schließlich einen einheitlichen Güterstand ein, die Verwaltungsgemeinschaft. Sie ging trotz des Namens von zwei getrennten Vermögensmassen aus, räumte dem Ehemann aber Verwaltungsrechte und den Nießbrauch am Frauenvermögen, also den Ertrag, ein.[6]

Vor wie nach dem Inkrafttreten des BGB konnten diejenigen Paare, die mit den lokalen Traditionen des ehelichen Güterrechts oder mit der neuen Gesamtregelung nicht zufrieden waren, einen Ehevertrag abschließen. Die Entscheidung für einen Ehevertrag erfolgte aus unterschiedlichen Motiven. Vermögende Väter wollten die der Tochter zugesprochene Mitgift gegen Missbrauch durch den Ehemann schützen. Selbständige Gewerbetreibende wie Kaufleute oder Freiberufler sicherten einen Teil des Vermögens vor möglichen Gläubigern, und bäuerliche Besitzer nutzten Eheverträge zu umfassenden Erbregelungen. Vor allem wenn einer der Partner die Ehe als zweite Ehe schloss, stellte ein Ehevertrag die Rechte der Kinder aus der ersten Ehe sicher.

Ehen mit Vertrag waren aber meist in der Minderheit. In Preußen schlossen in den 1870er Jahren nicht mehr als fünf Prozent der Paare einen Vertrag. Überall nahm die vergleichsweise arme Mehrheit der Bevölkerung eher die geltenden Bestimmungen hin. Aber in manchen Regionen war ein großer Anteil der Bevölkerung an einer Abänderung interessiert. In Augsburg, wo Gütertrennung galt, schloss im 19. Jahrhundert ein Fünftel aller Paare einen Ehevertrag. In einem «Medizinisch-topographischen Bericht» von 1860 wurde ausdrücklich darauf hingewiesen, dass Heiratsverträge «in der hiesigen Bürgerschaft» «ziemlich allgemein im Gebrauch» seien. In Baden trafen 1878 48 Prozent der Paare eine solche Vereinbarung. Und auch wenn dieser Anteil bis zum Ende des Jahrhunderts auf 34 Prozent sank, wurde doch deutlich, dass es sich hier keineswegs nur um die wohlhabende Oberschicht handelte.[7]

Im 19. Jahrhundert ließ der Bezug auf die christliche Ehelehre nach. Im 18. Jahrhundert hatten sich noch viele Paare auf göttlichen Schutz und die Heilige Dreieinigkeit berufen. Der Weingärtner und Witwer Johann Michael Heinle und die Witwe Sophia Margaretha Maurer, die 1794 in der Grafschaft Hohenlohe heirateten, verabredeten eine «christliche Heirat» und wollten wie «fromme Eheleute» zusammenleben. Die konfessionellen Mischehen in Baden bildeten eine Ausnahme. Bis 1860 konnten Paare die Konfession der künftigen Kinder im Ehevertrag festlegen. Allerdings machten nur wenige Paare von dieser Regelung Gebrauch. Seitdem bestimmte ein Gesetz, dass eheliche Kinder in der Konfession des Vaters, nichteheliche in der der Mutter zu erziehen seien. Der badische Staat – eine Hochburg des Liberalismus in Deutschland – ordnete die Konfession der ehelichen Kinder also der väterlichen Gewalt zu und entzog sie der Vertragsfreiheit.[8]

Im 19. Jahrhundert verzichtete die Mehrzahl der Dokumente, möglicherweise auch unter Einfluss der Notare, auf christliche Wertebezüge und konzentrierte sich auf die Feststellung des jeweils eingebrachten Vermögens, die Verfügungsrechte und die Erbregelungen. Das konnte bis ins kleinste Detail gehen, so dass manche Eheverträge den gesamten Besitz auflisteten. Als Hauptsache fand sich stets eine Gegenüberstellung der eingebrachten Besitztümer. Die Heinle-Heirat 1794 führte 225 Gulden Besitz des Bräutigams und 200 Gulden Brautschatz zusammen. Heinrich Tietje aus dem niedersächsischen Wittlohe präsentierte sich 1820 als neuer Besitzer der väterlichen Bauernstelle, seine Braut Catharina brachte 500 Reichstaler Aussteuer in die Ehe mit, «welche am Brautmorgen bar bezahlt werden», sowie ein Bett und sonstige Haushaltsgeräte. Im Amt Lauenburg ging es den meist bäuerlichen Vertragspartnern um die Begründung einer Gütergemeinschaft, die das bäuerliche Anwesen und die Rechte daran, die Arbeitsausstattung und den Ertrag zusammenfasste. Damit erwarb auch die einheiratende Frau oder der einheiratende Mann Rechte an Land, Hof und beweglichen Gütern. Als Gegenleistung wurde dem Anwesen die eigene Arbeitskraft, aber eben auch Brautschatz oder Aussteuer zugeführt.[9]

In den Eheverträgen der bäuerlichen Familien in Wittlohe vom Ende des 18. und aus den ersten Jahrzehnten des 19. Jahrhunderts ging es stets um die Zusage eines Brautschatzes. Er wurde der Braut nicht bloß von den Eltern versprochen. Waren die Eltern verstorben, trat der elterliche Erbe, meist ein Bruder oder Stiefbruder, an ihre Stelle. Auch der Bräutigam konnte Empfänger eines Brautschatzes sein, vor allem dann, wenn er in der eigenen Herkunftsfamilie als weichender Erbe den Hof verlassen musste. Die Brautschatzzusagen reichten von 30 bis zu 800 Talern; diese Summen lassen Vermutungen über den Wohlstand der Bauernhöfe zu. Hohe Brautschätze konnten die Belastung der Höfe aber auch deutlich erhöhen. Die Unterschiede zwischen den Hoferben und den übrigen erbenden Kindern waren geringer als gelegentlich vermutet. Auch andere rechtliche Fragen wurden geregelt. So finden sich Angaben über den Brautschatz der anderen Kinder, Festlegungen des Altenteils und Lohnfestsetzungen für Kinder, die als Knecht oder Magd auf dem Hof blieben. Der einvernehmliche und verbindliche Charakter dieser Absprachen wurde durch die Aufsicht des Pfarrers und die Unterschrift des Brautpaares, der Eltern und Vormünder sowie mehrerer Zeugen garantiert. Es handelte sich also nicht um vertrauliche Absprachen, sondern um jedenfalls in der Öffentlichkeit bekannte Abmachungen. Das gewährleistete die Vergleichbarkeit der Brautschätze und eine allseitige Interessenwahrung.

In vielen bäuerlichen Eheverträgen findet sich ein besonderes Thema, die Altenteilsregelungen. Immer dann, wenn die Heirat des Hoferben mit der Übergabe des Hofes zusammenfiel, wurde das Altenteil im Ehevertrag ausführlich behandelt; dann war der Ehevertrag gleichzeitig ein Übergabevertrag für den Hof. In manchen Eheverträgen wurden auch die Ansprüche des überlebenden Ehegatten festgelegt, sofern dieser nicht als Erbe in Frage kam. Ob es sich um Eltern und Kinder, Stiefverwandte, entfernte Verwandte oder gar Familienfremde handelte, spielte in den Verträgen eine geringe Rolle. Das Eigentumsprinzip und die rechtlich abgesicherte Regelung von Ansprüchen wurden genau beachtet.

In dem Vertrag, den Thomas Stainwanter und Theresia Achhornerin 1795 in Tirol schlossen, verlangte Stainwanter als Ehevogt, dass der Hof seiner zukünftigen Frau für den Fall der Witwenschaft freies Logis, Milch, Roggen, Korn und Schmalz überlassen solle. Als 1806 in Lauenburg der Erbe des Halbhufners Hans Jochen Drewes, Johann Jochen Drewes, die Bauerntochter Catharine Marie Möller heiratete, wurden die Ansprüche der Eltern des Bräutigams genau definiert: «Freien Sitz und Schlafstelle in der Stube, freies Essen und Trinken an des Wirths Tische, daneben jährlich: 1 ½ Sack reinen Rocken von der Diehle, auch 1 Sack bei des Wirths Haber auszusäen, wozu der Wirth die 1 te Aussaat hingiebt, ferner jährlich 16 Pfund geräucherten Speck und 12 Pfund Butter, nothdürftig Milch zum Getrancke, wenn der Wirth welche hat, 1 Spint Leinsamen bei des Wirths Leinsaamen, 1 Spint Hanf aber im Hof an der Straße auszusäen, 2 Schaafe frei auszufüttern, 2 Hühner frei an der Diehle, und die Früchte von 2 Birnbäumen.»[10] Die Liste der Nahrungsmittel ging von den elementaren Bedürfnissen der Altenteiler aus, die auch ihre Kleidung selbst herstellten. Bei der Unsicherheit, der landwirtschaftlichen Erträge um 1800 unterlagen, konnten die Ansprüche für die neuen Besitzer des Hofes eine große Bürde darstellen. Entsprechend war die Beziehung zwischen dem Wirtschaftspaar und den Altenteilern spannungsvoll.

Die Mehrzahl der Altenteilsregelungen im 19. Jahrhundert umfasste ein Wohnrecht für die ehemaligen Besitzer, die Nutzung von Gartenland zur Eigenversorgung sowie Naturalleistungen. Die Vertragsschließenden bemühten sich, die Ansprüche so genau wie möglich festzulegen. Aus Vorsicht enthielten Verträge gelegentlich sogar explizit Vorkehrungen für den Fall, dass «sich die Altentheiler wieder Verhoffen mit den jungen Leuten nicht an einem Tisch vereinbahren können». Der Unterschied zur Versorgung am Tisch der Hofbesitzer bestand – ganz elementar – aus «Feuerung zum Essenkochen», Raum für die Vorräte und einem ganzen mageren statt eines halben fetten Schweins. Mit «notdürfthigem Unterhalt» war eine ausreichende Versorgung gemeint, die der Hof und sein Erbe in jedem Fall leisten mussten, die weichenden Erben aber von der Unterhaltspflicht befreite.[11]

Im deutschen Adel wurden Eheverträge genutzt, um Frauen Besitz- und Verfügungsrechte zu sichern und dem Ehemann den Zugriff auf das Frauenvermögen zu verweigern. Der Ehevertrag Marie von Rombergs, einer reichen Erbin aus westfälischem Uradel, von 1868 schloss Gütergemeinschaft aus und gestand der Braut Besitz, Nießbrauch und freie Verwaltung der vom Vater ausgesetzten Jahresrente zu. Im Bürgertum differierten die Interessen. Der Berliner Bankier Wilhelm Weber stattete seine Tochter und nicht den Schwiegersohn mit hohen jährlichen Zuschüssen aus. Bei Ehen von Offizieren, die als besonders verschwenderisch galten, mit reichen Erbinnen wurde häufig Gütertrennung vereinbart. In bayerischen Unternehmereheverträgen ging es dagegen zwar auch um die Absicherung von Frauenvermögen im geschäftlichen Krisenfall, vor allem aber um die Möglichkeit der Verwendung der Mitgift im Unternehmen des Ehemannes.[12]

Die Auswertung der Eheverträge in Baden in der zweiten Hälfte des 19. Jahrhunderts legt den Schluss nahe, dass es sich bei den Vertragsehen vor allem um Gewerbetreibende und Freiberufler handelte. Statt um Bauernhöfe oder Grundstücke ging es um Bargeld, Kapitalanteile und bewegliche Güter. Hier wurde der Abschluss eines Ehevertrages dann für notwendig gehalten, wenn die Ehefrau mehr Vermögen in die

Ehe einbrachte als der Mann. Jedenfalls fand sich diese Konstellation in 67 Prozent der Fälle bis 1875, in 73 Prozent zwischen 1876 und 1900. Beide Ehegatten waren mit Vertrag in der Lage, zukünftig ihr jeweiliges Einbringen in die Ehe nachzuweisen. Das wäre sowohl im Todesfall wie im Konfliktfall, der möglicherweise in einer Ehescheidung endete, nützlich. Für die Ehefrau und das Paar ergab sich außerdem der Vorteil, dass eine Auflistung des Eingebrachten diesen Besitz vor den Gläubigern der ehelichen Gütergemeinschaft schützte. Die badischen Eheverträge zeigen überdies, dass nur wenige Paare einen Güterstand wählten, der Verwaltung und Nutznießung des Frauenvermögens bei der Ehefrau beließ. Der Vertrag, den der verwitwete Privatier Philipp Geiger und Karolina Engel 1890 in Freiburg schlossen, gestand der Braut «die völlige Verwaltung ihres Vermögens» zu und bildete damit eine Ausnahme. Während der Bräutigam nur einige Kleidungsstücke und ein Bett im Wert von 60 Mark als Besitz angab, besaß die Braut Liegenschaften, die nicht näher beschrieben wurden, 1750 Mark Bargeld und Sparguthaben sowie Kleidung und Haushaltstextilien im Wert von 524 Mark. Karolina Engel stellte für Geiger, der also ein armer Mann war, eine gute Partie dar, aber Zugriff auf ihr Vermögen erhielt er nicht. Vor allem kam es den Vertragschließenden in Baden darauf an, den mobilen Besitz, mit dem die Eheleute in die Ehe gingen, aus der Gütergemeinschaft herauszunehmen. Entsprechend starteten die Paare ihre Ehe mit einem gemeinschaftlichen Vermögen nahe null.[13]

Der Ehevertrag zwischen Carl Benz, dem Besitzer einer «mechanischen Werkstätte in Mannheim», und Bertha Ringer, der 1872 in Pforzheim geschlossen wurde, ordnet sich gut in diese badischen Sonderbedingungen ein. Wie die meisten Paare umgingen der Ingenieur und künftige Automobilerfinder Carl Benz und seine vermögende Braut Bertha für ihr bereits vorhandenes Vermögen im Grunde die Gütergemeinschaft, da sie ihr jeweils nur 50 Gulden zuwiesen. Berthas Vermögen betrug 4244 Gulden, 3808 Gulden stammten ausdrücklich als Aussteuer von den Eltern. Von dieser Summe wiederum wurden nur 1000 Gulden sofort ausgezahlt, den Rest versprachen die Eltern Ringer rechtlich verbindlich für einen unbestimmten Zeitpunkt. Zwar wurde die Benz-Werkstatt in Mannheim zu diesem Zeitpunkt mit

15 000 Gulden bewertet, dem standen 10 000 Gulden Schulden gegenüber. Berthas Vermögen war also gut abgesichert. Die Finanzierung des Autobaus und die Gründung der Firma Benz sind ohne Berthas Mitwirkung kaum denkbar.[14]

Das Ehepaar Benz wie die anderen badischen Paare, die einen Vertrag schlossen, strebte an, das Vermögen bei einem möglichen Konkurs zu schützen. Gelegentlich konnten entsprechende Turbulenzen sogar dafür sorgen, dass das Thema eheliches Güterrecht zum Stadtgespräch wurde. In Dürkheim in der Pfalz machte im Sommer 1879 eine Geschichte die Runde, in der eine Ehefrau in lautstarkem Streit mit ihrem Mann die Ware im gemeinsamen Geschäft als ihr ererbtes Eigentum behauptet hatte. Luise Würz, die bislang keinen Ehevertrag abgeschlossen hatte, machte sich Sorgen, weil ihr Mann mit Spekulationen an der Börse als Geschäftsinhaber 12 000 Mark Schulden bei einem Frankfurter Bankier angehäuft hatte. Im Konkursfall war ungewiss, welches Vermögen sie noch würde retten können. Daher forderte sie von ihrem Mann die Zustimmung zu einer gerichtlichen Gütertrennung.[15]

Angesichts des Vermögens, das Marianne Schnitger aus dem Erbe ihres Großvaters zu erwarten hatte, war es kein Wunder, dass bei ihrer Heirat mit Max Weber ein Ehevertrag abgeschlossen wurde. Allerdings war der Inhalt vergleichsweise ungewöhnlich. Im Ehevertrag von 1893 wurde Gütergemeinschaft vereinbart, auf eine Absicherung des Vermögens gegenüber Max Webers Zugriffsrechten wurde verzichtet. Möglicherweise erklärt sich diese Entscheidung, welche die Brüder Max Weber sen. und Mariannes Großvater Carl David Weber trafen, eben durch die nahe Verwandtschaft. Das Vermögen blieb in der Familie. Wie bei der Mehrheit der Bräute geschah dies über Mariannes Kopf hinweg. Max vermeldete brieflich: «Hast Du Dir schon den schönen Ehevertrag angesehen? Mit all seinen (brutalen?) Klauseln?» Und weiter: «Also den Ehecontract haben sie Dir nicht gezeigt? Nun ich sage Dir dann, was darin steht.» Max Weber hat also den Vertrag vermutlich nicht selbst aufgesetzt, hatte aber nicht den Eindruck, dass gegenüber seinen bedeutenden eheherrlichen Kompetenzen besonderes Misstrauen angebracht war. Jedenfalls kann man feststellen, dass Marianne Webers eigener Ehevertrag mit ihren politischen Forderungen in der öffentlichen Debatte der zweiten Hälfte der 1890er Jahre, in der sie Gütertrennung als gesetzlichen Güterstand forderte, in keiner Weise übereinstimmte.[16]

Das Inkrafttreten des BGB verhinderte weitere rechtliche Auseinandersetzungen um das Güterrecht nicht. In Deutschland beschäftigten sich die Gerichte mit Kreditkäufen von Ehefrauen, für die der Ehemann haften sollte. Hier ging es um Luxuskäufe von Damen der Oberschichten und die Frage der Grenzen ehemännlicher Haftung. In den Zeitungen erschienen nicht selten Anzeigen, in denen Ehemänner ankündigten, für die Schulden ihrer Ehefrauen nicht mehr aufkommen zu wollen. Im Ersten Weltkrieg verschärfte sich das Problem. Verkäufe von Eingebrachtem durch Ehefrauen mussten unter Umständen rückgängig gemacht werden, wenn die Zustimmung des Ehemanns, der oft, schlecht zu erreichen, im Feld stand, nicht fristgerecht vorlag. Während des Krieges entschloss man sich dann zu einer Suspendierung dieser Vorschriften, um den Familien die Disposition über ihr Eigentum zu erleichtern. Die Gerichte wurden seit 1900 durch sogenannte Interventionsklagen stark beansprucht, in denen es darum ging, die Zwangsvollstreckung in den Hausrat von Familien dadurch zu verhindern, dass die Ehefrau ihr Eigentum zumindest an Teilen der beweglichen Habe gerichtlich geltend machte. Allerdings war die Beweisführung besonders in den Arbeiterfamilien schwierig bis unmöglich. Die Gerichte hatten den Eindruck, die Eheleute würden gemeinschaftlich die Unwahrheit sagen, um ihre bewegliche Habe als Vorbehaltsgut der Ehefrau vor dem Gerichtsvollzieher zu schützen. Ehemännliches Herrschaftsinteresse und ökonomisches Kalkül des Paares und der Familie konnten also diametral entgegenstehen, von einer Einbeziehung der Interessen der kommerziellen Gläubiger zu schweigen. Das hatte der Gesetzgeber nicht vorausgesehen.[17]

Immer wichtiger für die ökonomische Lage von Ehefrauen und Familien wurden Rechtsfragen, die in Zusammenhang mit Versicherungsansprüchen und Renten standen. Nicht nur die Konsumgesellschaft, auch der entstehende Wohlfahrtsstaat wirkten als Agent des Wandels. Die Ehefrau war nach BGB nicht nur zur Führung des Haushalts, sondern auch zur Mithilfe im Geschäft zugunsten des Mannes verpflichtet. Vor allem den Bedürfnissen des alten Mittelstandes sollte mit diesem Passus Rechnung getragen werden. In der Rechtswirklichkeit zeigte sich bald, dass es hier nicht bloß um eine Zuordnung geschäftlichen Gewinns zum Ehemann ging, sondern um Beziehungen zu Dritten, zu Versicherungen oder zum Staat. Die rechtliche Bevorzugung des kleinen Kaufmanns oder Handwerkers in der Ehe konnte sich zum ökonomischen Nachteil für das Paar und die Familie auswirken. Während einer Arbeiterin oder einer selbständigen Gewerbetreibenden eindeutig Schadenersatz für Verdienstausfall, zum Beispiel nach einem Unfall, zustand, war das bei mithelfenden Ehefrauen nach BGB weiterhin nicht der Fall. Als 1906 eine Berliner Galanteriemalerin, die im Geschäft ihres Mannes mitarbeitete, einen Unfall mit der Straßenbahn erlitt, kam der Streit um Schadenersatz und Rentenansprüche in letzter Instanz vor das Reichsgericht. Das höchste deutsche Gericht behalf sich schließlich mit der Feststellung, die Ehefrau sei im Geschäft ihres Mannes als Erwerbsgehilfin tätig gewesen. Die Große Berliner Straßenbahn wurde verpflichtet, Schadenersatz an die Ehefrau zu leisten.[18]

Erst spät, nach 1920, enthielten manche Eheverträge nicht mehr bloß Gütertrennungsvereinbarungen und Erbregelungen, sondern auch Vorkehrungen für den Konfliktfall, entsprachen also dem, was wir heute vor allem mit dem Ehevertrag verbinden. Im Kaiserreich hatte das Reichsgericht mehrmals festgestellt, Eheverträge dürften keine Bestimmungen enthalten, welche die Auflösung der Ehe erleichterten. Das galt als sittenwidrig und war damit unwirksam. Allerdings hatte das Reichsgericht, wenn auch widerstrebend, sukzessive Verträge anerkannt, die erst nach Einreichen der Scheidung, später auch bereits nach Eintreten der Zerrüttung, geschlossen wurden, um die Modalitäten einer Scheidung, die dann schon als unvermeidlich galt, zu erleichtern. Damit war zum Beispiel eine günstige Regelung nachehelichen Unterhalts für den nichtschuldigen Teil gemeint, eine Handlungsweise, die von manchen familienpolitisch Konservativen als Erkaufen einer Scheidung verunglimpft wurde.

Noch in den zwanziger Jahren behielt sich das Reichsgericht vor, Verträge zwischen scheidungswilligen Eheleuten über nachehelichen Unterhalt oder die Aufteilung des Vermögens mit der Begründung der

Sittenwidrigkeit zurückzuweisen. Das Gericht geriet zunehmend in Schwierigkeiten, Verträge als sittenwidrig aufzuheben, die einen Vorteil für den weniger scheidungswilligen Gatten bedeuteten. Letztlich entschied man sich häufiger dafür, den wirtschaftlich schwächeren Partner möglichst zu schützen und einvernehmliche Verträge großzügiger zu behandeln.[19]

Im Nationalsozialismus erhielt der Grundsatz der Vertragsfreiheit im Eherecht breiten Raum, vor allem um die Bevölkerungsvermehrung, die schon im 18. Jahrhundert in Preußen als Ziel der Politik eine wichtige Rolle gespielt hatte, zu begünstigen. Eheverträge und Ehescheidung waren für die Nationalsozialisten dann akzeptabel, wenn sie eine Wiederverheiratung und die Geburt neuer Reichskinder ermöglichten. Die Grenze des Tolerierbaren schien nur dann erreicht, wenn der ökonomisch schwächere Partner, in der Praxis meist die Ehefrau, die sich womöglich als kinderreiche Mutter Verdienste im nationalsozialistischen Staat erworben hatte, allzu stark benachteiligt wurde.

An dem Grundsatz der Vertragsfreiheit im ehelichen Güterrecht wurde auch nach 1945 festgehalten. Die Restaurationsbemühungen konzentrierten sich, nicht zuletzt unter dem Einfluss der Kirchen, vor allem auf das Ehescheidungsrecht. Heute geht man davon aus, dass in circa zehn Prozent der Ehen Eheverträge geschlossen werden. Dazu gehören die sehr vermögenden Bevölkerungsgruppen, vor allem Unternehmer und Freiberufler. Man kann annehmen, dass der Anteil der Ehen steigt, in denen für den Fall des Scheiterns der Ehe vorgesorgt werden soll. Einerseits betonen diejenigen, die einen Ehevertrag schließen, die ökonomische Selbständigkeit beider Partner. Andererseits stellen viele Eheverträge den wirtschaftlich schwächeren Partner (immer noch häufiger die Frau) meist schlechter als der gesetzliche Güterstand.[20]

Das eheliche Güterrecht

In der zweiten Hälfte des 19. Jahrhunderts geriet das eheliche Güterrecht in Deutschland, Großbritannien und Frankreich in die öffentliche Debatte. Die entstehende bürgerliche Frauenbewegung und Unterstützer aus Rechtsreformbewegungen und Parteien traten für einen Wandel ein, der etwa um 1900 erreicht wurde. Das Eherecht war überall in Europa durch eine patriarchalische Grundlegung gekennzeichnet. Es war als Herrschafts- und Unterordnungsverhältnis definiert und sprach nur dem Ehemann Autorität zu. Das galt für das Namensrecht, die Wohnsitzbestimmung, das Eltern- und Vormundschaftsrecht sowie die Ehescheidung. Recht als Gesellschaftsbereich war zwar meist national, in Deutschland noch lange einzelstaatlich gebunden, besaß aber gemeineuropäische Wurzeln, und dieses gemeinsame Bewusstsein verführte im Zusammenhang mit Kodifikationsanstrengungen gleichsam automatisch zum vergleichenden Blick. Vor allem die Befürworter von Reformen, in Deutschland die Liberalen Heinrich Rickert, Albert Träger und Sigismund von Dziembowski-Pomian und die Frauenbewegung, die sich mit ihren großen Kongressen als übernational verstand, beschäftigten sich mit den Gegebenheiten in anderen Ländern. Für das Güterrecht wurden zunächst die Vereinigten Staaten Vorbild. Der erste Married Women's Property Act war 1847 in Vermont erlassen worden, zahlreiche US-Staaten folgten.

Das Deutsche Reich bildete im ehelichen Güterrecht einen Sonderfall, denn bereits die Rechtsvereinheitlichung im Bürgerlichen Gesetzbuch konnte als Reform gelten. Die vorbereitende Juristenkommission legte sich in den 1890er Jahren auf die Verwaltungsgemeinschaft als gesetzlichen Güterstand bei Nutznießung durch den Ehemann fest. Außerdem sollten die Gläubiger des Mannes kein Recht mehr haben, ihre Forderungen aus dem Frauenvermögen zu befriedigen. Das Erwerbseinkommen von Ehefrauen wurde Vorbehaltsgut, über das Ehefrauen verfügen konnten. Der Redaktor Gottlieb Planck begründete diese Entscheidung mit dem «deutschen Rechtsbewußtsein», das eine Anpassung des Güterrechts an den Zweck der Ehe als einer Gemeinschaft verlange. Auch die meisten Liberalen gingen selbstverständlich davon aus, dass der Ehemann über seine Familie herrschen solle.[21]

Dagegen charakterisierte die Sprache der bürgerlichen Frauenbewegung in Deutschland die Ehe als «Gemeinschaft völlig Gleichstehender». Der Gleichheitsaspekt trat in der Argumentation in den Vordergrund. Die Frauenbewegung konkretisierte diese Gleichheit in der liberalen Forderung nach der Gütertrennung als gesetzlichem Güterstand des BGB. Die bürgerlichen Männer in den liberalen Parteien, die fürchteten, der Ehemann werde zum «Geschäftsführer und Bevollmächtigten der Frau erniedrigt», lehnten diesen Vorschlag ab. Im Sommer 1896 führte die öffentliche Debatte über das eheliche Güterrecht zu eindrucksvollen Massenkundgebungen der deutschen Frauenbewegung. Zustimmung aus den Parteien fand dieser Protest nur bei Einzelpersönlichkeiten, wenigen Linksliberalen und bei der SPD, die ihre Ablehnung des BGB im Reichstag unter anderem mit dem Arbeitsrecht, aber auch mit dem patriarchalischen Familienrecht begründete. Die bürgerliche Frauenbewegung fand Unterstützung mithin nur bei der entschieden nicht bürgerlichen SPD, die privatrechtliche Gleichheit von Frauen als Vorstufe öffentlicher Rechte, des Wahlrechts vor allem, interpretierte. Die Übernahme der Forderungen der bürgerlichen Frauenbewegung durch die SPD machte wiederum der Mehrheit der Liberalen die Entscheidung für das im Familienrecht konservative BGB deutlich einfacher.[22]

Die wichtigste juristische Opposition gegen den BGB-Entwurf trat für ein noch patriarchalischeres Familienrecht ein. Otto von Gierke führte dafür «deutschrechtliche», antiindividualistische, in Kategorien von Sippe und Ehre sprechende Argumente an, die die Vorrangstellung des Ehemannes als Haupt in der Einheit der Ehe nochmals stärken sollten. In der sozialdemokratischen Kritik etwa Anton Mengers stand dagegen die Nichtberücksichtigung der Interessen der Arbeiter beim Gläubigerschutz und in der Zwangsvollstreckung im Mittelpunkt. Sein Vorschlag, für die «besitzlosen Klassen» Gütergemeinschaft einzuführen, stieß bei Marianne Weber auf deutliche Ablehnung. Unter den liberalen Juristen bildete sich kein Reformlager mit professioneller Unterstützung für eine grundlegende Reform des Eherechts. Damit fehlte der Rückhalt durch die Experten beinahe vollständig.[23]

Die Erhebungen der Redaktoren zum BGB zeigten, dass sich in Deutschland wie in Frankreich die Mehrzahl der geschlossenen Eheverträge auf Ehen von Selbständigen in Handel und Gewerbe bezog. Eheverträge besaßen hier damit vorrangig eine berufsständische Bedeutung. Der Klassenaspekt des Güterrechts in Deutschland zeigte sich daher eher in dem freilich bereits seit den 1840er Jahren feststellbaren Bemühen der Rechtsprechung, vermögende Ehefrauen vor Missbrauch durch den Ehemann zu schützen, etwa indem Schenkungen an Dritte durch Ehemänner verhindert wurden. Denn, so die Begründung des Oberappellationsgerichts Jena in einem Urteil 1845, «beide Ehegatten haben an sich gleiches Recht, sie bilden zusammen die eheliche Genossenschaft, [...] die Rechte des Ehemannes finden Grenzen, wo seine Handlungen nicht mehr als Verwaltungsmaßregel angesehen werden können».[24] Solche Urteile bestätigten die patriarchalische Grundannahme, dass Ehefrauen nicht selbständig ihre Angelegenheiten verwalten konnten.

In England regelte das *common law* das besitzrechtliche Verhältnis in der Ehe auf eindeutige Weise: Ehemann und Ehefrau verschmolzen zu einer Rechtspersönlichkeit, deren Vertretung nach außen einzig dem Mann oblag. Zwar hatten die vom Parlament erlassenen Gesetze bis ins 19. Jahrhundert die strafrechtliche Verantwortlichkeit von Ehefrauen für eigene Handlungen festgestellt, so dass kein Ehemann für eine Straftat seiner Frau verurteilt werden konnte. Für das Zivilrecht blieb die Ehefrau aber kaum erreichbar. Allerdings kannte das englische Recht traditionell ein Mittel, die Wirkung des *common law* zu relativieren. In der Billigkeitsrechtsprechung (Equity) ließ sich der Besitz von Ehefrauen durch ein *marriage settlement* sichern. Der Anteil von Eheverträgen an der Gesamtzahl der geschlossenen Ehen lag aber auch in Großbritannien um die Mitte des 19. Jahrhunderts nicht über zehn Prozent.[25]

In der Debatte für eine Reform des Eherechts in Großbritannien spielte der Begriff der Freiheit mit dem Gegenbegriff der Sklaverei die tragende Rolle. Ehe bedeutete, «zur Sklavin zu werden, deren Einkünfte dem Herrn gehören». Die erfolgreiche Antisklavereibewegung und die individualistische Ausprägung des Liberalismus boten einen anderen Argumentationsrahmen als im Deutschen Reich, der die Reformforderung letztlich begünstigte. Überdies trafen sich beim Thema Eherechtsreform unterschiedliche Interessen: Die 1844 gegründete *Law Amendment Society*, die aus Juristen und dem Radikalismus zuzurechnenden Parlamentsmitgliedern bestand, propagierte nicht nur die

Reform des Güterrechts, sondern stellte es als Beispiel für die Reformbedürftigkeit des englischen Rechts generell heraus.[26]

Die Klassengebundenheit von Eheverträgen spielte in der englischen Debatte eine wichtige Rolle. *Marriage settlements* standen traditionell in Zusammenhang mit der Übergabe eines Landbesitzes vom Vater auf den ältesten Sohn bei dessen Heirat. Die englischen Oberschichten nutzten regelmäßig einen Vertrag, um einer heiratenden Tochter Ansprüche an den Besitz zu sichern. Die Historikerin Eileen Spring hat allerdings darauf aufmerksam gemacht, dass sich in England bereits um 1850 die Verträge veränderten. Während früher ein *dower*, eine Brautgabe als Versprechen einer Witwenversorgung, der Ehefrau für den Fall der Witwenschaft ein Drittel der Erträge des Gesamtbesitzes als Nießnutz sicherte, wurde später ein *jointure* bevorzugt, also ein Wittum in Gestalt einer festgelegten halbjährlichen Zahlung aus dem Erbe. Mit einem solchen festen Betrag, der häufig niedriger als ein *dower* ausfiel, konnte der männliche Erbe wesentlich besser kalkulieren, außerdem profitierte die Witwe dann nicht mehr von steigenden Einnahmen aus dem Landbesitz. Eine Festlegung der Mitgift als *separate settlement*, über das der Ehemann nicht ohne Weiteres verfügen konnte, kam vor allem dann vor, wenn die Braut die Haupterbin ihrer Familie war und daran gedacht wurde, gegebenenfalls den zweiten Sohn aus der Ehe wieder selbständig auf den Gütern aus dem mütterlichen Erbe zu etablieren.[27]

Im Jahr 1854 veröffentlichte Barbara Leigh Smith ihr Werk *Brief Summary of the Laws of England Concerning Women* und führte einen Unterstützerkreis für eine Reform des Güterrechts zusammen, in dem Anwälte und Schriftstellerinnen wie Harriet Martineau und Elisabeth Gaskell mitwirkten. Die Petition an das Parlament behauptete, dass die Leiden der Frauen «sämtliche Klassen der Gesellschaft beträfen», nannte dann aber besonders «gebildete verheiratete Frauen, die auf den Gebieten Literatur und Kunst tätig waren», als Betroffene des *common law*. In der öffentlichen Diskussion über die Petition meldeten sich Schriftstellerinnen und Künstlerinnen zu Wort, die teilweise erhebliche Einkünfte erzielten. Sie forderten die Gesetzesänderung, weil ein traditioneller Vertrag, der *vor* der Heirat vereinbart werden musste, in diesen Fällen nicht helfen konnte. Trotz der Annahme eines Gesetzentwurfs in zweiter Lesung scheiterte die Reform, da die Regierung einen eigenen Vorschlag in Aussicht stellte und die Debatte sich schließlich auf ein Ehescheidungsgesetz konzentrierte, das in England erstmals Ehescheidungen vor ordentlichen Gerichten ermöglichte.[28]

Der nächste und schließlich 1870 erfolgreiche Versuch für ein Reformgesetz startete 1868. Das Komitee unter Führung der Sozialreformerin und Feministin Josephine Butler wurde von den Politikern John Stuart Mill, Jacob Bright und Russell Gurney unterstützt. Diesmal legte die öffentliche Debatte ein besonderes Augenmerk auf die Lage der Ehefrauen aus den Unterschichten, «die von ihren aufrührerischen und törichten Ehemännern zurück in die Textilfabriken, woher sie gekommen sind, geschickt werden, um Brot für ihre Kinder zu verdienen, und die in noch größere Verzweiflung getrieben werden, weil ihre Ehemänner ihnen den Lohn stehlen und für ihre Trunksucht ausgeben». Inspiriert von der Temperenzler-Bewegung, spielten trunksüchtige und brutale Arbeiterehemänner nun die Hauptrolle in der Debatte. Die Klassengebundenheit des Rechts wurde zum entscheidenden Argument: «Wenn eine Frau der gehobenen Schichten heiratet, wird viel Mühe auf den Schutz ihrer Interessen verwandt.» Die hohen Kosten eines Ehevertrags wurden für vermögende Frauen in Kauf genommen, wirkten aber als Barriere für weniger gutgestellte Familien.[29]

Die Bedeutung von Alkohol für soziale Verwerfungen war der britischen Öffentlichkeit durch eine ausführliche Gerichtsberichterstattung und durch statistische Erhebungen im Rahmen des parlamentarischen Kommissionswesens gut bekannt. Solchen Statistiken ließ sich entnehmen, dass im letzten Drittel des 19. Jahrhunderts ein Fünftel aller Fälle, die in London in einem Kurzverfahren vor Gericht verhandelt wurden, mit Trunkenheit zu tun hatte. Das Recht schien nicht bloß inadäquat, sondern der bürgerlichen Moral geradezu entgegengesetzt. Moralisch war die Aneignung des Frauenlohns durch den sittenlosen Ehemann Diebstahl, und die Arbeiterfamilie, die schon die Erwerbstätigkeit der Mutter verkraften musste, ging an der Trunksucht des Mannes buchstäblich zugrunde. Dem konnten die Gegner der Reform, die noch 1857 die familiäre Harmonie durch die rechtliche Bevorzugung des Mannes zu sichern meinten, wenig entgegensetzen. Die Zusammenarbeit von generell reforminteressierten Juristen, die im Parlament Gehör fanden, mit der Frauenbewegung führte erst in dem Moment zum Ziel, als die Arbeiterfrauen – gut paternalistisch – in den Schutz des Rechts genommen werden sollten. Die Klassenspannungen und ihre gesellschaftliche Wahrnehmung verhalfen der Reform des Güterrechts in England zum Durchbruch.

Unterstützung für ein Reformgesetz kam von unerwarteter Seite, nämlich aus dem Handel. Im Gegensatz zur Situation in Deutschland, wo auch Ehefrauen Geschäftsfähigkeit genossen, hatte die rechtliche Fiktion von der Einschmelzung der Person der Ehefrau im Ehemann gravierende Folgen für die Entwicklung einer Markt- und Konsumgesellschaft. Ehefrauen konnten wegen privater Schulden nicht verklagt werden. Wenn der Ehemann vor Gericht glaubhaft machen konnte, Einkäufe seien ohne sein Einverständnis getätigt worden, blieb der Händler auf den Schulden sitzen. Gläubigerschutz und die Kreditwürdigkeit von Ehefrauen wurden neue Themen der Debatte.

In den viktorianischen Grafschaftsgerichten wurden alljährlich Tausende von Schuldprozessen entschieden. 1865 galten 300 000 von 430 000 Urteilen in Schuldsachen Summen unter 40 Schillingen. Die Schuldner gehörten überwiegend Arbeiterschichten an. Wegen der ehemännlichen Herrschaft (Coverture) wurden nur Männer sowie ledige und gewerbetreibende Frauen verklagt. Textilkleinhändler, Bäcker und Inhaber von Lebensmittelgeschäften, Ärzte und gewerbliche Geldverleiher erschienen vor Gericht, um ihre Schuldner zur Zahlung zu veranlassen. Dabei sympathisierten manche Richter durchaus mit Schuldnern, die, von fahrenden Händlern zum Kauf auf Kredit verführt, Kleider, Schals und Putzwaren nicht bezahlen konnten. Das liberale Parlamentsmitglied William Willis äußerte sich 1884 erbittert über die aggressiven Verkaufstaktiken der fahrenden Händler: «Sie kommen immer auf die Frauen zu, wenn die Männer abwesend sind.» Die Politik einer Minderheit der englischen Richter, die in solchen Fällen die Klage der Händler abwies, alarmierte Händlerorganisationen wie die *London Credit Drapers Association*, eine Organisation von Textilhändlern, die ihre Waren auf Kredit verkauften. In ihrem Verlangen nach Reformen teilten die Händler damit Ansichten von Frauen der Mittelschicht, die um ihre Kreditwürdigkeit und damit um ihre Einkaufsmöglichkeiten fürchteten. Ein zweites Reformgesetz passte das englische Recht 1882 an die Bedürfnisse der Konsumgesellschaft weiter an.[30]

Der französische Code Civil von 1804, das Gesetzbuch, welches für seine konsequente Durchsetzung bürgerlicher Rechtsgrundsätze von Rechtsgleichheit und Vertragsfreiheit bekannt ist, regelte die ehelichen Verhältnisse und das Familienrecht generell im Sinn eines paternalistischen Rechtsverständnisses, das Männern sogar die gerichtliche Feststellung von Vaterschaft und damit die Unterhaltsverpflichtung für nichteheliche Kinder ersparte. Begründet wurde diese Härte mit der Schutzwürdigkeit der legitimen, durch die Ehe begründeten Familie. Der gesetzliche Güterstand des *Communauté legale* dekretierte Gemeinschaftsbesitz für bewegliche Güter sowie Errungenschaft und gestand dem Ehemann Verwaltung und Nutznießung des Gesamtvermögens zu. Diese gesetzliche Regelung aber stieß bei einem großen Teil der Bevölkerung auf Ablehnung. In Frankreich wurde beinahe ein Viertel der Ehen mit Ehevertrag geschlossen. 1898 entfielen auf 300 000 Ehen 82 000 Eheverträge. Neben den Oberschichten war vor allem das gewerbetreibende französische Kleinbürgertum für diesen hohen Anteil verantwortlich.[31]

Honoré de Balzac beschäftigte sich in zahlreichen seiner Romane – manchmal äußerst zynisch – mit der Ehe als gesellschaftlicher Institution. Er sah die Code-Civil-Ehe des 19. Jahrhunderts in Adel und Bürgertum von wirtschaftlichen Motiven geprägt. Alles andere, Neigung und Liebe, gegenseitiges Verstehen der Partner und Gelingen der Ehe, schließlich das Verhältnis zu den Kindern, hing aus seiner Perspektive letztlich mit der Frage nach ökonomischem Gewinn und Verlust zusammen. In dem Roman *Der Ehevertrag* von 1835 beschreibt Balzac die Tragödie eines reichen, eleganten und sorglosen Mannes aus dem französischen Adel, der durch die Ehe mit einer Spanierin zugrunde gerichtet wird. Neben dem nationalen Stereotyp, das die Spanierin als leidenschaftlich und grausam beschreibt, stehen der Ehevertrag und seine rechtlichen Folgen im Mittelpunkt. In Frankreich war ein Vertrag, der von den Notaren der beiden Familien ausgehandelt wurde, für die besitzenden Schichten unverzichtbar. In diesem Vertrag wurden die

Besitztümer beider Partner inventarisiert und die Erbansprüche, vor allem für die kinderlose Ehe, geregelt. Balzac baut eine besondere Komplikation ein: Die Mutter der Braut hat das väterliche Erbe ihrer Tochter, für das sie als Vormund rechenschaftspflichtig ist, weitgehend verschwendet. Sie verlangt vom Bräutigam, ihr trotzdem zu bescheinigen, das Erbe korrekt übergeben zu haben. Der verliebte Bräutigam scheint bereit, selbst eine so exorbitante Forderung zu erfüllen, die für die eigenen Vermögensverhältnisse weitreichende Folgen hat, da seiner Frau und den zukünftigen Kindern daraus Ansprüche entstehen. In Balzacs Roman inszenieren die Überlegungen der berechnenden Brautmutter, die Ahnungslosigkeit und Indifferenz der schönen Braut, die Risikobereitschaft des verliebten Bräutigams und die Strategien der beiden Notare ein kompliziertes Wechselspiel. Bemerkenswerterweise dreht Balzac das Motiv vom Mitgiftjäger, der das Vermögen seiner Braut verschwendet, um. Hier ist die Mutter der Braut die unmoralische Partei. Dem Notar des Bräutigams fällt schließlich eine Lösung ein, welche die Interessen seines Mandanten wahrt. Da aber die Brautmutter dieses rechtliche Manöver als Betrug bewertet, verfolgt sie ihren Schwiegersohn in den nächsten Jahren mit grenzenlosem Hass und richtet ihn schließlich ökonomisch und persönlich zugrunde. Balzacs Vorstellung der Ehe bildet den vollständigen Gegenentwurf zur Romantik. Mehr noch, er macht das Liebesideal geradezu lächerlich. Der Romancier kennt das Eherecht des Code Civil genau und zeigt, wie die an sich rechtlich unterlegene Partei der Braut durch geschickt gesteuerte Emotionen die Oberhand gewinnt. Obwohl das Recht patriarchalisch geprägt ist, so lautet Balzacs Fazit, bleibt der Ehemann chancenlos und muss seine Verliebtheit mit dem vollständigen Ruin bezahlen. Im Roman gewinnen, in geradezu misogynem Kalkül, die Frauen den Kampf um den wirtschaftlichen Vorteil, was kaum der Alltagswirklichkeit der Franzosen entsprach.[32]

In Frankreich kam das Gesetz von 1907, das Ehefrauen ein Verfügungsrecht über eigenes Einkommen sicherte, vor allem auf Initiative der Juristin und Frauenrechtlerin Jeanne Schmahl zustande, die sich schließlich die Unterstützung der Radikalen Partei sichern konnte. Wie in Großbritannien wurde das Güterrecht – hier im Zusammenhang mit dem hundertjährigen Jubiläum des Code Civil 1904 – zum Gegenstand einer generellen juristischen Reformdebatte. Wie in Großbritannien stellten sich prominente Juristen wie Albert Aftalion mit dem Hinweis auf gewandelte Sitten und Moral hinter die Reformforderungen. Der Blick in die USA und nach Großbritannien wurde durch den Verweis auf das Deutsche Reich ergänzt, wo selbst das konservativ ausgerichtete BGB-Familienrecht den Frauen die Verfügung über eigene Einkünfte zugestanden hatte.[33]

Die Schwiegermutter

Schon Knigge bemühte das Stereotyp von der bösen Schwiegermutter, gab aber zu, dass es «gute, edle Schwiegermütter» gebe. «Allein bete, dass der Himmel dich bewahre vor solchen alten Hexen von Schwiegermüttern, die alles wissen, alles thun und, wenn sie auch dumm wie das Vieh sind, dennoch alles dirigiren wollen.» Er riet den Männern, Unstimmigkeiten allein unter den Eheleuten auszumachen. Die Herrschsucht der Schwiegermutter müsse schon deshalb zurückgewiesen werden, weil der Mann Herr im Haus sein solle.[34]

Das Stereotyp der bösen Schwiegermutter kommt in *Grimms Märchen* nur am Rande vor. Aber in Sprichwörtern, Theaterstücken der Aufklärung, im Bühnenschwank um 1900 und schließlich in Witzen tauchten Schwiegermütter als Familienproblem häufig auf. In der berühmten Zeitschrift *Die Gartenlaube* wurde 1874 ein Gedicht veröffentlicht, das die familiäre Rangordnung mit dem Kulturkampf zwischen Staat und katholischer Kirche im Deutschen Reich verband. Der Ehemann hieß (deutscher) *Michel*, die Ehefrau *Ecclesia* (Kirche) und die böse Schwiegermutter *Roma* (als Synonym für den Papst): «Der Michel liebte seine Frau/Drum nahm er's nicht so gar genau/Und ließ ihr gern den Willen/Doch weil Mama dahinter saß/Ging ihr Begehr ins Uebermaß/Und war nicht mehr zu stillen.» Am Ende setzte sich der Michel alias das Deutsche Reich durch, der Schwiegermutterbann, also der Einfluss der römischen Kirche und des Papstes, wurde eingeschränkt, und die Ehefrau, die Kirche, akzeptierte den Vorrang des Ehemannes.

Hochzeits-gesellschaft, ca. 1930

Im Witz als literarischer Gattung, die in der Mitte des 19. Jahrhunderts entstand, stehen Schwiegermütter vor allem im Zusammenhang mit der Hochzeit des jungen Paares. Schwiegermutterwitze bleiben bis in die Gegenwart Männerwitze. Die sich penetrant in die Ehe einmischende Schwiegermutter gefährdet die Geschlechterordnung, weil der junge Ehemann ihrer Herrschsucht wehrlos ausgeliefert zu sein scheint. Auf einer Neujahrspostkarte von 1887 findet sich ein kannibalischer Eingeborener, der eine Frau verspeist: «Zum Neuen Jahr – ein Rath, ein guter! Für Deine böse Schwiegermutter; Schick sie nach Congo so lang in's Bad/Bis sie ein Wilder gefressen hat.»[35]

In der Ratgeberliteratur des 20. Jahrhunderts bis in die Gegenwart verliert das Thema an Bedeutung. Rolf Rothers Ratgeber aus den ersten Jahren nach dem Zweiten Weltkrieg warnte unter dem Stichwort «Ehekrisen» aber noch davor, «bösen Schwiegermüttern» Gelegenheit zur Einmischung in die Ehe zu geben. In den letzten Jahrzehnten des 20. Jahrhunderts hat sich das Schwiegermuttermotiv endgültig gewandelt. Inzwischen stehen die Schwiegermütter der Ehefrauen im Vordergrund, vermutlich vor allem deshalb, weil die Popularisierung der Psychoanalyse den Ödipuskomplex bekannt machte und weil Frauen nun als primäre Zielgruppe und Käuferinnen der Ratgeber gelten. Gleich geblieben ist der Vorwurf der Herrschsucht: Ging es bis in die fünfziger Jahre um die durch die Schwiegermutter in Frage gestellte Herrschaft des Ehemannes, steht heute die Partnerbeziehung im Mittelpunkt, welche durch die Dominanz der Mutter über den Sohn gefährdet werden kann.[36]

Schwager und Schwägerinnen

Berühmte Bruder- und Schwesternpaare stechen regelmäßig deutlicher ins Auge als berühmte Schwager. Als Achim von Arnim Bettina Brentano heiratete, wurde er der Schwager von Clemens, mit dem er die Volkslieder für *Des Knaben Wunderhorn* gesammelt hatte und einen viele Themen berührenden Briefwechsel führte. Unter bestimmten Bedingungen gestalteten sich die Beziehungen zwischen Schwagern oder Schwägerinnen schon aus rechtlichen Gründen spannungsreich. Eheverträge von bäuerlichen Hoferben oder von großen Grundbesitzern regelten oft auch die Abfindung der nicht erbenden Geschwister. Gegenüber dem Hoferben waren die Geschwister, etwa auf einem norddeutschen Meierhof, benachteiligt. In einem Ehevertrag von 1806 wurde den Söhnen, die nicht den Hof erbten, fünf Reichstaler und eine Eichenlade, den Töchtern immerhin zehn Reichstaler, eine Kuh, ein Bett und eine Eichenlade zugestanden. Die Bevorzugung der Töchter zeigte, dass man von den Söhnen im Grunde eine selbständige Etablierung erwartete, während die Töchter heiraten sollten; möglicherweise reichten zehn Taler und eine Kuh als Mitgift, um einen Kleinbauern heiraten zu können. Um den Hof mit den Abfindungen der Geschwister nicht zu überlasten, galt vielfach, dass die Zahlungen erst bei einer Eheschließung zu leisten waren. Bis dahin arbeiteten die Geschwister für ihren Unterhalt als Knechte und Mägde auf dem Hof.[37]

Im Wirtschaftsbürgertum legte die Schwägerschaft oft die Grundlage für eine geschäftliche Zusammenarbeit. Alfred, Walter und Richard Merton arbeiteten in Frankfurt in den 1920er Jahren mit ihrem Schwager Moritz Freiherrn von Bissing zusammen. In der Bankiersfamilie Metzler trafen sich die Schwägerinnen Mia und Mathilde regelmäßig zum Essen oder zum Tee. Für Männer und Frauen bedeutete die Verschwägerung die Zugehörigkeit zu demselben familiären Zirkel, der sich auch in der lokalen Geselligkeit gemeinsam präsentierte. Ein verwandtschaftliches Netzwerk konnte so auch für diejenigen Familien entstehen, die nur wenige Nachkommen besaßen.[38]

Wohnen

Die Mehrzahl der Europäer lebte im 19. Jahrhundert in sehr einfachen und engen Wohnungen, nicht zu reden vom Wohnungselend, das sich im Kaiserreich in den großen Städten Berlin und Hamburg, in London, Wien und Paris ausbreitete. Grundsätzlich hielt der Wohnungsbau mit dem Bevölkerungswachstum nicht Schritt. In den Mietskasernen, die vor 1900 gebaut wurden, besaßen die Arbeiterfamilien ein, höchstens zwei Zimmer bei meist mehr als fünf Personen. Viele Wohnungen waren feucht, im Sommer heiß und im Winter kaum zu heizen. Das Schlafgängerwesen, bei dem unverheiratete junge Männer nur zum Schlafen aufgenommen wurden, sicherte den Arbeiterfrauen einen kleinen Zusatzverdienst. Dienstmädchen und Knechte schliefen in den Haushalten des Bürgertums häufig in der Küche oder im Pferdestall. Erst als sich durch die Industrialisierung neue und besser bezahlte Arbeitsplätze in den Fabriken boten, richteten die bürgerlichen Hausfrauen wenigstens eine Mädchenkammer ein. Auf dem Land gestalteten sich die Wohnverhältnisse der Landarbeiter und Kleinpächter selten besser. Die elenden Katen wurden kaum instandgehalten, und nur gelegentlich fand sich ein größerer Gutsbesitzer bereit, in die Landarbeiterwohnungen zu investieren.[39]

Im Unterschied zu anderen europäischen Staaten, Großbritannien, Polen oder Italien, wo der Erwerb von Wohneigentum zumindest in der Mittelschicht im 19. Jahrhundert wichtig wurde, blieben die deutschen Bildungsbürger Mieter. In Charlottenburg bei Berlin entstanden großzügige Mietwohnungen, in denen Professoren, Richter und Ärzte mit ihren Familien lebten. Das Mieterleben von Theodor und Emilie Fontane wurde immer wieder mit Wohnungsproblemen belastet. Im 19. Jahrhundert konnten Wohnungskündigungen mit sehr kurzer Frist erfolgen. 1862 reagierte Fontane auf eine Wohnungskündigung wie viele

Bürger im 20. Jahrhundert: Er wünschte sich ein eigenes Haus. «Man kauft eine Baustelle für 1000 T und hat man solche Stelle, so erhält man ohne Mühe 3000 T zum Bau eines Hauses, die dann zu erster Hypothek völlig sicher stehen. Hat man dann auch 5000 T zu verzinsen zu 4 oder 5 %, so wohnt man immer nicht theurer als wenn man für 200 bis 250 T zu Miete wohnt.» Fontane fehlten allerdings die 1000 Taler Anfangskapital zum Kauf des Grundstückes. Aus dem Bau wurde nichts.[40]

Erst nach 1900 setzte der Wohnungsbau für Arbeiterschichten als Siedlungsbau ein. In der Berliner Hufeisensiedlung, die zwischen 1925 und 1933 entstand und in der die Wohnungen nach modernen Gesichtspunkten – mit Licht, Luft, Küche und einem Bad – geplant worden waren, lebten aber nicht die Arbeiter, für die sie gebaut worden war, sondern kleine Angestellte und bessergestellte Facharbeiter. Die Arbeiter blieben in den Mietskasernen des Wedding und in Neukölln. Bis in die zwanziger Jahre verbesserte sich die Wohnsituation allmählich. In Alfred Döblins Drama *Die Ehe* von 1931 erscheint dennoch ein armes Ehepaar auf schwieriger Wohnungssuche. Döblin beschreibt eine Ehe aus der Perspektive des proletarischen Wohnungselends und der ständigen Angst vor der Kündigung durch den Vermieter, weil die Miete nicht gezahlt werden konnte.

Geselligkeit

Im 19. Jahrhundert entwickelte sich eine spezifisch bürgerliche Geselligkeit, die auf dem Ehepaar als Einheit beruhte. Das bürgerliche Haus entfaltete seinen Glanz als Ort der Gastlichkeit. Die Hausfrau als Gastgeberin sollte ein gesellschaftliches Idealbild erfüllen und ein perfektes Fest organisieren. Zwischen dem üppigen Mahl mit sorgfältig ausgesuchten Weinen, das den Gästen beim Fest geboten wurde, und den Alltagsspeisen der Familie konnte eine große Diskrepanz bestehen. Geselligkeit mit den Kollegen des Ehemanns oder unter den Professoren einer kleinen Universitätsstadt war als Statusdemonstration unverzichtbar, konnte aber auch der Suche nach einem geeigneten Ehepartner für die Tochter des Hauses dienen.

Die Unterschichten konnten aus Platzgründen kaum Gäste im Haus empfangen und beschränkten ihre Feiern auf besondere Gelegenheiten wie Trauerfälle. Die Geselligkeit der Arbeiter entfaltete sich daher in Versammlungs- und Gasthäusern, wo ein sozialdemokratisches Milieu entstand. Im Katholizismus des 19. Jahrhunderts wurden Vereine gegründet, die Gemeindeangehörige oder die Jugend zusammenführten. Wenngleich Ehepaare teilnehmen konnten, stellten sie nicht das Zentrum solcher Geselligkeit dar.

In der Debatte über das Verschwinden des Bürgertums in Deutschland im 20. Jahrhundert geht es auch um den Verlust der bürgerlichen Geselligkeit. Im Vergleich mit Großbritannien, Frankreich oder der Schweiz, wo zumindest das gehobene Bürgertum auch im 20. Jahrhundert überlebt hat, lässt sich in Deutschland ein Rückgang der Sichtbarkeit solcher geselligen Ereignisse beobachten. Durch die im Durchschnitt größeren Wohnungen können nun sämtliche Bevölkerungsgruppen Gäste bewirten und haben damit die Möglichkeit, eheliche und familiäre Isolation durch Geselligkeit zu überwinden.

Hochzeitstag

Hochzeitstage galten im 19. Jahrhundert als bürgerliche Erinnerungstage, an denen man sich der Richtigkeit der getroffenen Lebensentscheidung versicherte. Der Arbeiterführer August Bebel schrieb seiner Frau Julie 1887, als er in Zwickau im Gefängnis saß, am 21. Hochzeitstag: «Ist das eine lange Zeit. Ich hätte damals gar nicht geglaubt, daß ich so alt würde; ein Beweis, daß ich doch eine gute Frau bekommen habe, zu der ich mir gratuliere und mit ihr mindestens noch 29 weitere Jahre zusammenzuleben hoffe. Es bleibt dabei, ich rücke unter 100 Jahren nicht aus diesem Jammertal ab und empfehle Dir, den guten Vorsatz ebenfalls zu fassen. Wir können dann sogar noch die Diamanthochzeit feiern.» Leider wurde aus diesem schönen Festplan nichts. Julie starb bereits 1910, August Bebel 1913, und die goldene Hochzeit hätte mitten im Ersten Weltkrieg stattgefunden.

Theodor Fontane mochte seine Beschämung über das Vergessen des

Martha und Sigmund Freud an ihrer silbernen Hochzeit, 1911

Hochzeitstages kaum eingestehen oder sich für das Versäumnis entschuldigen: «Erst gestern beim Thee fragte mich Theo [der Sohn, M. W.]: Ist euer Hochzeitstag morgen oder übermorgen? Aber da war es schon viel zu spät (ich nehme meinen Thee erst um 10) dir einen Gruß zu schicken. Ein Telegramm heute früh wäre nur ein kümmerliches nachexerzieren geworden, und hätte blos ein schlechtes Gewissen verraten, da doch lieber ein offenes Bekenntnis.» Die Benimmbücher des 19. Jahrhunderts hielten das Erinnern an den Hochzeitstag für eine Pflicht der Ehemänner: «Frauen hängen zäh an der Erinnerung an schöne Tage und feiern sie gern.» Gruß und ein Geschenk, auch Blumen galten als Bringschuld des Ehemannes, der sich bei seiner Frau für die Ehejahre bedanken sollte.[41]

Im 19. Jahrhundert waren goldene Hochzeiten angesichts der geringeren Lebenserwartung seltene Ereignisse. Allerdings kamen silberne Hochzeiten häufig vor und wurden im Bürgertum als Familienfest begangen. Die bürgerlichen Familien konnten sich dabei an den Ehejubiläen der Fürstenpaare orientieren, die mit Gottesdiensten, Banketten und, für regierende Fürsten charakteristisch, mit Amnestien für Gefangene gefeiert wurden. In der ersten Hälfte des 19. Jahrhunderts wurde nicht nur anlässlich der Eheschließung, sondern auch für die silberne Hochzeit häufig ein Festgedicht gedruckt. Um 1900 waren auch öffentliche Präsentationen, wie Gedenkmünzen für fürstliche Paare, üblich. Max und Marianne Weber feierten wie viele andere Paare ihre silberne Hochzeit im weiteren Familienkreis, hier in Oerlinghausen. In der zweiten Hälfte des 19. Jahrhunderts bürgerte sich eine Feier der goldenen Hochzeit ein, die mit einem Gottesdienst und anschließendem Festmahl begangen wurde. In den sechziger Jahren berichtete Theodor Fontane von einer goldenen Hochzeit bei seinem Schwager Sommerfeldt. Der Dichter schreibt von einem «sehr erbaulichen» Ablauf und der «Splendidität» des Paares, das 150 Reichstaler für ein Festessen ausgegeben hatte.[42]

Eine silberne Hochzeit konnte in Arbeiterfamilien nur dann gefeiert werden, wenn die bitterste Armut überwunden war. Aber auch zu Beginn der Ehe geriet das Datum der Eheschließung manchmal schnell in Vergessenheit. Erst nach dem Zweiten Weltkrieg feierten auch Arbeiterpaare regelmäßig Ehejubiläen. Im Tagebuch des Metallfacharbeiters Adolf Buhmann klang das folgendermaßen: «So feierten wir Pfingsten 1948: Unsere silberne Hochzeit; der 19. Mai ist der amtliche Tag. Von unsern Geschwistern waren alle anwesend außer Familie Marqardt und Schwager Willi Laffrentz, der augenblicklich auf Abwegen wandert. Alles verlief programmäßig und in schönster Harmonie. Zu Mittag waren wir 25 Personen. Linda hat trotz der lausigen Zeit für alles gesorgt. Hedwig und Tante Hedwig sorgten für das Nötige. Wenn es auch nicht viel zu trinken gab, zu essen hatten wir genug; die Blumen standen in allen Ecken. Manche Träne der Rührung ist auch bei uns, dem Silberpaar geflossen. Hedwig hatte in gewisser Weise unseren Lebenslauf geschildert. Die Geschwister fuhren über Neumünster am Abend nach Kiel. Meine Arbeitskameraden hatten gesammelt für einen Herd, 20 M [Mark] und einen großen Blumenkorb überreichten sie uns. Frau Ebers und Tochter sorgten für ernste und heitere Zugaben. Am Abend kamen noch Siebmann und Göttsche vom Turnverein und überreichten uns 100 Mark. Oma Buhmann blieb noch bis Donnerstag und nahm an dem Nachklatsch der Frauen teil. So wird dieser Tag noch lange uns in Erinnerung bleiben! Ob wir das Goldene auch noch erreichen? Gewünscht haben es uns alle.»[43]

Eheratgeber

In zahlreichen Schriften zur Geschichte des guten Benehmens und der Ratgeberliteratur überhaupt findet sich die Ansicht, Freiherr Adolph Knigge habe am Ende des 18. Jahrhunderts diese Buchgattung erfunden. Sein berühmter Band *Über den Umgang mit Menschen* ist aber eher als eine Reflexion über die gesellschaftlichen Beziehungen im Sinn der Aufklärung zu verstehen und war weniger als praktischer Ratgeber gedacht. Allerdings hat die Frage- und Antwortform, in die Knigge seine Äußerungen ordnete, gerade im 19. Jahrhundert den Eindruck erweckt, als handle es sich um ein autoritatives Werk mit Regeln für angemessenes Benehmen. Unter den gesellschaftlichen Verhältnissen, die Knigge vorstellt, findet sich auch die Ehe.

Sein Ehebild ging von der grundsätzlichen Verschiedenheit der Geschlechter aus. Dem Mann waren Geschäft und Beruf zugeordnet, der Frau das Hauswesen, und diese Arbeitsteilung sollte in jedem Fall aufrechterhalten werden, um den Ehemann vor dem «Gespött des Hausgesindes» zu schützen. Knigge empfiehlt den Männern eine «weise und gute» Gattenwahl und warnt vor einer Ehe, die nicht «freye Wahl, sondern politische, ökonomische Rücksichten, Zwang, Verzweiflung, Noth, Dankbarkeit, dépit amoureux, ein Ungefehr, eine Grille, oder nur cörperliches Bedürfniß, wobei das Herz nicht war», zustande gebracht hat. Knigge lehnte bloß ökonomische Motive für eine Eheschließung ab; er nannte auch andere Eheschwierigkeiten wie «Mißstimmungen in der Liebe» und Verhaltensinkompatibilitäten.

Knigge wies – stets aus der Sicht der Männer – darauf hin, dass sich die Kriterien der Partnerwahl mit höherem Lebensalter wandeln. Aus seiner Sicht wurde das «cörperliche Verlangen» der Jugend später durch «häusliche Geschäfte» und «Freude an Kindern» wenn nicht ersetzt, so doch ergänzt. Er beschrieb, etwas bissig, aber auch pragmatisch, die gelegentlich desaströse Wirkung ähnlicher Vorlieben: «So würde auch mancher Haushalt zugrunde gehn, wenn beyde Eheleute gleichviel Lust an Aufwand, Pracht, Üppigkeit, einerley Liebhaberey, oder gleich viel Hang zu einer nicht immer wohlgeordneten Wohltätigkeit und Geselligkeit hätten; und da unsere jungen Roman-Leser und Leserinnen gemeiniglich die Ideale zu ihren künftigen Lebens-Gefährten nach ihren eigenen Werten sich schnitzeln: so ist es doch so übel nicht, wenn zuweilen ein alter und grämlicher Vater oder Vormund einen Querstrich durch dergleichen Verbindungspläne macht.» Dem Romanideal der Verschmelzung der Liebenden hielt Knigge den Spiegel der Realität vor. Eheleuten empfahl er Höflichkeit, Respekt im Umgang miteinander, eine zuverlässige Erfüllung gegenseitiger Pflichten und den Verzicht auf «närrische Eifersucht». Ehen sollten auch «kleine Herzens-Verirrungen» aushalten, weil die Vorzüge des Gatten oder der Gattin bei «kaltblütiger Prüfung» mit Sicherheit in den Vordergrund träten. Knigges kluge Ratschläge wurden viel gelesen. Zumindest für die Wahl der Partnerin des bürgerlichen Mannes wird die Mischung aus pragmatischen Argumenten und Neigung, die der Freiherr empfahl, oft gewürdigt worden sein.[44]

Im 19. Jahrhundert versorgte der Buchmarkt bürgerliche Leser und Leserinnen vielfach mit Benimmbüchern, die, häufig von adligen Experten und Expertinnen verfasst, sich dem korrekten Benehmen bei gesellschaftlichen Ereignissen, vor allem Empfängen und Festen, widmeten. Um die innere Einstellung oder moralische Werte ging es kaum, sondern um «verfeinerte Sitten», die als «Formenlehre der Gesellschaft» ausgegeben wurden. Das gesellschaftliche Verhalten der Ehepartner stand im Mittelpunkt, Probleme der Nähe und Intimität in der Ehe blieben unerklärt. Vor Geltungs- und Prunksucht wurde gewarnt. Das neuvermählte Paar sollte sich keinen Salon einrichten, der kaum bewohnt wurde, sondern ein stets geheiztes Wohnzimmer nach englischem Vorbild, in dem auch Gäste empfangen werden konnten. Gegen das Repräsentationsbedürfnis des Bürgertums wurde auf die Bedeutung von praktischer Behaglichkeit verwiesen. Kapitel wie «Gatte und Gattin» wandten sich selbstverständlich an die Ehefrau, die für das Gelingen einer harmonischen ehelichen Beziehung verantwortlich gemacht wurde. Knigges Vorstellung von der Trennung von weiblicher und männlicher Sphäre hatte Ende des 18. Jahrhunderts nicht an der Gesamtverantwortlichkeit des Ehemannes für das Eheleben gerüttelt. Ende des 19. Jahrhunderts sollte dann die gut beratene Ehefrau die Grundlagen für ein glückliches Eheleben schaffen. Es ging nicht mehr um eine aus der überlegenen Rechtsstellung des Mannes abgeleitete moralische Verpflichtung, sondern um die Zuständigkeit der Ehefrau für die familiäre Sphäre an sich. Zwar hatte der Mann «zehn Gebote» zu beachten, die vor allem die Kontrolle des Verhaltens der Kinder und Dienstboten gegenüber der Ehefrau sowie die pünktliche Übergabe des Wirtschaftsgeldes betrafen. Er sollte an den Hochzeitstag denken und seiner Frau gelegentlich kleine Geschenke machen. Solche Ratschläge waren praktisch, klar und einfach umzusetzen. Aber das anspruchsvolle Vorhaben, nach ehelichen Auseinandersetzungen eine Versöhnung herbeizuführen, wurde Sache der Ehefrau. Damit war die Verantwortung für die Gefühlswelt der bürgerlichen Familie, die um 1800 noch primär dem Ehemann zufiel, in die weibliche Sphäre übergegangen.[45]

Während bürgerliche Frauen in den Ratgebern nach gesellschaftlichen Regeln suchten, beschäftigten die Frauen der Unterschichten andere Probleme. Im Deutschen Reich wurden ab den 1890er Jahren auf Initiative der Frauenbewegung Rechtsschutzstellen für Frauen gegründet, die in Eheangelegenheiten häufig Rat erteilten. In Heidelberg wurde die erste Frauenrechtsschutzstelle von Camilla Jellinek geleitet; die Ehefrau des Staatsrechtlers Georg Jellinek hatte ihre Rechtskenntnisse autodidaktisch erworben. In erster Linie suchten Arbeiterinnen und Frauen aus der Unterschicht diese Institutionen auf, weniger, um einen Rechtsstreit in Gang zu setzen, als in der Hoffnung, auch ohne die Anrufung eines Gerichts die eigenen Interessen wahren zu können. In Dresden betrafen 1894 24 Prozent aller Beratungen Fälle, die mit dem Eherecht zusammenhingen. Frauen, die von ihren Ehemännern verlassen worden waren oder die auf Veranlassung ihrer Ehemänner Kostenverpflichtungen unterschrieben hatten, suchten Hilfe. Folgen des ehelichen Güterrechts, die Rechtlosigkeit von Müttern gegenüber den Vätern ihrer ehelichen Kinder und die Schwierigkeit, eine Ehescheidung zu erreichen, wurden zu wichtigen Themen. Außerdem halfen die Beratungsstellen Müttern nichtehelicher Kinder, die Alimente vom Vater des Kindes erhalten wollten (8,5 Prozent).[46]

Die schwedische Sozialreformerin Ellen Key war 1902 mit *Das Jahrhundert des Kindes* in Europa berühmt geworden. In ihrem nächsten Buch *Über Liebe und Ehe*, das sich in Deutschland ebenfalls gut verkaufte, forderte sie 1904 Eherechtsreformen in Schweden und warb für eine weniger komplizierte Ehescheidung. Die Forderung nach absoluter Monogamie erschien ihr aus individualpsychologischer Perspektive kaum erfüllbar. Sie versuchte psychologische und sexualwissenschaftliche Erkenntnisse zu einem gesellschaftlichen Reformprogramm zu verbinden. Die Anerkennung nichtehelicher Kinder sollte selbstverständlich sein. Ihre fortschrittlichen Ehevorstellungen, die eine Ehescheidung als Lösung für Konflikte befürwortete, waren allerdings mit dem Forderungskatalog der zeitgenössischen Eugenik verknüpft; zahlreicher und gesunder Nachwuchs war erwünscht, «minderwertige» Kinder sollten möglichst vermieden werden.[47]

Seit den zwanziger Jahren des 20. Jahrhunderts wurden neben den klassischen Benimmbüchern Eheratgeber neuen Stils veröffentlicht, die ein Massenpublikum mit juristischen, psychologischen und sexualwissenschaftlichen Kenntnissen versorgten. Neben anonym verfasste Broschüren traten Werke bekannter Experten, deren Bücher sich hunderttausendfach verkauften.

In Deutschland las man die Bücher des US-amerikanischen Richters Ben Lindsey. In der *Kameradschaftsehe* von 1927 plädierte er angesichts der Schwierigkeiten bei der Partnerwahl und in der Eheführung für eine Ehe auf Widerruf. Der erste Satz seines Buches lautete: «Unter Kameradschaftsehe verstehe ich eine rechtskräftig geschlossene Ehe mit gesetzlich anerkannter Geburtenkontrolle und dem Recht für kinderlose Paare, sich mit beiderseitiger Einwilligung jederzeit scheiden lassen zu können, ohne daß für gewöhnlich Unterhaltsbeiträge zu zahlen sind.» Lindseys Entwurf relativierte die Eheentscheidung mitten in einer Phase kontroverser Diskussion. Lindsey hielt das Gesetz für Heuchelei, weil Verhütungsmittel und Ehescheidung für die gehobenen Schichten durchaus zugänglich seien. Er propagierte seine Vorschläge als «Demokratisierung», die vom Staat kontrolliert werden sollte. Von einer Ehe auf Probe unterschied sich Lindseys Konzept laut eigener Aussage durch den Willen zur Bindung über die Phase der Verliebtheit hinaus. Die Kameradschaftsehe sollte verpflichtender sein als die Probeehe, aber weniger bindend als die gesetzliche Ehe. Wie bei Ellen Key waren Lindseys Reformvorschläge mit eugenischen Vorstellungen verbunden. Die «Armen, Untauglichen und Schwachen» sollten nicht mehr «durch Gesetz» zur Fortpflanzung «gezwungen» werden. Lindsey spielte dabei auf das Verbot des Verkaufs von Verhütungsmitteln in den USA seit den 1870er Jahren an, das er scharf ablehnte.[48]

Der Reiz von Lindseys Buch lag vor allem in den Berichten aus seiner Praxis als Eheberater. Lindseys Werk war kein Sexualratgeber, sondern ein Kompendium progressiver Moral, das Empfängnisverhütungsmittel allgemein zugänglich machen wollte und das mögliche Scheitern von Ehen grundsätzlich akzeptierte. Die eugenischen Zielsetzungen stärkten die Rolle des Staates. Nach einer ärztlichen Untersuchung, die auch erbliche Veranlagungen wie Epilepsie prüfte, sollten sich die Eheleute beim Vorliegen von Indikationen zu Kinderlosigkeit verpflichten. Der Staat sollte das Wissen über Empfängnisverhütung zur Verfügung stellen und erhielt im Gegenzug das Recht, Paaren, die von erblichen Krankheiten betroffen waren, die Gründung einer Familie mit Kindern zu untersagen. Solche Paare sollten es bei der «Kameradschaftsehe» belassen. Lindsey hoffte, dass besonders junge Paare, Arme und Kranke das Angebot empfängnisverhütender Mittel aus eigenem Interesse freiwillig annähmen. Er ging zwar nicht so weit, für den Staat allgemein das Recht zu fordern, «unerwünschte» Fortpflanzung zu verhindern. Für die moralische Fragwürdigkeit von Fortpflanzungsverboten fehlte dem Richter aber jeglicher Sinn.

Zur selben Zeit veröffentlichte der niederländische Arzt und ehemalige Leiter einer Frauenklinik Theodor Hendrik van de Velde sein Werk *Die vollkommene Ehe*, das von 1926 bis 1932 allein in Deutschland 42 Auflagen erlebte. Van de Velde vertrat eine biologisch-physiologisch fundierte Vorstellung von der Unterschiedlichkeit der beiden Geschlechter, die Frauen einen natürlichen Muttertrieb und Männern eine Pflicht zur Überlegenheit zuordnete. Sein Buch wandte sich erstens an Ärzte und zweitens an Ehemänner, denen er die Verantwortung für das geistige, vor allem aber sinnlich-sexuelle Gelingen der Ehe zusprach. Van de Veldes Ziel war eine sexuelle Aufklärung, die Sinnlichkeit und Erotik in der Hoch-Ehe (ein Ausdruck für die vollkommene Ehe) förderte. Dazu sollte der Ehemann konkrete Praktiken des Liebesspiels erlernen. «Dem Gatten als ständiger Verführer seiner

Gattin» soll das gesammelte physiologisch-sexualwissenschaftliche Wissen der Zeit zur Verfügung gestellt werden, um die Verantwortung für das sexuelle Glück der Ehe zu übernehmen. Begeisterte Rezensionen, die die Notwendigkeit von Sexualerziehung hervorhoben und das «hohe ethische Niveau» bestätigten, machten das Buch zum Bestseller. Die Neuheit des Ansatzes, der Frauen nicht bloß sexuelle Gefühle zugestand, sondern sich dazu bekannte, die «Evolution des weiblichen Triebes herbeizuführen und die geschlechtlichen Wünsche und Neigungen der Partner im weitesten Sinne kongruent zu gestalten», faszinierte die Leserschaft. Dieser Vorschlag und seine Konkretisierung im Buch können tatsächlich als revolutionär gelten. Van de Velde lag ein Plädoyer für die Gleichheit der Geschlechter zwar völlig fern, aber sein Buch beschrieb die Möglichkeit der Frauen, Sexualität aktiv zu genießen, und unterrichtete die lesenden Männer entsprechend. Van de Velde formulierte sogar einen Anspruch der Frauen auf sexuelle Befriedigung, ohne die Verpflichtung zu ehelicher Hingabe und Mutterschaft als Erfüllung der weiblichen Bestimmung aufzugeben. Der Vatikan setzte das Buch auf den Index verbotener Bücher. Leider ist kaum festzustellen, ob sich das überaus erfolgreiche Buch auch unter katholischen Lesern verbreitete.[49]

In den USA erkannte man in den zwanziger Jahren, nicht zuletzt an den steigenden Ehescheidungsraten, dass glückliche Ehen keineswegs selbstverständlich waren. 1927 stellte die Universität von North Carolina den Soziologen und Familienspezialisten Ernest Rutherford Groves ein, der, zunächst nur für männliche Studenten, einen Kurs zur Eheführung entwickeln sollte. In den dreißiger Jahren hatten sich solche Veranstaltungen durchgesetzt, und mehr als 200 Colleges in den USA boten entsprechende Kurse an. Generell ging es darum, realistische Erwartungen an die Ehe und den Partner zu entwickeln. Allerdings richteten sich die Ehekurse mehr und mehr an Bräute. Auch in den USA ging man nun davon aus, dass sich vor allem die Frauen um das Eheglück kümmern sollten. Das Beratungsangebot in Sachen Ehe erweiterte sich ständig. Die seit 1930 in den USA gegründeten Eheberatungskliniken sollten eigentlich Ehewillige beraten, wurden aber von Beginn an vielfach von verheirateten Paaren aufgesucht, die Fragen der Empfängnisverhütung, aber auch Eheprobleme besprechen wollten.[50]

In den ersten Jahren nach dem Ende des Zweiten Weltkrieges stiegen die Scheidungsziffern in vielen Staaten deutlich an. Die Bücher van de Veldes und Lindseys verkauften sich weiter ausgezeichnet. Die katholische Kirche reagierte auf den Wandel mit dem Versuch, die zentralen Inhalte der katholischen Ehe in leicht zugänglichen Broschüren zu veröffentlichen. In dem Ratgeber *Was Mann und Frau wissen müssen* aus dem Jahr 1952 plädierte der Autor in einem sehr persönlichen Stil für echte Liebe im Gegensatz zu Verliebtheit, für sexuelle Enthaltsamkeit vor der Ehe, gegen Schwangerschaftsunterbrechungen, Ehescheidungen und protestantisch-katholische Mischehen. Die Broschüre bemüht sich, auf sexuelle Probleme einzugehen, und wirbt dafür, Ärzte oder andere Berater zu konsultieren. Auch für eine katholische Ehe wurde Sinnenfreudigkeit angestrebt. Das sexuelle Gelingen der Ehe war Aufgabe des Mannes als «Haupt der Familie»: «Notwendig ist es, dass der Mann in der Liebesgemeinschaft die Führung hat. Die Frau aufzuschließen und zu erfüllen, ist seine Aufgabe. Um die Erfüllung der Aufgabe muß er sich bemühen. [...] Prüderie muß mit Liebe bekämpft werden.» In sexueller Hinsicht sollte der Ehemann Kompetenz und Führungswillen beweisen. Von den Ehefrauen wurden vor allem Hingabe und Selbstlosigkeit verlangt. Das katholische Ehebild lebte von einem strengen Geschlechtergegensatz. Die Arbeit im Haushalt und die Frömmigkeit der Familie waren selbstverständlich der Ehefrau zugeordnet. «Der besondere Bereich der Frau ist die religiöse Welt.»[51]

Die Ehe wurde zunehmend aus anthropologischer und psychoanalytischer Sicht thematisiert. Der Psychotherapeut Ernst Michel veröffentlichte 1948 unter dem Titel *Ehe. Eine Anthropologie der Geschlechtsgemeinschaft* ein Buch, das sexualwissenschaftliche Erkenntnisse in der Nachfolge C. G. Jungs in einer tiefenpsychologischen Perspektive kulturwissenschaftlich interpretierte. Der Mann gilt als «natürlich» überlegen, während die Frau eine «Geschlechtsindividualität» besitzt, die an das Konkrete und Nahe gebunden ist. Die moderne Ehe erscheint als Konzept sehr anspruchsvoll und durch Lieblosigkeit gefährdet: «Dabei ist die Ehe ohne Liebe oder mit zu schwacher Liebe der Zersetzung, Auflösung, Vergleichgültigung heute um so mehr ausgesetzt, als die moderne Persönlichkeitsentfaltung dazu geführt hat, viel differenziertere, feinere, tiefere Anforderungen an das Zueinanderpassen zu stellen, als dies früher üblich und notwendig war.» Dem gesteigerten Glücksideal entspricht ein erhöhtes Gefährdungspotential. Eheliche Untreue, nicht nur in sexueller Hinsicht, wird als Erfahrungstatsache festgestellt. Scheinehen, die ohne seelische Grundlage nur noch nach außen aufrechterhalten werden, sollen aufgelöst werden können. Die katholische Kirche setzte das Buch des Katholiken Michel auf den Index. In manchen Bereichen aber bereitete die Psychoanalyse der Nachkriegszeit die heutige Wahrnehmung tiefgreifender Eheprobleme und die Akzeptanz der Scheidung von Ehen vor.[52]

Bis in die Gegenwart werden Manierenratgeber veröffentlicht. Im Jahrzehnt nach dem Zweiten Weltkrieg behandelten sie das Thema Ehe ausführlich, weil auf die hohen Ehescheidungsziffern reagiert wurde. Den Ratgebern der Nachkriegszeit ging es vor allem darum, gutes Benehmen, Höflichkeit und Respekt auch innerhalb der Ehe zu fordern. Die Frau als Dame zu behandeln bedeutete für den Ehemann, schwere Haushaltsarbeiten wie das Kohlentragen zu übernehmen. Die Frauen wiederum sollten nicht nur den Haushalt führen, sondern den Männern ein gemütliches Heim schaffen. Seit den dreißiger Jahren mehrten sich die Forderungen nach einer «kameradschaftlichen» Form der Ehe, in der der Ehemann nicht mit «Sultansmanieren» herrschen sollte. Mit Kameradschaft war nicht mehr Kinderlosigkeit, sondern ein Zugewinn an Gleichberechtigung der Ehefrau gemeint. Die Unterwürfigkeit der Ehefrau schien nicht mehr erstrebenswert.

Die Geschichte der Eheratgeber zeigt, dass neue Vorstellungen zur Ehe zunächst an Männer gerichtet waren, ob es sich um Betrachtungen zur Partnerwahl, zur Sexualität im öffentlichen Diskurs oder um Ehevorbereitungskurse handelte. Erst in den siebziger Jahren trat ein grundsätzlicher Wandel ein. Anstandsbücher und Sexualratgeber rieten Männern und Frauen gleichermaßen zu einer partnerschaftlichen Ehe und machten für das Gelingen beide verantwortlich. In dieser Entwicklung waren sie den gesetzlichen Veränderungen im Eherecht der Bundesrepublik nicht weit voraus.[53]

Nach dem Zweiten Weltkrieg ergänzten Eheberatungsstellen, die von den Kirchen, aber zunehmend auch durch staatlich gestützte Vereine wie Pro Familia bereitgestellt wurden, das Buchangebot. In den fünfziger Jahren war die eugenische Tradition aus den zwanziger und dreißiger Jahren noch spürbar. Pro Familia wirkte vor allem in der Sexualaufklärung und in der Schwangerschaftsverhütung. Die kirchlichen Beratungsstellen setzten eher auf Ehevorbereitungskurse, die nicht nur Fragen der Sexualität behandeln wollten. Beratung in Ehekonflikten wurde zunehmend gesucht, aber nicht immer gefunden. Komplexere Ehetherapien boten die Beratungsstellen schon aus Budgetgründen nicht an. Seit den siebziger Jahren übernahmen das Psychologen und Psychotherapeuten.[54]

Gewalt in der Ehe

Gewalt in der Ehe war lange Zeit ein gesellschaftliches Tabu. Die traumatischen Erfahrungen schlugen sich in vielen Ehescheidungsverfahren nieder. Der Extremfall der Gewalt zwischen Eheleuten ist uns vor allem als literarisches Motiv und aus Gerichtsskandalen bekannt: der Gattenmord. Bereits im 19. Jahrhundert erregte die Festlegung im französischen Strafgesetzbuch, die einen Ehemann freisprach, der seine Frau in flagranti beim Ehebruch ertappte und dann tötete, viel Ablehnung.

Historische Untersuchungen über den Gattenmord gibt es kaum. Einig war man sich allgemein darüber, dass eine solche Form der Gewalt stets eine Vorgeschichte hat. Hugo Friedländer berichtet in seiner Sammlung «kulturhistorischer Kriminalprozesse» über einen Prozess aus den 1870er Jahren. Ein «eleganter junger Engländer» hatte seine achtzehn Jahre ältere, reiche Ehefrau, die ihn zum Alleinerben ihres Vermögens eingesetzt hatte, auf dem Stilfser Joch in die Tiefe gestoßen. Durch einen Ortstermin, bei dem die Szene mit einer Puppe nachgestellt wurde, war ihm die Tat nachgewiesen worden. Das Urteil lautete auf 20 Jahre Gefängnis. In Großbritannien erlangte zur selben Zeit Mary Ann Cotton schaurige Berühmtheit, die für 20 Giftmorde mittels Arsen verantwortlich gemacht wurde; unter den Opfern befanden sich ihre vier Ehemänner. Solche Geschichten mit anschließender Hinrichtung der Täterin bildeten aber nicht die typische Konstellation. Häufiger waren Fälle wie dieser: In Hessen wurde um 1900 eine Frau, die ihren Ehemann mit einer Axt erschlagen hatte, weil er sie des Ehebruchs beschuldigte, wegen Hysterie als vermindert schuldfähig angesehen und zu drei Jahren Gefängnis verurteilt. Die Gewalt gegenüber dem Gatten erwies sich vor Gericht häufig als Totschlag, nicht selten als Affekthandlung oder als Resultat von psychischen Störungen.[55]

Quantitativ viel bedeutsamer ist die Alltagsgewalt zwischen Eheleuten, die heute unter häusliche Gewalt gegenüber Lebenspartnern, Kindern und anderen Haushaltsangehörigen subsumiert wird. Man ging traditionell von Gewalt von Männern gegenüber Frauen aus, weil aus der hausherrlichen Gewalt im 18. Jahrhundert ein ehemännliches und elterliches Züchtigungsrecht folgte. Misshandlungen wurden allerdings vom Recht nicht gedeckt. 1812 wurde in den Erläuterungen des preußischen Allgemeinen Landrechts klargestellt, dass ein Züchtigungsrecht gegenüber Ehefrauen nicht mehr existierte. Auch im österreichischen Allgemeinen Bürgerlichen Gesetzbuch und im französischen Code Civil fehlte das ehemännliche Züchtigungsrecht. Obwohl die bürgerliche Ehe ohne körperliche Züchtigung funktionieren sollte, kam Gewalt zwischen Eheleuten in Form von Schlägen, Tritten und dem Werfen mit Gegenständen häufig vor. Schon Knigge hatte Ehemänner gewarnt, sie sollten sich nie «durch Hitze zu groben Behandlungen verleiten» lassen, «sonst hast Du schon zur Hälfte Unrecht».[56]

In den Selbstaussagen von Eheleuten lässt sich wenig über körperliche Auseinandersetzung und Gewalt finden. Die Mehrzahl der Informationen stammt aus Ehescheidungsakten, rekonstruiert also körperliche Gewalt in der gescheiterten Ehe. In der Frühen Neuzeit kamen durchaus Scheidungsklagen vor, in denen der Mann seiner Frau Gewalttätigkeit vorwarf und damit sein Scheidungsverlangen begründete. Im 19. Jahrhundert findet sich dies immer weniger – nicht unbedingt, weil es seltener vorkam, sondern weil es den Ehemännern unpassend erschien, sich als Opfer ehelicher Gewalt zu beschreiben. Relativ häufig aber eskaliert in Ehescheidungsgeschichten verbale Gewalt zu körperlichen Auseinandersetzungen.

Das Geld der Ehefrau

Seit dem späten 18. Jahrhundert hatte sich in Adel und Bürgertum ein Ehemodell durchgesetzt, das Beruf, Erwerb und die Vertretung der Familie nach außen dem Mann zuordnete und die Frau für das Hauswesen zuständig machte. Der Mann war für die Finanzen verantwortlich und stellte seiner Frau die Mittel für den Haushalt zur Verfügung. Adolph Knigge bevorzugte eine Konstellation, in der der Ehemann der wohlhabendere Gatte sein sollte: «So ist es der Natur gemäßer, dass das Haupt der Familie am mehrsten zum Unterhalte der Familie beitrage. Heyratet ein Mann eine reiche Frau; so setze er sich wenigstens in den Fall, dadurch nie ihr Sklave zu werden [...] und dann würde ich, wie es dem Hausherrn zukömmt, über die Anwendung ihres Vermögens unumschränkte Gewalt verlangen.»[57] Von einem Verfügungsrecht der Ehefrau über das eigene Vermögen hielt Knigge nichts.

In der Mehrzahl der bürgerlichen Familien mussten Ehefrauen mit dem Haushaltsgeld auskommen, das ihnen vom Ehemann zugeteilt wurde. Auch in Handwerker- und Arbeiterehen verwalteten die Frauen die Mittel zum Lebensunterhalt. Im Regelfall waren diese Beträge knapp bemessen. Nur in wohlhabenden Gruppen von Adel und Bürgertum stand Ehefrauen ein sogenanntes Nadelgeld zu, das im Ehevertrag festgelegt wurde und für Kleidung und persönliche Gegenstände genutzt werden konnte. Bis im 20. Jahrhundert mehr und mehr Ehefrauen über eigenes Einkommen oder Zugang zu einem gemeinsamen Bankkonto verfügten, gab es die Konflikte über ein Taschengeld für die Ehefrauen. Im Kern ging es dabei um einen regelmäßigen Betrag, der zum Wirtschaftsgeld gehörte und für den persönlichen Bedarf ausgegeben werden konnte. Deutsche Gerichte setzen seit den achtziger Jahren meist einen Anteil von fünf bis sieben Prozent des Nettoeinkommens des Ehemannes als Taschengeld fest.

In der Gesellschaft nicht nur des 18. Jahrhunderts fiel es leichter, Bedürftigen zu helfen, die als «respektabel» angesehen wurden. Ein geordnetes Familienleben in der Ehe konnte als Anhaltspunkt dienen. Der entstehende Sozialstaat der Bismarckzeit stellte den männlichen Facharbeiter als Ehemann und Familienernährer in den Mittelpunkt.

Frauenarbeit zum Erwerb galt als zusätzlich und war kaum öffentlich sichtbar. So kamen Ehefrauen mit dem neuen Unterstützungssystem nur mittelbar, über ihre Ehemänner, in Berührung.

Erst im Ersten Weltkrieg wurden Ehefrauen auch Adressaten des Wohlfahrtsstaates. In sämtlichen kriegführenden Staaten war mit Kriegsausbruch klar, dass die Ehefrauen und Kinder der Soldaten durch den Staat versorgt werden mussten. Sie erhielten nun regelmäßige Unterstützungszahlungen. In Deutschland zahlte der Staat an etwa vier Millionen bedürftige Frauen Unterstützung, die sich mit der Kinderzahl erhöhte. In Großbritannien, das zu Beginn des Krieges keine Wehrpflicht kannte, stand sämtlichen Ehefrauen ohne Prüfung der Bedürftigkeit für sich und ihre Kinder ein fester Betrag zu. Die gezahlten Beträge kamen nicht an den Lohn eines Facharbeiters in den Städten heran, wirkten aber in Landarbeiterfamilien, die bis dahin kaum jemals über Bargeld verfügt hatten, wie eine Revolution. Großbritannien brach mit einer Tradition, die Bedürftigkeit zur Voraussetzung machte, und bestätigte damit die Ehe in besonderer Weise. Die Frauen erhielten die Unterstützungsgelder nicht aus eigenem Recht, sondern als Ehefrauen, und der Staat trat in der Funktion des Ernährers an die Stelle des Ehemannes. In der Praxis wirkte die Sozialleistung freilich anders. Die Frauen nahmen ihre Zahlung auf dem Postamt als verdienten Lohn für die geleistete Arbeit in Empfang. Ein Zugewinn an Selbstbewusstsein war die Folge. In Frankreich wurde die Ehe deutlich weniger in den Mittelpunkt gestellt. Unterstützung konnten bedürftige Familienangehörige erlangen, die nachwiesen, dass sie von einem Soldaten wirtschaftlich abhängig waren.[58]

Der deutsche Wohlfahrtsstaat der Weimarer Republik kümmerte sich verstärkt um Mütter und erreichte vor allem durch medizinische Versorgung und Beratung einen deutlichen Rückgang der Säuglings- und Müttersterblichkeit. Nach dem Zweiten Weltkrieg bemühte sich der bundesdeutsche Staat, wie ihm im Grundgesetz aufgegeben, um den Schutz von Ehe und Familie. Das Steuerrecht privilegierte die Hausfrauenehe und stützte die Rolle des Ehemannes als Ernährer der Familie. Als wichtigste familienpolitische Leistung firmierte das Kindergeld, das im Nationalsozialismus eingeführt worden war. Im Gegensatz zu Großbritannien, wo die Zahlung des Kindergeldes an die Mütter beschlossen wurde, wurden in der Bundesrepublik primär die Väter als Arbeitnehmer Empfänger der Leistung.[59]

Der Anstieg der Frauenerwerbsquote hatte nicht erst als Auswirkung des Ersten Weltkrieges eingesetzt, sondern bereits im 19. Jahrhundert. Im 20. Jahrhundert kamen in Deutschland vermehrt verheiratete Frauen hinzu. Während 1895 nur 17 Prozent aller erwerbstätigen Frauen verheiratet waren, stieg der Anteil 1925 auf 31,7 Prozent. Zu Beginn des Zweiten Weltkrieges 1939 erlebte die Beschäftigung verheirateter Frauen mit 41 Prozent einen Höhepunkt, um 1950 wieder auf das Vorkriegsniveau von 33 Prozent zu sinken.

In der Weimarer Republik erhielt die Frauenbeschäftigung ein neues Gesicht: Weibliche Angestelltenberufe, Kontoristin, Sekretärin und Verkäuferin, etablierten sich. Aus den Fabriken oder den kleinbürgerlichen Familien traten Frauen allmählich in die Öffentlichkeit. Diese weiblichen Angestellten hatten eines gemeinsam: Sie waren zu 94 Prozent ledig. Während 22 Prozent der Arbeiterehefrauen erwerbstätig waren oder blieben, auch mit kleinen Kindern, gaben die Ehefrauen von Angestellten mit der Heirat weitgehend ihre Berufstätigkeit auf und wurden Hausfrauen. So fanden sich 1925 unter beinahe 11,5 Millionen erwerbstätigen Frauen nur 82 500 verheiratete weibliche Angestellte oder Beamtinnen (0,7 Prozent). Unter dem Begriff Angestellte verbargen sich wie heute zahlreiche Berufe, Qualifikations- und Gehaltsstufen. In der Regel hatten Frauen die schlechtbezahlten Stellen ohne Aufstiegsmöglichkeiten. Damit war das Bild von der «neuen Frau» der zwanziger Jahre, das in Literatur und Öffentlichkeit mit Bubikopf, Zigarettenspitze und wirtschaftlicher wie erotischer Selbständigkeit Aufsehen erregte, in der Wirklichkeit, wenn überhaupt, auf wenige Lebensjahre beschränkt. Spätestens mit der Heirat fand die Angestelltenfreiheit ihr Ende.[60]

Nach dem Ersten Weltkrieg begannen Frauen, sich aus der Berufstätigkeit zurückzuziehen, aber viele taten dies nicht freiwillig. Kampagnen gegen «Doppelverdienerinnen» versuchten in Deutschland und Großbritannien Ehefrauen aus dem Arbeitsmarkt zu drängen. Das sollte den heimgekehrten Soldaten zugutekommen, nutzte aber in der Praxis auch anderen Männern. In Großbritannien betraf das vor allem die Angestellten in der öffentlichen Verwaltung und den Lehrberuf, da die Regierung auf den öffentlichen Dienst am besten einwirken konnte. Der Rückgang der Frauenerwerbsquote blieb aber moderat, weil einerseits die Frauen an ihrer Erwerbsneigung festhielten und andererseits viele Unternehmen nicht daran dachten, billigere Frauenarbeitsplätze durch Männer zu ersetzen.[61]

In den fünfziger Jahren ging man in der Bundesrepublik davon aus, dass Frauen bis zur Hochzeit erwerbstätig seien, mit der Geburt des ersten Kindes ihre Tätigkeit aufgäben, um nach dem Abschluss der Erziehungsphase wieder ins Berufsleben zurückzukehren. Dieses Lebenszyklusmodell entsprach der Lebensgestaltung vieler Frauen nicht. Die empirischen Untersuchungen ergaben, dass beinahe ein Drittel aller Ehefrauen erwerbstätig blieb, und zwar unabhängig davon, ob Kinder im Haushalt lebten. Vier von zehn Frauen, die verheiratet waren und ihre Berufstätigkeit wegen Kindern beendet hatten, nahmen später nochmals eine Beschäftigung auf. Dabei muss man berücksichtigen, dass es in den fünfziger Jahren in der Bundesrepublik nur wenige Teilzeitarbeitsplätze gab. Erst in den sechziger Jahren stieg der Anteil der Teilzeitarbeit auf 25 Prozent. Für die berufstätigen Frauen und Mütter bedeutete damit außerhäusliche Erwerbstätigkeit zunächst in der Hauptsache Vollzeittätigkeit. Da von den Ehemännern wenig Unterstützung bei der Hausarbeit erwartet werden konnte, gehörten die arbeitenden Mütter der fünfziger und sechziger Jahre, die auch auf manche technische Erleichterung im Haushalt noch verzichten mussten, zu den quantitativ wie qualitativ am stärksten durch Arbeit belasteten Gruppen in der Lebenswelt der Bundesrepublik: «Die ‹Durchschnittsfrau› ist 32 Jahre alt, hat ein Kind im Alter von 6 Jahren, das seit einigen Monaten in die Schule geht und von der Großmutter beaufsichtigt wird. Sie bewohnt mit ihrem Mann und Kind als Hauptmieter eine 2-Zimmer-Wohnung mit Küche. Die ‹Durchschnittsfrau› ist von Beruf Arbeiterin; ihr Ehemann ist ebenfalls Arbeiter. Ihre wöchentliche Arbeitszeit beträgt 48 Stunden, die Dauer des Weges zwischen Wohnung und Arbeitsstätte täglich 2mal ½ Stunde, wobei sie ein Verkehrsmittel benutzt. Sie arbeitet, um besser leben zu können und die Wohnungseinrichtung zu vervollständigen.»[62]

Die Erwerbstätigkeit gerade von Müttern mit kleinen Kindern wurde in einer Umfrage in den fünfziger Jahren übrigens von beinahe 90 Prozent der Ehemänner in der Bundesrepublik abgelehnt. In der Praxis arbeiteten dagegen sehr viele Frauen mit Kindern, allerdings wurde diese Tätigkeit eher als vorübergehend oder begrenzt bis zur Vervollständigung der Wohnungseinrichtung begriffen. Entsprechend standen ökonomische Motive für die Berufstätigkeit bei der Mehrheit der westdeutschen Frauen, die gering qualifiziert waren, im Vordergrund. Je höher allerdings die Qualifikation, desto wichtiger waren auch andere Motive: Aufbau einer gemeinsamen beruflichen Zukunft mit dem Ehemann und Berufsinteresse gehörten dazu.[63]

In der DDR nahm die Frauenerwerbstätigkeit seit den sechziger Jahren zu. Die berufstätige Frau wurde zum Leitbild. Ein Unterschied zwischen verheirateten und nichtverheirateten Frauen wurde nicht gesehen; häusliche Tätigkeiten sollten in der Freizeit erledigt werden. Ein Ganztagsangebot für die Kinderbetreuung wurde zur Norm. Ein Angebot von Teilzeitarbeitsplätzen existierte angesichts des hohen Arbeitskräftebedarfs kaum.

Seit den siebziger Jahren nahm die Teilzeitarbeit von verheirateten Frauen und Müttern in vielen westeuropäischen Ländern deutlich zu. 1990 lagen die Niederlande mit einem Anteil von 75 Prozent an der Spitze; nur ein Viertel der erwerbstätigen Mütter übte eine Vollzeitbeschäftigung aus. Auch für die Bundesrepublik fällt der Anteil der Teilzeitarbeitenden mit fast 50 Prozent für europäische Verhältnisse hoch aus. In beiden Ländern ist offenbar die Ansicht, Mutterschaft sei mit einer Vollzeiterwerbstätigkeit nicht zu vereinbaren, verbreitet. In Frankreich lag der Anteil teilzeitarbeitender Mütter dagegen nur bei einem Viertel. Hier stellt eine Vollzeitbeschäftigung das Regelarbeitsverhältnis auch für verheiratete Frauen und Mütter dar.[64]

In den achtziger Jahren vermeldete eine Umfrage aus Baden-Württemberg, 75 Prozent der berufstätigen Frauen insgesamt seien mit ihrer Tätigkeit zufrieden. In der Frage der Berufstätigkeit von Müttern allerdings war die Meinung weniger positiv. Unter den berufstätigen Müttern meinten nur 44 Prozent, Familie und Vollzeitberufstätigkeit ließen sich vereinbaren, die nichtberufstätigen Mütter waren zu 60 Prozent gegenteiliger Ansicht. Darin spiegeln sich einerseits Unterschiede der beruflichen Qualifikation der Mütter, aber auch praktische Probleme, vor allem das Fehlen von Kinderbetreuungsplätzen.[65]

In einer vergleichenden Untersuchung zur Geschichte der Familie hat der schwedische Soziologe Göran Therborn 1995 die Emanzipation der Ehefrauen im 20. Jahrhundert drei Phasen zugeordnet. In einer ersten Phase, die vom Ersten Weltkrieg bis zum Ende der zwanziger Jahre reicht, haben vor allem die skandinavischen Länder und Russland Frauen und Männer rechtlich gleichgestellt. In den fünfziger und sechziger Jahren folgten die osteuropäischen Länder unter der Vorherrschaft der Sowjetunion sowie die beiden deutschen Staaten. Westeuropa, darunter auch die für Parlamentarismus und Demokratie als führend angesehenen Staaten Frankreich und Großbritannien, unternahm erst nach 1975 entsprechende gesetzgeberische Initiativen. Daraus folgt, dass man nicht von einer allgemeinen Entwicklung von Modernität anhand klassischer Prozessbegriffe wie Demokratisierung und Säkularisierung sprechen kann. Die Vorreiterrolle der skandinavischen Staaten verwundert zwar nicht, aber zu den Nachzüglerstaaten gehörten nicht bloß die Länder des katholischen Südeuropas, sondern auch Belgien und die Schweiz. Eine rechtliche Gleichstellung bedeutet nicht automatisch eine soziale Gleichstellung. Das Problem der Doppelbelastung von Frauen durch Familien- und Erwerbsarbeit konnte durch die Gesetzesänderungen nicht gelöst werden. Dennoch ist das Ende der rechtlichen Diskriminierung von Ehefrauen ein zentrales Element der Emanzipationsgeschichte der Frauen insgesamt.[66]

VICTORIA UND FRIEDRICH VON PREUSSEN

Als die britische Prinzessin Victoria, genannt Vicky, 1840 im Buckingham Palast geboren wurde, war ihr ein Leben im Licht der Öffentlichkeit vorherbestimmt. Die älteste Tochter Queen Victorias und ihres Prinzgemahls Albert von Sachsen-Coburg-Gotha würde ihrer Mutter auf den Thron folgen, wenn in der Ehe ihrer Eltern ein Sohn ausblieb. Nach kurzer Zeit wurde aber der Bruder Edward geboren. Damit war die Princess Royal frei für Heiratsprojekte.

Die Queen, die ebenfalls deutsche Vorfahren und Verwandte besaß, und ihr Ehemann interessierten sich brennend für die sogenannte deutsche Frage und die Verfassungszukunft der deutschen Staaten, die nach 1815 aus dem Erbe Napoleons hervorgegangen waren oder sich neu konsolidiert hatten. Zwar stellten dynastische Heiraten nicht mehr ein erstrangiges Mittel der Politik dar, aber die Gewohnheit der frühneuzeitlichen Fürstenhäuser, Heiratsallianzen zu schließen, hatte sich noch kaum abgeschliffen. Für beide war die Aussicht, ihre begabte Tochter einmal auf dem Thron einer europäischen Macht sitzen zu sehen, verlockend. Eine Eheschließung mit dem preußischen Prinzen und zukünftigen Thronerben Friedrich wurde zu einem Projekt, das allerdings mit Behutsamkeit und auf jeden Fall ohne Zwang verfolgt wurde. Besonders für Albert verband sich mit der Idee, seine Tochter nach Preußen zu verheiraten, die Vorstellung, die Zukunft Preußens und des Deutschen Bundes in konstitutioneller Manier mitprägen zu können. Nach der Revolution 1848/49 besaß schließlich auch Preußen eine geschriebene Verfassung, die es galt, im liberalen Sinn weiterzuentwickeln. Aus der Sicht Großbritanniens präsentierte sich die Ehe zwischen Vicky und Friedrich damit zunächst wie eine durch die Eltern arrangierte dynastische Heirat im traditionellen Sinn.

In Preußen, vor allem im konservativen Preußen der nachrevolutionären Zeit, hielt man eine britische Heirat dagegen für weniger wünschenswert. Bei den umfassenden Kompetenzen, die der preußische Monarch besaß, schien es zumindest möglich zu sein, dass auch die Gattin des Monarchen

Das preußische Kronprinzenpaar Friedrich (III.) und Victoria, ca. 1865

Einfluss auf die Politik gewinnen könnte. Eine Heirat mit einer liberal erzogenen Engländerin stieß in konservativen Hofkreisen auf wenig Begeisterung. Aber mit Prinzessin Augusta, der ebenfalls aus Sachsen stammenden Ehefrau des Thronfolgers Wilhelm, unterhielten Victoria und Albert freundschaftlichen Kontakt. Der preußische Hof unternahm somit keine Anstrengungen, das Kennenlernen der Königskinder zu verhindern. Bei den engen verwandtschaftlichen Bindungen, die zwischen den europäischen Fürstenfamilien existierten und sich in zahllosen Staats- wie Privatbesuchen äußerten, wäre das wohl auch aussichtslos gewesen.

Vicky lernte den Preußenprinzen 1851 kennen, als die Londoner Weltausstellung die Familie des preußischen Thronfolgers nach Großbritannien brachte. Sie war sehr jung, erst elf Jahre alt. Friedrich war acht Jahre älter.

Ungewöhnlich schien dieser Altersunterschied keineswegs, und aus dem ersten Treffen entstand ein Briefkontakt. Das Mädchen und der junge Mann verstanden sich gut. Beide waren lernbegierig, hatten eine umfangreiche und vielseitige Ausbildung genossen und mussten als Älteste den hohen Erwartungen ihrer Eltern gerecht werden. Friedrich beschrieb die englische Prinzessin als süß, natürlich, freundlich und bescheiden. Dem Prinzen, der in Berlin an die angestrengte Distanz im Benehmen seiner Eltern gewöhnt war, gefielen der kindlich-mädchenhafte Charme und die Natürlichkeit Vickys, die einen lebhaften Verstand und Interesse an Kunst und Literatur besaß.

Die Wünsche der beiden Mütter und des Prinzen Albert – Friedrichs Vater war weniger begeistert – wurden 1855 Wirklichkeit. Vicky war zwar erst fünfzehn Jahre alt, und die Queen hatte den Heiratsantrag erst nach dem 16. Geburtstag erlauben wollen. Prinz Friedrich bat dennoch beim britischen Königspaar um die Erlaubnis, um ihre Hand anhalten zu dürfen. Viel gesprochen wurde dann bei dem entscheidenden Spaziergang im schottischen Balmoral anscheinend nicht, von der Eloquenz der Romantik hatte Friedrich nichts abbekommen. Friedrich fragte Vicky, ob sie denn einmal nach Preußen reisen wolle. Vicky antwortete, sie würde gerne für ein Jahr kommen. Auf Friedrichs Feststellung, sie solle dort «für immer» bleiben, errötete das Mädchen, woraufhin Friedrich die Frage hinzufügte, ob er ihre Eltern einweihen könne. Vicky brachte wohl nur heraus, dass sie diese Aufgabe selbst übernehmen werde. Aus ihrer Sicht wirkte vielleicht gerade die Hilflosigkeit des älteren und hochgewachsenen deutschen Offiziers rührend romantisch. Nach dem Gespräch mit den Eltern warf sie sich jedenfalls stürmisch in Friedrichs Arme. Aus der wenn nicht arrangierten, so doch geplanten Heirat wurde eine lebenslange Liebesehe.[1]

Von Beginn an stand diese Ehe unter konstanter Beobachtung sowohl in der britischen wie in der preußischen Öffentlichkeit. In Großbritannien verstand man den Wunsch der Eltern, die älteste Tochter und den erklärten Liebling der Queen als zukünftige Königin zu sehen, auch wenn Preußen nach dem Ende der Revolution von 1848/49 als sehr konservativ wahrgenommen wurde. In Preußen musste man immerhin zugeben, dass die zukünftige Gattin des Thronfolgers als älteste Tochter der britischen Königin die erste Prinzessin in Europa war – standesgemäßer ging es nicht. Und gerade im konservativen Adelsmilieu kreisten viele Vorstellungen um ebenbürtige Eheschließungen, die scharfe Grenzen nicht nur zwischen Adel und Bürgertum, sondern auch zwischen hohem und niederem Adel zogen.

Queen Victoria und Prinz Albert waren mit der Entscheidung ihrer Tochter Vicky für den Preußenprinzen überaus einverstanden. Doch Vicky schien ihnen für eine Hochzeit noch zu jung. Die offizielle Verlobung wurde daher auf das Jahr 1856, den Zeitpunkt der Konfirmation, festgelegt, der in den protestantischen Ländern einen wichtigen Schritt zum Erwachsenwerden markierte. Passenderweise fand die Verlobung nur wenige Tage nach dem offiziellen Ende des Krimkrieges statt, der für das britische Imperium eine sehr zwiespältige Erfahrung dargestellt hatte. Für das Königspaar bedeutete das Ereignis ein positives Omen für eine zukünftige kontinentaleuropäische Ordnung, in der Preußen und Großbritannien mit liberalen Verfassungsprinzipien Seite an Seite stehen sollten. Weder die britische noch die deutsche Öffentlichkeit allerdings teilten diese optimistischen Erwartungen.

Die Bekanntgabe der Verlobung ging nicht mit einem besonderen Fest einher. Fritz hielt sich zwar in Großbritannien auf, aber von einer Reise der preußischen Eltern konnte keine Rede sein. Vicky und Fritz tauschten Verlobungsringe. Vickys Geschenk für Fritz bestand in einem Ring mit einem Smaragd für den kleinen Finger – einen ähnlichen Ring hatte Queen Victoria einst Prinz Albert geschenkt. Wegen Vickys Alter wurde die Verlobungszeit auf fast zwei Jahre ausgedehnt. Die Wartezeit erschien dem Paar lang, zumal sie diese meist getrennt voneinander verbringen mussten. Fritz reiste in diplomatischer Mission nach Paris und anschließend nach Berlin zurück.[2]

Die Hochzeit der britischen Königstochter mit dem nächsten Thronfolger Preußens im Januar 1858 in London war ein Massen- und ein Medienereignis. Der *Morning Chronicle* schätzte, dass 300 000 bis 400 000 Menschen die Straßen zwischen dem Buckingham Palast und dem St.-James-Palast, wo die Trauung stattfand, säumten. Dabei machte sich eine gewisse Unzufriedenheit mit dem St.-James-Palast und seiner Kapelle bemerkbar, die als altmodisch und wenig dekorativ wahrgenommen wurde. Trotzdem kam niemand auf die Idee, die Hochzeit in Westminster Abbey oder der St.-Paul's-Kathedrale stattfinden zu lassen. Auch eine Hochzeit in der Königsfamilie galt Mitte des 19. Jahrhunderts als vornehmlich privates Ereignis. Selbst der Thronfolger Albert Edward heiratete die dänische Prinzessin Alexandra 1863 in der St.-George's-Kapelle von Schloss Windsor, also nicht einmal in der Londoner Innenstadt.

Die Zeitungen beschrieben die Hochzeit der Princess Royal als ein gigantisches Spektakel. Verkaufsstände mit Nüssen, Orangen und Süßigkeiten jeder Art machten ihre Geschäfte. Als besondere Attraktion konnte man sich auf der Waage des Jockey Clubs wiegen lassen; das illustrierte *penny programm* war ein Verkaufsschlager. Bewohner des East Ends hatten Tische und Bänke mitgebracht, die sie an die Zuschauer zwecks besserer Sicht vermieteten. Nach Ansicht der Zeitungen sahen die meisten Zuschauer allerdings so gut wie nichts. Trotzdem war die Stimmung wie auf einem traditionellen englischen Jahrmarkt.

Die britische Monarchie erfüllte eine Funktion für die Öffentlichkeit, die nicht zuletzt in der Repräsentation von Pracht und Prunk lag. Als Seitenhieb wurde die Abwesenheit von militärischem Schauspiel betont; in der Wahrnehmung der Briten galt Preußen als besonders militärisch. So trugen Vickys Brüder keine Uniform, wie das preußische Prinzen taten, sondern Highland Dress, also einen Kilt, was die Integrationskraft der britischen Monarchie und die persönliche Vorliebe der Queen für Schottland demonstrierte. Ganze Spalten der Zeitungsberichte wurden mit den Namen der geladenen Damen und einer genauen Beschreibung ihrer Kleider gefüllt. Mancher Artikel in den Provinzblättern diente ebenso gut als Moderatgeber.[3] Die Artikel beschrieben den Hochzeitszug, die Kutschen und Pferde, die Kleider und Uniformen, schließlich die Trauung minutiös, und selbstverständlich stand die Braut im Mittelpunkt. Die Trauung gestaltete sich kurz. Friedrich sprach sein Jawort, «I will», in englischer Sprache, mit kräftiger Stimme, die Braut sprach «naturgemäß» leiser. Der Brautkranz bestand aus Orangenblüten und aus Myrten, der Brautblume, die in Deutschland üblich war. Das Brautkleid aus weißem Moiré antique, einem Seidenstoff, besaß eine drei Yards (knapp drei Meter) lange Schleppe. In der Folge begann der Siegeszug der Schleppe in immer längerer Version. Prinzessin Diana überbot schließlich 1981 mit ihrem voluminösen Brautkleid und einer mehr als sieben Meter langen Schleppe alle ihre Vorgängerinnen als königliche Bräute deutlich. Der Trend setzt sich heute aber nicht mehr fort. Das Kleid von Kate Middleton bei ihrer Hochzeit mit Prinz William 2011 hatte nur noch eine knapp drei Meter lange Schleppe. Wie bei anglikanischen Trauungen üblich, erhielt nur die Braut einen Ehering.

Der Brautzug durch London war wesentlich spektakulärer als die Trauung selbst. Nach der Rückkehr des Brautpaares, der Queen, und der gesamten Hochzeitsgesellschaft in den Buckingham-Palast erlebte ein Festelement seine Premiere: Das Brautpaar trat auf den Balkon des Palastes hinaus und winkte den jubelnden Menschen zu. Prinzgemahl Albert hatte diesen Balkon erst kürzlich anbauen lassen, um der Königin und der königlichen Familie eine geeignete Repräsentationsbühne zu verschaffen.

Von der politischen Bedeutung der Hochzeit als Union zwischen Großbritannien und Preußen war bei der Berichterstattung kaum die Rede. In der Provinz, wo feierliche Bankette der örtlichen Honoratioren zu Ehren des Brautpaars stattfanden, war man offener. In einer Adresse des Stadtrats von Leeds an die Königin wurde Victoria als bedeutende konstitutionelle Herrscherin gefeiert und für Prinzessin Vickys Unterricht über die Freiheit der Verfassung gelobt, was angesichts des sich ankündigenden Heeres- und Verfassungskonflikts als Kritik an Preußen gedeutet werden kann. Immerhin besaß Preußen zwar eine Verfassung, aber keine parlamentarische Regierung, und aus britischer Sicht spielte jedenfalls das Militär eine übergroße Rolle.[4]

Prinzessin Vickys Mitgift belief sich laut Ehevertrag auf 40 000 Pfund. Ihre jährliche Apanage, die vom Parlament bewilligt und vom britischen Steuerzahler finanziert werden musste, betrug 8000 Pfund. Queen Victoria ärgerte sich sehr darüber, dass die Apanage in Berlin und Potsdam hauptsächlich für den standesgemäßen Unterhalt des Prinzenpaares benutzt wurde. Friedrich, der bei der Hochzeit noch nicht einmal Thronfolger war, wurden in Preußen nur knappe Mittel zugestanden. Die Bewilligung der Apanage belebte in Großbritannien eine Diskussion um die Monarchie, in der auch die Einführung der Republik gefordert wurde. Als die Kinder der Queen nach und nach heirateten und ausgestattet werden mussten, erinnerten sich die Viktorianer voller Abneigung an die zahlreichen Söhne König Georgs III., die um 1800 auf Kosten der Steuerzahler ein aufwendiges Leben geführt hatten. Die Queen wiederum reagierte auf die öffentliche Kritik an den Kosten der Monarchie mit dem Aufbau eines bedeutenden Privatvermögens, das die Schlösser Balmoral, Sandringham und Osborne einschloss.

Vickys Aussteuer wurde von ihrer königlichen Mutter bestimmt. Entsprechend umfangreich, verpackt in einhundert Kisten, fiel das Gepäck aus: Möbel, Teppiche, Tapeten, Gemälde, Sättel wurden ergänzt durch zwölf Abend- und sechs Ballkleider, fünfzehn Tageskleider, Samt und Seide, Unterwäsche, Schuhe und Strümpfe, in bester Qualität. Seit der modischen Beratung durch die französische Kaiserin Eugenie, die Vicky bei ihrem Besuch in Paris genossen hatte, machte sich auch Pariser Chic bemerkbar. Vicky jedenfalls reiste mit der umfangreichsten und wertvollsten Aussteuer, die man seit Langem in Europa gesehen hatte, in ihre neue Heimat. Die Braut würde von nun an Untertanin des Königs von Preußen sein.[5]

Das Brautpaar machte keine Hochzeitsreise. Nach dem Dejeuner im Buckingham-Palast brach es mit der Eisenbahn von Paddington Station zu einem Honeymoon nach Schloss Windsor, dem privaten Wohnsitz der Königsfamilie, auf. Dafür waren einige Räume neu dekoriert worden. Bei der Ankunft des Paares erhielten die Schüler des nahegelegenen Eton-Internats, in dem die Söhne der britischen Elite erzogen wurden, die Erlaubnis, die Kutsche des Paares nach Windsor zu ziehen. Die Zeitungen feierten einmal mehr das Selbstverständnis einer zivilen Öffentlichkeit, in der Schuljungen eine Militäreskorte ersetzten.

Es ist eine Ironie der Geschichte, dass das viktorianische Zeitalter, das als besonders prüde gilt, seinen Namen von einer Frau erhielt, die am ehelichen Verkehr mit dem Gatten Albert durchaus Vergnügen fand. Entsprechend unglücklich fühlte sich die Queen in den zahlreichen Schwangerschaften, da nach geltender Ärztemeinung Sexualität in der Schwangerschaft vermieden werden sollte. Auch Victorias Tochter Vicky überstand die Hochzeitsnacht ohne negative Folgen und machte in den nächsten Jahren aus ihrer bleibenden Verliebtheit in den Gatten Friedrich keinen Hehl. Lange nach Vickys Trauung schrieb die Queen ihrer ältesten Tochter anlässlich einer Familienhochzeit einmal: «Mir scheint, es würde kein Mädchen zum Altar schreiten (und sich sogar weigern), wenn es alles wüsste. Der Gedanke, dass es in eine Art Falle geführt wird, ist grässlich.»[6] Vicky hat ihre Ehe und Schwangerschaften sicher nie in diesem Sinn als Falle verstanden.

Bei näherer Betrachtung entsprach das Paar in vielem dem bürgerlichen Ideal. Für eine Dynastenehe war das eher ungewöhnlich. Mit den bürgerlichen Geschlechterrollen hatten Vicky und Fritz kein Problem. Der Kronprinz verstand sich als Soldat, Vicky sich als Ehefrau und Mutter. Trennungszeiten, zum Beispiel während der Manöver, fielen beiden schwer. Friedrich vermerkte 1861 in seinem Tagebuch erleichtert: «Endlich wieder die alte Hausordnung und das gemeinschaftliche Frühstück mit Frauchen.» Die hohe Wertschätzung seines «Frauchens» äußerte sich deutlich, etwa wenn der Prinz über einen Ball im Neuen Palais berichtete: «Vicky tanzte ohnstreitig am besten.»[7] Vicky wiederum sah sich durchaus als Offiziersehefrau, der es in den Einigungskriegen zunächst um das körperliche Wohlbefinden ihres Mannes und zweitens um dessen Ruhm als Feldherr ging: «Du weißt, wie sehr ich, und Fritz ebenso, versucht haben, das Unglück eines Krieges zu verhindern, aber jetzt, wo er da ist, bin ich dankbar, dass unsere Sache unter Fritz' Führung siegreich gewesen ist.» Sie verstand sich als erste Stütze ihres Mannes, vor allem in den Auseinandersetzungen mit Bismarck. An ihre Mutter schrieb sie im Januar 1880: «Ich weiß genau, wie notwendig es ist, Fritz stets zu ermuntern und zu unterstützen. Sein genuin gutmütiger und sanfter Charakter ist durch vielerlei Sorgen und Schwierigkeiten und Enttäuschungen aus der Ruhe gebracht worden und braucht daher stets Besänftigung und Aufmunterung.»[8]

Das Kronprinzenpaar dachte regelmäßig an den Hochzeitstag. «Unser lieber Hochzeitstag nach 3 glücklichen Jahren», notierte der Kronprinz etwa 1861 in seinem Tagebuch. Wenigstens die Mitglieder der Hofgesellschaft sprachen ihre Glückwünsche aus. In einer Fürstenehe konnte eigentlich auch auf eine öffentliche Würdigung dieses Tages gerechnet werden. Angesichts eines Trauerfalls in der preußischen Königsfamilie fand 1883 anlässlich der Silberhochzeit aber keine Feier, nicht einmal ein Festgottesdienst statt. Öffentliche Würdigungen von Ehejubiläen der Fürstenpaare kamen in Deutschland bis 1918 und anderswo noch länger vor. Anlässlich der silbernen Hochzeit von Königin Elisabeth II. und Prinz Philip 1972 gab die britische Post eine Briefmarke mit dem Bild des Paares heraus.[9]

Vickys und Fritz' Leben als Eltern stellte sich kompliziert dar. In schneller Folge waren acht Kinder geboren und damit die Dynastie gesichert worden. Auch wenn die Angst vor einer Geburt für jede Frau des 19. Jahrhunderts gegenwärtig war, genoss Vicky laut eigener Aussage die Schwangerschaften und die Zeit mit einem Neugeborenen. Vicky gab sich Mühe, bei ihrer Mutter

Verständnis zu wecken: «Obwohl Du ‹Babies hasst› und ich Dich nie mit Berichten über meinen kleinen Liebling [Prinz Sigismund] langweile, weil dieses Thema Dir so zuwider ist, wage ich, Dir zwei Fotos von ihm zu schicken.[10] Trotz ihrer Begeisterung bestand Vicky erst bei ihren jüngeren Kindern darauf, sie selbst zu stillen. Am preußischen Hof war das auch wegen der Repräsentationspflichten der Prinzessinnen nicht üblich gewesen.[11]

Im Unterschied zu anderen Müttern musste Vicky politische Rücksichten nehmen. Als sie 1867 ein Kind erwartete, lud die Mutter sie ein, die Geburt in Großbritannien abzuwarten. Vicky wäre nur zu gern gekommen, musste aber ablehnen: «Ich sehe nicht, wie ich für einen solchen Anlass nach England kommen könnte – es würde im Land sehr ungünstig aufgenommen. Du weißt, wie unfreundlich die öffentliche Meinung mir gegenüber eingestellt ist und wie unpopulär ich bin und wie sehr die Preußen es mit Missgunst sehen, wenn ich mich als Engländerin gebe – überhaupt wird mir das ständig vorgeworfen.»[12] Die doppelte Nationalität der Kronprinzessin, die bei ihrem selbstbewussten Charakter und ihrer lebhaften Intelligenz in der Öffentlichkeit eben nicht, wie andere Prinzessinnen, nur schweigend auftrat, bildete tatsächlich für den preußischen, eher russlandfreundlichen und englandfeindlichen Konservativismus einen konstanten Reibungspunkt.

Vicky und Friedrich lag selbstverständlich sehr daran, mit der Geburt eines Sohnes und Erben die Hohenzollern-Dynastie fortzusetzen; die Erbfolge in Preußen gestand nur Männern einen Anspruch auf die Krone zu, Frauen waren von der Thronfolge ausgeschlossen. Vicky war dies aus Großbritannien anders gewohnt. Dort gab es kein salisches Gesetz, das Frauen ausschloss. Allerdings kam die Thronfolge einer Frau nur in Frage, wenn kein männlicher Erbe desselben Verwandtschaftsgrades vorhanden war. Diese Regelung ist in Großbritannien erst kürzlich, in Vorbereitung der Nachkommenschaft des Herzogs und der Herzogin von Cambridge, geändert worden. Von jetzt an erbt auch in Großbritannien das älteste Kind des Souveräns, unabhängig vom Geschlecht. Mit der Geburt von Prinz George 2013 ist aber wieder eine männliche Erbfolge wahrscheinlich.

Vornamen gehörten im 19. Jahrhundert meist zum Familienerbe. Friedrich und Wilhelm waren in der preußischen Familie seit Generationen die Königsnamen, die der älteste Sohn trug. Queen Victoria zeigte sich sehr enttäuscht, dass Vickys erste Tochter nicht nach ihr Victoria, sondern nach der geborenen Preußenprinzessin Charlotte genannt wurde, die durch ihre Heirat russische Zarin geworden war. Vicky und Friedrich hatten bei der Wahl der Vornamen viele Rücksichten zu nehmen. In ihrem besonderen Fall geriet die Vergabe der Vornamen zu einem namenspolitischen Wettstreit zwischen den Dynastien. Am preußischen Hof wollte man nur die Namen der Hohenzollern-Tradition akzeptieren, während die Queen es für selbstverständlich hielt, dass vor allem ihr Name und der ihres Gatten in den Preußenenkeln fortlebten. Grundsätzlich benötigte das Kronprinzenpaar für die Namensgebung die Genehmigung des Königs. «Papa genehmigt für unsern zweiten Sohn die Namen Albert Wilhelm Heinrich und daß er Heinrich gerufen werde zur Erinnerung an den großen Prinzen Heinrich, Bruder des großen Königs», notierte Friedrich 1862 im Tagebuch. 1868 teilte Vicky ihrer Mutter mit, dass der neugeborene Sohn Friedrich Joachim Ernst Waldemar mit Waldemar als Rufnamen heißen solle. Die Queen hatte Viktor und Albert gefordert, und Vicky wehrte sich mit dem Argument, dass doch schon Wilhelm auch diese beiden Vornamen trug. Ihr Ziel war, Joachim, «was ich unerträglich finde», als Rufnamen zu vermeiden, und wegen des letzten Vornamens meinte die Kronprinzessin schließlich entnervt: «Würdest Du freundlicherweise bitte bald mitteilen, ob Du lieber Deinen Namen oder denjenigen Papas anstatt Ernst wünschst.» Es blieb bei Joachim Friedrich Ernst Waldemar, wie die Queen süffisant bemerkte: «Das wird sich auf Englisch sehr schlecht anhören, fürchte ich.»[13]

Die preußischen Königskinder wurden im Familienkreis am Hof getauft. Über Waldemars Taufe meldete die Kronprinzessin: «Bei der Taufe ist alles gut gegangen, der liebe kleine Waldemar hat sich im Großen und Ganzen sehr gut benommen und wurde sehr bewundert.» Grundsätzlich wurden im 19. Jahrhundert am Hof die Paten, nicht selten Angehörige ausländischer Fürstenhöfe ebenso wie Verwandte aus dem hohen Adel, durch Bevollmächtigte vertreten.[14] Hierin zeigten sich noch Reste der großen Bedeutung, die die Patenschaft in der Frühen Neuzeit auch für die mittleren Gruppen der Bevölkerung gehabt hatte.

Friedrich und Victoria mussten zu Repräsentationszwecken einige Reisen unternehmen, die Trennungen von den Kindern mit sich brachten, zum Beispiel auf der Mittelmeerfahrt von Oktober bis Weihnachten 1862. Der Kronprinz notierte bei seiner Rückkehr vom Mittelmeer im Tagebuch: «Ankunft in

Berlin 6 Uhr morgens. Kinder munter und wohl in ihren Bettchen geweckt; Wilhelm und Charlotte erkannten uns gleich.» Die Kinder waren zwei und drei Jahre alt.[15]

Die Angst vor gefährlichen Kinderkrankheiten hörte auch nach dem ersten Lebensjahr nicht auf. Zwar konnten bessergestellte Familien beim Ausbruch einer Epidemie die Stadt verlassen, aber vor der Einführung von Penicillin war gegen die aggressivsten bakteriellen Infektionen keine wirksame Hilfe vorhanden. Die preußische Kronprinzessin erlebte 1866, während der Einigungskriege, den Tod ihres 21 Monate alten Sohnes Sigismund, den sie besonders liebte. Einige Umstände hatten das Erlebnis noch schwerer gemacht. Fritz war kurz vor der Erkrankung des Kindes an die Front abgereist. In seinem Tagebuch notierte er: «Frauchen telegraphiert, daß Sigismund Gehirnkrämpfe gestern abend und bis heute morgen gehabt; Ausgang sehr zweifelhaft [...] Das liebe reizende kleine Wesen, von meinem Frauchen selber genährt! Gottes Wille geschehe, aber ich bin ganz gebrochen. Mein armes, armes Frauchen so ganz allein in dieser Angst und Not, niemand von Freunden bei ihr, und ich kann und darf nicht hin.» Am 18. Juni, dem Todestag des Kindes, schrieb er nur noch: «Dein Wille geschehe.» Angesichts der Kriegserklärung an Sachsen, Hannover und Kurhessen, des «Bürgerkrieg[s] in Deutschland, ehe wir mit Österreich beginnen», kam er – auf eigenen Wunsch – auch zur Bestattung nicht nach Potsdam zurück. Im Vorspann des folgenden Bandes der Tagebücher bezeichnete Friedrich den Tod Sigismunds als «größten Schmerz» seines Lebens. Seine «heißgeliebte, schwergeprüfte» Frau musste ohne seinen Trost auskommen. In den Briefen an ihre Mutter klagte Vicky bitter: «Niemand weiß, wie ich leide, wenige wissen, wie sehr ich geliebt habe.»[16] Sie konnte kaum nachvollziehen, dass man am Hof und im Land den Tod eines kleinen Kindes nicht offiziell betrauern wollte, und wollte sich nicht damit abfinden, dass sie weiterhin Hoffeierlichkeiten besuchen sollte. Im September nahm Vicky schließlich – ohne Trauerkleidung – an den Feiern anlässlich des Sieges gegen Österreich teil.[17]

Auch später sorgte sie sich um die Berliner Kinder, die in den kalten Wintern an Lungenentzündung und Diphterie erkrankten: «Lungen- und Halsentzündungen wüten hier – und viele arme kleine Kinder werden von diesen schrecklichen Seuchen hinweggerafft, und das Elend unter den Armen ist sehr groß.»[18] Vickys Leidensfähigkeit als Schwester und Mutter wurde noch einmal auf die Probe gestellt. Der Diphterieepidemie von 1878 fielen zuerst Vickys Schwester Alice von Hessen und deren kleine Tochter May zum Opfer. Wenig später erkrankte Vickys elfjähriger Sohn Waldemar, wiederum ihr Lieblingskind, den sie seinen Brüdern Wilhelm und Heinrich vorzog; mit beiden verstanden sich die Eltern immer schlechter. Vicky pflegte das kranke Kind zum großen Teil selbst, sie wusch es mit Essigwasser und wechselte die Wäsche. Vergeblich, Waldemar starb und wurde wie sein Bruder in der Potsdamer Friedenskirche bestattet. Vicky fand in der Religion nur begrenzt Trost für den Schmerz. Besser gelang das Friedrich, der sich angesichts der Kriegserklärung aber in einer psychischen Ausnahmesituation befand. Das Leid der Eltern war sicher nicht auf die Oberschichten beschränkt. Allgemein herrschte gegenüber Krankheiten auch Fatalismus: Man wusste, dass es gegen Typhus, Diphterie und Tuberkulose kein Mittel gab.[19]

Elternliebe galt Vicky als Ausgangspunkt der Kindererziehung: «Elternliebe bedeutet Verzicht, und es scheint mir, als wäre Elternliebe die reinste und uneigennützigste Liebe, die man nie vergelten kann. Aber wenn es stimmt, was ich glaube, dass es die Liebe ist, die wir geben, und nicht die, die wir erhalten, die unser Glück begründet, wie viel tausend Mal gesegneter sind diejenigen, die Kinder haben, gegenüber denen, die keine haben.»[20] Im Briefwechsel zwischen Prinzessin Vicky und ihrer Mutter bildete die Kindererziehung – neben der Politik – ein wichtiges Thema. Dabei kamen einmal mehr nationale Unterschiede zur Sprache. Die Kronprinzessin schätzte manche in den deutschen Oberschichten beobachtete Gewohnheiten wie das Wickeln des ganzen Körpers bei Neugeborenen als vorsintflutlich und hoffnungslos altmodisch ein. Sie plädierte für viel frische Luft und glaubte nach englischer Gewohnheit an die Heilkraft eines Kuraufenthalts an der See. Vickys Ideen atmeten, bei aller Vernünftigkeit, einen Chauvinismus, der in der preußischen Königsfamilie und in der deutschen Öffentlichkeit äußerst unwillig aufgenommen wurde.[21]

Während beinahe jeder Ehemann und Vater in Preußen die väterliche Gewalt rechtlich unbeschränkt ausüben konnte, unterstand Kronprinz Friedrich seinem königlichen Vater. Für Friedrich und Vicky bedeutete das eine konstante Einmischung des Königspaares in die Erziehung der Kinder. Schon im Grundsätzlichen zeigten sich schwerwiegende Differenzen. Während Vicky besonders Wilhelm und die anderen Söhne gerne frühzeitig ins Ausland geschickt hätte, setzte man in Preußen auf eine militärische Ausbildung in der Heimat. «Ich hoffe, wir erhalten die Erlaubnis, Willy in die Welt zu senden, aber wir sind in einer schwierigen Lage, weil Fritz' Eltern sich stets in alles, was die Kinder betrifft, einmischen.»[22] Der älteste Sohn Wilhelm stand dabei als Thronfolger im Mittelpunkt. Bei der Geburt hatte Wilhelm eine körperliche Behinderung davongetragen. Sein rechter Arm war nicht voll beweglich und kaum belastbar. Sein Leben lang würde er versuchen, diese Behinderung zu verbergen und zu kompensieren. Friedrich und Vicky hielten Wilhelm für intellektuell begabt und erwarteten viel von ihm. Seine preußischen Großeltern waren mit ihm eher nachsichtig. Vicky schreibt über den Siebenjährigen: «Willy ist ein lieber, anziehender und reizender Junge – begabt, amüsant und gewinnend – es ist unmöglich, ihn nicht ein wenig zu verwöhnen. Aber er hat auch Fehler; er neigt zu Selbstsucht, Herrschsucht und Stolz, aber ich muss sagen, dass dies nicht so sehr sein Fehler ist, weil diese Eigenschaften eher gefördert als im Zaum gehalten werden.»[23] Aus Vickys Sicht entwickelte sich Wilhelm später zum lebendigen Klischee eines ignoranten und bornierten preußischen Offiziers.

In der englischen Königsfamilie war man stolz darauf, «ehrlich» über den eigenen Nachwuchs zu sprechen, man glaubte an den Nutzen schonungsloser Analysen. Über ihren Sohn Heinrich schrieb Vicky an ihre Mutter: «Ich bin sicher, Du wirst das arme Kind mögen, es kann nichts dafür, dass es so hässlich ist, er ist nicht dumm und kann sehr unterhaltsam sein.» Zumindest als die Kinder noch jung waren, gab sich der Kronprinz in seinem Tagebuch weniger hart: «Heinrich schon 2 Jahr; Gott segne ihn, er entwickelt sich vielversprechend, fasst leicht auf und ist pfiffig.– Wilhelm aß zum 1. Mal förmlich mit uns bei Tisch, benahm sich sehr nett und anständig.»[24] Während sich die älteren Kinder Wilhelm, Heinrich und Charlotte an die preußischen Großeltern anschlossen, die keine intellektuellen Leistungen von ihren Enkeln erwarteten, entwickelte sich zwischen den Eltern und den jüngeren Kindern ein enges Verhältnis. Die Verquickung von Privat- und Hofleben mit der Politik tat ein Übriges: Fritz' und Vickys Kinder ergriffen als Erwachsene Partei gegen beziehungsweise für die Eltern. Fast schon resigniert sah die Prinzessin 1867, also mitten in den Kriegen der Einigungszeit, ihr Unglück voraus: «Unsere Kinder werden unweigerlich dafür bemitleidet, dass sie mich zur Mutter haben. Es wird angenommen, dass sie nicht gut geraten können. Ich hoffe, meine Kinder werden wie Fritz, wie Papa, wie Du und so wenig wie möglich wie der Rest der preußischen königlichen Familie aufwachsen; dann werden sie gute Patrioten und für ihr Land von Nutzen sein – sei es Preußen oder Deutschland.»[25]

Vicky und Friedrich standen als Thronfolgerpaar im Blickpunkt der Politik. Sie erschienen der deutschen Öffentlichkeit gemeinsam als Gegner Bismarcks und Verkörperung einer liberalen Verfassungsoption. Friedrich war eine wichtige politische Figur für die Zukunft, wenn auch weitgehend ohne direkten Einfluss. In den Briefen, die Vicky an die Queen schrieb, wird deutlich, dass Vicky ihren Mann gern zu einer entschiedeneren Position gedrängt hätte. Die Kronprinzessin vertrat mit besonderer Leidenschaft das britische Verfassungsmodell, das der Vater Albert ihr als politische Mission für Mitteleuropa ans Herz gelegt hatte. Friedrich wiederum war – als preußischem Offizier – die Loyalität zum König und Vater überragend wichtig, und es ist sehr fraglich, ob sich in einer Monarchie unter Friedrich eine durchgreifende Parlamentarisierung des Reiches entwickelt hätte.

Schwiegermutter Friedrichs war die mächtigste Frau der Welt, und dieses Selbstbewusstsein zeigte die Queen auch im Privatleben. Überdies konnten diese Beziehungen auch nicht vollkommen privat sein, wenn die Souveränin des britischen Empire mit dem Erben Preußens und seit 1871 dem Thronfolger des Deutschen Reiches sprach. Die Queen erwartete jedenfalls, dass ihr Schwiegersohn so britannienfreundlich wie möglich agierte. Unter der Führung ihres Schwiegersohnes sollte das Deutsche Kaiserreich sich als konstitutionelle Monarchie ohne Expansionsdrang entwerfen.

Für Vicky blieb die eigene Mutter neben Ehemann und Kindern die wichtigste Bezugsperson. Die Prinzessin schien das Leben am preußischen Hof und die Trennung von den Eltern in den ersten Jahren nur schwer zu ertragen. Der Briefwechsel zwischen Mutter und Tochter ragt auch aus den äußerst umfangreichen familiären Briefwechseln der Queen heraus. Die Kronprinzessin fand am preußischen Hof und bei der preußischen Verwandtschaft keine Freunde, im Gegenteil. Ihre britische Herkunft, ihr Reichtum und ihre politischen Ideen reichten aus, um sie unbeliebt zu machen. Despektierliche Äußerungen über die Hässlichkeit und Ignoranz der preußischen Prinzessinnen, die sich in den Briefen an die Mutter finden, blieben nicht geheim. Vickys britischer Patriotismus war auffallend. Wegen der engen Verwandtschaft verglich man die Britin oft mit den deutschen Prinzessinnen, die nach Russland geheiratet hatten, nie durch Anhänglichkeit an ihr Mutterland aufgefallen waren und als russifiziert galten. Während Vicky ihre politischen Vorstellungen auf nicht besonders diplomatische Weise äußerte, fiel es der Mehrheit der ins Ausland heiratenden Prinzessinnen schon wegen mangelnder politischer Kenntnisse nicht schwer, sich aus der europäischen Politik herauszuhalten.

Für das Kronprinzenpaar gehörten die Hoffeste zu den selbstverständlichen Aufgaben öffentlicher Repräsentation. Die preußische Kronprinzessin, die aus ihrem Elternhaus ein bescheidenes Festniveau am Hof und ein geradezu bürgerliches Familienleben gewöhnt war, konnte sich zeitlebens nicht an die preußische Hofkultur gewöhnen. Während sie ein Familienleben mit Mann und Kindern vorgezogen hätte, war sie gezwungen, der schwerfälligen höfischen Etikette nach den Vorstellungen des Königs- und dann Kaiserpaares zu folgen. Kaiser Wilhelm I. und Kaiserin Augusta, die persönlich nur schwer miteinander auskamen, schätzten eine unaufhörliche Abfolge von Diners und Konzerten, von den Ereignissen der Ballsaison im Januar und Februar zu schweigen. In den Briefen an ihre Mutter klagte Vicky ständig über die preußische Hofroutine, die von der Intimität familiären Zusammenseins so gar nichts wissen wollte. Ihre Vorstellungen von Geselligkeit kreisten um die Familie, die allerdings angesichts der hochadligen Verbindungen in ganz Europa sehr ausgedehnt war. Besuche der Geschwister und der Mutter waren stets willkommen, noch lieber allerdings reiste die oft heimwehkranke Vicky nach Großbritannien. Zu den bedauerlichen Tatsachen ihres Lebens gehörte, dass sowohl die Queen als auch ihr Schwiegervater die Reisepläne häufig durchkreuzten. Während Königin Victoria ihre Ruhe in Windsor, Osborne oder Balmoral schätzte und nicht durch zu viele Enkel gestört sehen wollte, wünschte Wilhelm I. keine zu enge Bindung seiner Erben an das britische Königshaus. So musste Vicky häufiger, als ihr lieb war, in Berlin und Potsdam ausharren.

Geldsorgen spielten selbst in dieser Ehe eine erstaunlich große Rolle. Prinzessin Vickys an sich großzügige britische Apanage änderte nichts daran, dass sie das Leben in Berlin und Potsdam mit vergleichsweise knappen Ressourcen bestreiten musste. Als Kaiser, schon im Sterben liegend, bemühte Friedrich sich mit nur begrenztem Erfolg, die finanzielle Absicherung seiner Ehefrau und der jüngeren Töchter für die Zeit nach dem Regierungsantritt Wilhelms II. zu gewährleisten. Vicky bemerkte nach Friedrichs Tod mit Verbitterung, dass ihre Schwiegermutter Augusta weit besser versorgt worden war.

Der Tod Kaiser Friedrichs III. 1888 an Kehlkopfkrebs nach nur dreimonatiger Regierung brachte der Kaiserin Vicky nicht bloß großen Kummer, sondern auch vielfältige finanzielle, politische und gesellschaftliche Schwierigkeiten. Ihr Sohn, der neue Kaiser Wilhelm II., wandte sich offen gegen die Mutter. Er nahm ihr mit Friedrichskron ihren langjährigen Wohnsitz in Potsdam, den er in «Neues Palais» umtaufte. Wilhelm II. bot seiner Mutter die Villa Liegnitz in Potsdam an. Die Villa Liegnitz war in der ersten Hälfte des 19. Jahrhunderts für die zweite, morganatische Gattin König Friedrich Wilhelms III. gebaut worden. Als Monarchin und als Mutter des Monarchen konnte Vicky dieses Angebot durchaus als Beleidigung verstehen. Vielleicht hat Wilhelm II. gehofft, seine Mutter würde nach Großbritannien zurückkehren. Allerdings war eine solche Entscheidung für Vicky schon im Interesse ihrer jüngeren Töchter nicht möglich. Durch die Erbschaft einer Freundin sah Vicky schließlich die Möglichkeit, sich in Kronberg am Taunus, weit entfernt von Berlin und Potsdam, ein neues Friedrichskron zu bauen. Während es Wilhelm II. und seiner Frau Auguste Victoria schnell gelang, die Kaiserinwitwe aus der Hauptstadt zu verdrängen, wandte Bismarck andere Methoden gegen seine alte Feindin an. Der Reichskanzler beschuldigte die Kaiserin Friedrich, Staatspapiere entwendet und nach Großbritannien geschafft zu haben. Befeuert wurde dieser Vorwurf durch die Tatsache, dass man bei der sofortigen Durchsuchung des Neuen Palais nach Friedrichs Tod keine inkriminierenden Papiere gefunden hatte. Vicky beschloss, ihre private Korrespondenz mit ihrer Mutter Victoria in Windsor zu belassen, wo sich die Briefe noch heute befinden.[26]

Die Kaiserin Friedrich überlebte ihren Ehemann um 13 Jahre. Sie hielt es wie ihre Mutter Victoria und trat in der Öffentlichkeit nur noch in schwarzer Witwenkleidung auf. Nach der Übersiedlung in den Taunus beschäftigte sich Vicky mit dem großen Projekt ihrer Witwenschaft: Sie wollte eine Biographie ihres Mannes schreiben, eine Rechtfertigung seines Lebens als Soldat und konstitutioneller Monarch, so wie sie es sah. Die Wahrheit, wie sie sagte, die Vicky über die Kronprinzenzeit veröffentlichen wollte, war von ihren eigenen Werten und Vorstellungen geprägt. Dass Friedrich III. Vickys und damit Victorias und Alberts konstitutionelle Vorstellungen vollständig geteilt hat, ist unwahrscheinlich. Jedenfalls war er mehr ein Anhänger des preußischen dynastischen Gedankens, als Vicky wahrhaben wollte.

Sorge für Kinder und Enkel sowie Wohltätigkeit füllten ihre Tage während des zurückgezogenen Lebens aus. Bald machte sich die Krebserkrankung bemerkbar, die es erwarten ließ, dass Vicky ihre Mutter Victoria nicht lange überleben würde. Das private Vermögen hinterließ sie ihren jüngeren Kindern. Nach ihrem Tod 1901 erhielt die jüngste Tochter Margarethe (Mossy), die in Hessen verheiratet war, Friedrichshof. Juwelen und Kunstwerke wurden unter den Kindern verteilt.[27]

Die kurze Regierungszeit Friedrichs III. und letztlich der Ausbruch des Ersten Weltkrieges erklären, warum das Ehepaar im 20. Jahrhundert nur selten ausführlich gewürdigt wurde. Vicky scheiterte mit ihrem Vorhaben, den Ehemann im kulturellen Gedächtnis zumindest der deutschen Nation zu verankern. Nicht zuletzt die große Bismarck-Verehrung des deutschen Bürgertums war ein Grund dafür.

EHEPAARE ALS ELTERN

Geburt

Ehe und Elternschaft hingen im 19. Jahrhundert noch grundsätzlich, wenngleich nicht immer, zusammen. Der Anteil der Erstehen, in denen keine Kinder geboren wurden, lag bei circa zehn Prozent. Angesichts des fehlenden Wissens über Empfängnisverhütung und des Mangels an Zugang zu entsprechenden Mitteln war eine schnelle Schwangerschaft daher eine wahrscheinliche Folge der Eheschließung. Zwar wünschten sich viele Paare eine Begrenzung der Kinderzahl, kaum aber das Ausbleiben von Kindern überhaupt. Kinderlosigkeit bedeutete für viele Frauen eine schwere Belastung, zumal wenn es wie im Adel und bei manchen Unternehmerfamilien um die Zeugung eines Erben ging. Die Angst vor der Geburt kam hinzu, die Angst um das eigene Leben und das des Kindes, dann die Sorge um einen mit kleinen Kindern zurückbleibenden Ehemann. Eine der Vorgängerinnen der Queen Victoria als britische Thronerbin, Prinzessin Charlotte, war 1817 mit ihrem neugeborenen Sohn an den Geburtsfolgen gestorben. Damals wurden übrigens viele der Bewunderungsformeln erfunden, die man noch 1997, nach dem Tod von Prinzessin Diana, gebrauchte: «England's Rose» oder «Queen of Hearts».[1]

Noch bis in die erste Hälfte des 20. Jahrhunderts kamen die meisten Kinder mit der Unterstützung von Hebammen zu Hause zur Welt, Kliniken gab es nur in den großen Städten. Die Frauen der Eliten hatten die Hausentbindung nicht aufgegeben, zumal die Sterblichkeit von Müttern und Kindern in Entbindungsanstalten wegen der Infektionsgefahr hoch war. Allerdings wurde meist ein Arzt hinzugezogen. Den Höhepunkt erlebte die Klinikgeburt in der zweiten Hälfte des 20. Jahrhunderts. In den sechziger Jahren brachte so gut wie keine Frau in

Deutschland ihr Kind zu Hause zur Welt. Erst in den achtziger Jahren kamen wieder Hausgeburten auf, entweder zu Hause oder in neu entstandenen Geburtshäusern. Aber der hohe Anteil der Geburten mittels Kaiserschnitt, die «Risikoschwangerschaften» von erstgebärenden Frauen über 35 Jahren und andere Risiken für Mütter und Kinder sorgen dafür, dass die Hausgeburt nicht mehr zur Norm werden kann.[2]

Neben die Geburten traten für viele Frauen die Fehlgeburten. Die vielgebärenden Frauen wie Clara Schumann, Prinzessin Victoria oder Katia Mann litten darunter, wie auch Frauen, die auf ihr erstes Kind hofften. Manche Frauen, meist aus der Arbeiterschicht, die schon mehrere Kinder hatten, fühlten sich womöglich erleichtert. An die Fehlgeburten schlossen sich häufig allgemeine Schwächeperioden an. Die Anforderungen des Familienalltags ließen jedoch nicht nach, und es kam nicht selten zu Depressionen.

Mutterschaft vor und außerhalb der Ehe

Für adlige und Bürgertöchter konnte eine Schwangerschaft zur Katastrophe werden, wenn keine schnelle Eheschließung gelang. Unter Fabrik- wie unter Landarbeitern kamen viele voreheliche Schwangerschaften vor. Die Eheschließung erfolgte häufig überhaupt erst in den ersten Monaten einer Schwangerschaft. Der Bericht des Fabrikarbeiters Moritz Bromme vom Beginn des 20. Jahrhunderts ist typisch: «Den ganzen Winter hindurch war mir meine Braut sehr verdächtig vorgekommen. Im Frühjahr schien es mir Gewißheit zu sein, daß ich ein Unglück angerichtet hatte. Ich wartete immer auf eine Erklärung, aber sie blieb stumm, bis ich eines Abends selbst darauf zu sprechen kam. Sie gab es zu, hatte mir aber vor meiner letzten Militärmusterung nichts davon sagen wollen. Wenn ich Soldat geworden wäre, meinte sie, hätte sie sich ein Leids angetan; denn nach Hause hätte sie nicht in solchem Zustande kommen dürfen. Selbstverständlich gab ich nun zur letzten Musterung jeden Fehler an und wegen meines linken Ohres, das nur noch ein stark durchlöchertes Trommelfell aufzuweisen hatte, kam ich zur Ersatzreserve der Infanterie. Meiner Verheiratung stand also nichts mehr im Wege, doch soviel steht fest, hätte ich meine Braut nicht geschwängert gehabt, ich hätte noch lange nicht geheiratet und wäre vielleicht Soldat geworden.»[3] Bromme wäre es also recht gewesen, die Heirat noch aufzuschieben.

In Preußen wurden 1830 fast sieben Prozent der Kinder nichtehelich geboren. In den westlichen Provinzen lag der Anteil niedriger, in Brandenburg und Schlesien höher. Wo, wie in Preußen, Eheschließungen in der ersten Hälfte des 19. Jahrhunderts auf relativ wenig formellen Widerstand stießen, waren nichteheliche Geburten seltener als dort, wo es rechtliche Ehehindernisse bis hin zu Eheverboten gab. In den süddeutschen Staaten mit ihren Strategien der Eheverhinderung stieg der Anteil bis auf 15 Prozent. Zur Zeit der Reichsgründung 1871 kamen neun Prozent der Kinder nichtehelich zur Welt. Der Höhepunkt des Anteils nichtehelicher Geburten vor den achtziger Jahren der Bundesrepublik lag mit 12 Prozent zwischen 1926 und 1930.[4]

Unverheiratete Mütter kamen in den großen Städten und auf dem Land mehrheitlich aus der Arbeiterschaft. Während Arbeiterinnen und Dienstmädchen die Mütter und meist ledige Arbeiter und Knechte die Väter der Kinder waren, stellten sich die Juristen im 19. Jahrhundert eher bürgerliche Familienväter vor, die in einer außerehelichen Liaison ein Kind zeugten. Manche Milieus fallen extrem auf. In Berlin wurden besonders viele ledige Frauen schwanger, die in der Gastronomie beschäftigt waren, also in einem Gewerbe, das permanent sehr viele neue Bekanntschaften ermöglichte.[5]

Die Diskriminierung nichtehelicher Mütter war Tradition und hielt auch in der Weimarer Republik an. Aus «sittlich-moralischen» Gründen bemühte sich der Verein der Post- und Telegraphenbeamtinnen, in dem mehrheitlich unverheiratete Frauen organisiert waren, um die Entlassung einer Kollegin, die ein nichteheliches Kind hatte. Die «allgemeinen Standes- und Berufsinteressen» erforderten nach Meinung des Verbandes eine Entlassung. Allerdings zeigte in diesem Fall der Reichspostminister eine andere Auffassung von Sozialpolitik. Er verweigerte die Entlassung mit der Begründung, er könne die Frau nicht in dem Moment entlassen, in dem sie für ein Kind zu sorgen habe.[6]

Im Parlamentarischen Rat wurde 1948 die Gleichstellung nichtehelicher und ehelicher Kinder vor dem Hintergrund der Grundrechtsdebatte diskutiert. CDU/CSU und das Zentrum hielten an einer Definition der Familie fest, welche die Ehe im Mittelpunkt einer «in sich geschlossenen Ordnungseinheit» sah. Vor dem Hintergrund einer 1946 kurzzeitig auf 16,4 Prozent gestiegenen Nichtehelichenquote fühlten sich Konservative und die Kirchen alarmiert. Auch das Sinken und dann Verharren der Quote bei unter zehn Prozent in den fünfziger Jahren konnten kaum beruhigen. Außerehelicher Sexualverkehr und die Schwangerschaft als Folge galten der christlichen Sozialmoral als Sünde.[7]

Zu Beginn der sechziger Jahre entstand im Zusammenhang mit anderen Familienrechtsfragen eine Diskussion über die Rechtsstellung nichtehelicher Kinder und ihrer Mütter. Einige Gerichte gingen dazu über, Mütter als Vormünder ihrer Kinder einzusetzen. Die Diskriminierung der nichtehelichen Mutter gerade auch im Vergleich mit geschiedenen oder verwitweten Müttern bewog schließlich auch konservative Verbände wie den Sozialdienst katholischer Frauen zum Umdenken: «Zu verwerfen sind außereheliche geschlechtliche Bindungen. Aber das Kind als Folge solcher Verbindungen ist nicht zu verwerfen, und die uneheliche Mutter, die sich für ihr Kind einsetzt und für ihr Kind sorgt, hat Anspruch auf unsere Achtung.»[8] Trotz des großen Medienechos dauerte es noch bis 1970, bis das Reformgesetz in Kraft trat. Seither übte die Mutter regelmäßig die elterliche Gewalt aus, und das Kind gilt als mit dem Vater verwandt. Die Kinder gewannen erbrechtliche Ansprüche, wenngleich noch keine vollständige Gleichstellung mit ehelichen Kindern.

Erst in den letzten zwanzig Jahren ist die nichteheliche Elternschaft in den westlichen Staaten zu einem Normalfall geworden, und das hat die Bedeutung der Ehe verringert. Zwischen 1970 und 1999 stieg der Anteil nichtehelicher Geburten in der Bundesrepublik von 5,5 Prozent (in der DDR 13,3 Prozent) auf 21,6 Prozent. Damit zeigt sich die Bundesrepublik im europäischen Vergleich in diesem Zeitraum als vergleichsweise eheorientiert. In Island und Schweden betrug der Anteil nichtehelich geborener Kinder 1999 62,4 beziehungsweise 55,3 Prozent. Auch Frankreich und Großbritannien übertrafen mit etwa 40 Prozent nichtehelicher Geburten den Anteil in der Bundesrepublik sehr deutlich. Am anderen Ende der Skala liegen die südeuropäischen Länder: Griechenland mit 4, Italien mit 8,7 und Spanien mit 12 Prozent.[9]

Schwangerschaftsverhütung

Die Schwangerschaftsverhütung blieb bis in die sechziger Jahre, als die Erfindung der Pille die Sexualbeziehungen revolutionierte, voller Unsicherheiten. Im 19. Jahrhundert standen nur wenige – meist ungeeignete – Methoden zur Verfügung. Trotz der politischen Ablehnung von Verhütungsmethoden durch Parteien und Kirchen wurden in den Ehen des Bürgertums weniger Kinder geboren. Zwar wuchs die Bevölkerung in Deutschland auch im 19. Jahrhundert noch deutlich, aber die Kinderzahl ging seit den 1880er Jahren langsam zurück. Von tausend Frauen zwischen 15 und 45 Jahren wurden 167 Kinder lebend zur Welt gebracht. Bis zum Ersten Weltkrieg ging die Zahl bereits auf etwa 100 zurück und lag 1950 nur noch bei 70.[10]

Die Geschichte der modernen Geburtenkontrolle begann im 19. Jahrhundert. Man praktizierte den Coitus interruptus oder übte Enthaltsamkeit. Kondome und Pessare waren schwer erhältlich und teuer. Erste Hinweise auf die Verbreitung solcher Verhütungsmittel finden sich früh. In einer pietistisch motivierten Schrift, die 1835 über die «Alltäglichkeit schleuniger Ehescheidungen» und nichteheliche Schwangerschaften klagte, erwähnte der Autor, ein Beamter namens Geisler, auch die Verbreitung «gewisser Präservativ-Bedeckungen» vor allem im Rheinland. Vom Rheinland als einer ökonomisch fortgeschrittenen Gegend mit Grenzen in die Niederlande und Frankreich verbreitete sich das Verhütungswissen weiter. Gerade auch die bürgerlichen und adligen Führungsschichten legten Wert auf Geburtenkontrolle. Der Fabrikarbeiter Moritz Bromme berichtete um 1900 über den Kauf von Pessaren und die Praktizierung des Coitus interruptus. Aber zumindest die letztere Methode war äußerst unsicher. Die zahlreichen Schwangerschaften des Ehepaars Bromme wurden jedenfalls nicht verhindert. Anfang des 20. Jahrhunderts tauchte Werbung für Verhütungsmittel, zum Beispiel für ein Pessar, im *Adels- und Salonblatt* auf. Diese Zeitschrift beschäftigte sich mit Geselligkeit, Mode, Sport und Belletristik. Der ausführliche Anzeigenteil avisierte ein gehobenes Publikum, dem offen der Wunsch nach Begrenzung der Kinderzahl in der Ehe unterstellt wurde.[11]

In den 1870er Jahren führte das Thema Schwangerschaftsverhütung in Großbritannien zu einer breiten öffentlichen Debatte. Seit zehn Jahren hatte sich die *Malthusian League* bemüht, Verhütungswissen zu verbreiten. 1877 standen dann die Aktivisten Charles Bradlaugh und Annie Besant vor Gericht – in öffentlicher Verhandlung mit einem großen Publikum.

Auch in den USA setzten in den siebziger Jahren die politischen Anstrengungen gegen Schwangerschaftsverhütung ein. Das Comstock-Gesetz von 1873 verbot alles, was zur Empfängnisverhütung und Abtreibung geeignet war, und drohte mit Zwangsarbeit oder einem Strafgeld von bis zu 5000 Dollar. Richter und Gerichte in den USA sahen sich als Hüter der gesellschaftlichen Moral und erwarteten von der Bevölkerung aktive Unterstützung in Form von Denunziationen. Nach 1900 initiierte die Frauenrechtlerin Margaret Sanger eine Kampagne gegen dieses Gesetz, das auf unzulässige Weise in die Privatsphäre der Familie eingreife. Schließlich erlaubte das New Yorker Appellationsgericht 1918, nicht zuletzt zu eugenischen Zwecken, die Verbreitung von Verhütungsinformationen. In den USA zog sich die Auseinandersetzung zwischen dem Staat und der Moral seiner Bürger lange hin. Erst 1965 entschied der oberste Gerichtshof im Fall Griswold gegen Connecticut, dass die Gesetze aus den 1870er Jahren als verfassungswidrig zu betrachten und daher aufzuheben seien.[12]

Nach 1900 bemühten sich Familien in sämtlichen europäischen Ländern um eine Begrenzung ihrer Kinderzahl. Im Deutschen Kaiserreich ging die Kinderzahl zwischen 1880 und 1912 um 30 Prozent zurück. Dabei lag Berlin mit 55 Prozent an der Spitze, es folgten Hamburg, Sachsen und die Provinz Brandenburg. Am wenigsten sanken die Geburtenzahlen in Westpreußen und Schlesien. Auch in den katholischen Regionen war der Rückgang spürbar. In Bayern ergab sich ein Rückgang von 25 Prozent, im Rheinland um 32 Prozent. Gewisse Ausnahmen bildeten auf der einen Seite Frankreich, wo der Trend zu weniger Kindern schon in den 1820er Jahren eingesetzt hatte, und auf der anderen Seite Irland, das bis 1930 seine hohen Geburtenraten behielt. Da es sich in beiden Fällen um mehrheitlich katholische Länder handelt, wird deutlich, dass die Konfession allein das generative Verhalten nicht erklären kann.

Für die Mehrheit der Familien war eine Steigerung des Lebensstandards mit zahlreichen Kindern kaum möglich, und besonders den Frauen war deutlich, wie sehr die zahlreichen Schwangerschaften, Geburten und die Erziehung der Kinder ihre physische und psychische Gesundheit gefährdeten. In mehreren Erhebungen um 1920 fand der Sexualwissenschaftler Max Marcuse heraus, dass verheiratete Arbeiterpaare an einer Begrenzung ihrer Kinderzahl sehr interessiert waren. Während für die Frauen die eigene Gesundheit und Belastbarkeit im Vordergrund standen, betonten die Männer wirtschaftliche Motive. Der Rückgang der Geburtenzahlen hing eng mit dem sozialen Status und der Bildung zusammen. Familien ungelernter Arbeiter, in denen das Informationsdefizit am größten war, bekamen auch in der Weimarer Republik noch die meisten Kinder. Das Wissen über den monatlichen Zyklus der Frau, das in Aufklärungsbüchern dokumentiert wurde, konnte sich nur allmählich verbreiten. Wie in den Vereinigten Staaten wurde es der Bevölkerung nicht leicht gemacht, Kenntnisse über Sexualität und Verhütung zu erlangen. In van de Veldes Werk erschien eine tabellarische Aufstellung der Positionen beim Geschlechtsverkehr und der möglichen Folgen zum Schutz vor Strafverfolgung nur in lateinischer Sprache, und die Leserschaft wurde aufgefordert, einen Arzt nach der Übersetzung zu fragen.[13]

Nach dem Zweiten Weltkrieg bemühte sich die katholische Kirche um die Propagierung ihres Ehebildes. Angesichts des Aufschwungs der Sexualwissenschaften und der Verbreitung von Verhütungswissen startete die Kirche mit Publikationen, die oft aus Frankreich kamen, eine eigene Aufklärungsinitiative. Partnerschaftliche Elemente sollten eine Rolle spielen. Michel Pierre forderte in seinem Buch *Die Freude in der Ehe. Gespräch mit meinem Sohn* die Männer auf, bei der Hausarbeit und Kindererziehung zu helfen: «Geh für sie einkaufen. Trage für sie das Holz oder die Kohle herauf. Besorge alles, was für sie zu schwer oder zu mühevoll ist. Sie wird dich für manche Dinge benötigen, du kannst ihr sogar helfen, die Kinder zu füttern und schlafen zu legen; und betet zusammen mit den Kindern das Abendgebet.» Auch hier ging es nicht mehr um ein absolutes Verbot der Empfängnisverhütung. «Wenn Mann und Frau sich bemühen, in der echten Verbindung mit

Gott zu leben, wenn sie innerlich gesund und guten Willens ihre Ehe eingehen und zum Kind grundsätzlich ja sagen, ist es ihnen in Notfällen erlaubt, von den sterilen Tagen in der Absicht Gebrauch zu machen, ein weiteres Kind in der *jetzt gegebenen* Situation zu vermeiden.»[14]

Die christlichen Eheratgeber der vierziger bis sechziger Jahre waren bestrebt, die päpstliche Lehre mit dem Bedürfnis, die Kinderzahl zu begrenzen, in Einklang zu bringen. Man lehnte van de Veldes «technische» Sicht auf Erotik und Sexualität ab und verstand die Erfüllung der Ehe naturrechtlich als Elternschaft. Die Verhütungsmethode nach Knaus und Ogino wurde schließlich akzeptiert, da es sich um eine natürliche Methode handele. Die Unsicherheit und die Notwendigkeit temporärer Enthaltsamkeit sollten als «natürlich» akzeptiert werden. Spätestens seit den zwanziger Jahren befanden sich gläubige Katholiken in dieser Frage häufig in Gewissensnöten.

Die naturrechtlich, kirchlich und konservativ argumentierende Ratgeberliteratur richtete sich explizit an Männer. Zumindest in diesem Punkt war man mit van de Velde noch einig. Hans Wirtz etwa beschrieb die Inkompatibilität zwischen dem Mann, «der sparen will und es auch tut», und der Frau, die ebenfalls sparen will, «es aber selten zuwege bringt». «Den Mann als ‹Herr der Ehe› – das heißt: als Träger der Verantwortung» hatte «die Natur stärker, unternehmender und wissender gemacht als das Weib».[15]

Einen Einschnitt in der Verbreitung des Wissens über die Sexualität von Männern und Frauen, zumindest in der westlichen Welt, bildete der Kinsey-Report. 1948 erschien *The Sexual Behaviour in the Human Male.* Der amerikanische Zoologe Alfred C. Kinsey untersuchte empirisch, vor allem durch Befragungen, das sexuelle Verhalten. 1953 folgte die Studie über Frauen. Die Ergebnisse waren für die Verteidiger einer strengen Ehemoral ernüchternd. In einem Sample, in dem weiße und schwarze Männer der Mittel- und Unterschicht, aber auch Gefängnisinsassen befragt wurden, gaben bis zu 37 Prozent der Männer außerehelichen Sexualverkehr an. Kinsey argumentierte biologistisch. Seine Untersuchungen wurden im prüden Amerika zu Verkaufsschlagern, und das zu einer Zeit, als Mischehen zwischen den Rassen und Homosexualität in vielen Staaten noch Straftatbestände darstellten.[16]

Die Eheratgeber der Nachkriegszeit, die nicht dezidiert christlich ausgerichtet waren, unterstellten – auch um dem Index der «Bundesprüfstelle für jugendgefährdende Schriften» zu entgehen – ausschließlich in der Ehe praktizierte Sexualität zum Zweck der Zeugung von Kindern. Rolf Rothers Ratgeber von 1951 bot das vorhandene Sexualwissen an, erwähnte den Kinsey-Report und verurteilte voreheliche Defloration, Verhütungsmittel, Prostitution und freie Liebe. Dieser Ratgeber wandte sich an Männer und Frauen gleichermaßen, ging aber von der Passivität der Frau aus. Und auch die Erwartungen der Geschlechtsstereotype des 19. Jahrhunderts sind noch spürbar: «Freilich soll der Mann eine gewisse praktische Erfahrung mit in die Ehe bringen, denn er soll ja Lehrmeister seiner jungen Frau sein. Aber bei ihr soll sich die Erfahrung auf sexuellem Gebiet lediglich auf das Theoretische erstrecken.»[17]

Die sexuelle Ehewirklichkeit bleibt in den meisten historischen Quellen im Dunkeln. Der Rückgang der Geburtenzahlen im 20. Jahrhundert mit einigen Stagnationsperioden macht deutlich, dass Empfängnisverhütung in nahezu sämtlichen Ehen praktiziert wurde. Vermutlich wandten die Paare verschiedene Methoden gleichzeitig an, um die Wahrscheinlichkeit einer Schwangerschaft zu senken.

Der Zeitpunkt, an dem in der Ehe eine Schwangerschaft erwünscht oder abgelehnt wurde, war unterschiedlich. In vielen Arbeiterehen bemühte sich das Paar zunächst, eine Schwangerschaft hinauszuschieben. In Adel und Bürgertum wurde die Geburt des ersten Kindes oft mit Sehnsucht erwartet. Selbst im Bürgertum störte es um 1900 nicht mehr sehr, wenn die Schwangerschaft vor der Eheschließung begann. Am 22. Oktober 1898 schrieb Elsa Prinzessin Cantacuzene an ihren Verlobten, den Münchener Verleger Hugo Bruckmann, einen Brief mit einem Geständnis: «Nun aber zur Hauptsache, die mir so bang ist, Dir zu sagen. Es ist doch nichts mit dem, über was wir uns so gefreut haben. Heute, 16 Tage später, ist es doch eingetreten. Ich bin ganz traurig wegen Dir, weil's dir doch die *größte* Freude von allen war. Aber hab mich doch noch lieb, auch so gelt? […] und nicht wahr, du bist nicht böse, sondern doch lieb und gut mit Deiner Elsa Braut.» Der zukünftigen Elsa Bruckmann ist sowohl die Furcht, ihren Verlobten zu enttäuschen, als auch, ohne Kind die Liebe des Verlegers zu verlieren, anzumerken.

In der Mittelschicht war es üblich, sich zunächst ein oder zwei Kinder zu wünschen. Blieb es dabei, konnte das auch als Anhaltspunkt für das Verhältnis zwischen den Ehegatten dienen. Queen Victoria und ihre Tochter Vicky erlebten zahlreiche Geburten, Friedrichs Eltern Wilhelm und Augusta, die sich bekanntermaßen schlecht verstanden, hatten nur zwei Kinder.[18]

Taufe

Für die deutschen Bürger war die Taufe im 19. Jahrhundert ein selbstverständlicher Akt, der bis 1875 zugleich die amtliche Registrierung des Kindes war. Mit der Taufe wurde der Vorname vergeben, der oft zur Familientradition gehörte, besonders bei den ersten Kindern. Wenn für das Leben des Kindes Gefahr bestand, fand die Taufe unmittelbar nach der Geburt, als Nottaufe, statt, sonst vergingen einige Wochen bis zur Taufe. In der Frühen Neuzeit hatte die Patenschaft in Stadt und Land eine große Bedeutung gehabt. Für Kaufleute, Handwerker und Landbesitzer war sie wichtiger Ausweis familiärer, aber auch beruflicher und sozialer Netzwerke. Im 20. Jahrhundert ließ die Bedeutung der Patenschaft nach. Die meisten Kinder erhielten nur noch zwei Paten, die aus kirchlicher Sicht vor allem für die religiöse Erziehung zuständig sein sollten. Nur noch in Ausnahmefällen wurde erwogen, auch Verwandte und Freunde zu Paten zu bestellen, die bei der Taufe überhaupt nicht anwesend waren. In der Bundesrepublik Deutschland stellt heute die Ehrenpatenschaft, die der Bundespräsident auf Antrag der Eltern für das siebte Kind einer Familie übernimmt, eine Erinnerung an diese öffentliche Bedeutung dar.

Mit der Einrichtung der Standesämter in Deutschland 1875 wurde auch die Taufe zu einem rein kirchlichen Akt. In den protestantischen Regionen und den sozialen Gruppen, in denen die Entkirchlichung große Fortschritte gemacht hatte, verzichteten im ersten Drittel des 20. Jahrhunderts manche Eltern auf die Taufe. Aber wie bei den kirchlichen Eheschließungen war auch hier zwischen 1933 und 1935 eine Renaissance zu beobachten. In einer Braunschweiger Pfarrgemeinde wurden 1931 nur 87 Kinder getauft, 1933 aber 180 und 1934 210. Seit 1938 und dann mit den stark zurückgehenden Geburtenraten im Zweiten Weltkrieg sank die Zahl aber wieder.[19]

Selbst bei Paaren aus einem bürgerlichen Umfeld, die auf eine kirchliche Trauung verzichten, sind Taufen häufig üblich. 1964 fanden in der Bundesrepublik eine Million Taufen statt, und weniger als 50 000 Neugeborene blieben ungetauft. 1991 verzichteten im vereinigten Deutschland die Eltern von 25 Prozent der 800 000 Neugeborenen auf eine christliche Taufe. Wachsende Konfessionslosigkeit, vor allem in den neuen Bundesländern, und ein gestiegener Anteil von Einwanderern mit anderer religiöser Zugehörigkeit machten sich entsprechend bemerkbar. Trotzdem bleibt die Taufe als Geburtsfest vielfach ein Anlass für ein Familientreffen.[20]

Stillen

Bereits im 18. Jahrhundert war die Frage, ob die Mutter das Kind selbst stillen konnte und sollte, von großer Bedeutung. In der Frühen Neuzeit hatte die Gewohnheit, Neugeborene zu Ammen zu geben (das sogenannte *baby farming*), in England und Frankreich zu hohen Todesraten geführt. Die Kinder erhielten kaum Muttermilch, sondern ungenügende und ungeeignete Nahrung. In der zweiten Hälfte des 18. Jahrhunderts machte die Aufklärung das Stillen populär. Jean-Jacques Rousseau empfahl es 1762 den Müttern in seinem Erziehungsroman *Emile* dringend. In einem berühmten Paragraphen ordnete das Allgemeine Landrecht für die preußischen Staaten von 1794 an, dass Mütter ihre Kinder selbst stillen sollten, «wie lange sie aber dem Kinde die Brust reichen solle, hängt von der Bestimmung des Vaters ab». Später ist dieser Paragraph als Zeugnis für die Interventionswut des absolutistischen Staates in das Privatleben seiner Untertanen und der gesetzlichen Bestätigung männlicher Vorrechte gedeutet worden, aber angesichts der fehlenden Ernährungsalternativen stellte er tatsächlich ein Säuglingsschutzprogramm dar. In England wurde 1872 ein Gesetz «for the Protection of Infant Life» verabschiedet, das Mindeststandards für *baby farmers* vorsah. Gesetzgeber, Ärzte und Hebammen setzten sich für bessere Überlebenschancen der Kinder ein. Im 19. Jahrhundert wurde das Stillen als idealer Ausdruck von Mutterschaft gepriesen. Hier entschied die Mutter über die Dauer der Stillzeit.

Das Wissen um die empfängnisverhütende Wirkung des Stillens war noch wenig verbreitet. Für Kronprinzessin Victoria mit ihrem beständigen Kinderwunsch wäre das auch sicher kein Argument für das Stillen gewesen. Arbeiterfrauen verzichteten nicht aus strategischen Gründen auf das Stillen, sondern weil sie erwerbstätig sein mussten. Wenn die Mutter abwesend war, wurde das Kind mit Brei, Suppe, Kuh- oder Ziegenmilch ernährt. Fehl- und Mangelernährung der Mütter erschwerten das Stillen zusätzlich.

Justus Liebig brachte Mitte des 19. Jahrhunderts die erste Fertignahrung für Babys auf den Markt. Henri Nestlés «Kindermehl» mit Kondensmilch wurde in den 1870er Jahren in Deutschland, der Schweiz, Frankreich und Russland zum Verkaufsschlager. Um 1900 sank die Stillquote auch in den Regionen, in denen das Stillen bis dahin verbreitet gewesen war. Die Entscheidung für das Stillen war eine individuelle geworden. In den sechziger Jahren wurde die erste synthetische Milch (Milumil) entwickelt, die den Müttern als muttermilchähnlich angeboten wurde. In den fünfziger und sechziger Jahren stillte in den Industrieländern dann nur noch eine Minderheit der Mütter. Im 20. Jahrhundert wurden in einigen Ländern «Milchbanken» gegründet, um kranke Kinder mit Muttermilch versorgen zu können. Besonders in der DDR blieb diese Organisation bis zur Wende 1989 populär. Heute sind in der EU Werbemethoden untersagt, die geeignet sind, Mütter vom Stillen abzuhalten. Der Verkauf von Milchpulver in Entwicklungsländern durch die großen Konzerne wird in der Öffentlichkeit vielfach kritisiert.[21]

Mutterschaft und staatliche Wohlfahrt

Im Deutschen Kaiserreich konzentrierte sich die neue Sozialgesetzgebung vornehmlich auf den männlichen Facharbeiter, der eine Familie ernährte. Frauen sollten als Mütter für eine hohe Geburtenrate sorgen. Die Reichsgewerbeordnung von 1878 setzte für Fabrikarbeiterinnen nach der Geburt eine dreiwöchige unbezahlte Mutterschutzfrist fest. In den 1880er Jahren wurde dann die Zahlung von Mutterschaftsgeld eingeführt. Die Verlängerung des Mutterschaftsurlaubs auf acht Wochen und die Einführung von Arbeitsbeschränkungen für Schwangere lösten das grundsätzliche Dilemma für Frauen nicht: Schutzbestimmungen minderten die Erwerbs- und Verdienstchancen von Frauen. Freiwillige Schutzzeiten mit Verdienstausfall konnten von der Mehrheit der Mütter kaum in Anspruch genommen werden, weil sie auf den Lohn dringend angewiesen waren. Außerdem galten die neuen Gesetze nicht für Frauen, die in der Landwirtschaft tätig waren. Damit war ein um 1900 noch bedeutender Sektor von vornherein ausgenommen.[22]

Die Sozialgesetzgebung der späten Weimarer Republik tat den Schritt zu einem Mutterschutz mit Verdienstersatz. Allerdings reichte das Mutterschaftsgeld in Höhe von 75 Prozent des Grundlohns für viele Frauen nicht aus, um die Schutzfrist von zwölf Wochen voll in Anspruch zu nehmen.

Unter den Bedingungen des Zweiten Weltkrieges, wo es den Nationalsozialisten darauf ankam, die Geburtenrate zu steigern und gleichzeitig Frauen in der Erwerbstätigkeit zu halten, wurden 1942 auch Landwirtschaft und häusliche Dienste in die Mutterschutzgesetzgebung einbezogen. Die Ausgleichszahlungen der Krankenkassen erfolgten nun in voller Lohnhöhe, allerdings nur für Frauen, die den rassistischen Vorstellungen des NS-Staats entsprachen. Die Inanspruchnahme der Schutzfristen stieg deutlich an.

Nach dem Krieg trat in der Bundesrepublik ein neues, von den rassistischen Prämissen befreites Mutterschutzgesetz erst 1952 in Kraft. In diesem Gesetz wurden Lohnersatzleistungen in der Mutterschutzfrist, Kündigungsschutz, eine Begrenzung der Arbeitszeit für Schwangere auf 8,5 Stunden täglich und 45 Stunden wöchentlich sowie ein Nachtarbeitsverbot festgelegt. In den ersten Jahren stieß das Gesetz allerdings bei manchen Arbeitgebern auf Ablehnung. Die Schutzbestimmungen wurden in vielen Kleinbetrieben nicht umgesetzt, und schwangere Frauen umgingen die Vorschriften und steigerten ihre Stundenzahl, um die Lohnersatzleistungen, die nach einem Durchschnitt der letzten Monate berechnet wurden, zu erhöhen. Bei Auseinandersetzungen zwischen Arbeitgebern, die eine Kündigung aussprechen wollten, und schwangeren Frauen entschied oft die Darstellung der Gewerbeaufsicht, deren Beamte und Beamtinnen in den fünfziger Jahren auch das «sittliche» Verhalten der Frauen prüften. Verheiratete Frauen, deren Männer genügend verdienten, um eine Familie allein zu ernähren, und unverheiratete Mütter mussten bei Konflikten mit dem Arbeitgeber mit einer genauen Prüfung ihrer Lebensumstände rechnen.[23]

In der Bundesrepublik bemühte man sich um Abgrenzung von der DDR und ihrem «Gesetz über den Mutter- und Kinderschutz und die Rechte der Frau» von 1950. Dieses Gesetz ging grundsätzlich von der Erwerbstätigkeit der Mütter aus. Entsprechend gewährte es Lohnersatzleistungen für die Abwesenheit vom Arbeitsplatz. Leistungen wie das Babyjahr, der bezahlte Hausarbeitstag und eine flächendeckende Betreuung auch für kleine Kinder sollten es den Frauen leichter machen, Erwerbstätigkeit und Familie miteinander zu vereinbaren.[24]

Familien mit Kindern wurden zunehmend mit direkten Beihilfen unterstützt. Der nationalsozialistische Staat hatte 1936 Kinderbeihilfen an Eltern von zehn Reichsmark monatlich eingeführt. In der Bundesrepublik wurde das Kindergeld in den fünfziger Jahren zunächst für das dritte Kind eingeführt. Seit 1959 betrug das Kindergeld 40 DM, seit 1961 erhielten Familien bis zu einem Einkommen von 550 DM im Monat für das zweite Kind 25 DM. Im öffentlichen Dienst traten Kinderzuschläge hinzu. Die Auszahlung erfolgte meist an den Vater, nur unverheiratete Mütter erhielten das Kindergeld direkt.

In Frankreich führte nicht zuletzt die Stärke der pronatalistischen Bewegung bereits 1932 zur Einführung von Familienzulagen, an denen sich die Arbeitgeber beteiligen mussten. Im Unterschied zu Deutschland, wo das bürgerliche Familienmodell die Berufstätigkeit von Müttern stets kritisch gesehen hatte, bestand in Frankreich eine Tradition, welche die Erwerbstätigkeit von Müttern unterstützte. Die Familienzulagen konnten sowohl an die Mutter als auch an den Vater gezahlt werden, und es scheint, als hätten viele Frauen solche Leistungen erhalten. Mit der Einführung des Code de la famille, eines neuen Familiengesetzbuches, 1939 erhielt die Mutter bei der ersten Geburt eine Prämie von mehreren tausend Francs. Dafür wurde die Familienzulage aber wiederum den Vätern zugesprochen. Das patriarchalische Recht des Code Civil wurde auf dem Gebiet des Elternrechts seit den dreißiger Jahren in kleinen Schritten reformiert. 1942 wurden Mütter den Vätern in Fragen der elterlichen Sorge gleichgestellt, zu einem Zeitpunkt also, als französische Frauen noch kein Wahlrecht besaßen. Das kam schließlich 1944, und kurz nach Kriegsende 1946 erneuerte die Vierte Republik die expansive Mutterschutz- und Familienförderpolitik mit Mutterzulagen und der Einbeziehung von Schwangerschafts- und Geburtsfürsorge in die Leistungen der Sozialversicherung.[25]

In Großbritannien wurde die staatliche Familienzulage (*family allowance*) für das zweite und die folgenden Kinder in einer Höhe von fünf Shilling pro Woche 1945 eingeführt. Mit diesem niedrigen Betrag waren die Befürworter, die die Armut der städtischen Arbeiterschichten bekämpfen wollten, keineswegs zufrieden. Sie hatten eine Summe von sieben Shilling angestrebt, die als Existenzminimum eines Kindes galt. Die Familienzulage, die den Müttern ausgezahlt wurde, bedeutete eine sichere und kalkulierbare Einkommensquelle, die die Abhängigkeit vom Ehemann verringerte. Die Zahlung an die Mütter war das Resultat einer jahrelangen Debatte, in der die Anerkennung der unbezahlten Erziehungsarbeit von Müttern gefordert worden war.[26]

In der ersten Hälfte des 20. Jahrhunderts wurden in vielen europäischen Ländern, aber auch in Kanada, Australien und Neuseeland finanzielle Leistungen des Staates für Familien eingeführt. Längst nicht überall standen die Mütter als Staatsbürgerinnen im Mittelpunkt. In diktatorisch regierten Staaten, zum Beispiel in Italien, Spanien und Portugal, förderte eine pronatalistische Politik die Familienväter. Italien führte 1939 Geburtenprämien für Väter ein. Trotzdem sanken die Geburtenzahlen weiter. Sämtliche Industriestaaten verwirklichten eine Familienpolitik, die geburtenfördernde und sozialreformerische Motive verband. Tatsächlich wurden die Transferzahlungen für Familien teils beträchtlich erhöht. Politisch unterschieden sich die Reformen allerdings beträchtlich: Während der Nationalsozialismus die Familienförderung nach rassistischen Kriterien festlegte und an einer Besserstellung von Müttern gegenüber Vätern nicht interessiert war, verfolgte etwa Schweden eine Familienpolitik, in der Mütter mit der Zahlung eines Müttergeldes explizit und individuell die Anerkennung des Staates fanden.[27]

In der Kombination von Sozialmedizin und Sozialarbeit entstand um 1900 in den westlichen Ländern das Ideal einer «wissenschaftlichen Mutterschaft», die über das neue Wissen zu Hygiene, Kinderernährung und kindlicher Entwicklung verfügte. Solche Erkenntnisse sollten im Alltag angewandt werden, um den Kindern bessere Startchancen zu eröffnen. In zahlreichen Ratgebern konnte die bürgerliche Mutter nachschlagen, wie sie sich in der Schwangerschaft verhalten, den Übergang vom Stillen zur Flaschennahrung gestalten sollte, wie man ein Kind bei Krankheiten behandelte und so weiter. Vornehmlich für die Arbeiterfrauen wurden in vielen Staaten Beratungsstellen gegründet. Im Hintergrund standen oft eugenische Interessen, die gesundheitlich oder «rassisch» ungeeignete Frauen von einer Schwangerschaft abhalten wollten. Es blieb nicht bei der Empfehlung von Verhütungsmitteln, sondern solche Absichten mündeten vielfach in gezielte Sterilisationsprogramme. Die Bemühungen um eine *scientific motherhood*, die die Unterstützung der Regierungen fanden, die an einer wachsenden und möglichst gesunden, auch kriegstauglichen Bevölkerung interessiert waren, resultierten zunächst in einem Professionalisierungsschub im Bereich der Sozialarbeit. In den zwanziger Jahren übernahmen Frauen zunehmend auch qualifizierte Positionen, etwa in den Mütterberatungsstellen.[28]

In der Bundesrepublik folgte in der Tradition der Mütterfürsorge 1950 die Gründung des Müttergenesungswerks durch die Politikerin und Ehefrau des Bundespräsidenten Theodor Heuss, Elly Heuss-Knapp. Zu Beginn der sechziger Jahre gab es 175 Müttergenesungsheime, in denen mehr als eine halbe Million Mütter einen Erholungsaufenthalt verbrachten. Solchen konkreten Hilfen entsprach auch eine symbolische Würdigung, die sich in den USA und Europa seit den zwanziger Jahren in der Ausrufung eines Muttertages zeigte. Die Anregungen aus dem Handel, vor allem der Floristenverbände, wurden in vielen Ländern aufgenommen und kreierten eine Verpflichtung für Kinder und Ehemänner, die Leistung der Mutter einmal im Jahr wenigstens mit einem Blumenstrauß zu würdigen.[29]

Schwangerschaftsabbruch

Wohl nicht zufällig fielen in zahlreichen europäischen Ländern die politische Auseinandersetzung über Schwangerschaftsabbruch und ein quantitativer Höhepunkt der Abtreibungszahlen zeitlich zusammen. Schwangerschaftsabbrüche waren im Deutschen Reich und in der Bundesrepublik bis 1976 verboten und nur in Ausnahmefällen nicht strafbar. Die statistischen Daten stellen nur Schätzungen dar. In Hamburg wurden 1928 16,4 Prozent der Geburten unter der Rubrik Fehlgeburten und Abtreibungen zusammengefasst. Die Höchstzahl von Schwangerschaftsabbrüchen war in Deutschland 1930 erreicht, als auf 1000 Lebend- und Totgeborene geschätzt ungefähr 500 Abtreibungen entfielen.[30]

In der zweiten Hälfte des 20. Jahrhunderts waren legale Abtreibungen beinahe überall in Europa – mit Ausnahme von Irland, Portugal, Spanien und Belgien – möglich. Die Häufigkeit unterschied sich allerdings beträchtlich. In Osteuropa wurde die Abtreibung moralisch kaum missbilligt. Außerdem standen weniger zuverlässige Verhütungsmittel zur Verfügung, und diese waren teurer als eine legale Abtreibung. In Russland kamen in den siebziger Jahren 253 Abtreibungen auf 100 Lebendgeburten. Bis 1999 ist die Quote immerhin auf 203 zurückgegangen. Auch in Weißrussland, der Ukraine, in Estland und Rumänien liegt die Zahl der Abtreibungen sehr hoch. Der Zusammenhang zwischen Armut und hohen Abtreibungszahlen ist auffällig. Eine Ausnahme bildet Polen. 1970 waren Abtreibungen mit 27 pro 100 Lebendgeburten vergleichsweise selten. 1990 wurden nur noch elf Fälle pro 100 Lebendgeburten gezählt. Mit der restriktiven Gesetzgebung sank diese Zahl 1999 auf 0,1. In Westeuropa kamen Abtreibungen lange viel seltener vor. In den achtziger und neunziger Jahren führten Dänemark und Schweden die Liste an. In der Bundesrepublik Deutschland sank die Zahl von 14 pro 100 im Jahr 1980 auf elf im Jahr 1995. Dieser Wert liegt deutlich unter den Zahlen für Italien: 1980 32 Abtreibungen pro 100 Lebendgeborenen, 1995 noch 26. Seit den siebziger Jahren bietet die Konfession dort, wo Abtreibungen legal möglich sind, keinen Orientierungspunkt mehr. Allerdings weisen die osteuropäischen Staaten mit starker Entkirchlichung weiterhin die höchsten Raten auf.[31]

Um 1900 kam Schwangerschaftsabbruch als Mittel der Geburtenkontrolle bei gebärfähigen Frauen jeden Alters vor, überwiegend, aber keineswegs ausschließlich bei Frauen der mittellosen Unterschichten. Verheiratete Frauen, die bereits Kinder hatten, fürchteten die wirtschaftlichen Folgen einer großen Kinderzahl und die gesundheitlichen Folgen dauernder Schwangerschaften und Geburten bei harter körperlicher Arbeit. Selbstabtreibungen mit Säuren oder Nadeln führten nicht selten zum Tod durch Verbluten oder dauernder Unfruchtbarkeit. Die Arbeiterfrauen um 1900 nutzten mangels Alternativen Spritzen, die sie mit Seife füllten. Die gesundheitlichen Risiken waren dramatisch. In einem Interview von 1913 bestätigte eine Frau diese Praktiken: «Die Konzentration der Seife hatte zum Effekt: Abtötung der Frucht – der Abort durch Verätzen. Der Durchschnitt der Arbeiterfrauen wurde in der Regel 36–38 Jahre alt. Sie waren verletzt oder unterleibskrank. So nannte man das damals: unterleibskrank durch viele Aborte.»[32]

Der Kampf gegen den Paragraphen 218 der Weimarer Reichsverfassung beschäftigte vor allem die Frauen der Arbeiterbewegung. Die erschütternden Berichte über Frauen, für die Abtreibungen zum Normalfall geworden waren, veröffentlichte 1932 der Mediziner Alfred Grotjahn: «Nach 10 Monaten ist sie wieder da. Untersuchung: Sehr wahrscheinlich ja. ‹Das wievielte Mal sind Sie heute zur Auskratzung hier?› Ich glaube, das zehntemal. […] Abrasio [Gebärmutterausschabung, M. W.]. Sofort erholt.» Unwissenheit, soziale Notsituationen, Geldmangel und fehlende Unterstützung durch die Männer trieben verheiratete Frauen, die schon Kinder hatten, und Unverheiratete, die ein Kind kaum ernähren konnten, in den zwanziger Jahren in Scharen zu Ärzten, die Abtreibungen vornahmen. Allerdings kam es nicht zu

Plakatentwurf von Käthe Kollwitz, 1924

einer Änderung der gesetzlichen Lage. Im Nationalsozialismus folgte die Gesetzgebung den rassistischen und eugenischen Vorgaben des Regimes. Während Zwangsabtreibungen bei polnischen und sowjetischen Zwangsarbeiterinnen vorgenommen wurden, galt für die «arische» Bevölkerung ein Abtreibungsverbot mit drastischer Strafandrohung.[33]

Die politische Auseinandersetzung um die Legalität von Abtreibungen konturierte in den siebziger Jahren in Europa und den USA die zweite Frauenbewegung. 1971 fanden in Frankreich und in Deutschland Kampagnen statt («Ich habe abgetrieben» war eine von Alice Schwarzer initiierte Aktion mit prominenten Unterstützerinnen in der Illustrierten *Stern*). 1973 entschied das Oberste Bundesgericht in den USA in dem Fall Roe versus Wade, Abtreibung in den ersten drei Monaten sei gesetzmäßig, in der Sprache der Richter: gehöre zur Privatsphäre. In der Bundesrepublik wurde 1976 vom Bundestag eine liberale Lösung verabschiedet, die bei Vorliegen einer Indikation Straffreiheit zusicherte. Auch in Großbritannien, Frankreich und Italien wurden entsprechende Gesetze verabschiedet.[34]

Elterliche Verantwortung und Kindererziehung

In sämtlichen europäischen Ländern stand im 19. Jahrhundert das elterliche Sorgerecht dem Ehemann und Vater zu. Die meisten Väter sahen sich vor allem in der moralischen Verantwortung und beanspruchten die geistige Führung im Vergleich zur physisch-sorgenden Rolle der Mutter. Sie reflektierten damit ihre rechtliche Autorität und kanalisierten die Vatergefühle in der Verfolgung von festen Vorstellungen, zum Beispiel für die Zukunft der Kinder.

Das BGB hatte 1900 die Entscheidungsgewalt des Ehemannes über Ehefrau und Kinder festgelegt. Sie ermächtigte ihn, den Wohnsitz zu bestimmen oder eine Erwerbstätigkeit der Ehefrau zu verhindern. Als Inhaber der elterlichen Gewalt entschied er über Erziehungsmaximen und die Berufswahl. Dennoch oblag im bürgerlichen Familienmodell die praktische Erziehung in den ersten Lebensjahren und bei Töchtern der Mutter. Das galt übrigens auch für die Ferien: Den sommerlichen Erholungsurlaub unternahm die Mutter mit den Kindern im Zweifelsfall ohne den beruflich unabkömmlichen Ehemann. Ältere Kinder wurden in den Ferien zu Verwandten geschickt, vorzugsweise auf das Land.[35]

Mit der Diskussion über den Gleichberechtigungsgrundsatz im Grundgesetz und der Reform des Familienrechts in den fünfziger Jahren kam die rechtliche Rolle des Ehemanns und Vaters auf den Prüfstand. Frauenrechtlerinnen wie Marie-Elisabeth Lüders und Erna Scheffler forderten zusammen mit der SPD das Ende des patriarchalischen BGB-Rechts, während die Regierung Adenauer die letzte Entscheidungsbefugnis des Vaters beibehalten wollte. Eine entsprechende Bestimmung im Gesetz von 1957, das mit der konservativen Mehrheit verabschiedet worden war, wurde vom Bundesverfassungsgericht zwei Jahre später zu Fall gebracht.[36]

In England stellte sich in der ersten Hälfte des 19. Jahrhunderts mit der Zunahme privater Trennungsvereinbarungen die Frage, ob ein Recht, das Mütter von kleinen Kindern trennte, aufrechterhalten werden sollte. Je stärker die Rolle der Mutter als Erzieherin im bürgerlichen Familienmodell anerkannt wurde, desto schwerer tat man sich damit, ihr die Kinder zu entziehen. Wie in anderen rechtlichen Zusam-

Familie im Biedermeier, um 1830

menhängen machte man sich angesichts von trunksüchtigen, sittenlosen und kriminellen Vätern Sorgen um den Missbrauch von Recht. 1836 erregte der Fall der Schriftstellerin Caroline Norton Aufsehen, deren Ehemann sich von ihr getrennt und die Kinder im Rahmen seines Sorgerechts an einen unbekannten Ort in Schottland gebracht hatte. Der Custody of Infants Act von 1839 legte dann fest, dass eine Mutter ein Umgangsrecht mit ihrem Kind haben sollte. Für Kinder im Alter bis zu sieben Jahren wurde das Sorgerecht der Mutter zugesprochen, sofern keine besonderen Umstände vorlagen. 1873 wurden auch Kinder zwischen sieben und sechzehn Jahren einbezogen. In dieser Zeit wandte sich die britische Gesetzgebung vom Elternrecht dem Kindeswohl zu. Die neuen Gesetze bestraften Missbrauch des Kindes, Vernachlässigung und Grausamkeit der Eltern.[37]

Die Vorschläge, die im 19. Jahrhundert zur Erziehungsreform – etwa von Maria Montessori – gemacht wurden, erreichten kaum breite Wirksamkeit. Gegen die herrschende Vorstellung, Kindern absoluten Gehorsam abzuverlangen und sie systematisch körperlich zu züchtigen, wandten sich nur wenige. Wer nach anderen Modellen suchte, fand in *Emile* von Jean-Jacques Rousseau ein Vorbild.

Die Kindererziehung gehörte zu den Themen, die Eltern in ihren Briefen und Tagebüchern beschäftigten. Im 19. und in der ersten Hälfte des 20. Jahrhunderts meinten die meisten Eltern, Körperstrafen gehörten selbstverständlich zur Kindererziehung und seien Ausdruck von legitimer Autorität. Die Mehrheit derjenigen Eltern, die ihre Kinder in der Gegenwart schlägt, handelt dagegen eher aus momentaner Überforderung und emotionaler Not als aus erzieherischer Überzeugung. Bis vor kurzem besaßen nur die skandinavischen Länder rechtliche Verbote von Züchtigung durch Eltern, obwohl die psychologische und pädagogische Forschung die Schäden durch Körperstrafen eindeutig festgestellt hat. Menschen, die als Kind geschlagen wurden, wenden auch als Erwachsene und Eltern häufiger selbst Gewalt an und sind weniger fähig, Konflikte auf andere Art zu lösen.

Im 19. Jahrhundert begann der Weg zu einer weniger gewalttätigen Erziehung nur zögernd. Man versuchte, Missbräuche und extremes Handeln zu verhindern, tastete aber das Recht auf Züchtigung zunächst nicht an. In Frankreich kriminalisierte ein Gesetz von 1898 die körperliche Misshandlung von Kindern. In Deutschland sah das Bürgerliche Gesetzbuch von 1900 Vormundschaftsgerichte vor, die über Sorgerechtsauseinandersetzungen zwischen den Eltern entscheiden, sich aber auch mit dem Missbrauch der elterlichen Gewalt beschäftigen sollten.

Die Quellenlage zur Züchtigung von Kindern ist schlecht. Die Briefwechsel der meisten Ehepaare bezeugen jedenfalls, dass man nicht gern über dieses Thema sprach. Cosima Wagner berichtet in ihrem Tagebuch über eine Ohrfeige Richards für den Sohn: «Die Kleinen etwas unartig. R. sehr ernst, ja streng, Fidi's erste Ohrfeige von R. Loldi ganz außer sich. Innige Versöhnung.» Cosimas Eintrag vermeidet ausdrücklich eine eigene Meinungsäußerung zu dieser Strafe, notiert aber das Entsetzen von Siegfrieds Schwester Isolde. Am Ende kommt es Cosima vor allem auf den versöhnlichen Abschluss an. Einige Wochen später schlug Cosima selbst ihren Sohn: «Bei Tisch ein trüber Vorfall; Fidi benimmt sich schlecht gegen seinen Vater; der entsetzliche Gedanke, daß er dessen unwürdig werden könnte, bemächtigt sich meiner, und anstatt daß dieser sich gegen mich wende in tiefer resignierter Erkenntnis der Daseinsschuld, wendet er sich gegen das Kind, ich schlage es und so heftig, daß es Beulen davonträgt. Nicht mit Worten, ja nicht mein Schluchzen könnte einen Ausdruck meines inneren Entsetzens über mich darauf ge-

Wohnungselend einer Arbeiterfamilie, 1907

ben.»[38] Es war typisch für Cosima, dass sie ihr Handeln mit einer möglichen Beleidigung Richards rechtfertigte. Im Gegensatz zu vielen anderen Eltern hielt sie die Schläge offenbar nicht für richtig. Am meisten aber lag ihr an Richards Verzeihung, die dann großzügig gewährt wurde.

Körperstrafen für Kinder kamen damals wie heute in sämtlichen sozialen Schichten vor. Allerdings lebten Eltern und Kinder der Oberschichten nicht ausschließlich und allein zusammen. Stets befanden sich andere Personen im Haushalt, Kinderfrauen und Hauslehrer vor allem, die die Betreuung übernehmen konnten. Das wird zumindest die Überlastung, die oft für das spontane Schlagen von Kindern verantwortlich ist, verhindert haben.

Die meisten Berichte von Körperstrafen stammen von den Kindern selbst. Luise Rinser schreibt über ihre ehrgeizigen Lehrereltern, die die Tochter zu Beginn der zwanziger Jahre regelmäßig verprügelten. Ernst Ney vermerkt hingegen über eine verhältnismäßig milde Strafart: «Prügel bekamen wir nur, mit der bloßen Hand auf den bloßen Hintern, wenn wir die Unwahrheit sagten.» Der Vater von Josef Ertl, ein bayerischer Bauer, ohrfeigte seinen Sohn zu Beginn der dreißiger Jahre regelmäßig.[39]

In der Weimarer Republik bemühte sich die Arbeiterbewegung mit der Gründung von Erziehungsvereinen um Hilfen für Eltern. Zu Beginn der zwanziger Jahre stellten die KPD-Genossen, die Arbeiterfamilien zu Hause besuchten, fest, dass die im Elend lebenden Eltern überfordert waren und ihre Kinder schlugen: «‹Ruhig jetzt, ich weiß nicht wo mir der Kopf steht, habe mich heute schier zu Tode gehetzt im Betrieb – halt's Maul jetzt› und steckt ihm den Gummistopfen tief in den Mund. Das Kind wehrt sich und brüllt fürchterlich.»[40]

Mutterschaft und Berufstätigkeit

Bis weit ins 20. Jahrhundert war die Mehrheit der deutschen Bevölkerung der Ansicht, Mütter mit kleinen Kindern sollten nicht erwerbstätig sein. Die Realität sah häufig anders aus. Einer Erhebung über die Fabrikarbeit verheirateter Frauen im sächsischen Crimmitschau konnte man 1899 entnehmen, dass von 1600 Kindern der Fabrikarbeitermütter 630 von Verwandten betreut wurden, 430 gegen Entgelt bei Familienfremden untergebracht waren und 500 Kinder ohne regelmäßige Betreuung blieben. Der Betreuungsnotstand war also bereits um 1900 groß. Gegen Ende des 19. Jahrhunderts wurde es mit dem Anstieg des Lebensstandards in Deutschland seltener, dass verheiratete Arbeitermütter einer regelmäßigen außerhäuslichen Erwerbstätigkeit nachgingen. In vielen Handwerker- und Kleinhändlerhaushalten arbeitete die Ehefrau und Mutter zumindest zeitweise im Geschäft mit, allerdings gehörten dann Wohnung und Arbeitsplatz meist zusammen.[41]

Die Mütter im gebildeten Bürgertum lebten im 19. Jahrhundert rund um die Uhr in der Familie. Die Frauen der Wirtschaftsbürger verhielten sich eher wie die Frauen der Bourgeoisie in Frankreich oder der gutsituierten Mittelschicht in England: Die Mütter überließen ihre kleinen Kinder tagsüber den Kinderfrauen und engagierten sich für Wohltätigkeit und Geselligkeit. In England war es für die Ober- und höheren Mittelschichten üblich, die Söhne bereits im Alter von sechs Jahren auf eine Vorbereitungsschule für eine *public school* zu geben, die als Internat geführt wurde. In Deutschland mussten dagegen nur die Söhne der großen Landbesitzer die Familie früh verlassen, um in einer Stadt ein Gymnasium zu besuchen.

Kinderbetreuung durch die Großmutter, ca. 1910

In der Weimarer Republik führten bürgerliche Verbände, zum Beispiel der Deutschnationale Handlungsgehilfenverband, eine intensive Kampagne gegen «Doppelverdienerinnen» – damit waren verheiratete Frauen in qualifizierten Berufen gemeint. Männer und unverheiratete Frauen kämpften gelegentlich gemeinsam gegen die als überflüssig angesehene Konkurrenz. Das Reichsgericht entschied 1925, dass eine außerordentliche Kündigung gemäß Paragraph 626 BGB auch bei einer Eheschließung in Betracht kommen könne. Der Arbeitgeber, in diesem Fall eine Kommune, könne erwarten, dass eine Angestellte «störungsfrei» zur «Aufrechterhaltung eines ordnungsgemäßen Betriebes» zur Verfügung stehe. Bei einer Ehefrau sei aber der Eintritt einer Schwangerschaft zu erwarten, und das wurde als für den Arbeitgeber unzumutbar angesehen. Nach der Geburt wiederum ließen sich die Pflichten der Ehefrau und Mutter nach Meinung des Gerichts nicht mit einer acht- bis zehnstündigen beruflichen Tätigkeit vereinbaren, ganz abgesehen davon, dass aus sozialpolitischen Erwägungen die Entlassung von verheirateten Frauen angebracht sei, um Platz für arbeitslose Männer zu schaffen. Obwohl die Weimarer Reichsverfassung die prinzipielle Gleichstellung von Frauen und Männern verfügt hatte, sollte dies für Ehefrauen nicht gelten. Das Gericht argumentierte also gegen individuelle Entscheidungskompetenzen der Frauen (und auch gegen Ehemänner, die mit der Berufstätigkeit ihrer Ehefrau einverstanden waren) und für ein angebliches übergeordnetes Unternehmens- und Allgemeinwohlinteresse.[42]

Ein Beschäftigungsverbot für Ehefrauen setzte sich nicht allgemein durch, vor allem nicht bei Arbeiterinnen. Die Unternehmer interessierten sich eher für ein möglichst großes und billiges Arbeitskräftereservoir. Der Qualifikationsrückstand von Arbeiterinnen, die beinahe niemals eine abgeschlossene Ausbildung vorweisen konnten und deshalb nur geringe Löhne erhielten, blieb bis zum Ende des 20. Jahrhunderts bestehen. Entsprechend wenig zählte in der Fabrik ein bürgerliches Familienideal, das Mütter auf den Haushalt beschränkte. Die Bemühungen mancher Gewerkschaften, Frauen aus qualifizierten Berufen herauszuhalten und für Männer einen Familienlohn zu fordern, waren teilweise erfolgreich.

Lieblingskinder

Mit der Abnahme der Kinderzahl in den Familien des 20. Jahrhunderts wurde das Thema Lieblingskinder weniger wichtig. Aber im 19. Jahrhundert zeigte sich das Phänomen bei Familien mit mehreren Kindern deutlich. In landbesitzenden Familien hob die intergenerationelle Familienordnung häufig ein Kind, meistens den ältesten Sohn, als Erben hervor. Entsprechend konzentrierte sich die Aufmerksamkeit, wenn nicht Zuneigung auf dieses älteste Kind. Auch in bürgerlichen Kaufmanns- und Unternehmerfamilien konnte die Erwartung an einen Erben des Familienbetriebs zu einer Bevorzugung eines Kindes führen.

Für viele Familien im 19. wie im 20. Jahrhundert war der Wunsch nach einem Sohn mit der dynastischen Hoffnung auf Weiterexistenz der Familie in der Zukunft verknüpft. Erst an der Wende zum 21. Jahrhundert wünschten sich werdende Eltern in Deutschland mehrheitlich eine Tochter, weil Mädchen als leichter zu erziehen gelten. Außerdem erhoffen sich die Eltern Unterstützung im Alter eher von einer Tochter.

Unterschiede zwischen den Kindern wurden vor allem von Eltern mit mehreren Kindern hervorgehoben. Wohlwollen und Würdigung wirkten vermutlich noch verstärkend. Das Ideal, keine Unterschiede zwischen den Kindern zu machen und kein Lieblingskind zu haben, entstand erst im 20. Jahrhundert. Auch im 19. Jahrhundert gab es anscheinend in den Oberschichten mehr schwierige Söhne als Töchter. Allerdings wurden an die Söhne im Regelfall deutlich höhere Anforderungen gestellt. Die Töchter waren als emotionale und alltagspraktische Stütze leichter in der Lage, die Erwartungen der Eltern zu erfüllen. Wenn der Lebensplan für die Töchter funktionierte, endete die Verantwortung der Eltern mit der Heirat vergleichsweise früh. Blieb eine Tochter unverheiratet im Haushalt der Eltern, sollte sie die Mutter entlasten und später die Eltern pflegen.

Tod von Kindern

Nimmt man die Säuglings- und Kindersterblichkeit zum Maßstab, begann die Moderne erst nach dem Ersten Weltkrieg. Zwischen 1877 und 1913 sank die Zahl der im ersten Lebensjahr verstorbenen Säuglinge in Preußen immerhin von 20 auf 15 von einhundert Lebendgeborenen, wobei die sozialen Unterschiede deutlich waren. In den Familien ungelernter Arbeiter starben mehr als doppelt so viele Säuglinge wie in Beamtenfamilien. Erst zum Ende der zwanziger Jahre setzte ein allgemeiner Rückgang der Säuglingssterblichkeit ein. 1935 starben noch sieben von einhundert Säuglingen, 1975 lag diese Zahl bei zwei.[43]

Selbst wenn die Kinder das erste Lebensjahr überstanden hatten, konnten die Familien sich nicht sicher fühlen. Die Angst vor gefährlichen Kinderkrankheiten gab es im 19. Jahrhundert in allen Schichten. Zwar konnten die bessergestellten Familien immerhin bei Seuchengefahr die Stadt verlassen, aber vor der Einführung von Penicillin war gegen aggressive bakterielle Infektionen keine wirksame Hilfe möglich. Der medizinische Fortschritt revolutionierte in dieser Hinsicht die Einstellung zum Tod eines Kindes. Während im 19. Jahrhundert jede Familie mit diesem Schicksal rechnen musste, ist der Tod eines Kindes durch Krankheit oder Unfall heute zur seltenen Tragödie geworden. Umso schwieriger ist es für Eltern, sich mit ihm abzufinden.[44]

KATIA UND THOMAS MANN

Von den Gefühlen, die bei den Humboldts auf eloquente Art, bei dem preußischen Prinzenpaar eher wortkarg, aber tränenreich die Fügung zum Paar begleitet hatten, konnte bei Thomas und Katia nicht die Rede sein. Wenn Verliebtheit überhaupt eine Voraussetzung dieser Verbindung war, dann gab es sie von Thomas' Seite. Katia begann ihre Jahrzehnte später geschriebenen Erinnerungen mit folgenden Worten: «Mein Vater war Professor der Mathematik an der Universität in München, und meine Mutter war eine sehr schöne Frau.» Diese Charakterisierung der Mutter spiegelte Katias Selbstbild. Von sich sprach sie häufig als notwendiger Ergänzung eines männlichen Dichtergenies, eine Stilisierung, die sie als Erfüllung ihrer Weiblichkeit verstand, obwohl sie an Thomas' Seite und später als Witwe eine unabhängige Frau mit vielfältigem Einfluss gewesen ist.

Katias wohlhabendes Elternhaus galt als überaus kultiviert. Alfred und Hedwig Pringsheim gehörten zum assimilierten Judentum und führten ein offenes Haus. Katia kannte das «leuchtende München» der Jahrhundertwende. Nach einem ausgezeichneten Abitur begann sie mit dem Studium der Naturwissenschaften. Das war sicher auch ein Wunsch ihrer Großmutter, der berühmten Frauenrechtlerin Hedwig Dohm, die sich für die Bildung von Frauen eingesetzt hatte. In ihren Erinnerungen beschreibt Katia sich als eher unbegabt, obwohl sie sich ein Examen zutraute. Zukunftspläne schien das schöne und reiche Mädchen nicht gehabt zu haben. Das Studium entsprach ihrer Neigung nur bedingt, und das Ziel, sich eine Stellung in der Berufswelt zu erobern, fehlte völlig.

Damit gehörte die talentierte Studentin Katia zur Mehrheit der bürgerlichen Mädchen um die Jahrhundertwende, für die eine Eheschließung die vielversprechendste Option bildete. Und auch hier war Katia privilegiert. In ihrem weltoffenen, ästhetisch-künstlerisch geprägten Elternhaus dachte man für die einzige Tochter nicht an eine Heirat aus ökonomischen Gründen. Und bestimmt musste sie sich mit der Entscheidung für einen Ehemann nicht beeilen. Als einziges Mädchen neben vier Söhnen spielte sie für die Eltern,

Thomas und Katia Mann, 1955

vor allem für den Vater, eine besondere Rolle. Katia war freier in der Gattenwahl als viele ihrer bürgerlichen Altersgenossinnen, obwohl der Vater für seine attraktive Tochter einen Universitätsprofessor gegenüber einem Literaten vorgezogen hätte. Sie fand es noch im Alter selbstverständlich, dass sich viele Bewerber um ihre Hand eingefunden hatten. Über Thomas bemerkte sie lapidar: «Aber ich dachte nicht daran zu heiraten, selbst nicht, als ich Thomas Mann kennenlernte und er sich für mich interessierte. Ich habe das nicht so sehr ernst genommen und wäre nicht auf den Gedanken gekommen, ihn zu heiraten. Es ging von ihm aus.»[1]

Trotz der zeitlichen Distanz zwischen Ereignis und Text und trotz des fast schon provozierend lakonischen Tons kann man glauben, dass Katia in der «Werbungszeit» passiv war. Vielleicht gefiel es Katia auch, sich im Rückblick gegen die herrschende romantisch-sentimentale Liebesrhetorik dem großen realistischen Schriftsteller, mit dem sie verheiratet war, sprachlich anzuschließen. Am Ende wurde sie aber doch deutlich: «Ich habe sie alle nicht geheiratet, weder den Professor noch den schwer gekränkten Pringsheim noch Kerr und die übrigen, sondern nach einigen Sperenzchen meinerseits doch Thomas Mann.»[2]

Thomas kannte Katia, bevor das auch umgekehrt der Fall war. Thomas beobachtete Katia im Konzert. Auffällig genug waren die fünf Geschwister Pringsheim. Katia wiederum hatte die *Buddenbrooks* gelesen und wusste um den Erfolg des Buches. Das persönliche Kennenlernen zog sich für Thomas quälend lange hin, was die Verbindung für ihn nur noch reizvoller gemacht hat. Ein erster Kontakt stand mit einem Vorfall in der Straßenbahn in Verbindung, in der Katia und Thomas, nicht zufällig, regelmäßig gemeinsam fuhren. Katia entzog sich einer Fahrscheinkontrolle, indem sie vom Wagen sprang, und der Kontrolleur beschimpfte sie. Thomas Mann war «entzückt», und er bat Freunde, Katia und ihn gemeinsam einzuladen. Der Lübecker Senatorensohn und bereits bekannte Schriftsteller wie auch Katias Familie verkehrten in der besten Münchner Gesellschaft. Bei den Bernsteins, die einen Salon führten, traf man sich regelmäßig, bis Thomas auch bei Pringsheims empfangen wurde. Thomas sah die Familie als ein «Gesamtkunstwerk», in dem sich Reichtum zu einer höheren ästhetischen Ordnung sublimierte: «Pringsheims sind ein Erlebnis, das mich ausfüllt. Tiergarten mit echter Kultur. Der Vater Universitätsprofessor mit goldener Cigarettendose, die Mutter eine Lenbach-Schönheit, der jüngste Sohn Musiker, seine Zwillingsschwester Katja (sie heißt Katja) ein Wunder, etwas unbeschreiblich Seltenes und Kostbares, ein Geschöpf, das durch sein bloßes Dasein die kulturelle Thätigkeit von 15 Schriftstellern oder 30 Malern aufwiegt [...] ein kleines Wunder an allseitiger Ausbildung, ein erreichtes Cultur-Ideal.»[3] Von Schriftstellern hatte Thomas also eine recht hohe Meinung. Außerdem fällt die Idealisierung bei der Wahl seiner Frau auf. Wenn überhaupt eine Frau, dann musste es in der Tat ein ganz besonderes Wesen sein.

Aus Thomas' Sicht machte er nur langsam kleine Fortschritte. Katia reiste und ließ sich Zeit. Aber Thomas blieb hartnäckig. «Für seine Verhältnisse waren die Briefe, die er mir im Sommer 1904 schrieb, als wir durch die Krankheit meines Vaters und eine Sommerreise an die Ostsee monatelang getrennt waren, sehr leidenschaftlich.» Diese Briefe sind nicht erhalten, nur im Roman *Königliche Hoheit* lassen sich noch entsprechende Motive auffinden. Thomas schreibt meistens über sich: Wer «niemals Befremden, niemals sit venia verbo, ein wenig Grauen erregt, wer einfach immer nur geliebt wird, ist ein Trottel», und er sinnierte über sein trauriges Dasein als Künstler in menschlicher Verarmung. Von Katia erwartete er die Erlösung «durch das Glück; durch Sie meine kluge, süße, gütige, geliebte kleine Königin». Wenn Thomas' Briefe der literarischen Bearbeitung im Roman ähnlich waren, dann kann man auch heute noch Stil und Raffinesse bewundern. Man kann aber auch das Zögern Imma Spoelmanns wie Katias nachvollziehen, die weniger ergriffen waren. Thomas wünschte diese Ehe unbedingt, und die «wunderbar schönen Briefe, – er konnte ja schreiben» taten dann wohl ein Übriges. Man weiß nicht, was man mehr bewundern soll: Katias Understatement, wenn sie über den berühmtesten deutschsprachigen Romancier des Jahrhunderts meint, er habe ja schreiben können, oder die durchgehaltene Passivität, die mit dem weiblichen Geschlechtsstereotyp letztlich eher kokettiert als es ernst nimmt.[4]

Bei genauer Betrachtung zeigt sich in der ungewöhnlichen Konstellation dieses Paares doch auch Bürgerliches und Bekanntes. Offenbar spürten Pringsheims die Last der Unentschlossenheit, die sich gerade aus dem Fehlen äußerer Zwänge ergab. Katia fühlte sich zur Heirat schließlich auch durch Familienangehörige gedrängt. Katias Mutter unterstützte Thomas und gewöhnte sich wie dessen Mutter Julia an, in Buchhandlungen zu fragen, ob Thomas' Werke vorrätig seien. Katias Zwillingsbruder Klaus förderte diese Heirat ebenfalls mit Nachdruck. Vielleicht hat die Familie sogar Thomas' Interpretation, Katias Zögern sei krankhaft und pathologisch, geteilt und entsprechend auf einen positiven Entschluss hingewirkt. Für Thomas verkörperte diese Liebe seinen leidenschaftlichen Willen zu einer bürgerlichen Lebensführung. Obwohl Katia in den «leberleidenden Rittmeister», der «bläßlich war und schmal» und etwas «sehr korrekt», nicht rettungslos verliebt sein konnte, wählte sie aus Neigung diese doch unkonventionelle und attraktive Ehe. Zumindest in Klammern wird man ergänzen können, dass es im Licht von Thomas' homoerotischen Neigungen in Katias Rückschau keinen Grund gab, eigene Verliebtheit in den Mittelpunkt zu stellen. Katias Zögern entsprach aber auch der Norm, da mindestens in den Mittel- und Oberschichten nur die Männer im eigentlichen Sinn aktiv werden konnten. Für Frauen schickte es sich höchstens, zu Heiratsanträgen zu ermuntern, solche abzulehnen oder eben zu verzögern.

Mit seiner Faszination durch die Familie Pringsheim verhielt sich Thomas wie viele bürgerliche Männer des 19. Jahrhunderts, die sich zunächst nach einer Familie umschauten, mit der sie eine Heiratsallianz eingehen wollten, bevor sie die Mädchen der Familie unter die Lupe nahmen. Aber bei Pringsheims gab es keine zweite Tochter, insofern stellte Katia die eine und alleinige Wahl dar. Für Thomas gingen Konventions- und Liebesehe unmerklich ineinander über.

Katia Mann bemerkte in ihren Erinnerungen, dass sie sich im September

1904 mit Thomas Mann verlobt habe. Damit meinte sie ihr Jawort gegenüber Thomas; die offizielle Verlobung fand am 4. Oktober statt. Für Thomas Mann jedenfalls stellte diese Veranstaltung im Haus Pringsheim eine Herausforderung dar, aber das passte zu seinen Vorstellungen vom strengen, ja anstrengenden Glück. In einem Brief an den Bruder Heinrich schrieb er: «Die Verlobung – auch kein Spaß, du wirst das glauben. Die absorbirenden Bemühungen, mich in die neue Familie einzuleben, einzupassen (soweit es geht). Gesellschaftliche Verpflichtungen, hundert neue Menschen, sich zeigen, sich benehmen.» Für Thomas begann mit der Verlobung das ersehnte, aber auch gefürchtete Leben als Schwiegersohn eines reichen und kultivierten Hauses, bei dem er nie ganz sicher war, ob man ihn auch wirklich gemäß seiner Verdienste achtete. Der knappe Abstand zur Hochzeit am 12. Februar 1905 entsprach bürgerlichen Gewohnheiten, auch wenn viele Brautpaare wegen der Jugend der Braut oder aus familiären Rücksichten länger warten mussten. Für eine Braut aus wohlhabender Familie schien es selbstverständlich, dass ein wenig Zeit für die Beschaffung einer standesgemäßen Aussteuer bleiben musste.[5]

Thomas und Katia reisten in ihrer Brautzeit nach Berlin, um dort bei der Pringsheim-Verwandtschaft als Brautpaar «so quasi» vorgeführt zu werden. Katias Onkel Hermann Rosenberg, Direktor der Berliner Bankgesellschaft, gab in einer Villa im vornehmen Tiergartenviertel ein Abendessen für das Brautpaar, auch Katias Großeltern luden zu einem Fest ein. Während für Katia diese Wochen durch die Melancholie des bevorstehenden Abschieds vom Elternhaus geprägt waren, klagte Thomas über die «fruchtlosen und enervierenden Extasen, die dieser absurden Verlobungszeit eigentümlich sind». Für Thomas stellte sich die Verlobungszeit als Pringsheimische Prüfungszeit dar, in der er unangenehm unter Beobachtung stand.[6]

Katias knapper Erinnerungsband enthält nur eine Mitteilung des Datums der Hochzeit, aber keinen Bericht. Thomas und Katia ließen es bei einer zivilen Trauung bewenden, überhaupt gestaltete sich die Feier – gemessen an Reichtum und sozialem Status der Familie der Braut, aber auch an Thomas' Selbstverständnis als Lübecker Senatorensohn – sehr schlicht. Einige Anzeichen deuten darauf hin, dass Thomas vom Verzicht auf eine kirchliche Trauung und von der Intimität der Feier im engeren Familienkreis enttäuscht war: «Nicht einmal kirchliche Trauung (Katja mag nicht).» Da die Veranstaltung einer Hochzeit aber traditionell in den Händen der Familie der Braut lag, sah er wohl keine Möglichkeit, den Gang der Dinge zu beeinflussen. Julia Mann, Thomas' Mutter, äußerte in einem Brief an ihren ältesten Sohn Heinrich jedenfalls Unverständnis. Nach dem Standesamt fand ein kleiner Empfang für fünfzehn Personen bei Pringsheims statt. Laut Julia Mann wurden auch keine längeren Reden gehalten. Der Vater Alfred sah sich nicht in der Lage zu sprechen, der Hausfreund Dr. Schäuffelen sprach einige Worte, und Thomas erhob sich zu einem kurzen Toast, der – für Julia Mann vielleicht verletzend – ausschließlich die Pringsheims einschließlich der Großeltern auf intime Art mit ihren Kosenamen hochleben ließ, von den Manns aber schwieg. Das entsprach allerdings der Konvention, die im Hoch auf die Schwiegereltern den Dank des Bräutigams ausgedrückt wissen wollte.

Die Gründe für diesen im gehobenen Bürgertum unüblichen Verzicht auf eine kirchliche Trauung lagen wohl eher bei den Pringsheims als bei den Manns. Die Kinder Pringsheim waren protestantisch getauft, aber kaum kirchennah erzogen. Vielleicht hatten Katia und ihr Vater als Teil der selbstbewussten und wohlhabenden Münchener Oberschicht das Gefühl, sich den gesellschaftlichen Konventionen entziehen zu können. Das Fehlen persönlicher Frömmigkeit allein konnte diese Haltung nicht erklären. Julia Mann nannte Alfred Pringsheim «religionslos» und konnte oder wollte dem Sohn Heinrich nicht ausdrücklich mitteilen, dass Thomas' Schwiegervater Jude geblieben war. Alfred Pringsheim praktizierte den jüdischen Glauben anscheinend nicht, wollte sich aber auch nicht christlich taufen lassen. Julia Mann berichtete ihrem Sohn Heinrich über ein Gespräch mit Frau Pringsheim, in der diese geäußert hatte, ihr Mann würde an einer kirchlichen Trauung nicht teilnehmen. Alfred Pringsheim war überdies generell von der aus seiner Sicht frühen Eheschließung seiner einzigen Tochter nicht begeistert. Er bedauerte, sich von ihr trennen zu müssen, und hätte vorgezogen, dass Katia zunächst ihr Studium betrieben hätte.[7]

Katia nahm das Ereignis als Fest Jahrzehnte später offensichtlich nicht wichtig genug, um darauf ausführlicher einzugehen. Familiäre Geselligkeit bedeutete ihr generell mehr als große Repräsentation, für die sich ihr Ehemann eher erwärmen konnte. In der Familie Mann spielten Hochzeiten auch später kaum eine Rolle im Familienkalender – angesichts der Bedingungen des Zweiten Weltkrieges wohl kein Wunder. Erikas Eheschließungen mit

Gustaf Gründgens und dem britischen Dichter Wystan Auden fanden unter jeweils besonderen Bedingungen statt. Erikas Vater, der wusste, dass der Erwerb der britischen Staatsbürgerschaft durch Heirat für seine Tochter im Exil große Bedeutung hatte, notierte 1935 knapp: «Radio-Telegramm von Erika aus London, daß ihre Trauung dort mit dem Schriftsteller Auden vollzogen. ‹All love from Mrs. Auden›». Als die Mann-Kinder Monika, Michael und Elisabeth 1939 heirateten, gestalteten sich die Hochzeiten unter den Bedingungen von Krieg und Exil unspektakulär. Nur die Eheschließung des Lieblings Elisabeth fand in Princeton bei den Eltern statt.[8]

In der großbürgerlichen Welt der Familie Pringsheim fielen die Hochzeitsgeschenke üppig aus. Alfred Pringsheim richtete dem Paar eine neue Wohnung in der Münchner Franz-Joseph-Straße in einem Renaissancestil ein, den er selbst bevorzugte, und duldete, wie Julia Mann beklagte, keine Beteiligung seines Schwiegersohns. Thomas aber gefielen die großzügigen Räume, besonders das Arbeitszimmer, und die Technik einschließlich Beleuchtung und Telefon auf dem neuesten Stand. Die Großeltern Pringsheim aus Berlin schenkten eine Kommode «mit Silberzeug für *24 Pers*. [Hervorh. Julia Mann] Darin befinden sich Sachen, die es gar nicht gibt.» Thomas bekam noch eine goldene Uhr im Wert von 700 Mark. Julia Mann beschrieb die Geschenke aus der eigenen Familie ausführlicher. Thomas und Katia erhielten – bis auf die letzte Gabel aufgeführt – vom «alten Mannschen Silber» und eine Kassette für die Familienpapiere, alles graviert mit einem Empire-M. Das mögliche Zurückstehen hinter den Pringsheim-Geschenken traf die Mutter sehr: «Löhrs [Thomas' Schwester und ihr Ehemann] Kristallgarnitur ist ein feines Geschenk, was weniger repräsentiert, als es wert ist; in *dem* Hause kennt man's aber.» Julia Mann tröstete sich und Heinrich mit dem Gedanken, dass die eigenen Geschenke wenigstens alltagstauglich schienen, während das umfangreiche Tafelsilber der Pringsheims zu einer Existenz in der Schublade verurteilt war.[9]

Thomas und Katia entschieden sich für eine typische Hochzeitsreise der Oberschicht. Noch am Tag der Eheschließung reisten sie in die Schweiz ab. Es ging für zwei Wochen nach Zürich – in das Hotel Baur au Lac, das erste Haus am Platz – und nach Luzern. Eine Mitgift als Barbetrag scheint es nicht gegeben zu haben. Man kann darüber spekulieren, ob Thomas Mann vielleicht keine Mitgift gewollt hat – immerhin spielt das Thema in der Geschichte der *Buddenbrooks* eine wichtige und negative Rolle, und es könnte für Thomas von Bedeutung gewesen sein, nicht als Mitgiftjäger zu gelten. Im Roman hatte die Firma Buddenbrook bereits in den vorherigen Generationen unter dem Mittelabfluss durch Mitgiften gelitten. In der Generation von Thomas Buddenbrook aber kam es noch schlimmer. Bendix Grünlich erweist sich als klassischer Mitgiftjäger, und der Rigaer Pastor, der Thomas' Schwester Clara heiratet, erhält nicht nur die Mitgift, sondern zusätzlich Claras Erbteil. Tony Buddenbrooks zweiter Ehemann Permaneder setzt sich mit Tonys Mitgift zur Ruhe, zahlt diese aber nach dem Scheitern der Ehe zurück. In einem Brief an den Bruder Heinrich, der kurz nach Kriegsausbruch 1914 geschrieben wurde, beklagte Thomas seine finanzielle Lage, die durch den Kauf des Hauses in München und den Besitz des Tölzer Landhauses stark angespannt war. Er selbst verdiene nichts, «der Zuschuß meines Schwiegervaters mußte auf die Hälfte herabgemindert werden». Offenbar hatten Katia und Thomas bis dahin einen beträchtlichen jährlichen Betrag von Alfred Pringsheim erhalten.[10]

Katia fühlte sich zeitlebens dem Diesseits verpflichtet. Sie organisierte für Thomas und das dichterische Werk den Alltag. Als Mitwirkende hat sie sich nicht gesehen: «Wir haben so manches besprochen, aber direkt beraten, bis auf den ‹Zauberberg›, wo ich das Thema beherrschte, habe ich ihn nicht. Das wäre ein Irrtum. Ich habe nicht an seinen Büchern mitgearbeitet.» Katia blieb in den *Memoiren* überaus zurückhaltend, nicht nur, was den *Zauberberg* betraf, dessen Schauplatz, ein Lungensanatorium, sie aus eigener Erfahrung kannte. Sie schrieb lakonisch in Sätzen wie: «Nun, wir verständigten uns in manchem. Ich war schließlich fünfzig Jahre mit dem Mann verheiratet.» Thomas Mann dagegen benutzte seine Tagebücher wie einen Beichtstuhl, dem er gleichermaßen Aussagen über Aufenthaltsort, Tätigkeit und Tagesplan, physisches Wohlbefinden, literarisch verwertbare Beobachtungen und Gefühlsdiagnosen anvertraute. Sein Bewusstsein trennte die durchaus mit Freude erfüllte Pflicht als Katias Ehemann von der ihn begleitenden Neigung zu jungen Männern. In Sanary wäre es 1933 beinahe zu einer Begegnung mit dem früher angeschwärmten Klaus Heuser gekommen: «Nach menschlichem Ermessen war das meine letzte Leidenschaft, – und es war die glücklichste.» Thomas war stolz, dass der «bei aller Schwierigkeit glückliche Grundcharakter meines Lebens sich auch unter Umständen durchsetzen wird, die mir anfangs den Atem nahmen». In der unerfüllten Sehnsucht lag eine Quelle literarischer Inspiration, aber für die Umsetzung der Inspiration in die Literatur war wiederum die Ehe notwendig, die Thomas' Leben die notwendige Struktur gab.[11]

Thomas Mann hielt die Ehe für den ordnenden Leitstern eines kultivierten Lebens. Der Roman *Königliche Hoheit* entstand zwischen 1906 und 1909 und versammelte autobiographische Erfahrungen und Beobachtungen. Thomas verwertete Katia im Porträt der Imma Spoelmann und benutzte die eigenen «Werbungsbriefe» als Material. Die Formulierung von der Ehe als «strengem Glück» wurde weltberühmt. Noch kurz vor seinem Tod beschäftigte sich der Romancier mit dem Plan, ein Werk mit dem Titel *Luthers Hochzeit* zu schreiben, für das er ausführliche Quellenstudien betrieb. In diesem Entwurf spürte Thomas Mann der tragenden Rolle von Luthers Eheschließung mit Katharina von Bora für den Protestantismus in minutiöser Weise nach. Breiten Raum nahm etwa die Form der Eheschließung im Kontext des kanonischen Rechts oder die Zusammensetzung der Gästeliste ein. Durch die Ehe als sittliche Ordnung wurde in Thomas' Lesart aus dem gegen die Kirche revoltierenden Mönch Luther der Begründer der reformatorischen Lebensform. Die patriarchalische Familie und die Ehe als sittliche Idee entsprachen Vorstellungen, die Thomas auch für das eigene Leben pflegte. Katia meinte in ihrem Lebensbericht zu diesem Werk, dass «noch keine Zeile geschrieben [war] bei seinem Tod».[12] Nicht nur dieser Plan zeugte von Thomas Manns andauernder Faszination durch die Ehe, deren Bürgerlichkeit ihn gleichermaßen überzeugte wie erschreckte.[13]

Bereits im Jahr 1925 hatte sich Thomas im Essay *Die Ehe im Übergang* programmatisch-autobiographisch geäußert. Die Aufforderung, einen Aufsatz über die Ehe zu schreiben, kam von Hermann Graf Keyserling, einem bekannten Philosophen und Schriftsteller. Außer Thomas sollten auch andere Intellektuelle wie C. G. Jung, Ricarda Huch, Havelock Ellis und Leo Baeck zur konstatierten Krise der Ehe nach dem Ersten Weltkrieg Stellung nehmen. *Das Ehe-Buch* wurde übrigens ein Erfolg, nicht nur in Deutschland, sondern auch in den USA. Obwohl die Aufsätze gelegentlich ins Esoterische abdrifteten, interessierten sich offenbar viele Leser für die intellektuellen Erfahrungsberichte der Dichter und Denker. Dabei ist aus heutiger Sicht bemerkenswert, dass Keyserling auch Experten für Indien, China und den

Buddhismus um Beiträge bat und dem Unternehmen damit eine globale Perspektive auftrug. Dabei wurde die westliche Krise der Ehe in den zwanziger Jahren durch den Blick auf die Strukturen langer Dauer in der nichtwestlichen Welt relativiert. Eine gemeinsame Prognose gab es übrigens nicht. Viele Autoren – unter ihnen auch der Herausgeber – rieten aber dazu, das Ideal einer spontanen, im Wesentlichen auf sexueller Anziehung beruhenden Liebesheirat zugunsten einer auf Vernunft, sozialem Stand und passendem Temperament gründenden Gattenwahl aufzugeben. Der britische Sexualwissenschaftler Havelock Ellis dagegen konzentrierte sich wie andere Zeitgenossen darauf, auf die Bedeutung der Erotik in der Ehe überhaupt hinzuweisen und praktische Ratschläge zu erteilen. Während die einen in der Ehe als Institution also eine überzeitliche Ordnung sahen, befassten sich andere mit dem unstreitigen Wandel zur modernen Ehe im 20. Jahrhundert, der in den zwanziger Jahren in Europa und Nordamerika unaufhaltsam schien.[14]

Thomas Manns Beitrag befriedigte die Neugier des Publikums zumindest insofern, als er nicht bloß über die Krise von Weiblichkeit und Männlichkeit in den zwanziger Jahren – mit dem Befund einer Angleichung der Geschlechter im Konzept der Kameradschaft – schrieb, sondern ausführlich über die männliche Homoerotik dozierte. Der autobiographische Zusammenhang wurde damit unübersehbar. Thomas stellte passenderweise die «psychoanalytische Entdeckung der ursprünglichen und natürlichen Bisexualität des Menschen» als Faktum dar. Als Movens der Praxis im Leben wurde aber die sittliche, gesellschaftliche Entscheidung gegen die Homosexualität und für die heterosexuelle Ehe vorgeführt. Der positiv gestaltende und fruchtbare Charakter der Ehe zwischen Mann und Frau unterschied sich laut Mann fundamental von der «unproduktiven» homosexuellen Liebe. Homoerotik war «erotischer Ästhetizismus», und das bedeutete «Unfruchtbarkeit, Aussichtslosigkeit, Konsequenz- und Verantwortungslosigkeit». Die Defizite der Homoerotik wurden aus dieser Perspektive gesellschaftlich deutbar: «Sie ist nicht gründend, nicht familienbildend und geschlechterzeugend» und daher assoziiert mit Individualismus und Tod. Aus dieser Negativbilanz – und nur aus dieser – folgte Thomas' Charakterisierung der Ehe als «Dauer, Gründung, Fortzeugung, Geschlechterfolge, Verantwortung», also Begriffe, die in seiner Weltsicht positiv besetzt waren. Auch was die eigene Ehe mit Katia anging, wurde Thomas deutlich: «Hegel hat gesagt, der sittlichste Weg zur Ehe sei der, bei dem zuerst der Entschluß zur Verehelichung stehe und dieser dann schließlich die Neigung zur Folge habe, so daß bei der Verheiratung beides vereinigt sei. Ich habe das mit Vergnügen gelesen, denn es war mein Fall, und zweifellos ist er sehr häufig.» Es sei dahingestellt, ob diese Darstellung angesichts der zunächst schwierigen Werbung um Katia überzeugen kann. Thomas umwarb die schöne Millionärstochter schließlich nicht aus rein zweckrationalen Überlegungen zur Rolle der Ehe, sondern auch wegen eines sehr persönlichen, erotisch getönten Besitzenwollens. An ein Ende der Ehe als Institution in der Moderne wollte Thomas nicht glauben, obwohl er ihren Wandel angesichts der Frauenemanzipation für unumgänglich hielt. Als Heilmittel schlug er, wie von Katia und ihm selbst praktiziert, recht prosaisch getrennte Schlafzimmer vor. Der letzte Teil des Aufsatzes führt dann wieder in die Höhen abstrahierter Sittlichkeit: «Gründende Liebe» als Prinzip vergeistigt die geschlechtliche Beziehung zwischen Mann und Frau, verstetigt die Beziehung und erklärt, warum nicht viel mehr Ehen geschieden werden.[15]

In einem Brief an die – ebenfalls homosexuell fühlende – Tochter Erika äußerte Thomas seine Befriedigung über diesen Aufsatz, freilich mit der gewohnten ironischen Distanz: «Den Ehe-Aufsatz für Keyserling habe ich hinter mich gebracht, auf ganz anständige Art, wie mir vorkommt. Es ist ein ziemlich umfangreiches Dokument geworden, hochmoralisch, und enthält auch eine prinzipielle Auseinandersetzung mit der Homoerotik, ei, ei. Es hat Mielein sehr gefallen.» Thomas konnte der Tochter offen gestehen, dass die Absage an die Homosexualität als Praxis im hohen Ton der Moralität nicht bloß zur Selbstrechtfertigung, sondern auch für Katia (Mielein) gedacht war. Dabei wusste Thomas genau, dass sich Erika, Klaus und Golo für ihr persönliches Leben anders entschieden hatten und auch anders über die gesellschaftliche Rolle von Homosexualität dachten.[16]

Keyserlings *Ehe-Buch* bezeugte, dass führende Intellektuelle auf der ganzen Welt eine Krise der Ehe diagnostizierten. Die von Nietzsches Ideen getönten psychoanalytisch-orientalistischen Stellungnahmen mit sehr elitärem Touch führten zwar kaum weiter, aber einige Motive wurden für die Zukunft wichtig. Keyserling selbst sympathisierte mit der Eugenik, die Ehen von vermeintlich oder tatsächlich erblich Belasteten verhindern wollte und aus heutiger Sicht überaus leichtfertig über Sterilisationsprogramme räsonierte. Die

Philosophin Leonie Ungern-Sternberg sprach offen über einen Bedeutungsverlust der Ehe, die Zunahme anderer Formen des Zusammenlebens und die wachsende Rolle des Staates in der Kindererziehung. Während die einen Ehescheidungen generell ablehnten, sagten die anderen richtig einen steten Anstieg voraus. Wenn man eines aus dem Band entnehmen kann, dann das allgemeine Veränderungsbewusstsein in den zwanziger Jahren. Ob die Ehe als Institution die Krise überstehen wurde, schien tatsächlich ungewiss.

Katia amtierte als Haushaltsmanagerin, stets unterstützt von Köchinnen, Dienstboten und Kinderfrauen, die in München mit am Familientisch saßen. Jedenfalls zu Beginn der Ehe machte sich Thomas Mann aber noch Gedanken über Katias intellektuelle Beschäftigung und bat seinen Bruder Heinrich, Katia einen Übersetzungsauftrag – Gustave Flaubert – zu besorgen.[17] Später war Thomas offensichtlich der Ansicht, Katia habe im Intimkontakt mit seinem schriftstellerischen Werk und dem entsprechenden geselligen Kreis genügend geistige Anregung und als Ehefrau, Managerin, Mutter und Hausfrau mehr als genug zu tun. Katia scheint sich, als ehemalige Mathematikstudentin mit Sinn für Zahlen, schon früh um die Finanzangelegenheiten, vor allem die Steuererklärungen, gekümmert zu haben. Thomas hat es stets genossen, hier weniger behelligt zu werden.[18]

Im Ersten Weltkrieg erlebte Katia als Haushaltsmanagerin ihre Bewährungsprobe, denn nun war es auch für die wohlhabende Familie nicht mehr leicht, ausreichend Lebensmittel zu beschaffen. Schwarzmarktpreise, Mietzwang und zwei Geburten konnten allerdings Katias Souveränität im Kern nicht zerstören. In den Tagebüchern Thomas Manns aus den dreißiger Jahren ist von Katias Beschäftigung mit dem Haushalt und mit den häufigen Umzügen regelmäßig die Rede. Thomas wusste, dass das Alltagsmanagement Katia manches abverlangte, es kam ihm aber nicht in den Sinn, sie zu entlasten. Das Bedauern, das Thomas Mann äußerte, wenn in Pacific Palisades wieder einmal das Dienstmädchen gekündigt hatte, bezog sich auf Katias Belastung – aber ebenso auf die eigene Bequemlichkeit. Allerdings kann man davon ausgehen, dass Katia ihrerseits auf ihrer Rolle und Aufgabe bestand. Sie behalf sich besonders in den ersten beiden Jahrzehnten der Ehe mit gesundheitlich begründeten mehrwöchigen Rückzügen in Sanatorien. Katia meinte später selbst, die Tuberkulosediagnose dieser Jahre wäre bei gewöhnlichen Bürgersfrauen oder Arbeiterinnen nicht gestellt worden. Jedenfalls erholte sie sich in der Kur von Ehemann, Haushalt und Kindern. Man muss kaum hinzufügen, dass diese großbürgerliche Lösung nur für sehr wenige Ehefrauen und Mütter in Frage kam. In den Jahren der Emigration übernahm Katia Chauffeurdienste, kümmerte sich um die Mahlzeiten, die Auswahl und Ausstattung der Häuser und den unaufhörlichen Strom von Gästen, der Thomas Mann einerseits belastete, den er aber andererseits als Quelle von Selbstbestätigung und Inspiration benötigte.[19]

Während die Feier der silbernen Hochzeit 1930 für Thomas Mann noch ein gewöhnliches bürgerliches Fest dargestellt hatte, wurde der Hochzeitstag 1934 besonders, weil es «gleichzeitig der Jahrestag unserer ahnungslosen Abreise von München zu den Wagner-Vorträgen» war, das heißt der erst im Nachhinein feststellbare Beginn des Exils. Der 30. Hochzeitstag 1935 wurde mit Katia in «betrachtendem Austausch» beim Frühstück begangen. Allerdings ist von Geschenken oder Blumen nicht die Rede. In den Tagebüchern findet sich gelegentlich, aber nicht mehr regelmäßig ein Hinweis. In den späteren Jahren des Exils in den USA notierte der Dichter diesen Erinnerungstag doppelt, mit einem Zusatz, der sich auf 1933 bezog.[20]

Die Ehe von Katia und Thomas Mann stellte diejenigen vor ein Rätsel, denen Thomas' homoerotische Neigungen besonders ins Auge fielen. Während Thomas zumindest in den Tagebüchern offen über seine Leidenschaft schrieb – nicht sprach –, behandelte Katia das Thema in ihren Erinnerungen sehr zurückhaltend. Über Thomas' Neigung zu dem polnischen Knaben am Lido, die im *Tod in Venedig* unsterblich wurde, bemerkte sie ehrlich, das Ganze aber auch zurechtrückend: «Er hatte sofort ein Faible für diesen Jungen, er gefiel ihm über alle Maßen, und er hat ihn auch immer am Strand mit seinen Kameraden beobachtet. Er ist ihm nicht durch ganz Venedig nachgestiegen, das nicht, aber der Junge hat ihn fasziniert, und er dachte öfters an ihn.»[21] Katia tolerierte die Gefühle ihres Mannes, obwohl dessen Liebe zu Klaus Heuser oder Franz Westermeier leidenschaftlich und tief war. Dabei ist immer zu berücksichtigen, dass Thomas diese Gefühle, nach allem, was man weiß, nur im Tagebuch und in der Dichtung literarisch verwirklichte, eine Lebenspraxis wurde daraus gerade nicht. In Thomas' Fall bezwang der Wille die Sehnsucht, weil diese sich in der Literatur realisieren konnte. Katia musste auch nicht, wie zahlreiche bürgerliche Ehefrauen oder Künstlergefährtinnen, mit der sexuellen Untreue ihres Mannes leben. Die männlichen

Traumgeliebten konnte sie vielleicht deshalb recht gut ertragen. Katia Mann wusste, wie sehr das literarische Genie ihres Mannes aus dessen eigenen Erfahrungen gespeist wurde. Ohne emotionale Erschütterungen des Dichters war die Verarbeitung im Roman der Moderne nicht zu haben. Katia stellte die Produktivität ihres Mannes nicht bloß aus repräsentativen und ökonomischen Gründen in den Mittelpunkt ihres eigenen Lebens. Möglicherweise verfolgte Katia damit auch ein antiromantisches Ehekonzept, das Untreuesehnsüchten Raum ließ, solange sie nicht in die Tat umgesetzt wurden. Niemand kann wissen, wie Katia reagiert hätte, wenn Thomas Mann ein homosexuelles Liebesverhältnis begonnen hätte.

Katia Mann hob noch in ihren Erinnerungen hervor, dass «wir, mein Mann und ich, uns nie zankten». Sie bezog das allerdings eher allgemein auf eine «harmonische» Atmosphäre im Haus und die Erziehung der Kinder. In Thomas Manns Tagebüchern ist zwar von Katias Missstimmungen und Thomas' Kränklichkeiten, aber nicht von ernsthaften oder lautstarken Streitigkeiten die Rede. Einerseits klingt es unwahrscheinlich, dass Meinungsverschiedenheiten selbst in Kleinigkeiten in dieser Ehe eine so geringe Rolle gespielt haben sollen. Aber die Arbeitsteilung im Hause Mann war keine bloß lebenspraktische, sondern auch eine Entscheidung für emotionale Mäßigung. Aus dieser Perspektive scheint Katias Behauptung glaubwürdig. In vieler Hinsicht spielte sich die Mann'sche Ehe von Beginn an in einer Sphäre großer Sicherheit und Ruhe ab. Das galt selbst dann, als die Emigration die an das 19. Jahrhundert erinnernde Bürgerlichkeit in vielen Bereichen zerstörte. In ihrer Haltung zum Nationalsozialismus war das Ehepaar sich grundsätzlich einig. Darauf konnten sich auch die leidenschaftlichen Gegner Klaus und Erika verlassen.[22]

Katia lebte bis zur Emigration 1933 in räumlicher und emotionaler Nähe zu ihrem Münchener Elternhaus. Hedwig Pringsheim spielte in den Alltagsangelegenheiten der Familie Mann, ob es nun um Wohnhäuser, Kindererziehung oder Dienstboten ging, stets eine Rolle. Was andere Schwiegersöhne häufig ärgerte, machte Thomas wohl wenig aus. Im Gegenteil, die Großzügigkeit der Lebensverhältnisse erlaubte – es nicht nur, sondern ließ es geradezu wünschenswert erscheinen, wenn Katia in den ersten, kinderreichen Ehejahren in der eigenen Mutter eine Hilfe hatte. Hedwig Pringsheim hatte schließlich die Entscheidung für Thomas' Werbung unterstützt. Überdies ordnete man im Haus Pringsheim-Mann den Bedürfnissen des berühmten Schriftstellers grundsätzlich alles andere unter. Thomas hatte einfach keinen Grund zur Klage. Die Briefe Hedwig Pringsheims an ihre Tochter aus den Jahren zwischen 1933 und 1942 sprachen nur gelegentlich und in freundlicher Distanz von «Tommy». Hedwig Pringsheim litt zwar zunehmend unter Einsamkeit, beugte sich aber der Tatsache, dass sich Katia vorrangig um Thomas und die Kinder kümmern musste. Katia wiederum fand in Julia Mann eine zunächst skeptische und distanzierte Schwiegermutter, die aber wenig Alltagseinfluss ausübte.[23]

Katias Verhältnis zu ihrem Schwager Heinrich war nicht unfreundlich, aber distanziert: «Wir hatten eine sehr komische Beziehung, wir haben uns Zeit unseres Lebens gesiezt», schreibt Katia Mann in ihren Erinnerungen. Die politischen Dissonanzen zwischen den Brüdern trübten das Verhältnis bis zum Ersten Weltkrieg, aber auch Heinrichs Verhalten, das sich zwischen formeller Distanz und völliger Zwanglosigkeit in den Extremen bewegte, konnte der auf Mäßigung und Familiensinn bedachten Katia kaum zusagen. Sie machte sich einen Spaß daraus, ihren Schwager nachzumachen «etwas näselnd, scharf, und jede Silbe mit leicht affektierter Präzision betonend». Seit 1933 aber teilte man das Exil miteinander. Katia half Heinrich nach dem Tod von dessen Frau Nelly und kümmerte sich in den Monaten vor Heinrichs Tod im Jahr 1950 in Pacific Palisades um den erkrankten Schwager.[24]

Thomas und Katia bauten ihre Häuser gern selbst beziehungsweise ließen bauen. Das Landhaus in Tölz, das Haus in der Poschingerstraße in München, das Ferienhaus in Nidden auf der Kurischen Nehrung, das Haus in Pacific Palisades – wenn das Bürgerliche des 19. und das Mittelschichtverhalten im 20. Jahrhundert im Mieterland Deutschland aus dem Eigenheimbau besteht, dann haben die Manns diesem Klischee entsprochen. Thomas Mann verarbeitete auch die Emigration 1933 als Wechsel des Ortes, der mit vertrauten Gegenständen bestückt wurde, aber andere desto stärker vermissen lässt: «Mit den Kisten und Körben ist eine Welle von ehemaligem Leben, mich sehr erschütternd und erregend, ins Haus gestürzt: Viel Silber, Kleider, Mäntel, Schuhzeug, Tisch- und anderes Leinen, Theegerät und Kunstgegenstände. Der siamesische Krieger steht wieder vor mir auf dem Schreibtisch, der vielleicht noch durch den ‹wirklichen› nebst Stuhl ersetzt wird; auf der Truhe der Halle die Schwegerle-Büste, die [mich] 40jährig darstellt.»[25]

Katia hat große Gesellschaften kaum geschätzt. Die Feste, Abendessen und Teegesellschaften auf zwei Kontinenten bedeuteten für sie in jedem Fall Arbeit, vor allem umfassende Planung und häufige Einkäufe. Thomas mochte Geselligkeit und die Rolle als bewunderter Gastgeber, auch weil er sich stets neue Anregungen zur literarischen Weiterverarbeitung versprach. Thomas' und Katias Haus in der Poschingerstraße wurde schnell zum Intellektuellen- und Künstlertreffpunkt Münchens. Hierher kamen Hermann Hesse und Hugo von Hofmannsthal, zwei Schriftsteller, die Thomas Mann besonders schätzte, aber auch Gerhart Hauptmann und Frank Wedekind, der Komponist Gustav Mahler und der Dirigent Wilhelm Furtwängler. In den Jahren des Exils in den Vereinigten Staaten bildete das Haus der Manns in Pacific Palisades ein gesellschaftliches Zentrum für die Emigranten aus Deutschland, aber auch für amerikanische Freunde und Bewunderer Thomas Manns. Beinahe täglich empfing das Ehepaar Mann Gäste zum Tee oder Abendessen. Umgekehrt waren die Manns häufig Gäste in der Nachbarschaft oder bei den Freunden im Osten der USA. Die Mann-Kinder brachten schließlich Gäste wie die Schauspielerin Therese Giehse in das Haus im schweizerischen Kilchberg, dem letzten Wohnort. Bei Manns erschienen auch persönlich unbekannte Gäste, die, teilweise mit Empfehlungsbriefen ausgestattet, nach Anmeldung vorsprachen. In Thomas Manns Tagebüchern wird häufig von intellektuell packenden Gesprächen, aber auch von geschwätzigen Nichtigkeiten berichtet.

Thomas beschäftigte die finanzielle Lage der Familie, die zwar durch hohe Einnahmen, aber eben auch entsprechende Ausgaben gekennzeichnet war, immer wieder. Dreh- und Angelpunkt der Vermögenssituation stellte die Wohnungsfrage dar, die besonders wichtig war, weil sein Wohnhaus eben gleichzeitig den wichtigsten Arbeitsplatz darstellte. «Überschuldet bin ich auch: 10 000 Mark Vorschuss, 70 000 Mark Hypothekenschulden und dann noch welche fürs Grundstück.»[26] Der Bau des neuen Hauses in der Poschingerstraße, in das die Familie im Januar 1914 einzog, belastete den Hausherrn. Dabei muss man berücksichtigen, dass die Manns erst 1907 das Landhaus in Bad Tölz als Sommerfrische gebaut hatten. Allerdings wurde es bereits zehn Jahre später – mitten im Krieg – wieder verkauft. Obwohl Thomas Mann öffentliche Auftritte durchaus genießen konnte, begab er sich vor allem wegen der Honorare auf Lesereisen. Vom Nobelpreisgeld wurde 1930 das Sommerhaus in Nidden auf der Kurischen Nehrung erbaut. Die Freude daran währte aber nur kurz. Seit der Emigration 1933 waren das Haus und bedeutender anderer Besitz in Deutschland für die Familie unerreichbar. Bei den Ausgaben für die Häuser blieb es nicht. Nicht nur der Bruder Heinrich, sondern auch die Kinder, namentlich Erika, Klaus und Monika, benötigten die finanzielle Unterstützung ihrer Eltern.

Katia nahm die Geburten ihrer Kinder eher wie etwas Selbstverständliches hin. Jedenfalls hat sie kein schriftliches Zeugnis – schon gar kein dramatisches – darüber hinterlassen. Auch über eine erlittene Fehlgeburt sprach sie nicht. Ihre Entscheidung für das Stillen ergab sich selbstverständlich. Bei Thomas löste die überstandene Geburt Erikas eine besondere Kombination aus körperlichem Behagen inmitten der eigenen Hypochondrie einerseits und seelischem Gleichgewicht andererseits aus. An Heinrich schrieb er: «Katja ist wieder auf, wenigstens einen guten Teil des Tages. Sie nährt die Kleine selbst, der das gut anschlägt. Zuweilen, wenn ich morgens mit weich massiertem Leib und leidlich kräftigem Magen erwache, das Kind schreien höre und Arbeitslust verspüre, habe ich ein durchdringendes Gefühl von Glück, wie ich es seit zwanzig Jahren nicht mehr kannte.»[27] Den Enthusiasmus der ersten Vaterschaft für das «Mysterium» der Geburt, die «mich gewaltig durchgerüttelt hat», brachte er später nicht mehr auf. Die «Foltergräuel der Geburt» beunruhigten zwar immer wieder: «Wir erwarten täglich und stündlich Katja's (sic) Niederkunft. Gott gebe, daß sie glatt von statten gehe.» Thomas war an sich nicht zu frommen Stoßgebeten geneigt. Die Anrufung sollte wohl auch seine Hilflosigkeit demonstrieren. Immerhin konnte er später auf die überstandenen «siebzehn Stunden mit Katja», einer «schweren und qualvollen» Geburt, zurückblicken. Golos Geburt löste dann keine Glücksgefühle mehr aus: «Das Kind ist wieder mehr der Typ Mucki, schlank und etwas chinesenhaft.»[28]

Thomas scheint sich für die Vornamen seiner Kinder nicht besonders interessiert zu haben. Einen «Thomas Mann Jr.» hat er trotz seiner patriarchalischen Vorlieben jedenfalls nicht erwogen. Die älteste Tochter Erika erhielt auf Katias Wunsch ihren Vornamen in Erinnerung an Katias Bruder Erik, der 1905 auf Veranlassung des Vaters wegen Schulden und anderer Verfehlungen nach Argentinien verbannt worden war. Klaus hieß nach Katias Bruder. Auffälligerweise wurden die Namen der Großeltern bei den Kindern nicht wiederholt, und Monika und Michael können als frühe Modenamen des 20. Jahrhunderts gelten. Bei den Manns wandte man sich also von den Traditionen des 19. Jahrhunderts ab. Es scheint auch, als hätten die Mütter in der Namensfrage an Einfluss gewonnen. Zumindest scheint Katia den Ausschlag gegeben zu haben.[29] Die Mann-Familie verhielt sich in ihrem Kosenamenstil ganz bürgerlich. Dass aus Angelus Golo wurde, war noch nachvollziehbar. Katia wurde von den Kindern «Mielein», ihr Mann «Pielein» genannt. Thomas Mann schrieb an die Kinder Eri, Eissi, Golo, Moni, Mädi und Bibi.[30]

In der Familie Mann wurden Taufen kaum großartig begangen. Thomas erwähnte die Taufe der Tochter Monika im Jahr 1910 dem Bruder Heinrich gegenüber nur en passant und erwartete diesen erst einige Zeit später in Tölz zu Gast. Als größere Familienfeste wurden sie jedenfalls nicht zelebriert.[31]

In Thomas' Briefen und Tagebüchern findet sich, wenngleich ironisch gebrochen, die Vorstellung einer väterlich geprägten Ordnung, in der der Vater mit Zufriedenheit auf seinen Kreis blickt. Selbst noch gegen Ende des Ersten Weltkrieges bietet die Familie Trost und Schutz gegen die Furcht vor dem Zusammenbruch und dem ungewissen Danach. In einem Brief an Philipp Witkop aus dem Jahr 1918 zeigte Thomas die Geburt der Tochter Elisabeth an: «Mir aber steht es noch weniger an, Literatur zu simpeln, sondern Ihnen vor allen Dingen zu erzählen, dass meine Frau mich vor 4 Wochen mit einem prächtigen Töchterchen beschenkt hat, – dem dritten, ich meine dem dritten Töchterchen. Denn außerdem sind es ja noch zwei Buben, und man sollte glauben, daß wir nun wohl vollzählig sind. Aber, wie Philipp II. zu sagen pflegte, ‹O, wer weiß, was in der Zeiten Hintergrunde schlummert!› Übrigens habe ich die patriarchalische Vollzähligkeit sehr gern. Wir haben nun auch wieder ein ‹Fräulein› engagiert, und so präsidiere ich einen Eßtisch zu 7 Gedecken.» Katia bestätigte in ihren Erinnerungen diese althergebrachte Tischordnung: «Mein Mann saß an einem Ende des Tisches, ich saß neben ihm, mir gegenüber vielleicht Erika, dann kamen die anderen Kinder, am anderen Ende saßen die beiden Kleinen und das Kinderfräulein.»[32] In Thomas' Vorstellung – und darin traf er sicher auch Katias Gefühl – rechtfertigte sich diese Ehe einmal mehr in den Nachkommen. Thomas als Vater vervollkommnete die Absage an die homoerotische Beziehung ohne Nachkommen, ganz so, wie der Dichter es in *Ehe im Übergang* mit Zustimmung Katias entwickelt hat. Dass Thomas auch die Erzieherin befriedigt in die Gruppe derjenigen einbezog, die seiner väterlichen Autorität formal und ästhetisch unterworfen waren, bestätigt die Kreation eines bürgerlich-paternalistisch geordneten Hauses.

Thomas und Katia wünschten sich zunächst beide Söhne. Katia bemerkte in ihren Erinnerungen, dass sie stets unzufrieden war, wenn sie ein Mädchen zur Welt gebracht hatte. Die Unterteilung der sechs Mann-Kinder in die geliebten (Erika, Klaus, Elisabeth) und die ungeliebten (Golo, Monika, Michael) verlief aber nicht entlang der Geschlechterlinie. Thomas' Vorliebe für Erika und Elisabeth zeigte sich von der Geburt an, während die Einstellung zu den Söhnen auch immer von deren Verhalten gegenüber den Eltern mitbeeinflusst wurde. Thomas war fast stolz darauf, für seine Bevorzugung der ältesten und der jüngsten Tochter keine rationale Erklärung liefern zu können: «Ich liebe meine Kinder, am innigsten ein kleines Mädchen, das meiner Frau sehr ähnlich ist, ein Franzose würde von ‹Vergötterung› sprechen, – da haben Sie den Bürger.» Erst als die Kinder erwachsen waren, rechtfertigte Thomas eine früh gefasste Neigung: «Erika bleibt uns, ein Kind, für das meine Bewunderung und Liebe immer gewachsen ist. Sie hat hier mit einem für Züricher Verhältnisse ganz beispiellosen Erfolg ihr literarisches Cabinet, das ganz allein auf ihrer Energie und Phantasie, ihrer zart melancholischen und doch mutig angreifenden Geistigkeit steht, wieder eröffnet.» Es scheint fast, als wollte der «Zauberer» die Unkalkulierbarkeit der Liebe für Erika als Kind 30 Jahre später noch mit deren Talent begründen.[33]

Im Ersten Weltkrieg erkrankte Klaus Mann an Blinddarm- und Bauchfellentzündung. Thomas ordnete sein eigenes Leid dem Katias unter: «Eine Nacht hing sein Leben an einem Fädchen, und noch immer besteht ernste Gefahr. Sie können sich denken, wie es meiner armen Frau zusetzt. [...] Ich, solange ich ihn sehen durfte (z. Zt. darf ich es nicht), hatte Eindrücke, die mich an einen guten Ausgang kaum glauben ließen. Hoffen wir, dass ich mich irrte. Auch mir wäre es sehr hart, aber was aus meiner Frau würde, daran mag ich nicht denken.» Klaus erholte sich, und Thomas und Katia konnten sich von nun an eher auf die Erhaltung der eigenen Gesundheit konzentrieren.[34]

Thomas sah in der Familie, in Katia und den Kindern, auch ein erstes Publikum. Katia gab an, Thomas habe «seine Sachen» sehr gut vorgelesen: «Diese Vorlesungen waren für ihn eine Art Probe. Er las nie, was er gerade an dem Tag geschrieben hatte, und außer den eigenen Arbeiten hat mein Mann eigentlich sehr selten vorgelesen.» Katia und die Kinder durften das Gehörte kritisieren. «Einwänden war er zugänglich, wenn auch nicht im Großen, so konnte man ihn ganz gut auf Kleinigkeiten aufmerksam machen.» Für Thomas fungierte die Familie offenbar als eine Art «Generalprobenpublikum». Er freute sich über das Lob, besonders Katia und Erika sollten ihr Entzücken deutlich zeigen. Offensichtlich war er im Familienkreis kaum nervös, im Gegensatz zu öffentlichen Lesungen, die ihn anstrengten.[35]

Der Erziehungsstil des Ehepaars Mann zeigte deutlicher als andere Bereiche, dass Thomas kein Bourgeois war und Katia der Münchener Boheme nicht ganz fernstand. Im Gegensatz zur strengen, auf Gehorsam bedachten Erziehung im Bürgertum, die mehrheitlich den beruflichen Erfolg der Söhne und eine passende Verheiratung der Töchter anstrebte, genossen die Mann-Kinder viel Freiheit. Katia Mann meinte später, sie sei als Mutter «nicht sehr streng» gewesen. Der Sohn Golo schrieb, die Kinder hätten unter einer Hausordnung gelitten, welche die Arbeitsruhe des Vaters eindeutig in den Mittelpunkt stellte. Allerdings konnte man sich als privilegierte Jugend am Herzogspark im München der ersten Nachkriegsjahre nach 1919 frei entfalten. Die Eltern ertrugen die Schulprobleme besonders der älteren Kinder mit Fassung. Noch 1928 schrieb Thomas an Stefan Zweig alles in allem doch recht sorglos: «Die Kinder sind problematisch, aber charmant, das gebe ich ihnen zu.» Die Internatsaufenthalte der Kinder waren insgesamt kaum erfolgreich, besaßen aber den Vorteil, bürgerlich anerkannt eine Distanz zwischen Eltern und Kindern einzurichten. Thomas wunderte sich wohl nicht darüber, dass zumindest Erika und Klaus sich als Künstler verstanden und in vielem auf den Vater bezogen. Katia als reich geborene Frau meinte zwar in ihren Erinnerungen, sie hätte gern gesehen, wenn ihre Kinder «gut bürgerliche Berufe», Arzt oder Ingenieur, ergriffen hätten, scheint das aber nicht sehr ernsthaft verfolgt zu haben. Golo jedenfalls hegte Zweifel. Die Schwierigkeiten gerade der älteren Kinder mit der Künstlerexistenz blieben der Mutter nicht verborgen. Klaus' Scheitern an einem Leben, das sich – auch im Protest – stets mit dem Vater verglich, schien aus der Sicht der Mutter zwar nicht zwingend, aber wahrscheinlich. Für Golo war es erst nach dem Ausfall der älteren Geschwister möglich, einen eigenen Weg zu gehen. Katia war sehr bewusst, welche Anziehungskraft die Künstlerexistenz à la Thomas Mann für die Kinder gehabt hatte.[36]

Unter Erben konnte man eine immaterielle Übernahme der Lebensmaximen, Werke und Werte der Eltern verstehen. Thomas' Kinder Erika und Golo verwalteten in Zusammenarbeit mit der Mutter Katia das materielle wie immaterielle Erbe des Vaters. Für Sohn Klaus bestand das Erbe vor allem in einem übermächtigen Schatten des Vaters, aus dem er als Schriftsteller nicht heraustreten konnte. Thomas und Katia Manns materielle Hinterlassenschaft war unter den Bedingungen des 20. Jahrhunderts nicht so umfangreich wie bei der Eheschließung gedacht. Das Pringsheim-Vermögen ging bis auf einige bewegliche Güter durch die nationalsozialistische Enteignung fast vollständig verloren. Das Mann-Haus in der Poschingerstraße in München und das Ferienhaus in Nidda an der Ostsee wurden ebenfalls enteignet. Glücklicherweise bezog Thomas Mann sein Einkommen als Autor aus zahlreichen Staaten. Überdies verdiente er auch während des Zweiten Weltkrieges durch Vortragsreisen beträchtliche Summen. Für die Kinder blieben nach dem Tod Katias 1980 die Rechte an den Werken und das Haus in Kilchberg, in dem Golo lebte.

In Katia Manns in den siebziger Jahren entstandenen, sehr knappen *Ungeschriebenen Memoiren* gibt es keinen Bericht über Thomas Manns Tod. Katia vermerkte das allgemeine Erstaunen darüber, dass Thomas Mann trotz seiner permanenten gesundheitlichen Probleme bis zum 80. Lebensjahr leistungsfähig geblieben war, weiter am Werk schrieb, Vorträge hielt und Erholungsreisen unternahm. Katia jedenfalls bemerkte von Zeit zu Zeit zufrieden, dass Thomas' Werk auch fünfzehn Jahre nach seinem Tod noch lebendig war. Eine «Veuve abusive», eine «mißbrauchtreibende Witwe», wie Golo Mann das nannte, wollte Katia auf keinen Fall sein.[37]

Thomas Manns Tod im August 1955 im Zürcher Krankenhaus war von ihm selbst lange vorausgeahnt. Auch in den späten Romanen, vor allem in *Lotte in Weimar*, und zu Anfang der literarischen Karriere in den *Buddenbrooks* hatte der Tod bereits eine wichtige Rolle gespielt. Für Thomas gehörte er zur Transzendenzbezogenheit des kultivierten Lebens hinzu. In den letzten Sätzen des Tagebuchs heißt es: «Lasse mir's im Unklaren, wie lange dieses Dasein währen wird. Langsam wird es sich lichten. Soll heute etwas im Stuhl sitzen. – Verdauungssorgen und Plagen.»[38] Der Tagebucheintrag brachte für Thomas Mann typische Elemente noch einmal signifikant zusammen: Das Licht erinnerte an den berühmten letzten Ausspruch Goethes «Mehr Licht», das Leben wie der Tod blieben «unklar» und rätselhaft, und die Erwähnung der Schmerzen erinnerte an sein Leben zwischen hypochondrischem Leiden und Kränklichkeit. Schließlich hatte sich der Dichter in seinen Tagebüchern in zergliedernder Selbstbeobachtung mit seinem körperlichen Zustand beschäftigt. Als ihr Mann starb, war Katia bei ihm, und Erika Mann beschrieb später, dass der Vater in den letzten Minuten die Mutter angesehen habe. Vermutlich hat Katia Thomas' Transzendenzerwartung eines Wiedersehens eher skeptisch beurteilt. Das hat aber nichts daran geändert, dass Katias Leben im Alltag in erster Linie auf Thomas und nicht auf die erwachsenen Kinder ausgerichtet war.[39]

Thomas Mann blieb schließlich auch im Tod Exilant. Ein «Staatsbegräbnis» erfolgte jedenfalls nicht, und im Kalten Krieg ging es den Vertretern der Bundesrepublik wie der DDR wohl eher um Positionsbehauptung als um eine singuläre Würdigung des großen Dichters. Auf den Platz im Mann'schen Erbbegräbnis in Lübeck hatte Thomas verzichtet. Folglich wurde er in seinem Schweizer Wohnort Kilchberg bestattet. Die Kinder Erika, Monika und Michael und später auch Katia teilen die Grabstätte. Für Katia, die siebenundneunzig Jahre alt wurde, zogen sich die Jahre der Witwenschaft hin. Eine größere öffentliche Rolle verweigerte sie. Im Jahr 1959 allerdings erlebte sie die Premiere des *Buddenbrooks*-Films in Lübeck mit, ein Fest mit Empfang im Rathaus, Flaggenschmuck und festlicher Beleuchtung. Katia zog sich in ein Privatleben zurück, das von Kindern und Enkeln dominiert wurde. Dabei pflegte sie die Tochter Erika bis zu deren Tod. Sie konnte mit Befriedigung erleben, dass Thomas' Romane über die sechziger Jahre hinaus ihren Rang in der Weltliteratur behielten.[40]

Katia firmierte bis zu ihrem Tod und darüber hinaus als «Frau Thomas Mann». Inge und Walter Jens betitelten ihr Buch über Katia entsprechend, wohl auch, um trotz der bekannt eigenständigen Persönlichkeit die Vielschichtigkeit ihrer Heldin und ihre Bedeutung für das Mann'sche Werk zu unterstreichen. Katias Selbstbewusstsein litt nicht unter ihrem Dasein als Künstlergattin – ganz im Gegenteil.

EHESCHEIDUNG

Effi Briest

Das Bild, das sich die Nachwelt von der Ehescheidung im 19. Jahrhundert macht, wird von einer literarischen Figur bestimmt, Effi Briest. Theodor Fontanes gleichnamiger Roman, das bekannteste Zeugnis des poetischen Realismus in deutscher Sprache, erschien 1896. Er beschreibt die unglückliche Ehe einer jungen und unerfahrenen Frau mit einem älteren Mann, der Jahrzehnte früher in Effis Mutter verliebt gewesen war. Effi wird ihrem Mann untreu, aber der wenig eindrucksvolle Verführer bleibt eine Episode. Der Ehemann stellt seine Ehre im Duell mit dem Liebhaber wieder her, lässt sich von Effi scheiden und untersagt ihr den Kontakt zum gemeinsamen Kind. Zunächst verständnislose Eltern und die Entfernung vom Kind bestimmen Effis Schicksal. Der alte Briest entscheidet sich schließlich, zu spät, seine verstoßene Tochter zurückzuholen: «Und dann glaube mir, Luise, die ‹Gesellschaft›, wenn sie nur will, kann auch ein Auge zudrücken. Und ich stehe so zu der Sache: kommen die Rathenower, so ist es gut, und kommen sie nicht, so ist es auch gut.» Effi, von der Gesellschaft geächtet, hat letztlich keine Chance auf ein glückliches Leben und stirbt an Tuberkulose und «gebrochenem Herzen».

In der Wirklichkeit waren die Folgen einer Ehescheidung selten derart tragisch. Fontanes Vorlage, der Scheidungsfall der Elisabeth von Ardenne, endete anders. Die Ehebrecherin musste nicht sterben und widmete sich nach der Scheidung der Krankenpflege; wenn man so will, führte sie ein selbstbestimmtes Leben, allerdings am Rande der Gesellschaft. Das Duell zum Zweck der Wiederherstellung der Ehre war im Kaiserreich als Teil eines militärischen Ehrenkults in weiten Teilen des Bürgertums akzeptiert, wurde aber von katholischer, linksliberaler und sozialdemokratischer Seite bekämpft. Vor allem Kaiser Wilhelm I. lag daran, dass seine Offiziere ihre Ehre im Duell verteidigen konnten. Ardenne und andere Duellanten wurden zwar zu Festungshaft verurteilt, die Begnadigung durch den Kaiser erfolgte aber in der Regel schnell; Ardenne wurde bereits nach 18 Tagen Haft entlassen.[1]

Ehescheidungen wurden im 19. Jahrhundert allgemein missbilligt. Nur bei Ehebruch durch die Frau hielt etwa Baron von Knigge eine Ehescheidung für unumgänglich: «In allen anderen Fällen ist die Ehescheidung eine höchst bedenkliche Sache. Leute, die eine Reyhe von Jahren mit einander verlebt haben, können einen solchen Schritt nicht leicht thun, ohne Beyde an öffentlicher Achtung zu verlieren.» Die gesellschaftliche Ächtung von Ehescheidungen war im Kaiserreich besonders krass. Marion Gräfin Dönhoff schreibt über die Vorstellungen von Ehre im Adel vor dem Ersten Weltkrieg: «Was gegen die Ehre war, konnte nicht stattfinden, beispielsweise waren Ehescheidungen für Offiziere und hohe Beamte absolut indiskutabel und zogen den Verlust der Stellung nach sich.»[2]

Die Darstellung Theodor Fontanes im Roman, eine Ehescheidung bedeute den gesellschaftlichen Tod der geschiedenen Frau, steht im Gegensatz zu zahlreichen Indizien und Zeugnissen. Gerade in den protestantischen Gebieten Preußens kamen Ehescheidungen im europäischen Vergleich häufig vor. Das *Teltower Kreisblatt* berichtete im letzten Drittel des 19. Jahrhunderts in regelmäßigen Abständen über «an Ehescheidungen reiche Tage» im Berliner Landgericht. Diese Scheidungen erfolgten beinahe immer auf Antrag der Frau, häufig wegen «böslichen Verlassens». Um 1900 kam das Thema Ehescheidung dann auch in den Anstandsbüchern zur Sprache. Grundsätzlich akzeptierte man, dass eine Scheidung die beste Lösung für schwere Konflikte darstellen konnte. Das *Lexikon der feinen Sitte* riet Geschiedenen zu einem zeitweisen Rückzug aus der Gesellschaft, um Peinlichkeiten zu vermeiden. Von einem allgemeinen und dauerhaften Ausschluss aus der «guten Gesellschaft» war keine Rede.[3]

Der Tod der geschiedenen Frau an «gebrochenem Herzen» war eine literarische Stilisierung. In den Tageszeitungen der achtziger Jahre fan-

Filmplakat zu «Effi Briest» von Rainer Werner Fassbinder mit Hanna Schygulla, 1974

den sich zahlreiche mehr oder weniger amüsante Geschichten über Ehescheidungen. Mal ging es um einen betrogenen Ehemann, der edelmütig seiner geschiedenen Frau, die mit dem Hauslehrer der Kinder durchgegangen sei, Unterhalt zahle. Ein anderes Mal wurde über eine Millionärsgattin berichtet, die sich nach 22 Jahren Ehe von ihrem Mann scheiden lassen wollte, weil dieser nachts spät nach Hause komme und sie durch sein Schnarchen störe. Und schließlich wurde die «kürzeste Ehe» präsentiert: «Am dritten Tage nach der Hochzeit bekam die Frau Schläge, die sie nicht ruhig hinnahm, am achten Tage fand ein derartiger Hausskandal statt, dass alle Welt zusammenlief, am zehnten Tage mußte die Polizei einschreiten, am vierzehnten Tage hängte sich der Mann auf. Die Frau kam hinzu und schnitt ihn ab. Statt ihr für die Erhaltung seines Lebens zu danken, wurde er grob und ging fünf Tage später nach Amerika durch.» Die Meldungen zeigen vor allem, dass Ehescheidung als Thema trivialisiert wurde und zum unterhaltsamen Lesestoff taugte.[4]

Effi Briests Lage wurde dadurch erschwert, dass ihr das Gericht wegen Ehebruchs die Schuld an der Scheidung gab. Das kam auch in der Realität vor. Eine schuldig geschiedene Frau verlor ihre Mitgift, konnte kaum das Sorgerecht für die Kinder erlangen und besaß keine Unterhaltsansprüche. Frauen der Mittel- und Oberschicht, die im 19. Jahrhundert nicht durch Erwerbsarbeit für ihren Lebensunterhalt aufkommen konnten, waren damit auf den guten Willen ihrer Herkunftsfamilie angewiesen. Unschuldig geschiedene Frauen bekamen über das 19. Jahrhundert hinweg gerichtlich «standesgemäßen» Unterhalt zugesprochen.[5]

Viele Frauen aus den Unterschichten verlangten die Scheidung, um sich wieder verheiraten zu können. Hinter dem Grund «böswilliges Verlassen» stand häufig Wechsel des Wohnorts, Abwanderung in die Industriegebiete oder Auswanderung in die USA. Mit Unterhaltszahlungen konnten verlassene Frauen nicht rechnen. Männer aus den mittleren Bevölkerungsgruppen, Bauern und Gastwirte etwa, die wegen Ehebruchs oder Vernachlässigung der Hauswirtschaft und der Kinder von ihrer Ehefrau getrennt werden wollten, hofften auf eine Wiederverheiratung. Die Ehescheidungen im Kreis der literarischen Boheme um 1800, der Dorothea Schlegel, Therese Forster, Caroline Schelling und anderen, verbanden die Enttäuschung über eine Ehe mit der Hoffnung auf einen zweiten Versuch. Im preußischen Adel waren Scheidungen nicht selten. Oft stellten die wirtschaftlichen Folgen nicht das Hauptproblem dar, weil beide Ehepartner begütert waren und ein Ehevertrag sicherstellte, dass die Ehefrau ihr Vermögen zurückerhielt. Allerdings wurde der Unterhalt in der Folge nicht unbedingt immer geleistet.

Die gesellschaftlichen Folgen der Scheidung relativierten sich bei einer Wiederverheiratung. Caroline von Lengefeld, die Schwester von Schillers Frau Charlotte, war 1780 mit siebzehn Jahren an den Hofrat von Beulwitz verheiratet worden. Nach der Scheidung der unglücklichen Ehe heiratete sie Wilhelm von Wolzogen, der Karriere als Beamter machte und schließlich Oberhofmeister in Sachsen-Weimar wurde. Der preußische Staatskanzler Fürst Hardenberg war dreimal verheiratet. Seine erste Ehe mit der Gräfin Reventlow wurde geschieden, in zweiter Ehe heiratete er Sophie von Haßberg, geschiedene von Lenthe. 1817 berichtete Wilhelm von Humboldt in einem Brief an seine Frau Caroline lakonisch über eine Familiengeschichte aus dem preußischen Adel: «Ich schrieb dir noch nicht, daß Adelheid [Gräfin] Pappenheim den [Fürsten] Carolath heiratet, der Adjutant beim König ist. Der Vater läßt sich jetzt von der Mama scheiden. Es gibt aber noch vielerlei Diskussionen.» Und einige Tage später folgte: «Ich schrieb dir, denke ich, daß sie [Adelheid Pappenheim] den Fürsten Carolath geheiratet, und Vater und Mutter sich geschieden haben. Scheidung und Ehe fielen nur einen Tag auseinander. Die Mutter macht nun schon in sechs Monaten ihre neue Ehe.» Auch wenn die Ereignisse im Umfeld Hardenbergs in den sittenstrengeren protestantischen wie katholischen Zirkeln der preußischen Gesellschaft kaum geschätzt wurden, die geschiedene Gräfin Pappenheim und zukünftige Fürstin von Pückler-Muskau wurde nicht sozial geächtet.[6]

Ehescheidungen kamen in sämtlichen Gruppen der Bevölkerung vor, das Königshaus nicht ausgenommen. Ausgerechnet im Revolutionsjahr 1848 begann der Ehescheidungsprozess des preußischen Prinzen Albrecht, der mit der niederländischen Prinzessin Marianne verheiratet war. Für die Einleitung eines Ehescheidungsprozesses in der königlichen Familie war grundsätzlich die Einwilligung des Monarchen erforderlich. Prinz Albrecht hoffte, dass die Ehe wegen beidseitiger Abneigung ohne Schulderkenntnis geschieden werden könne. Das Urteil des Kammergerichts vom März 1849 trennte die Ehe, Albrecht wurde aber als allein schuldig bezeichnet und zum Tragen der Kosten verurteilt. Albrechts Abneigung gegenüber seiner Ehefrau wurde im Urteil auf physische und psychische Erkrankungen zurückgeführt. Die Mitgift der Prinzessin musste zurückgezahlt und eine jährliche Apanage von 30 000 Talern aus den Einkünften des Prinzen als «standesgemäße Abfindung» an Marianne überwiesen werden. Der Ehescheidungsprozess besaß eigentlich sämtliche Eigenschaften eines

Gesellschaftsskandals, denn im Oktober 1849 brachte Marianne einen Sohn zur Welt, aber in den nachrevolutionären Monaten wurde das kein Thema.[7]

Am Hof Wilhelms II. sorgte die frömmlerische Kaiserin Auguste Viktoria dafür, dass geschiedene Frauen nicht empfangen wurden. Das galt wie im Fall der Gräfin Helene Hatzfeldt auch, wenn der erste und der zweite Ehemann identisch waren.[8] Aber selbst in dieser Atmosphäre musste man mit Ehescheidungen leben. 1901 wollte sich der hessische Großherzog Ernst-Ludwig von seiner Frau Viktoria von Sachsen-Coburg-Gotha scheiden lassen; der Großherzog war homosexuell und das Eheleben untragbar geworden. In seinem entsetzten Brief an den Großherzog gab Kaiser Wilhelm II. zu bedenken: «Ein böses Beispiel in dieser leichtsinnigen Zeit, wo die Scheidung fast schon zu den Zuthaten der modernen Ehen in den mittleren und besseren Ständen gehört.» Der Kaiser hätte es vorgezogen, dass das Paar «wenn auch nur äußerlich vor der Welt» zusammengeblieben wäre.[9]

In anderen Teilen der Gesellschaft wurde die Ehescheidung offener diskutiert. Die entstehende europäische Frauenbewegung beschäftigte sich mit dem Thema, wenngleich es nicht im Mittelpunkt stand. August Bebel forderte in *Die Frau und der Sozialismus* eine großzügigere Praxis, um das Dasein der Ehefrau «als Sklavin» zu beenden. Großen Einfluss gewannen um die Jahrhundertwende die Essays der schwedischen Sozialreformerin Ellen Key, die eine «freie Scheidung» forderte, um gegen Ehebruch und Prostitution vorzugehen. Key wollte «die Bande lösen, wo wirkliche Einheit nicht mehr möglich ist». Sie erkannte nur Liebe als sittliche Grundlage der Ehe an und gab zu bedenken, die freie Scheidung könne «Frauen, die einen verkommenen Mann erhalten», ermöglichen, für «Nahrung für die Kinder anstatt für Spirituosen für deren Väter» zu arbeiten. Mit Blick auf Kinder aus gescheiterten Ehen vertrat Key die Ansicht, dass diese besser mit getrennten Eltern, die sich einvernehmlich über die Kinder einigen, leben könnten als im ständigen Unfrieden einer gescheiterten Ehe.[10]

Häufigkeit von Ehescheidungen

Ehescheidungen waren in Europa höchst unterschiedlich verbreitet. In den katholischen Ländern gab es für Katholiken meist überhaupt keine gesetzliche Möglichkeit. Nur durch eine päpstliche Annullierung der Ehe und eine lebenslange oder befristete «Trennung von Tisch und Bett» konnte eine Ehe beendet werden. Eine Wiederverheiratung war nur nach einer Annullierung erlaubt.

In Frankreich hatte die Revolution 1792 ein großzügiges Ehescheidungsrecht verordnet. Unter Napoleon wurde es bereits wieder eingeschränkt, mit der Restauration der Bourbonen 1816 abgeschafft und erst 1884 wieder eingeführt. Die Trennung von Tisch und Bett wurde in der Zwischenzeit zur einzigen legalen Möglichkeit. Ehebruch wurde mit einer Gefängnisstrafe zwischen drei und sechs Monaten geahndet, und sogar getrennt lebende Gatten mussten fürchten, wegen Ehebruchs angeklagt zu werden. Während der Trennung galten die Unterhaltspflichten fort, das heißt, im Regelfall musste der Ehemann weiterhin für den Lebensunterhalt seiner Ehefrau sorgen. In der Rechtspraxis aber gewährten die Gerichte solche Trennungen nur sehr restriktiv. Überall in Europa wurde Ehefrauen häufig aufgetragen, die Beleidigungen und die Trunksucht des Mannes mit «Sanftmut und Geduld» zu tragen.[11]

In Bayern und in Österreich blieb die Ehe der kirchlichen Gerichtsbarkeit unterstellt. Trennungen von Tisch und Bett kamen durchaus vor. Allein in der Erzdiözese Wien wurden in den siebziger und achtziger Jahren des 18. Jahrhunderts 370 Eheverfahren durchgeführt. In immerhin 126 Fällen gewährte das Gericht eine Trennung.[12]

In Großbritannien waren Ehescheidungen in der ersten Hälfte des 19. Jahrhunderts selten. Zwar war die Ehescheidung in der Reformation eingeführt und durch König Heinrich VIII. persönlich genutzt worden, konnte aber nur durch ein besonderes Parlamentsgesetz ausgesprochen werden. Da dies teuer war, blieb die Ehescheidung faktisch Privileg des begüterten Adels. In der ersten Hälfte des 19. Jahrhunderts gab es durchschnittlich nur drei Ehescheidungen pro Jahr. Als Alternative kam eine Trennung von Tisch und Bett in Frage, die in England von kirchlichen Gerichten ausgesprochen werden konnte, aber auch hier waren die Zahlen gering. Die meisten wohlhabenden Paare zogen eine inoffizielle Trennung mit einem Unterhaltsvertrag vor. Erst seit 1857 bestand die Möglichkeit einer gerichtlichen Ehescheidung, und in der Folgezeit stiegen die Ehescheidungsziffern allmählich an. Das englische Recht blieb allerdings restriktiv und akzeptierte nur die Gründe Ehebruch, böswilliges Verlassen und Grausamkeit. Das Verfahren war mit Kosten von mehreren hundert Pfund teuer und für die Unterschichten kaum zugänglich. Trotzdem nahm die Zahl der Scheidungen zu: Beim Ausbruch des Ersten Weltkrieges wurden 1000 Anträge pro Jahr gestellt.[13]

In den protestantischen Staaten Skandinaviens, in den USA und in der Schweiz gab es im 19. Jahrhundert die gesetzliche Ehescheidung. Besonders hohe Raten wurden für die Schweiz verzeichnet. Während 1880 in Preußen auf 1000 Heiraten elf Scheidungen kamen, waren es in der Schweiz bereits 48. Dort existierte nämlich mit dem «gemeinsamen Begehren» die Möglichkeit einer einvernehmlichen Scheidung, die zu den hohen Zahlen beitrug.[14]

In den meisten europäischen Staaten stiegen die Scheidungszahlen in den zwanziger Jahren stark an. Das äußerst gelockerte Ehescheidungsrecht in der Sowjetunion löste erregte Debatten aus. Dort konnten Ehen durch bloße Erklärung vor dem Magistrat geschieden werden. In den konservativen Zeitungen der Weimarer Republik zitierte man Artikel aus der sowjetischen Presse, die von extremen Fällen berichteten. Angeblich gab es in St. Petersburg Männer, die in wenigen Monaten mehrmals geheiratet hatten. Aus konservativer Sicht schienen die «religionslosen» Ehen in der Sowjetunion nicht nur skandalös, sondern gesellschaftlich fatal. Das neue sowjetische Familienrecht von 1936 untersagte Abtreibungen und erschwerte Ehescheidungen.[15]

In den siebziger und achtziger Jahren verzeichneten die skandinavischen Länder die höchsten, Italien und Portugal die geringsten Ehescheidungsraten. In Spanien wurde die gesetzliche Ehescheidung erst 1981 wieder eingeführt.[16]

In Deutschland entsprachen die Gerichte längst nicht jedem Scheidungsverlangen. Zwischen 1880 und 1913 wurden 70 Prozent der Prozesse mit dem Ausspruch einer rechtskräftigen Ehescheidung abgeschlossen. Insgesamt erhöhte sich in der zweiten Hälfte des 19. Jahrhunderts und nach der Jahrhundertwende die Zahl der Ehescheidungen stetig. In den 1820er Jahren zählte man in Preußen ungefähr 3000 Ehescheidungen pro Jahr. Insgesamt lagen die Großstädte Hamburg, Berlin und Dresden an der Spitze, München holte schnell auf. Nun wurden pro 100 000 Einwohner 30 Ehescheidungen jährlich ausgesprochen.[17]

Der Anstieg der Ehescheidungszahlen verlief im ersten Drittel des 20. Jahrhunderts kontinuierlich. In Preußen mit 38 Millionen Einwohnern wurden 1922 21 000 Ehen geschieden. Zwischen 1925 und 1933 verdoppelte sich der Anteil der Geschiedenen an der Bevölkerung im Deutschen Reich von 0,4 auf 0,8 Prozent. Die geringste Scheidungshäufigkeit fand sich unter rein katholischen Ehen, gefolgt von rein protestantischen und Ehen, in denen beide Partner Juden waren. Konfessionelle Mischehen waren deutlich scheidungsanfälliger; am häufigsten ließen sich Partner in katholisch-jüdischen und protestantisch-jüdischen Mischehen scheiden. Der starke Anstieg der Scheidungsraten zwischen 1945 und 1950 ist vor allem auf den Zweiten Weltkrieg zurückzuführen. Einerseits wurden im Krieg Scheidungen aufgeschoben, andererseits zerbrachen viele Ehen nach Friedensschluss, zum Beispiel bei der Rückkehr des Ehemanns aus jahrelanger Kriegsgefangenschaft. 1949 erreichte die Scheidungshäufigkeit in den Westzonen mit 190 pro 100 000 Einwohner einen Höchststand.[18]

Scheidungswilligkeit

Zahlreiche Indizien deuten darauf hin, dass mehr Frauen als Männer eine Ehescheidung wünschten. In Massachusetts reichten zwischen 1692 und 1786 122 Frauen und 101 Männer einen Antrag ein. In Bayern wurden im 18. Jahrhundert beinahe 75 Prozent der Klagen von Frauen erhoben, wobei höchstens eine Trennungserlaubnis ausgesprochen werden konnte. In einer Fallsammlung aus Hannover im 19. Jahrhundert kamen 70 Prozent der Klagen von Frauen. In Großbritannien deuten die Zahlen für den Zeitraum von 1857 und 1923 zwar auf einen Anteil der Frauen von nur 40 Prozent hin. In den siebziger Jahren stammten dann aber zwei Drittel der Scheidungsanträge in England und Wales von Frauen. In Frankreich betrug der Frauenanteil in der Zwischenkriegszeit 80 Prozent. In der Bundesrepublik lag der Anteil der Frauen in den sechziger Jahren bei 70 Prozent. Nach 1977 änderten sich die Verhältnisse, weil nun gemeinsame Ehescheidungsanträge oder die Zustimmung zum Ehescheidungsantrag des Partners möglich waren. Bei 65 bis 75 Prozent aller Anträge wurde eine Form des Zusammenwirkens gewählt.[19]

Im Volksmund ist vom verflixten siebten Jahr die Rede, in dem Ehen angeblich die größte Gefahr drohe. Tatsächlich bestätigt die Scheidungsstatistik seit 1970, dass die meisten Ehen nach vier bis sieben Jahren geschieden werden (1970 29 Prozent der Ehescheidungen in der Bundesrepublik). Insgesamt sind Ehen mit kurzer Dauer und kinderlose Ehen häufiger scheidungsgefährdet. Außerdem übt die Konfession einen starken Einfluss aus. Konfessionslose und protestantische Ehepaare optieren häufiger für eine Ehescheidung als Katholiken. Heute wird in der Bundesrepublik jede dritte Ehe geschieden.

Sühneversuche

Mit der Allgemeinen Gerichtsordnung von 1793 wurden in Preußen sogenannte Sühneversuche durch die Pfarrer eingeführt. Praktisch wirkten diese Sühneversuche als Erschwerung, zumindest als Verlängerung des Verfahrens. Der Pfarrverwalter Rakowski in Westpreußen beschied 1833 dem Ehepaar Konikowski, dass die vorgebrachten Gründe nach kanonischem Ehegesetz die Trennung der Ehe nicht zuließen. Er verlangte die Aussöhnung oder die Zahlung von drei Talern für die Fortsetzung des Prozesses. 1846 unternahm Pfarrer Knopp den Versuch, die Ehe von Anna und Johann Baranowski zu retten. Der Ehemann warf seiner Frau «Verweigerung des schuldigen Gehorsams» vor, die Ehefrau nannte Trunksucht und Misshandlung als Gründe des Zerwürfnisses. Die protestantische Kirche meldete in den sechziger

Jahren mehr als 46 Prozent erfolgreiche Sühneversuche. In vielen Fällen aber schien der Sühneversuch aussichtslos. 1860 erklärte Barbara Thron ihrem Pfarrer: «Ich kann mit meinem Ehemann Michael Thron die Ehe nicht mehr länger fortsetzen. Wir leben bereits das dritte Jahr in der Ehe, aber unter fortwährender Zwietracht und Mißhandlung und wiewohl wir vom Herrn Pfarrer schon mehrmals versöhnt worden, so ist unser ehelicher Friede doch nie von langer Dauer.» Sie beschrieb sich als nachgiebig und sanft, «er dagegen zankt sich fortwährend mit mir, tobt, behandelt mich hart und unmenschlich. Stößt und prügelt immer öfter, ohne den geringsten Anlass zu haben.» Die Sühneversuche werden die Ehescheidung oft nur verzögert haben.[20]

1879 ging im Deutschen Reich der kirchliche Sühneversuch gemäß der neuen Zivilprozessordnung auf die staatlichen Gerichte über. In den Bezirken Königsberg, Breslau und Marienwerder waren 60 Prozent der Sühneversuche erfolgreich. In Berlin, Frankfurt am Main, Köln und Hamburg betrug die Erfolgsquote nur zwischen 35 und 23 Prozent. Nach 1900 sank die Erfolgsquote in den großen Städten nochmals ab.[21]

Heute ist das Mediationsverfahren an die Stelle des gerichtlichen Sühneversuchs getreten. Eheleute können, müssen sich aber nicht an einen Mediator wenden, bevor sie ein Scheidungsverfahren einleiten.

Ehescheidungsgründe im Recht

Das Ehescheidungsrecht war immer ein politisches Thema, an ihm «schieden sich» im 19. wie im 20. Jahrhundert die Geister von Konservatismus und Sozialliberalismus, von Tradition und Emanzipation. Es ging nicht nur um die Frage, ob überhaupt und, wenn ja, unter welchen Umständen unglückliche Ehen getrennt werden konnten, sondern um die Vorstellungen von Stabilität und Wandel in der Gesellschaft generell. In den 1840er Jahren bemühten sich in Preußen konservativ-protestantische Juristen mit Friedrich Carl von Savigny an der Spitze um eine Erschwerung der Ehescheidung. Sie wollten den umfangreichen Katalog der Ehescheidungsgründe einschränken, der neben Ehebruch und «böslichem Verlassen» Grausamkeit, Misshandlung, auch unüberwindliche Abneigung, sogar gegenseitiges Einvernehmen umfasste. Konservativ-kirchliche Kreise wandten sich gegen Misshandlung als Ehescheidungsgrund, da ihnen der Tatbestand zu vage und dehnbar erschien. Vor allem aber wollten sie gegen Abneigung als Grund und Trennung im gegenseitigen Einvernehmen vorgehen, weil sie hier die betreffenden Paare auf dem Weg zur Selbstscheidung sahen. Damit schien die von Gott festgelegte Rolle der Ehe als unkündbarer Pakt und Garant gesellschaftlicher Ordnung in Gefahr. Savigny als Gesetzgebungsminister scheiterte mit diesem Projekt. Zwar wurde das gerichtliche Verfahren erschwert, da die Zuständigkeit für Ehescheidungen für einige Jahre von den Gerichten erster Instanz zu den weiter entfernten und teureren Oberlandesgerichten verlagert wurde, aber eine Reform des materiellen Rechts kam letztlich nicht zustande.[22]

Erst mit den Vorbereitungen eines Bürgerlichen Gesetzbuches im Deutschen Kaiserreich erreichten 1887 die Debatten um das Ehescheidungsrecht wieder eine breite Öffentlichkeit. Zuallererst wurde wie in anderen Bereichen des Familienrechts eine nationale Rechtsvereinheitlichung angestrebt. Wiederum bemühte sich eine konservative Juristenfraktion darum, die Ehescheidung mit höheren Hürden zu versehen. Das Allgemeine Landrecht hatte die Scheidung kinderloser Ehen aufgrund gegenseitiger Einwilligung erlaubt, wenn weder «Leichtsinn noch Übereilung, noch heimlicher Zwang» festzustellen war. Es ordnete solche Ehescheidungen unter «unüberwindliche Abneigung» ein und forderte auch hier die Bestimmung eines schuldigen Teils. In den 1880er Jahren beriefen sich viele Juristen auf das protestantische Eherecht und blickten zustimmend auf die katholische Kirche, die an der Unauflöslichkeit der Ehe festhielt und die Scheidung generell ablehnte. Nur wenige Teilnehmer der Debatte wie der Leipziger Rechtsanwalt Peter Kloeppel, der vermutlich das Alltagsgeschehen gut kannte, forderten für trennungswillige Paare eine Chance, einvernehmlich geschieden zu werden. Im BGB entsprach dieser Möglichkeit nur die Regelung, dass eine beklagte Partei der Scheidung nicht widersprach. Das Reichsgericht betonte weiterhin, nur der Richter könne über Trennung der Ehe und Schuldfrage befinden, auch in der kinderlosen Ehe.[23]

Die endgültige Fassung des BGB setzte mit absoluten und relativen Scheidungsgründen durchgängig auf das Verschuldensprinzip. Der relative Scheidungsgrund der schweren Verletzung der Ehepflichten deckte «ehrloses oder unsittliches Verhalten» ab, durch das eine Zerrüttung der Ehe bewirkt wurde, sowie «grobe Misshandlung». Der einzige vom Verschulden unabhängige Grund bestand in unheilbarer Geisteskrankheit. In der Diskussion wurde argumentiert, «daß die Ehe, der christlichen Weltanschauung des deutschen Volkes entsprechend ihrem Begriff und Wesen nach unauflöslich und die Ehescheidung daher etwas Anomales sei, weshalb es staatlichem Interesse entspreche, durch strengere Gestaltung des Scheidungsrechts im Volke darauf hinzuwirken, daß die Ehe als Grundlage der Gesittung und Bildung so sei, wie sie sein soll». Das BGB setzte gegen das säkularisierte Modell der Ehe als Vertrag im Sinne des Allgemeinen Landrechts also auf eine Rechristianisierung der Ehe. Auf längere Sicht zeigte diese Ehevorstellung allerdings wenig Wirkung, weil sie der sozialen Wirklichkeit in breiten Bevölkerungsschichten, vor allem in der kirchenfernen Arbeiterschaft und im liberal-protestantischen Bürgertum, nicht entsprach.[24]

In Deutschland galt der Katalog der Ehescheidungsgründe, den das Bürgerliche Gesetzbuch 1900 eingeführt hatte, im Kern bis 1977. In Preußen kamen im ersten Jahrzehnt des 20. Jahrhunderts auf 100 schuldig geschiedene Ehefrauen 174 Männer. Die Gerichte sprachen 1929 in Preußen bei 25 000 Ehescheidungen 7000-mal beide Partner schuldig (28 Prozent), allein schuldige Männer wurden 13 000, allein schuldige Frauen 5000 gezählt. Durch die Schuldzuweisung an beide Partner bewegten sich die Gerichte auf der Grundlage des Paragraphen 1568 im BGB implizit auf das Zerrüttungsprinzip zu. Zusätzlich zur Geisteskrankheit führten die Nationalsozialisten ansteckende Krankheiten als nicht verschuldensabhängigen Grund ein. Nach dem Zweiten Weltkrieg bot der Grund «Aufhebung der häuslichen Gemeinschaft» den größten Spielraum, weil auf eine Klärung der Schuldfrage verzichtet werden konnte. 1962 wurde aber auf Initiative konservativer Kräfte gerade dieser Paragraph umformuliert, um denjenigen Ehepartner zu unterstützen, der an der Ehe festhalten wollte.[25]

Wo im 19. Jahrhundert Ehescheidungen überhaupt möglich waren, führte Ehebruch die Liste der Eheverfehlungen an. Zwischen 1905 und 1913 wurden im Deutschen Reich 48 Prozent, 1922 62 Prozent der Ehescheidungen mit dieser Begründung ausgesprochen. In Großbritannien gaben noch 1970 die Hälfte der Scheidungsanträge Ehebruch als Grund an, aber die Ehescheidungsreform aus demselben Jahr, mit der auch einvernehmliche Trennungen möglich wurden, führte zu einem Absinken des Anteils von Anträgen, in denen Ehebruch geltend gemacht wurde, auf 25 Prozent.[26]

Während das Allgemeine Landrecht keine Ehebruchstrafen mehr vorgesehen hatte, musste man in Hannover noch im 19. Jahrhundert mit kurzen Haftstrafen zusätzlich zum eigentlichen Ehescheidungsverfahren rechnen. Ein Kriminalprozess wegen Ehebruchs stellte überhaupt die Voraussetzung für ein Ehescheidungsverfahren vor dem protestantischen Konsistorium dar. In manchen Staaten der USA, etwa in New York, zeigten sich im 19. Jahrhundert absurde Auswirkungen der Konzentration des Rechts auf diesen Grund. Ehepaare, die sich einvernehmlich auf eine Scheidung geeinigt hatten, fingierten – mit Hilfe von Anwälten, die Frauen für gestellte Fotos in Hotelzimmern engagierten – einen Ehebruch und damit einen Beweis für das Gericht. Die Liberalisierung der Ehescheidung in den USA seit 1860 erkannte Trunksucht und Grausamkeit als Gründe an und ermöglichte einen deutlichen Anstieg der Scheidungsraten.[27]

Ein fingiertes Scheidungsszenario kam auch in Europa vor. Obwohl Alma Mahler-Gropius mit Franz Werfel einen Geliebten hatte, wurde die Hotelzimmerszene von Walter Gropius mit einer Prostituierten inszeniert. Im Oktober 1920 wurde die Ehe geschieden und Gropius für schuldig erklärt. Alma erhielt das Sorgerecht für die Tochter Manon. Erst 1929 erfolgte die Eheschließung Almas mit Franz Werfel. Der fingierte Ehebruch zeigte an, dass viele Paare im Grunde einvernehmlich geschieden werden wollten.[28]

Nur ein «unschuldiger» Gatte konnte wegen Ehebruchs vor Gericht gehen. Hatte der Kläger oder die Klägerin ebenfalls die eheliche Treue gebrochen, wurde die Klage abgewiesen. Das bayerische Oberappellationsgericht verlangte 1858, dass die Person, mit der der Gatte angeblich die Ehe gebrochen habe, namentlich benannt oder deutlich bezeichnet werden müsse. Außerdem sollten Zeit und Ort des mutmaßlichen Ehebruchs angegeben werden. Unspezifische Vorwürfe ehebrecherischer Beziehungen reichten nicht aus.[29]

In vielen Ländern zeigte sich die Ungleichbehandlung der Geschlechter bei Ehebruchsscheidungen vor allem in den Folgen, beim Sorgerecht für die Kinder, beim Vermögensausgleich und beim Anspruch auf Unterhalt. Viel Protest löste der «doppelte Standard» für Frauen und Männer aus, den Länder wie Großbritannien oder die Code-Civil-Regionen in Deutschland bei Ehebruchsfällen anwandten. Die bürgerliche Geschlechterideologie erklärte den Ehebruch einer Frau für schwerwiegender, weil der private Rückzugsraum der Familie betroffen sei. Außerdem fürchtete man sich vor «Bastarden», die den legitimen Kindern das Erbe streitig machten, ganz zu schweigen von der Demütigung, die der Männlichkeit eines betrogenen Ehemannes widerfuhr. Während ein Ehemann wegen Ehebruchs der Frau die Scheidung verlangen konnte, musste eine Frau erschwerende Gründe anführen, etwa Misshandlung oder die Tatsache, dass sich der Ehebruch des Mannes im eigenen Heim der Familie ereignet hatte.[30]

Noch in den zwanziger Jahren nahmen die Gerichte Ehebruch als Ehevergehen ernst, vor allem wenn es um die Interessen der Ehefrau ging, die eine Scheidung ablehnte. 1924 verweigerte das Landgericht Dessau einem Ehemann die Scheidung. Er hatte den Antrag mit «Verweigerung der ehelichen Pflicht» durch die Ehefrau begründet. Das Verfahren ergab, dass der Ehemann seine Ehefrau einige Jahre früher mit einer Geschlechtskrankheit infiziert hatte, die er sich durch Ehebruch zugezogen hatte. Die Einstellung des sexuellen Verkehrs beruhte laut Aussage der Ehefrau auf gegenseitigem Einverständnis. Zwar stellte das Gericht die Zerrüttung der Ehe fest, wies aber dem Ehemann die Verantwortung zu.[31]

Die Scheidungsziffern der fünfziger und sechziger Jahre in der Bundesrepublik zeigen, dass die Bedeutung von Ehebruch als Ehescheidungsgrund nachließ. Während 1950 noch zehn Prozent der Ehescheidungen mit dieser Begründung erfolgten, sank der Anteil in den sechziger Jahren auf 1,6 Prozent. 1976, also kurz vor der Ehescheidungsreform, die das Zerrüttungsprinzip einführte, war Ehebruch als offizieller Ehescheidungsgrund vollständig an den Rand gedrängt; nur noch 570 von mehr als 100 000 Ehescheidungsurteilen zitierten diesen Grund. Der traditionelle Katalog der Ehescheidungsgründe funktionierte nicht mehr, und zwar schon *vor* der Einführung der Reform. Damit passte die Ehescheidungsreform ein Recht an, das den normativen Vorstellungen und moralischen Werturteilen der Bevölkerung längst nicht mehr entsprach.[32]

Im 19. Jahrhundert war das Verlassen des Ehepartners ein wichtiger Scheidungsgrund, für den der Beweis vergleichsweise leichtfiel. Zu Beginn des Jahrhunderts galt für das Allgemeine Landrecht noch die Bestimmung, dass eine Ehe wegen Verlassens nur geschieden werden durfte, wenn der abwesende Gatte sein schriftliches Einverständnis erklärt hatte. 1807 wandte sich die Ehefrau des Hutmachermeisters Hentschel an das Berliner Kammergericht. Caroline Hentschel verlangte die Scheidung, da ihr Mann angeblich «Fürstlich Isenburgischer» Soldat geworden sei und sie mittellos zurückgelassen habe. Wegen der schriftlichen Einwilligung habe ihr Mann sie über seine Mutter wissen lassen, dass er gegen einen Wechsel von 200 Reichstalern das verlangte Schriftstück schicken wolle. Caroline verlangte nun eine Scheidung ohne schriftliche Einwilligung.[33]

Das gerichtliche Verfahren in Preußen ersetzte die Einwilligung durch eine einjährige Frist für die Vorladung des Verschwundenen. Eine Klage auf Ehescheidung konnte dann wiederum zwei Jahre später eingereicht werden. Diejenigen, die ihren Gatten und ihre Heimat Richtung USA verlassen hatten, waren zu diesem Zeitpunkt vielleicht längst wieder verheiratet. Rechtliche, wenn auch nicht faktische Bigamie wurde im 19. Jahrhundert zum transkontinentalen Massendelikt.[34]

In der *Augsburger Allgemeinen Zeitung* vom 13. Januar 1873 wurden zwölf Vorladungen vor das Appellationsgericht im sächsischen Zwickau aufgelistet. Elf Frauen und ein Mann verklagten ihre meist in die USA verschwundenen Ehepartner. Der Apotheker Johann Henkel reichte 1846 in Berlin Klage ein, da seine Ehefrau Caroline «nach Angaben des Klägers denselben heimlich verlassen, und am 21. November 1841 in Begleitung eines anderen Mannes nach Amerika sich begeben hat». Henkel hatte fünf Jahre abgewartet und wurde nun geschieden. Es mochte ihn nur wenig trösten, dass seine geschiedene Ehefrau für schuldig erklärt und zur Tragung der Kosten verurteilt wurde. Der Kläger hatte nämlich die Gerichtskosten vorschießen müssen, und die Wahrscheinlichkeit, sie von seiner ehemaligen Ehefrau zurückzuerhalten, war äußerst gering.[35]

Im Rheinland waren Ehescheidungen wegen der mehrheitlich katholischen Konfession der Bevölkerung im 19. Jahrhundert überhaupt selten. Katholiken konnten zwar vor einem bürgerlichen Gericht auf Ehescheidung klagen, sich aber nicht wiederverheiraten. Damit entfiel die wichtigste Motivation für einen Ehescheidungsprozess. Das Rheinische Recht ließ als Ehescheidungsgründe Ehebruch, Grausamkeit und Misshandlung, Inhaftierung eines Ehegatten und – unter Umständen – Scheidung aufgrund gegenseitiger Einwilligung zu. Von 60 untersuchten Fällen vor dem Klever Landgericht zwischen 1800 und 1870 betrafen nur neun Ehebruch, von denen wiederum sieben Klagen von Männern vorgebracht wurden.[36]

In Kleve verhandelten 38 Fälle Gründe wie Grausamkeit, Misshandlung und Beleidigung. Frauen warfen ihren Männern meist Beleidigungen wie «Hure» und «Luder» vor, umgekehrt machten nur zwei Männer Beleidigung als Grund geltend. Fortgesetzte Beleidigungen allein begründeten aber eine Ehescheidung nicht. In Preußen wurde man wegen «einfacher Ehrenkränkungen» nicht geschieden. In Bayern stellte das Obergericht 1833 fest, Beschimpfungen wie «Hure» oder «Ehebrecherin» reichten für sich genommen nicht aus. Das Hanseatische Obergericht in Hamburg entschied 1866, dass die Beleidigungen «von bedeutender Erheblichkeit» und aus «hartnäckig böswilliger Gesinnung» hervorgegangen sein müssten. Überdies durfte nur der «schuldige Teil» beleidigt haben. Falls Schimpfworte gegen Schimpfworte gefallen waren, konnte aus diesem Grund kein Ehepartner die Scheidung verlangen, anderes musste hinzukommen.[37]

Nachgewiesene schwere Misshandlungen führten dagegen häufig

«Die moderne Heirat» von Wilhelm Hermes, 1842

zum Erfolg des Scheidungsantrages. Im Scheidungsantrag mussten Art, Ort und Zeit der Misshandlung angegeben werden. Eine allgemeine Behauptung reichte nicht aus. Allerdings blieb unsicher, wo die Grenze zwischen «geringen Tätlichkeiten» und Misshandlung lag. 1810 wehrte sich der Radmachermeister Zerbel vor dem Berliner Kammergericht gegen das Ehescheidungsgesuch seiner Frau. Über seine Ehe mit der ehemaligen Witwe Schröder schrieb er: «Selbe fing an mich zu hassen, und gab Gelegenheit, daß ich sie mit Schlägen zu züchtigen wohl befugt, indessen mäßigte ich mich, und dieselbe bekam von mir nur mit flacher Hand eine Ohrfeige, worauf dieselbe sich auf acht Tage entfernte und beim Stadtgericht auf Trennung der Ehe antrug.» Kerbel verließ sich darauf, dass das Kammergericht eine Ohrfeige mit der flachen Hand als noch zulässig beurteilen würde. In Hannover erklärten die Gerichte, es sei nicht mehr durch das Züchtigungsrecht gedeckt, wenn der Mann seine Ehefrau «grün und blau» schlage oder «bei den Haaren raufte». Das Hamburger Obergericht schied 1858 eine Ehe, in der der Mann seine Frau geschlagen und ihr Milch ins Gesicht geschüttet hatte, außerdem hatte er sie mit einem Taschentuch beinahe erstickt.[38]

Eine Zerrüttung der Ehe zeigte sich oft in der Kombination mehrerer Scheidungsgründe. In einer Umfrage über «die geschlechtlich sittlichen Verhältnisse der evangelischen Landbewohner im Deutschen

Reich» von 1895 meldeten die befragten Pfarrer weniger Ehescheidungen als in den Städten. Aus Ostpreußen schrieb ein Pfarrer: «Nicht immer führt der Ehebruch zur Ehescheidung, in vielen Fällen ist er auch nicht das allein Ausschlag gebende, meistens ist rohe Behandlung der Frau seitens des Mannes damit verbunden und das ist dann die wichtigste Veranlassung zur Ehescheidung.» Ehebruch erschien nur als ein Motiv des Zerwürfnisses.[39]

In der Weimarer Republik war die Rechtsprechung gelegentlich eng mit den Kulturkämpfen der zwanziger Jahre verbunden. 1930 kam ein Berliner Fall vor das Reichsgericht, in dem getrennt lebende Eheleute geschieden und beide für schuldig erklärt worden waren. In der Revision hatte der Ehemann argumentiert, seine Ehefrau habe die Ehe nach der Trennung durch den Besuch eines «Nacktbades» nachhaltig zerstört und müsse daher zum allein schuldigen Teil erklärt werden. Das Urteil wurde aufgehoben und an die Erstinstanz mit dem Auftrag einer genauen Prüfung der Verhältnisse zurückverwiesen. Einerseits hielt es das Nacktbaden ohne Erlaubnis des Ehegatten auch während des Getrenntlebens für eine schwere Verfehlung, da «die Ehegatten zu wechselseitiger Rücksichtnahme verbunden sind. [...] Es entspricht keineswegs der allgemeinen Auffassung über die aus der Lebensgemeinschaft entspringenden Pflichten, dass ein Ehegatte es sich gefallen lassen muß, wenn der andere Teil seinen völlig entblößten Körper den Blicken fremder Personen aussetzt, wie das beim Besuch eines Nacktbades notwendig der Fall ist, auch wenn es nicht aus sinnlichen Gründen geschieht.» Andererseits mahnte das Reichsgericht, die Vorinstanz müsse die Behauptung der Ehefrau überprüfen, «der Beklagte selbst habe die Ehefrau der Nacktkulturbewegung zugeführt».[40]

Nach 1945 wurde die überwiegende Mehrheit der Ehen in den Westzonen und später der Bundesrepublik aufgrund von «anderen Eheverfehlungen», vor allem wegen Beschimpfungen, Drohungen, Beleidigungen und Vernachlässigung, geschieden. In den komplexer gewordenen Ehescheidungsbegründungen spielten Beleidigung und Vernachlässigung eine wichtigere Rolle als der Ehebruch. 1962 betrafen die «anderen Verfehlungen» schließlich 90 Prozent der ausgesprochenen Ehescheidungen.[41]

Berühmte Ehescheidungsprozesse

Ehescheidungen in den Oberschichten taugten auch im 19. Jahrhundert zum Skandal. Gräfin Sophie Hatzfeldt-Schönstein war 1822 mit ihrem Verwandten Graf Edmund Hatzfeldt-Wildenburg verheiratet worden. Nach traditioneller Adelsgewohnheit sollte diese Ehe dazu dienen, die Fehde zwischen verschiedenen Zweigen der Hatzfeldt-Familie zu beenden. Für die Ehe der Hatzfeldts war Gütergemeinschaft für die Errungenschaft vereinbart worden, um die Erbauseinandersetzungen zwischen den Hatzfeldt'schen Familienzweigen einvernehmlich zu beenden. In der Vorstellung einer adligen Familienkontinuität sollte der Hatzfeldt-Besitz, darunter die schlesische Herrschaft Trachenberg, in den Besitz eines Sohnes des Paares gelangen. Dieser Entschluss war ungewöhnlich, weil sich die Oberschichten häufiger für eine Gütertrennung entschieden, um bei Kinderlosigkeit einen Rückfall von Landbesitz an die Familie der Ehefrau zu erreichen. Für den reichen Grafen Edmund ging es damit um einen bedeutenden Anteil seines Vermögens. Die Ehepartner verklagten sich gegenseitig und brachten zahlreiche Eheverfehlungen zur Sprache, vielfachen Ehebruch, körperliche Misshandlungen Sophies durch den Grafen, Grausamkeiten und Beschimpfungen – beide Seiten schenkten sich nichts. Die schlechte Behandlung Sophie Hatzfeldts durch ihren Ehemann nahm die demokratische Öffentlichkeit vor wie nach der Revolution von 1848/49 als Zeugnis für die Verdorbenheit der Aristokratie wahr.

Der Ehescheidungsprozess wurde zum öffentlichen Ereignis, weil ein Führer der deutschen Arbeiterbewegung, Ferdinand Lassalle, die Interessen der Gräfin vertrat, obwohl er kein studierter Jurist und zugelassener Anwalt war. Er beriet die Gräfin während der gesamten Auseinandersetzung. Die Mutmaßungen über seine Motive nahmen kein Ende. Eine Liebesbeziehung zwischen der unkonventionellen Gräfin und dem Arbeiteraktivisten wurde unterstellt, aber nie bewiesen. Lassalle könnten die öffentliche Aufmerksamkeit für den Kampf gegen den Grafen als einen Vertreter der Aristokratie, aber auch finanzielle Interessen motiviert haben. Bei einem erfolgreichen Abschluss des Verfahrens war zu erwarten, dass die Gräfin sehr reich sein würde.

Der Prozess lieferte viel Anschauungsmaterial für die Anfälligkeit des Gerichtsverfahrens für formale Auseinandersetzungen und seine Aufblähung durch die Benennung von mehreren hundert Zeugen. Im Verlauf des Prozesses allerdings erkannte die Gräfin, dass eine Ehescheidung ihr den bislang geleisteten ehelichen Unterhalt nähme und die Aussicht auf eine günstige Vermögensauseinandersetzung immer geringer wurde. Lassalle versuchte, die Ehescheidung zu verhindern, aber das Scheidungsurteil stellte in der Sache eine vollständige Niederlage der Gräfin dar. Schließlich wurde sie durch einen Vergleich gerettet, welcher der Gräfin gegen die Abtretung sämtlicher Ansprüche 300 000 Taler zusicherte. Von da an wurden Lassalles aufwendiger Lebensstil und seine politischen Aktivitäten auch aus preußischem Adelsvermögen finanziert. Das Ansehen des Arbeiterführers litt darunter, und überdies endete sein Leben, ebenso skandalös, im Duell.[42]

Seit 1867 lebte Cosima von Bülow, die Tochter Franz Liszts und der französischen Gräfin D'Agoult, in Tribschen bei Luzern und später in Bayreuth mit Richard Wagner zusammen. Das Paar bekam zwei Töchter, und mit im Haus lebten die beiden Töchter Cosimas aus der Ehe mit dem Dirigenten Hans von Bülow. Von Tribschen aus betrieb Cosima die Scheidung von ihrem Ehemann. Aus Cosimas Tagebuch erfährt man darüber wenig. Zwischen antisemitischen Tiraden, die für Richard und Cosima charakteristisch waren, stilisierten beide das «heilige» Band der Ehe und versicherten sich gegenseitig, «wie vorsichtig und ehrfurchtsvoll dieses geknüpft werden sollte». Richard hielt sich in der Frage der Scheidung zurück. Cosima fragte Bülow, ob er wirklich wolle, dass sie mit ihren vier Kindern zu ihm zurückkäme. Wenn nicht, solle er die Scheidung «um seinetwillen» betreiben. Die Geburt des Sohnes Siegfried verschärfte die Situation, da die Kinder rechtlich als ehelich und damit als Bülows Kinder galten, Wagner seinen Sohn aber in besonderer Weise zu seinem Erben stilisierte. Cosima notierte: «Innewerden, daß Hans auf brutale Art von Siegfried's [sic] Geburt Kenntnis erlangt hat und mir die Ehescheidung gleichsam als Strafe anbietet. [...] Hans verspricht, von seinen Rechten nicht Gebrauch machen zu wollen.»[43]

Im September 1869 erhielt Cosima die Nachricht, dass Hans von Bülow das Ehescheidungsverfahren in Berlin eingeleitet hatte: «Binnen zwei Monaten werde ich wahrscheinlich geschieden sein.» Der Sühneversuch scheiterte, da Cosima nicht vor dem Pfarrer erschien. Im Juni 1870 schrieb der Anwalt Bülows aus Berlin, und Cosima fasste den Stand der Angelegenheit zusammen, «nach welchem ich noch einmal zu erklären habe, daß ich nicht heimkehre, in Folge dieser Erklärung kommt die Schlußaudienz, in welcher, voraussichtlich die Scheidung ausgesprochen werde». Voller Hoffnung bereiteten Cosima und Richard Wagner im Sommer 1870 die protestantische Trauung vor. Am 3. August bemerkte Cosima knapp: «Bei Tisch erhalte ich das Dokument meiner Scheidung.»[44] Die im kleinen Kreis gefeierte Hochzeit mit Wagner fand wenige Wochen später, mitten im Deutsch-Französischen Krieg, statt.

Die beiden aufsehenerregendsten Scheidungen im 20. Jahrhundert spielten sich im britischen Königshaus ab. Als König Edward VIII. 1936 die geschiedene Amerikanerin Wallis Simpson heiraten wollte, wehrte sich das britische Establishment mit dem Argument, das Oberhaupt der anglikanischen Staatskirche könne keine geschiedene und wiederverheiratete Frau zur Königin machen. Da Edward auf seinem Heiratsplan bestand, blieb nur die Abdankung. Die Ehescheidung des britischen Thronfolgers Charles von Prinzessin Diana nach mehrjähriger Trennung im Jahr 1996 gefährdete die Monarchie weniger als die vermeintlich gefühlskalte Reaktion der Königin auf den Unfalltod der «Prinzessin der Herzen» im Sommer 1997. Viele Einwohner Großbritanniens konnten ihr zunächst nicht verzeihen, dass sie die Popularität Dianas und die Trauer im Land falsch eingeschätzt hatte.

Scheidungsfolgen

In rechtlichen Auseinandersetzungen wurde um die Folgen einer Ehescheidung hart gekämpft. Nicht schuldig geschiedenen Ehefrauen stand in den Gebieten des preußischen Landrechts ein standesgemäßer

Unterhalt zu. Das Reichsgericht band die Unterhaltszahlungen an den Lebensstandard zum Zeitpunkt der Scheidung; Ausnahmen gab es nur, wenn schon bei der Scheidung eine Einkommenssteigerung des Mannes mit Sicherheit zu erwarten war. Umgekehrt versuchten Ehemänner, geschäftliche Schwierigkeiten zur Absenkung des Unterhalts zu nutzen.[45]

Noch in den zwanziger Jahren sollten in der Ehe geschlossene Verträge nicht der Erleichterung der Ehescheidung dienen. Das Reichsgericht wies 1923 die Klage eines geschiedenen Ehemannes zurück, der mit seiner Frau kurz vor der Einreichung der Scheidungsklage in einem Ehevertrag eine hälftige Teilung des Vermögens im Fall einer Scheidung und den Verzicht auf Unterhalt vereinbart hatte. Da der Mann bei der Scheidung als schuldiger Teil bezeichnet worden war, argumentierte die Ehefrau, dieser Vertrag sei sittenwidrig und durch Drohungen zustande gekommen. Generell herrschte Vertragsfreiheit bei Eheverträgen, und wenn sich beide Partner einig waren, ergaben sich größere Handlungsspielräume. Wenn allerdings, wie in diesem Fall, die Ehefrau nach der Scheidung ihre Meinung änderte und der Fall vor Gericht ging, musste damit gerechnet werden, dass vor allem Verträge zum Nachteil des «unschuldigen» Ehegatten keinen Bestand hatten. Das Reichsgericht zitierte in seinem Urteil den «Regelfall», «wo dem der Scheidung widerstrebenden Ehegatten Vermögensvorteile zugesagt werden, um seine Einwilligung in die Scheidung und ein dementsprechendes Verhalten seinerseits im Scheidungsverfahren zu erkaufen». In der Tendenz aber zeigte sich, dass Sittenwidrigkeit als Argument nicht die Scheidung selbst, sondern ihre Folgen beeinflusste. 1925 entschied das Oberlandesgericht Jena, dass eine geschiedene Ehefrau den Anspruch auf Herausgabe des eingebrachten Gutes auch an Dritte abtreten konnte. Der betreffende Mann hatte argumentiert, eine Zahlungsverpflichtung bestünde nur gegenüber seiner geschiedenen Ehefrau persönlich; weil diese ihr Recht an einen Gläubiger abgetreten habe, hielt sich der Ehemann für berechtigt, die Zahlung zu verweigern.[46]

Eine geschiedene Ehefrau behielt nach dem Allgemeinen Landrecht den Namen und Rang des Ehemannes. Ehefrauen, die für schuldig erklärt wurden, konnten vom Gericht gezwungen werden, ihren Geburtsnamen wieder anzunehmen. 1836 wurde vor dem Preußischen Geheimen Obertribunal in letzter Instanz ein Fall verhandelt, in dem ein Ehemann seine geschiedene Ehefrau zwingen wollte, seinen Namen abzulegen. Die kinderlose Ehe war wegen gegenseitiger Abneigung ohne einen Hauptschuldigen geschieden worden. Nach der Ehescheidung war die Ehefrau in eine Untersuchung wegen Kuppelei und Hurerei geraten, letztlich aber freigesprochen worden. Die Vorinstanzen hatten dem Mann recht gegeben, aber das Obertribunal wies die Klage mit der Begründung ab, für die Aberkennung des Namens könne nur das Ehescheidungsurteil mit dem Schuldspruch maßgeblich sein, nicht aber das nacheheliche Verhalten. Das BGB von 1900 optierte dann für die Beibehaltung des Ehenamens unabhängig vom Schuldentscheid. Das neue Gesetzbuch schätzte die – vergangene – familiäre Zugehörigkeit höher ein als das verletzte Ehrgefühl eines geschiedenen Ehemannes.[47]

In den meisten europäischen Ländern hatten scheidungswillige Paare kaum eine Möglichkeit, einer restriktiven Gesetzgebung zu entkommen. Anders in den USA: Hier fiel die Scheidungsgesetzgebung in die Kompetenz der Einzelstaaten, und das rief große Unterschiede hervor. Es entwickelte sich ein Scheidungstourismus, etwa vom Staat New York nach Indiana, wo in den 1850er Jahren Scheidungen bereits nach kurzer Ansässigkeitsfrist erreicht werden konnten.[48]

Auseinandersetzungen um das Sorgerecht für Kinder waren im 19. Jahrhundert selten. Das Allgemeine Landrecht sprach die Kinder grundsätzlich dem unschuldig geschiedenen Ehegatten zu. Der Unterhalt sollte immer vom Vater geleistet werden. Das preußische Recht folgte einer Kombination aus Schulderwägungen und pragmatischen Überlegungen, die sich auf das Wohl der Kinder bezogen, das aber nicht ausdrücklich als handlungsleitend anerkannt war. Kinder bis zum Alter von vier Jahren wurden zunächst der Mutter überlassen, es sei denn, es ergaben sich gravierende sittliche Einwände. Töchter wurden auch darüber hinaus eher der Mutter zugesprochen, weil nach Ansicht der Vormundschaftsbehörde die Erziehung zur rechten Weiblichkeit die Aufsicht einer Frau erforderlich machte. Ältere Söhne sollten dagegen unter der Aufsicht des Vaters aufwachsen, selbst dann, wenn der

Vater zum schuldigen Teil erklärt worden war. Für die Mütter bedeutete das häufig, dass sie die Sorge für die Töchter leichter erhielten als die für die Söhne. 1810 ordnete das Kammergericht an, dass der geschiedene Bauer Rahn die Tochter an seine ehemalige Ehefrau herausgeben müsse, da diese «nicht zum schuldigen Teil erklärt worden» sei. Bis zum fünfzehnten Lebensjahr des Kindes sollte er Alimente zahlen.[49]

Das BGB stellte dann das Wohl des Kindes in den Mittelpunkt. Die Gerichte entschieden über das Sorgerecht. In der Bundesrepublik schloss das Reformgesetz von 1977 ein gemeinsames Sorgerecht der Eltern nach der Ehescheidung aus. Damit waren in der Rechtswirklichkeit die Mütter im Vorteil, die die Kinder zum überwiegenden Teil als Hausfrauen erzogen hatten oder in Teilzeit erwerbstätig waren. Erst in den letzten Jahren hat sich die Position des Vaters mit Blick auf das Wohl des Kindes (Recht auf den Vater) verbessert. Seit 1998 gibt es den Regelfall eines gemeinsamen Sorgerechts nach der Ehescheidung.

Ehescheidung in der europäischen Rechtszersplitterung

Mit der Gründung des Kaiserreichs und der Inbesitznahme Elsass-Lothringens beschäftigte das Ehescheidungsrecht die Reichsregierung. In Elsass-Lothringen galt der Code Civil, der seit 1816 keine Ehescheidung mehr erlaubte. Rudolf Delbrück, der Präsident des Reichskanzleramtes, wandte sich 1873 mit dem Vorschlag einer Reform an den Kaiser. Vor allem Nichtkatholiken sollte die Ehescheidung ermöglicht werden. Im Entwurf des Reformgesetzes wurde ausdrücklich auf die «größere Anzahl von Protestanten und Israeliten» hingewiesen. Die Reichsregierung befürwortete eine großzügigere Handhabung der Ehescheidung, um den protestantischen Bevölkerungsteil für die Liberalität der deutschen Herrschaft einzunehmen.[50]

In den zwanziger Jahren machte die zunehmende Mobilität für manche die Durchsetzung eines Scheidungsverlangens schwierig. 1927 entschied das Oberlandesgericht Dresden, dass polnische Staatsangehörige durch deutsche Gerichte nicht geschieden werden konnten. Die Klägerin, eine in Preußen geborene Jüdin, die in Dresden lebte, hatte

1921 den in Warschau geborenen jüdischen Kaufmann N. geheiratet. Der Ehemann hatte die Klägerin verlassen, sein Aufenthalt war unbekannt. Das Gericht verwies auf das Staatsangehörigkeitsgesetz von 1913, das festlegte, dass die Ehefrau durch Heirat mit einem Ausländer ihre deutsche Staatsangehörigkeit verloren hatte. Das polnische Staatsangehörigkeitsgesetz von 1920 hatte wie andere Gesetze in Europa Ausländerinnen, die einen Polen heirateten, mit der polnischen Staatsbürgerschaft ausgestattet. Obwohl das Paar in Dresden geheiratet und nie in Polen gelebt hatte, wies das Dresdner Gericht die Klage wegen Nichtzuständigkeit ab.[51]

Wiederverheiratung

Viele Staaten untersagten dem schuldigen Teil des Paares die Wiederheirat, doch konnte diese Bestimmung auch umgangen werden, zum Beispiel durch Verlassen des Heimatortes. Nach dem Allgemeinen Landrecht durften wegen Ehebruchs Geschiedene nicht die Person heiraten, die im Prozess als mitschuldig genannt worden war. Außerdem bestand das Landrecht für geschiedene Ehefrauen auf einer Sperrfrist von neun Monaten, um eine Auseinandersetzung um die Ehelichkeit eines nach der Ehescheidung geborenen Kindes zu vermeiden. Um 1800 handhabte der preußische Staat solche Probleme aber noch großzügig. Als 1808 die geschiedene Gräfin Schlieben den Grafen von Klinkowström heiraten wollte, wurde sie gegen Zahlung von zehn Reichstalern von der Frist dispensiert. Die Gräfin hatte angegeben, sie könne nachweisen, dass sie schon lange von ihrem Mann getrennt gelebt habe. Es lag sogar eine Bestätigung des Bischofs vor.[52]

Nach dem Scheitern der konservativen Politik der 1840er Jahre, als die Ehescheidungen durch Überstellung des Verfahrens an die Obergerichte erschwert worden waren, schlug das preußische Kirchenregiment mit Einverständnis des Königs Friedrich Wilhelm IV. einen anderen Weg ein. Wenn man Ehescheidungen nicht auf dem Gerichtsweg verhindern konnte, sollte wenigstens die Wiederverheiratung erschwert werden. Es war bekannt, dass viele Geschiedene wieder heiraten wollten. Vor der Einführung der Zivilehe mussten sich protestantische Paare mit ihrem Trauungsgesuch an den protestantischen Pfarrer wenden. 1858 reichten 1906 Geschiedene in Preußen ein Wiedertrauungsgesuch ein. Die Kirche verweigerte denjenigen, die nicht ausdrücklich als unschuldige Partei wegen Ehebruchs oder böswilligen Verlassens geschieden worden waren, eine neue Eheschließung wenigstens für eine bestimmte Frist. Wer nur wegen relativer Scheidungsgründe geschieden oder sogar als schuldiger Teil erkannt worden war, durfte zunächst keine zweite Ehe schließen. Das betraf 1858 826 Gesuche, also mehr als 40 Prozent. Nach vielen Einsprüchen und Protesten milderten die Kirchenbehörden in den sechziger Jahren ihre Politik und genehmigten wieder mehr Trauungsgesuche Geschiedener.[53]

In der zweiten Hälfte der fünfziger Jahre entspann sich über die Frage der Wiederverheiratung Geschiedener eine heftige publizistische Debatte, in der konservative Protagonisten wie die *Neue Preußische (Kreuz-)Zeitung* mit liberalen Pfarrern in anderen protestantischen Staaten stritten. Dr. Carl Schwarz, Hofprediger in Sachsen-Gotha, rechtfertigte 1857 die «Trauung eines in Preußen geschiedenen Beamten». Er machte darauf aufmerksam, dass der zuständige preußische Regierungspräsident diesem Gesuch stattgegeben hatte. Er wollte aber nicht jedes Wiederverheiratungsgesuch gutheißen; Ehewillige, die schuldig geschieden worden waren, hatten auch in Gotha keine Chance. Immerhin fanden sich liberale Pfarrer in Sachsen oder Hannover, die der preußischen Verhinderungspolitik wirkungsvoll entgegentraten. Das BGB enthielt schließlich keine Vorschriften über die Wiederverheiratung Geschiedener mehr und erlaubte damit die Ehe mit dem «Scheidungsgrund».[54]

In der Lehre der katholischen Kirche war und ist die Wiederverheiratung zivilrechtlich Geschiedener grundsätzlich ausgeschlossen und schließt bei Zuwiderhandeln von den Sakramenten aus. In den 1950er Jahren setzte die päpstliche Lehre weiter auf die Unauflöslichkeit der Ehe. Gegen den «Fluch der Ehescheidung» machte die katholische Kirche das Christuswort aus dem Lukasevangelium geltend: «Ein jeder, der sein Weib entlässt und eine andere heiratet, der bricht die Ehe: und wer eine vom Manne Geschiedene heiratet, der bricht die Ehe.» In der katholischen Kirche blieben Interpretationen wirkungslos, die auf die Zeitgebundenheit der christlichen Lehre mit Blick auf die Stellung der Frau in der Antike aufmerksam machten. Ehescheidung galt nicht nur als Zeugnis für Sittenverderbnis und moralischen Verfall, sondern fördere die Unmoral. Die katholische Kirche bestand aber nicht in jedem Fall auf einem Weiterbestehen der Ehe. Mit der Gewährung einer Trennung von Tisch und Bett sollte dem unschuldigen Ehepartner die Fortsetzung der Ehe etwa nach einem Ehebruch erspart werden.[55]

Die Wiederverheiratung von Geschiedenen stellt ein zentrales Verhaltensmuster dar. 1910 lebten im Deutschen Kaiserreich 49 000 geschiedene Männer und 89 000 geschiedene Frauen. Männer gingen hier wie in anderen Ländern deutlich häufiger und schneller eine zweite Ehe ein als Frauen; Männer hatten größere Heiratschancen, und manche Frauen verlangten die Scheidung, selbst wenn keine Wiederverheiratung in Aussicht stand. In Großbritannien neigten in den siebziger Jahren Geschiedene eher zu einer Wiederheirat als Verwitwete und Männer eher als Frauen. Zwei Drittel der Geschiedenen heirateten ein zweites Mal.[56]

Wenngleich quantitativ nicht ins Gewicht fallend, gibt es Fälle, in denen derselbe Partner zum zweiten Mal geheiratet wird. 1814 schrieb Caroline von Humboldt etwas süffisant ihrem Mann Wilhelm: «Apropos, der Hubern ihre Tochter hat sich von ihrem jungen vor sechs oder acht Monaten erheirateten Mann wieder scheiden lassen, weil sich beide nicht über die deutschen und französischen Gesinnungen vertragen konnten.» Der politische Streit zwischen Luise Huber und ihrem Mann Emil von Herder hielt aber nicht an: 1822 heirateten sie zum zweiten Mal.[57]

Ehescheidung im Nationalsozialismus

Das nationalsozialistische Ehegesetz von 1938 erleichterte die Auflösung von Ehen, die nicht den weltanschaulichen Kriterien des Regimes entsprachen. Bevölkerungspolitische Ziele verbanden sich mit eugenischen Vorstellungen. Die Ausdehnung der Ehescheidungsgründe auf «Verweigerung der Fortpflanzung» (§ 48 Ehegesetz) und «Unfruchtbarkeit» (§ 53) sollte geburtenfördernd wirken, weil dem fortpflanzungswilligen und -fähigen Partner eine neue Eheschließung ermöglicht wurde. Die Scheidung nach dreijähriger Trennungszeit etablierte die Zerrüttung im Ehescheidungsrecht. Allerdings bedeutete das noch kein Abgehen vom Schuldprinzip. Widerspruch gegen ein Scheidungsbegehren wegen Zerrüttung war möglich, aber eine perspektivlose Ehe sollte getrennt werden können. Beide Ehegatten konnten gemeinsam für schuldig erklärt werden. Unter den in der Folge geschiedenen Ehen waren vielfach spontan geschlossene Kriegsehen.

1942 standen die Verkäuferin Irma Langenscheid und ihr Mann Bernhard, ein Maschinenwärter bei der Marine, vor dem Scheidungsrichter. Ihre Ehe war bereits nach vier Wochen gescheitert. Irma warf ihrem Mann Ehebruch vor, er konterte mit «ehewidrigem Verhalten». In einem Brief, der dem Gericht vorlag, hatte Bernhard schon festgestellt, dass «alle Gefühle für dich erstorben sind und mich keine zehn Pferde zurückbringen». Vor Gericht leugnete der Soldat den Ehebruch: «Sie begann sofort am ersten Tag unserer Ehe mit mir zu streiten. Auch kümmerte sich meine Frau wenig um den Haushalt und die Hauptsache war, sich Vergnügen zu verschaffen.» Das Gericht schied die Ehe und erklärte den Ehemann zum schuldigen Teil. Die nationalsozialistische Staatsführung und das Gericht trennten eine Ehe, in der kaum Aussicht auf die Geburt von Kindern bestand. Ein scheidungsfreundlicheres Recht sollte laut den NS-Juristen nur vor der kinderreichen Frau, die ihre Mutterrolle für das Regime erfüllte, haltmachen.[58]

«Arischen» Ehepartnern wurde die Lösung der Ehe mit einem «jüdischen» Partner nahegelegt. Häufig ging es um eine Aufhebung der Ehe, die für nichtig erklärt wurde. Ehen konnten aufgehoben werden, wenn den «arischen» Partnern die Bedeutung des «rassenmäßigen» Unterschiedes nicht bewusst gewesen sei und ihnen ein «Irrtum» zugestanden wurde. Die Rechtsprechung war keineswegs einheitlich. Manche Gerichte, auch das Reichsgericht, berücksichtigten das Interesse des jüdischen Partners an der Aufrechterhaltung der Ehe. Viele Eheleute hielten dem Druck des Staates stand und blieben verheiratet.[59]

Ehescheidung in der DDR und der Bundesrepublik

Das Familiengesetzbuch der DDR erlaubte Ehescheidungen nach dem Zerrüttungsprinzip. Daraus ergaben sich schnell sehr hohe Scheidungsraten. Das hatte in manchen Regionen wie in Berlin oder Sachsen allerdings schon Tradition. Der Verzicht auf das Schuldprinzip führte in der DDR zu anderen Scheidungsfolgen. Während in der Bundesrepublik der wirtschaftlich schwächere Gatte, zumal wenn unmündige Kinder zu betreuen waren, über weitreichende Ansprüche verfügte, beschränkte das Recht der DDR den Unterhaltsanspruch einer geschiedenen, kindererziehenden Mutter auf zwei Jahre. Es forderte und förderte damit gleichzeitig die Erwerbstätigkeit von Müttern.[60]

Mit dem Reformgesetz von 1977 änderte die Bundesrepublik das Geschlechterverhältnis in der Ehe von Grund auf. Bereits in den fünfziger und sechziger Jahren konnte man beobachten, dass Ehescheidungen als Lösung für Konflikte anerkannt waren, auch wenn die katholische Kirche und der politische Konservatismus gegen diese Entwicklung ankämpften. In den Benimmratgebern galten Ehescheidungen nun weitgehend als akzeptiert. Nach Meinung der Autoren kam es darauf an, den Umgang der ehemaligen Partner zivilisiert zu gestalten. Für das Ehescheidungsrecht bedeutete das Reformgesetz den Wechsel vom Schuld- zum Zerrüttungsprinzip. Die Scheidungsfolgen wurden verschuldensunabhängig geregelt. Unterhaltsansprüche standen nach Maßgabe der «ehelichen Verhältnisse» dem wirtschaftlich schwächeren Partner zu. In der sozialen Wirklichkeit der siebziger Jahre handelte es sich in der übergroßen Mehrheit um Ehefrauen. Eine Härteklausel (§ 1579) sollte die Begrenzung solcher Ansprüche nach «groben Eheverfehlungen» gewährleisten.[61]

Ende des 20. Jahrhunderts gehörte die Ehescheidung in der Bundesrepublik zur Ehewirklichkeit hinzu. 1953 meinten bei einer Umfrage des Allensbacher Instituts noch 33 Prozent der befragten verheirateten Erwachsenen, die Ehe solle unauflöslich sein. 1979 waren nur noch neun Prozent dieser Meinung. Der Anteil der Befürworter einer Erleichterung der Scheidung verdoppelte sich von 13 auf 26 Prozent. Die Unterschiede zwischen den Konfessionen schwächten sich deutlich ab.

1979 sprachen sich nur noch zwölf Prozent der Katholiken und sechs Prozent der Protestanten für die Unauflösbarkeit der Ehe aus (1953 44 beziehungsweise 24 Prozent).[62]

Seit den sechziger Jahren wurden Ehekonflikte in Deutschland wie in den USA und Großbritannien fernsehtauglich. 1970 startete die erfolgreiche ZDF-Reihe *Ehen vor Gericht*, in der mit Schauspielern nachgestellte Fälle von echten Richtern und Anwälten verhandelt wurden. Ulrich Beer, der als Psychologe kommentierte, wurde zum anerkannten Ehescheidungsexperten. Vor dem Fernseher konnten die Zuschauer damit auf unterhaltsame Weise den Wandel vom Verschuldens- zum Zerrüttungsprinzip nachverfolgen und in vielen Fällen die eigene Ehescheidung vorbereiten.

In Europa und Nordamerika haben die Scheidungsraten am Ende des 20. Jahrhunderts beinahe überall Spitzenwerte erreicht. Während die gesellschaftliche Diskriminierung von Geschiedenen kaum noch spürbar ist, sind die wirtschaftlichen Scheidungsfolgen häufig gravierend. In der Kategorie der Alleinerziehenden zählt man viele geschiedene Frauen mit hohem Armutsrisiko. Gegenüber dem Leben in einer unbefriedigenden oder gar durch Misshandlung geprägten Ehe erscheint die Scheidung aber trotzdem oft als bessere Option.

Auch außerhalb Europas, etwa in den islamischen Ländern, waren Ehescheidungen im Allgemeinen möglich. Im Einzelnen unterschieden sich die Regelungen in den Staaten, aber meist konnten Bestimmungen zu einer Scheidung in einen Ehevertrag aufgenommen werden. So waren und sind bis in die Gegenwart in vielen islamischen Ländern Eheverträge üblich, in denen der Ehefrau ein Scheidungsrecht eingeräumt wird, wenn der Ehemann eine zweite Frau heiratet.

FREYA UND HELMUTH JAMES VON MOLTKE

Freya und Helmuth James lernten sich im Sommer 1929 am Grundlsee in Österreich kennen. Dort hatte die charismatische Reformpädagogin Dr. Eugenie Schwarzwald aus Wien für den Sommer ein Haus gemietet und Freunde zu einem Bildungsprogramm eingeladen. Die Familien kannten sich bereits; Helmuth James und Freyas ältester Bruder Carl Deichmann hatten gemeinsam ein Internat besucht. Freya reiste mit ihrem Bruder Hans an und traf dort Helmuth James und Dorothy von Moltke, Helmuths Mutter, die aus Südafrika stammte. Dorothys Vater, Sir James Rose Innes, war von 1914 bis 1927 Richter des obersten Gerichts in Pretoria gewesen. Und Dorothy war 1902 ihrem späteren Mann begegnet, als sie mit ihrer Mutter auf einer Bildungsreise durch Europa in Kreisau als Pensionsgäste Station machten. Mit ihr kam eine angelsächsische Weltläufigkeit in die Familie, die auch Helmuth James tief geprägt hat.

Freya begann nach dem Abitur mit dem Studium in Köln. Treffen mit Helmuth James in Köln und Besuche in Kreisau vertieften die Beziehung. Freya hinterließ keinen Bericht über einen Heiratsantrag oder den generellen Entschluss zu heiraten in ihren Erinnerungen. In solchen Dingen hielten beide auf Diskretion, und überdies war Freya zumindest in den späten Jahren, in denen die Erinnerungen entstanden sind, jede romantische oder gar sentimentale Stilisierung fremd. Nur en passant erwähnt sie, dass «mein Herz von Helmuth voll war». Der Hochzeitstermin ergab sich aus vermeintlich pragmatischen Umständen. Freya schreibt: «Im Sommer 1931 bekam ich eines Tages in Köln einen Brief von Helmuth: Da seine Mutter im Herbst wieder für sechs Monate nach Südafrika fahren wolle und eine Vertretung für sie im Haus mit den noch jüngeren Geschwistern notwendig sei, wäre es das Gegebene, wenn wir heirateten und ich ins Berghaus käme. Und so geschah es.»[1]

Die Verlobung blieb unspektakulär. In seinem Lebensbericht für die Söhne, den er im Gestapo-Gefängnis 1944 verfasste, beschrieb Helmuth die Entscheidung knapp: «Im Juni 1931 kam ich aus dem Rheinland zurück mit

Hochzeit von Helmuth James von Moltke und Freya Deichmann, mit den Müttern, 1931

dem Entschluss, Freya zu heiraten. Ich war abends angekommen, und am nächsten Morgen stand ich früh auf und ging zu Mami, setzte mich auf ihren Bettrand und sagte es ihr. Ich hatte damals zwar Kreisau wieder auf den Weg der Genesung gebracht, war aber selbst nur Referendar und hatte nichts. Mami wandte ein, dass ich ja nicht gut auf nichts heiraten könnte. Als ich ihr aber sagte, wir könnten ja erst einmal hierherziehen und Freya müsste ja auch leben, wenn sie nicht heiratete, da verstand sie es sofort, und damit hatte dies ihren Segen.»[2] Helmuths Bericht zeigt, wie wichtig die Zustimmung der Mutter gewesen ist, deren Bedenken sich allein auf die wirtschaftliche Situation bezogen. Unter den Bedingungen der Weltwirtschaftskrise wurde die traditionelle bürgerliche Vorstellung einer wirtschaftlichen Basis für die Eheschließung suspendiert. Auch gegenüber seinen Kindern verzichtete Helmuth später auf eine Schilderung der eigentlichen Verlobungsszene. Die gegenseitige Liebeserklärung war zuvor noch auf einige Hindernisse gestoßen. Helmuth hatte sich in Daisy Freiin von Freiberg verliebt und einige Zeit benötigt, um herauszufinden, dass sie wohl nicht zu ihm passte. Für Freya war die Sache klarer: «Ich sah ihn und mein Herz stand still.»[3]

Helmuth James und Freya heirateten 1931 in Köln. Helmuth James hatte seine inneren Vorbehalte überwunden: «Ehe ist so ein großartiges Wort ... Wirst Du damit zufrieden sein, dass wir nur zwei Studenten sind, die lieber zusammen als allein leben?» Freyas Vater war schwer erkrankt und konnte nicht an dem Fest teilnehmen. Für eine üppige Feier, wie man sie sich für eine Bankierstochter und einen preußischen adligen Gutserben eigentlich vorstellte, fehlte tatsächlich das Geld. Kreisau befand sich in Existenznot. Dem Vater Helmuth Graf von Moltke fehlten Neigung und Kenntnisse, um das Gut durch die ökonomischen Krisen der Weimarer Republik zu steuern. Helmuth James und seine Braut wiederum legten auf Materielles wenig Wert. Verantwortungsbewusstsein und persönliche Bescheidenheit ließen sie keinen Gedanken an die Kargheit der Feier verschwenden: «Ich lasse Deiner Mutter sagen, ... um allen etwaigen Festeswünschen die Spitze abzubrechen, hätte ich meinen Smoking und meinen Frack an Willo vererbt, und beides ist schon zum Ändern beim Schneider. Ich habe also keines von beidem mehr und beabsichtige auch nicht, mir so etwas machen zu lassen.» Und einige Tage später schrieb Helmuth James: «Was die Heirat anbetrifft ... am 29. [September 1931] kommt Papi und dann werden wir sofort einen Termin bestimmen. Alles andere ist mir gleichgültig, wenn nur keine Leute kommen.»[4] Ihnen kam es auf eine intime Feier in der Familie an. Helmuth James bedauerte wie seine Mutter, dass die Großeltern Rose Innes aus Südafrika nicht anwesend sein konnten. Außerdem fehlten bis auf Wilhelm-Viggo (Willo) auch Helmuths Geschwister. Das Diner am Vorabend der Hochzeit, zu dem Helmuth James dann doch einen neuen Anzug trug, fand mit 16 Personen statt, darunter Freyas Großeltern von Schnitzler. Ein lärmend-lustiger Polterabend war das sicher nicht.

Dorothy von Moltke betonte die Einfachheit der Hochzeitsfeier als Vorzug: «Am Sonntag war um 1.30 ein ganz kurzer und einfacher Gottesdienst im Haus, und danach gab es ein köstliches Diner für 14 Leute.» Carl Deichmann, Freyas Bruder, «sprach ein paar Worte» über die drei Hochzeitspaare – am 18. Oktober hatten nämlich auch die Großeltern Rose Innes und Dorothy und Helmuth von Moltke geheiratet. «Freya hatte keine Brautjungfern, keine Musik, und wir trugen weder Hüte noch Handschuhe, die Männer dunkle Anzüge, alles so einfach wie möglich, was so richtig war.» Dorothy von Moltkes Bericht bemühte sich sichtlich, aus der finanziellen Not eine moralische Tugend zu machen. Helmuth James nannte die Hochzeit in einem Brief an seine Großeltern «ruhig», aber «schön».[5] Im Unterschied zu Thomas Mann, der die mangelnde Festlichkeit seiner Hochzeit wohl bedauerte, passte für Helmuth und Freya die Einfachheit der Trauung zu den Zeitumständen, aber auch zu ihrer persönlichen Einstellung.

Zum Zeitpunkt der Eheschließung schien den Eheleuten die kirchliche Trauung nicht besonders wichtig, jedenfalls findet sich keine genaue Beschreibung. Familie Deichmann gehörte der evangelischen Kirche zwar an, lebte aber kirchenfern. Helmuth James war konfirmiert, aber in Kreisau wurde – ganz im Unterschied zu den pietistischen Gutshäusern in Pommern – keine protestantische Frömmigkeit praktiziert. Der Vater Helmuth engagierte sich mit großem Zeitaufwand für die Christian Science, eine freikirchliche Sekte, die mit dem unierten Protestantismus in Preußen kaum etwas zu tun hatte. Erst in den Abschiedsbriefen 1944 und 1945, in denen vor allem Helmuth seine Hinwendung zum christlichen Glauben mehrfach bekannte, ist von der kirchlichen Trauung die Rede. Freya fragte: «Hast du noch den Schatten einer Erinnerung, wie wir, d. h. mit welchem Bibelwort, wir getraut sind? Ich nicht. Ich erinnere nur noch, dass der Pastor etwas von Sonne sagte.» Helmuth antwortete, dass auch er sich an den Trauspruch nicht mehr erinnern könne.[6]

Freya heiratete den schlesischen Gutserben Helmuth James zu einem Zeitpunkt, als vom Vermögen ihrer Familie kaum etwas übrig geblieben war. Später schrieb sie: «Ich war nicht etwa eine gute Partie, denn ganz kurz vor unserer Hochzeit hatte auch meines Vaters Bank ‹die Zahlungen eingestellt›.» Mitten in der Weltwirtschaftskrise entsprach die Einfachheit der Hochzeit der relativen Mittellosigkeit der Braut. Die Mehrheit der Brautleute konnte in den krisenhaften zwanziger und dreißiger Jahren kaum mit nen-

nenswerten Beiträgen ihrer Familien rechnen. Manch adlige Gutsbesitzerfamilie hätte sich angesichts der eigenen finanziellen Schwierigkeiten eine reiche Erbin als Schwiegertochter gewünscht, aber Helmuth James' Eltern setzten andere Prioritäten. Und da das Paar im Berghaus in Kreisau gemeinsam mit den anderen Mitgliedern der Familie Moltke leben würde, gab es auch keine Notwendigkeit für eine Aussteuer mit Möbeln und Tischwäsche.[7]

Das frisch getraute Ehepaar Moltke reiste noch am Hochzeitstag in die Schweiz ab. Helmuth James hatte noch wenige Tage vor der Hochzeit vorgeschlagen, «um der Sache jede Sensation zu nehmen», nicht «in irgendein uns bereitetes Ehebett» zu fahren, sondern als Gäste der Deichmanns einige Tage in Köln zu bleiben. Aber das erschien ihnen dann doch allzu spartanisch. Das Paar fuhr für einige Tage nach Zürich, entschied sich also nicht für die Berge, sondern für die Eleganz der Stadt. Der Aufenthalt hätte vielleicht länger gedauert, aber die Moltkes wurden nach Köln zurückgerufen, wo Freyas Vater wenige Tage später starb.[8]

Helmuth und Freya wurden erst 1939 nach dem Tod des Vaters Moltke namensrechtlich zu Graf und Gräfin – Jahre nach der Abschaffung des Adels in der Weimarer Reichsverfassung 1919. Freya wurde in Kreisau häufig mit Gräfin angeredet. Als Witwe reichte ihr Freya von Moltke.

Helmuth James bemühte sich in den zwanziger und dreißiger Jahren um die Entschuldung Kreisaus. Das Gut sollte aufgrund der Auflösungsgesetzgebung der Republik seinen Charakter als Fideikommiss verlieren. 1928 wurde dieser Schritt vollzogen, und damit ergaben sich neue Kreditmöglichkeiten. 1929 stellte der Vater Helmuth von Moltke seinem ältesten Sohn eine Generalvollmacht für das Gut aus. Der studierte Jurist musste sich nun auch mit betriebswirtschaftlichen Zusammenhängen, speziell in der Landwirtschaft, beschäftigen. Vor allem die Verkäufe von Land an kleine Bauern machten Helmuth James zu schaffen, da die Erlöse in den täglichen Betrieb geflossen waren, anstatt die Hypothekengläubiger zu befriedigen. Der schließlich erreichte Vergleich ermöglichte, dass die Familie vorerst in Kreisau bleiben konnte, wenn auch sämtliche Maßnahmen nun mit den Gläubigern abgestimmt werden mussten. Manche Entschlüsse, Kündigungen von Arbeitsverhältnissen oder die Senkung der Löhne der Landarbeiter, fielen Helmuth James keineswegs leicht.[9]

Immerhin besserte sich die Lage in den dreißiger Jahren wegen guter Ernten und effizienter Betriebsführung. Auch die NS-Instanzen wie der Kreisbauernführer unterstützten die Konsolidierung des Gutes und wollten Verkauf und Zerschlagung verhindern. 1935 stimmte die Industriebank einem Umschuldungsprojekt zu, und die Betriebsgesellschaft mit den Gläubigern konnte aufgelöst werden. Helmuth James erhielt die Verfügungsgewalt über Kreisau zurück. Er wollte das Gut in einen «Reichserbhof» umwandeln, um es nach der Gewohnheit eines Fideikommisses an den ältesten Sohn vererben zu können. 1940 schrieb er an Freya: «Ich freue mich schon sehr auf den Weihnachtsurlaub, und die Aussicht, vielleicht ein Mal ein paar Monate hintereinander in Kreisau sitzen zu können, schwebt vor mir wie eine Fata Morgana. Ich muß allerdings dazu sagen, daß mir diese Aussicht eben doch sehr viel angenehmer und realer geworden ist, seit ich hoffen kann, daß Kreisau in absehbarer Zeit schuldenfrei sein wird oder jedenfalls praktisch schuldenfrei.» Helmuths Optimismus für eine Zukunft der Familie in Kreisau hielt sich aber bis zum Schluss in Grenzen. Gegenüber Freya äußerte er die Ansicht, das Gut werde nun zwar ohne Schulden dastehen, aber demnächst entweder den Nationalsozialisten oder den Russen gehören.[10]

Freya wurde durch ihre Heirat im Fall der Abwesenheit ihrer Schwiegermutter zwar Hausherrin in Kreisau, erinnerte sich aber: «Haushaltspflichten hatte ich wenige, denn die lagen in den Händen von ‹Mamsell›, einer verwitweten, kinderlosen Bäuerin, die in der Inflation ihren Hof und Gut und Geld verloren hatte.» Sie musste weder kochen, putzen noch waschen. Als zusätzliche Hilfen für den Haushalt wurden Mädchen aus dem Dorf beschäftigt. Mamsell besaß als Köchin in dem ländlichen Haushalt, in dem viele Produkte aus eigener Herstellung verbraucht und weiterverarbeitet wurden, die unangefochtene Autorität. Freya konnte ihren Mann nach Berlin oder 1934 auf eine mehrmonatige Reise nach Südafrika begleiten. Sie bereitete ihre juristische Promotion vor, die 1935 erfolgte.

Einen Einschnitt bildete 1937 die Geburt des Sohnes Helmuth Caspar. Von nun an lebte Freya dauernd in Kreisau und arbeitete in der Gutsleitung mit. Gemeinsam mit dem Gutsverwalter Zeuner stellte sie Übersichten der Schulden und Forderungen zusammen und prüfte den Kontostand bei der Bank. In den Erinnerungen charakterisierte sie ihre Leistung mit großer Bescheidenheit: «Helmuths Kontrollfunktionen in Kreisau habe ich im Krieg wohl übernommen. Die betrafen die Kontrolle der Finanzen, der Fruchtplanung, aber auch die laufende Verfolgung der Arbeitsvorgänge und der Erträge. Selbständige Entscheidungen habe ich im Gutsbetrieb nie getroffen. Dazu fehlten mir die Ausbildung und die Erfahrung.» Trotz dieser Einschränkung hätte die Verwaltung Kreisaus ohne Freya kaum funktioniert. Wie Katia Mann war Freya von alltäglicher Arbeit im Haushalt befreit. Beide widmeten sich der ökonomischen Lebensgrundlage der Familie, die eine dem Werk ihres Dichtergemahls, die andere dem schlesischen Landgut.[11]

Das Erinnern an den Hochzeitstag lässt sich häufig nur dann nachweisen, wenn das Paar an diesem Tag getrennt war. Helmuth erwähnte ihn in seinen Briefen aus Berlin an Freya in Kreisau regelmäßig: «Wie schön war es bei Ihnen, mein Herz. Wo bin ich denn zu Hause wenn nicht bei Ihnen und Ihren Söhnchen. Heute, mein Jubiläums-Pim, ist es 12 Jahre her und 38 & 62. Wir sind jetzt allein noch übrig.» Helmuths ritualisiertes «Sie» erscheint intim und distanziert zugleich, auch zu den «Söhnchen», die Freya zugeordnet sind. Der eigene Hochzeitstag wird in die Reihe der Hochzeitstage der Moltke-Eltern und der südafrikanischen Großeltern eingeordnet. Im Oktober 1944 nutzt Freya den Hochzeitstag zu einer besonderen Liebeserklärung, die den möglichen Tod einbezieht: «Mein Lieber, wenn eine Frau so von der Liebe zu ihrem Mann verschlungen wird wie ich, dann wird sie, was ihr Weg auch sein mag, immer eine glückliche Frau bleiben.»[12]

Unter den Bedingungen einer verbrecherischen Diktatur waren Helmuth und Freya politisch unbedingt einig. Freya beeinflusste die Pläne und Diskussionen des Kreisauer Kreises zwar nicht aktiv, war aber vollständig eingeweiht und wirkte durch die Weitergabe von Informationen ständig mit. Das tödliche Risiko jedenfalls trug sie mit ihrem Mann gemeinsam. Immerhin spielte sich beinahe das gesamte Eheleben unter den Bedingungen des Nationalsozialismus ab. Es ist zu vermuten, dass dies das Konfliktpotential innerhalb der Ehe vermindert hat. Die Arbeitsteilung war klar: Helmuth war für die Bewirtschaftung und Verwaltung von Kreisau, vor allem für die Schuldenregulierung, zuständig, Freya leitete den Haushalt und kümmerte sich um die Versorgung mit und Verteilung von Lebensmitteln. Sie tauschten sich über Helmuths Tätigkeit in Berlin und über die Pläne des Kreisauer Kreises aus.

Freyas Verhältnis zu ihrer Schwiegermutter Dorothy war immer ein gutes. Da Freya das Gutsleben im preußischen Osten wenig vertraut war, schätzte sie die Schwiegermutter als Ratgeberin gerade zu Beginn ihrer Ehe. Die jungen Moltkes lebten in den ersten Jahren häufig in Berlin, so dass Spannungen wegen des Zusammenlebens in Kreisau nicht zu befürchten waren. Wie Dorothy früher lag auch Freya während des Krieges daran, Kreisau für Geschwister und auch entfernte Familienangehörige als Fluchtort bereitzuhalten.

Freyas und Helmuths selbstverständlichen Lebensmittelpunkt bildete Kreisau. Seit 1928 lebte die Familie allerdings wegen der Heiz- und sonstigen Betriebskosten nicht mehr im Schloss. Während im 19. Jahrhundert die Familie dort residiert und das vom Feldmarschall Moltke gebaute kleinere Berghaus als Wohnung für weibliche Verwandte gedient hatte, war die Situation nun umgekehrt. Die Familie zog ins Berghaus und überließ im Sommer Teile des Schlosses den verwitweten Frauen der Familie. Von einer eindrucksvollen Adelsresidenz konnte also höchstens für das Gesamtensemble die Rede sein. Dorothy und nach ihr Freya führten im Berghaus einen großzügigen bürgerlichen Landhaushalt, der häufig durch Gäste erweitert wurde.

Freya konnte sich nach dem Ende des Krieges im Mai 1945 und dem Einmarsch der Russen und Polen in Kreisau nur schwer entschließen, Schlesien zu verlassen. Erst im Herbst 1945 machte sie sich mit den Kindern mit Hilfe der Briten nach Westen auf. Mit dem Übergang Schlesiens an Polen organisierte man den Betrieb als landwirtschaftliche Genossenschaft. Nach 1989 wurde Kreisau unter tatkräftiger Mithilfe Freyas zur europäischen Begegnungsstätte ausgebaut. Aus dem Rittergut der Moltkes entstand ein Werk europäischer Völkerverständigung.[13]

Das Ehepaar Moltke war auch während der Ehe häufig getrennt. Helmuth James unternahm viele Reisen, vor allem nach Großbritannien. Dort plante er eine Zeit lang, sich eine neue berufliche Existenz aufzubauen. Im Lauf der Jahre führte Moltke zahllose Gespräche mit möglichen Unterstützern einer neuen politischen Ordnung nicht nur in Berlin und Deutschland, sondern auch in Skandinavien, Österreich und Istanbul. Er unterhielt in den späten dreißiger und frühen vierziger Jahren einen Arbeitswohnsitz in Berlin. Sosehr diese Trennungen als unfreiwillig und aufgezwungen wahrgenommen wurden, für die eheliche Beziehung entstand daraus kein Schaden. Auf diese Weise behielt jeder eine Form von Autonomie, die nicht ausgehandelt werden musste, sondern sich aus den Umständen ergab. Helmuth wurde ein

Pendler im modernen Sinn, der zwischen dem Berliner Wohnsitz in der Derfflingerstraße und dem schlesischen Kreisau hin- und herfuhr.

In den letzten Jahren seines Lebens und seiner Tätigkeit für die Abwehr arbeitete Moltke auch nahezu ununterbrochen, am Schluss, nachdem das Haus in der Derfflingerstraße durch Bomben zerstört worden war, vom Haus der Yorcks am Botanischen Garten in Berlin-Steglitz aus. Die Hausarbeit übernahm übrigens in Berlin eine Wirtschafterin. Das war vor allem deshalb wichtig, weil sich die oppositionellen Gespräche der Widerständler als gesellschaftliches Leben tarnten und daher wechselseitige Einladungen zu den Mahlzeiten die Regel waren; nicht zu Unrecht hat man den Kreisauer Kreis einen «politischen Geselligkeitszirkel» genannt. Zunächst stellte die vermeintliche Harmlosigkeit der familiären und Freundestreffen eine ideale Tarnung für die konspirativen Sitzungen dar, auf denen die ideologisch heterogenen Widerständler über eine Nachkriegsordnung für Deutschland berieten. Aber darüber hinaus lebte der Widerstand tatsächlich als ein persönliches Netzwerk, das aus einer Folge von Mittag- und Abendessen, Übernachtungen bei Freunden und Reisen bestand, bei denen manchmal nur langsame Fortschritte für gemeinsame politische Vorstellungen gemacht wurden. In den Briefen, die Helmuth aus Berlin an Freya in Kreisau schickte, beschrieb er seine wöchentlichen Besuchspläne. Das Netzwerk des Widerstands musste sich in mühsamen Gesprächen seiner selbst versichern, war aber immer auch um Expansion bemüht. Schließlich sind die drei Treffen in Kreisau 1942 und 1943 als Tarnung und in ihrer tieferen Bedeutung gesellige Ereignisse gewesen.

Von Helmuth ist bekannt, dass er sich zu Beginn der Ehe keine Kinder wünschte. Freya, die für die Geburtenkontrolle zuständig war, entschied sich anders und setzte ihren Entschluss mit der Geburt der beiden Söhne in die Tat um.[14] Freya brachte ihre Söhne zu Hause in Kreisau zur Welt und stillte sie. Bei der Geburt des jüngeren Sohnes Konrad im September 1941 blieb Helmuth in Berlin und schrieb an seine Frau: «Es ist ja gut, daß nun alles überstanden ist; hoffentlich erholst Du Dich schnell und hoffentlich gedeiht Dein kleines Söhnchen genauso wie Dein ‹grosses›. Ich bin ja sehr gespannt, wie Casparchen sich zu dem neuen stellen wird. Pflege Dich nur recht, mein Lieber.» Besondere Sorgen wegen der Geburt scheint sich Helmuth nicht gemacht zu haben. Die fortwährenden Grüße an «Ihre Söhnchen» wie auch das gelegentliche Siezen selbst und «Mein Lieber» in den Briefen zeigen, dass Moltke auf sprachliche Mittel der Distanzierung Wert legte. Das ist auffällig, auch wenn das Bemühen um Vermeidung von Sentimentalität angesichts der katastrophalen Kriegs- und Völkermordsituation verständlich ist.[15]

Die vielen Kosenamen im Briefwechsel der Moltkes scheinen einer Familienangewohnheit zu entsprechen. Helmuth James' Brüder wurden Jowo und Willo genannt, Helmuth James nannte seine Frau Pim und wurde von Freya in den Briefen mit Jäm angesprochen, mit zahlreichen Ergänzungen und Abwandlungen wie Herzensjäm. Für die Söhne begnügte sich Helmuth mit Verkleinerungsformen wie Casparchen.[16] Die Taufen der Moltke-Kinder fanden 1937 und 1941 selbstverständlich in Kreisau statt. 1941 ging es wegen der Kriegssituation um die Frage, wie man für das Familienereignis mit den vorhandenen Lebensmitteln auskommen konnte. Mit den üblichen Kinderkrankheiten der beiden Söhne war keine Angst um ihr Leben verbunden. Erst Flucht und Vertreibung stellten eine fundamentale Lebensgefährdung nicht nur der Kinder dar. Dabei sei daran erinnert, dass dem Holocaust und dem Angriffs- und Ausrottungskrieg in Europa Millionen von Kindern zum Opfer fielen.

Als junger Mann und dann als Bräutigam war Helmuth wenig an Religion interessiert, aber während seines Engagements im Widerstand wurde er religiös. 1941 schlug er Freya vor, mit der religiösen Erziehung des vierjährigen Sohnes Caspar zu beginnen und regelmäßig ein Tischgebet zu sprechen: «Es ist mir in diesen Jahren immer klarer geworden, dass von der Aufrechterhaltung der in den 10 Geboten niedergelegten moralischen Grundgesetze die Existenz eines jeden von uns abhängt, nämlich Freiheit und körperliche Unversehrtheit, aber auch Essen und Trinken, Wohnung, Kleidung und Heizung. Da man sich ja dieses Zusammenhanges nicht beim Betreten der eigenen Wohnung, beim Heizen des Ofens usw. bewusst werden kann oder dem Ausdruck geben kann, bleibt tatsächlich nur die gemeinsame Mahlzeit übrig, bei der man darauf hinweisen kann. Und das scheint mir, ganz abgesehen von aller religiösen Fundierung, in erster Linie die Aufgabe des Tischgebets zu sein.» Freya allerdings, die den Weg zu persönlicher Frömmigkeit nicht mitgegangen war, ließ sich auch durch diese eindrucksvolle grundrechtliche Argumentation nicht überzeugen und lehnte den Vorschlag ab. Helmuth, der in Berlin lebte und Kreisau nur an Wochenenden erlebte, fügte sich. Das Heranwachsen der Söhne hat er nicht mehr erlebt.[17]

Die Reflexion über die eigene Ehe fand für die Moltkes unter unvergleichlichen Bedingungen statt. Die Abschiedsbriefe, die das Paar zwischen September 1944 und Januar 1945 wechselte, standen unter dem Vorbehalt, dass jeder Brief der letzte sein konnte. Ohne den Mut des Pfarrers Hartmut Poelchau, diese Briefe aus und in das Gefängnis Ploetzensee zu schmuggeln, wäre der Austausch des Paares auf die offiziellen Briefe beschränkt gewesen. Anfang Januar 1945 schrieb Helmuth über die Bedeutungslosigkeit physischer Trennung: «Wir sind über ein Jahr getrennt und mehr verheiratet denn je; wir sind von einer äußeren Katastrophe bedroht und fester geborgen denn je; alle deine äußeren Verhältnisse sind so, dass ein fürsorglicher Ehemann darüber ganz grau werden müsste, und ich bin ohne den Schatten einer Sorge.» Freya unterstützte diese Sichtweise, weil sie einen persönlichen Gewinn erkennen konnte: «Du schreibst, wir seien mehr verheiratet als je in den vergangenen 13 Jahren. Wie schön für mich, dass Du das so fühlst. Es ist wahr, Du erzählst mir von dir mehr, als du je getan hast. Ich wollte manchmal mehr wissen.» Die Ehe als solche litt nicht unter der Todesdrohung, im Gegenteil, ihre Liebe wurde durch den transzendenten Bezug nur bestärkt. Und auch in dieser Konsequenz einer sich vertiefenden ehelichen Beziehung lässt sich ein Sieg über die nationalsozialistische Gewaltherrschaft erkennen.[18]

Nach der Verhaftung Helmuths im Januar 1944 begann für das Paar eine Zeit zwischen Verzweiflung und Hoffnung. Einerseits wurde schnell deutlich, dass das nationalsozialistische Regime seine Gegner nicht am Leben lassen wollte, andererseits konnte man Moltke keine Beteiligung am Attentat vom 20. Juli 1944 vorwerfen, weil er zu diesem Zeitpunkt bereits im Gefängnis gesessen hatte. Letztlich blieben als Anklagepunkte nur die Kontakte Moltkes zum katholischen Widerstand übrig. Während des Prozesses vor dem Volksgerichtshof unter dem berüchtigten Vorsitzenden Roland Freisler fand Helmuth Halt im christlichen Glauben. Wie häufig an Freya von sich selbst in der dritten Person sprechend, schrieb er: «[...] dadurch steht er vor Freisler nicht als Protestant, nicht als Grossgrundbesitzer, nicht als Adliger, nicht als Preusse, nicht als Deutscher [...] sondern als Christ und als garnichts anderes.»[19]

Zwar wussten auch die Humboldts und das deutsche Kaiserpaar, vermutlich auch Clara Schumann, dass der Tod eines Gatten unmittelbar bevorstand, aber im Fall Moltkes, dem im Alter von 38 Jahren die Hinrichtung am Galgen drohte, lagen die Dinge doch noch anders. Moltkes Briefe zeugen zwar von Stunden der Verzweiflung und Todesangst, aber insgesamt überwogen Ruhe und Selbstbeherrschung. Moltke fand sich in seinem Gottvertrauen verankert: «Ich sollte wohl von dir Abschied nehmen – ich vermag's nicht; ich sollte wohl Deinen Alltag bedauern und betrauern – ich vermag's nicht. Ich sollte wohl der Lasten gedenken, die jetzt auf dich fallen – ich vermag's nicht.» Der Abschiedsbrief als Liebesbrief vertraute auf den Glauben, dass da kein Abschied war: «Und nun, mein Herz, komme ich zu dir. Ich habe dich nirgends aufgezählt, weil Du, mein Herz, an einer ganz anderen Stelle stehst als alle die anderen. Du bist nämlich nicht ein Mittel Gottes, um mich zu dem zu machen, der ich bin, du bist vielmehr ich selbst.» Und: «Ich sage garnicht, daß ich dich liebe; das ist garnicht richtig. Du bist vielmehr jener Teil von mir, der mir alleine eben fehlen würde.»[20]

Helmuth war bewusst, dass seine Briefe und besonders dieser Abschiedsbrief zwar privat und intim waren, aber auch ein Vermächtnis für die Nachwelt, zunächst für die Söhne, darstellten. Der Wille, die eigenen Überzeugungen, das Rechtsverständnis und den christlichen Glauben darzulegen, ist in jeder Zeile spürbar: «Aus beiden zusammen [dem vorhergehenden Brief und diesem, M. W.] müsst Ihr eine Legende machen, die aber so abgefasst werden muss, als habe sie Delp [Alfred Delp, Jesuit und Widerständler, 1945 hingerichtet, M. W.] von mir erzählt. Ich muss darin die Hauptperson bleiben, nicht weil ich es bin, nicht weil ich es sein will, sondern weil der Geschichte sonst das Zentrum fehlt. Ich bin nun mal das Gefäss gewesen, für das der Herr diese unendliche Mühe aufgewandt hat.» Aus dem christlichen Zusammenhang, in den Helmuth seinen Widerstand stellte, ergab sich sein Märtyrertum und ein Opfer, das Nutzen für die Allgemeinheit haben sollte. Für Helmuth James von Moltke stand außer Frage, dass sein Tod nicht sinnlos war. Am 23. Januar 1945 wurde Helmuth James Graf von Moltke in Plötzensee hingerichtet.[21]

Freyas Briefe sind stets von dem Bemühen geleitet, ihren Mann zu stärken und ihm die Sorge für Frau und Kinder möglichst zu nehmen; Klagen über ihre Alltagsprobleme stehen nie im Vordergrund. Es gelang ihr auch, die Frömmigkeit, die von Helmuth ausging, mitzuempfinden. Im November 1944 schreibt sie über den gemeinsamen Empfang des Abendmahls im Gefängnis, das die Trennung aufhebt: «Welches Geschenk, mein Geliebter, neben dir knien zu dürfen und mit dir aus unseres Freundes Hand das empfangen zu dürfen. Mein Liebster, ich vermag noch nicht zu sagen, was in mir vorgegangen ist und was in mir wachsen wird.» Freya setzte der Trennung durch den Tod die Gemeinsamkeit in der Liebe entgegen. Diese Liebe war für Freya der eigentliche Sinn ihrer Ehe: «Mein Herz, meine Fürbitte für Dich ist nicht mein Gebet, mein Leben ist es, mein Sein, meine Existenz, mein Zu-Dir-Gehören im Leben, wo immer das Leben gelebt wird.» Freya legte damit ihr Lebensziel über Helmuths Tod hinaus fest.[22]

Erst 1961 verfasste sie einen Bericht, der «die letzten Monate in Kreisau» und die Auflösung einer Lebensform in Flucht und Vertreibung in den Mittelpunkt stellte. Über die ersten Tage nach Helmuths Tod schrieb sie viele Jahre später detailliert und gleichzeitig emotional zurückhaltend. Beschrieben wird nicht die eigene Verzweiflung, sondern die Rückreise von Berlin nach Kreisau mit Marion Yorck von Wartenburg zwei Tage nach Helmuths Tod. Marions Mann Peter war bereits im August 1944 im Zusammenhang mit dem Attentat vom 20. Juli hingerichtet worden. «Marion [hatte] eine Flasche ganz alten Malaga. Die Flasche war in Papier oder eine Serviette eingewickelt; es sah aus, als wäre es Milchkaffee. [...] In meiner Erinnerung ist es eine gute Fahrt. Ich glaube, wir waren ganz heiter.» Freya und Marion hatten die schwere Aufgabe, die Nachricht von Helmuths Tod nach Kreisau zu bringen. Freya notierte nur die Reaktion des siebenjährigen Sohnes Caspar, der die Nachricht noch nicht verstehen konnte: «Mit Casparchen wurde es mir sehr schwer. Er lag in meinem Bett, wo er geschlafen hatte; ich saß auf dem Rand. Aber es ging vorbei, und am nächsten Morgen, als er sah, dass ich traurig war, sagte er: ‹Wegen dem Pa? Immer noch?› Das war wirklich ein großer Trost.»[23]

Freya nahm sich selbst nicht wichtig genug, um das eigene Leid ins Zentrum zu rücken. Gefasstheit und Diskretion gehörten zu ihren höchsten Werten. Sie hat entsprechend erst am Ende ihres Lebens der Veröffentlichung ihrer Abschiedsbriefe zugestimmt. Helmuth James von Moltke hat kein Grab; nach der Hinrichtung wurde seine Asche verstreut. Auf dem Friedhof von Hamburg-Wandsbek wurde 2006 eine Gedenkplatte am Grab eines Vorfahren aufgestellt. Freya hat das wohl nicht für erforderlich gehalten. Für sie hinterließ ihr Mann vor allem ein geistiges und politisches Erbe, das aus dem

Kampf gegen die Diktatur und dem dauernden Einsatz für die Menschenwürde bestand.

Freya von Moltke überlebte ihren Mann beinahe um ein weiteres Leben. Bei Freyas Tod 2010 lag Helmuths Hinrichtung schon mehr als ein halbes Jahrhundert zurück. Je länger das Leben der Witwe dauerte, desto mehr wurde sie auch als eigenständige Persönlichkeit gewürdigt. Freya ging in den sechziger Jahren mit dem Philosophen Eugen Rosenstock-Huessy eine zweite Lebenspartnerschaft ein, entschied sich aber gegen eine zweite Eheschließung. Für Freya bedeutete ihre Ehe weiterhin auch lebendige Gegenwart. Als Helmuth von Moltkes Witwe verstand sie sich als Hüterin des Kreisauer Erbes. Mit der Gründung der Gedenk- und Begegnungsstätte Kreisau war sie auch an der politischen und gesellschaftlichen Überwindung des Ost-West-Gegensatzes beteiligt. Während die Kaiserin Vicky mit dem Vorhaben scheiterte, ihren Ehemann im kulturellen Gedächtnis zumindest der deutschen Nation zu verankern, war Freya nach jahrzehntelanger Arbeit für dieses Ziel auch in europäischer und globaler Hinsicht erfolgreich.

WITWEN UND WITWER

Viele Witwen, wenige Witwer

Unter den fünf hier in eigenen Kapiteln behandelten Paaren befindet sich nur ein Witwer, Wilhelm von Humboldt, der seine Frau Caroline um sechs Jahre überlebte. Die übrigen vier Ehen endeten mit dem Tod des Ehemanns; Clara Schumann, die Kaiserin Friedrich, Freya von Moltke und Katia Mann wurden zu berühmten und einflussreichen Witwen. Im 19. wie im 20. Jahrhundert wurden Frauen nach dem Tod des Ehemanns vornehmlich als Witwen wahrgenommen, während Männer nur im privaten Leben als Witwer angesehen wurden.

Das hat auch demographische Ursachen: In dem Maß, wie die Lebenserwartung allgemein anstieg, für Frauen noch mehr als für Männer, und ein Eheschließungsmuster vorherrschte, in dem Männer meist einige Jahre älter waren als ihre Frauen, stieg auch die Zahl der Witwen an. Außerdem entschließen sich mehr Witwer dazu, ein weiteres Mal zu heiraten. Für Frauen hingegen, deren Ehemann nach längerer Ehe stirbt, ist es durchaus typisch, auf eine Wiederheirat zu verzichten. Im 19. Jahrhundert lag der Anteil der Witwen an der Bevölkerung in den europäischen Ländern bei 10 bis 17 Prozent, für Witwer nur bei der Hälfte.[1]

Im 19. Jahrhundert nahmen die europäischen Gesellschaften besonders eine Frau als Witwe wahr, die ihre Witwenschaft zur Berufung machte: Queen Victoria. Victorias für eine Fürstenehe ungewöhnlich glückliche Ehe mit Prinz Albert endete 1861, als dieser früh an Typhus starb. Victoria hatte sich während ihrer Ehe weitgehend durch ihren Mann politisch leiten lassen. Ihr lebhaftes Temperament lebte sie in den folgenden Jahrzehnten in leidenschaftlicher Trauer aus. Ihre schwarze Witwenkleidung wurde zum Vorbild für die bürgerlichen Witwen im

Queen Victoria, ca. 1885

Viktorianismus. Der Rückzug der Königin aus der Öffentlichkeit bei der gleichzeitigen Weigerung, dem Thronerben Edward mehr politische Verantwortung zu übertragen, führte zu einem Ansehensverlust der Monarchie. Victoria wurde beschuldigt, ihre Repräsentationsaufgaben nicht mehr angemessen zu erfüllen. Tatsächlich weigerte sie sich häufig, die feierliche Eröffnung des Parlaments persönlich vorzunehmen. Aber von Jahrzehnt zu Jahrzehnt personifizierte die trauernde Witwe die Nation und das Empire eindrucksvoller. Das goldene und das diamantene Thronjubiläum bildeten zumindest im Nachhinein Höhepunkt und Abschluss der Weltreichsgeschichte Großbritanniens im 19. Jahrhundert.

Trauerkleidung und Trauerkultur

Das Allgemeine Landrecht sprach 1794 von einer offiziellen Trauerzeit, die für Frauen ein Jahr, für Männer sechs Monate dauern sollte. Damit war die Frist festgesetzt, in der keine Wiederverheiratung erfolgen und die Erbregelung stattfinden sollte. Es handelte sich auch um die Frist, in der Trauerkleidung getragen wurde. Im 18. Jahrhundert existierte im Grunde nur an den Fürstenhöfen eine distinkte Trauerbekleidung. Für die Minister bestand diese aus «schwarztüchenem Kleide», Manschetten mit schmalem Saum und schwarzseidenen Strümpfen. Für die Damen waren vor allem schwarze Kleider und schwarze Bänder auf den Hauben wichtig. In der Halbtrauer als Übergangszeit zur Normalität wurden schwarze Strümpfe und Bänder durch weiße ersetzt.[2]

Dem Beispiel der Fürstenhöfe konnten im 19. Jahrhundert nur die wohlhabenden bürgerlichen Familien folgen. Die schwarze Witwentracht der Frauen war weitaus auffälliger als ein schwarzer Anzug, der sich kaum von der gewöhnlichen Kleidung bürgerlicher Männer unterschied. Trauer wurde damit schon äußerlich zu einem Zustand, der bürgerliche Frauen deutlicher charakterisierte als Männer. Bereits im 19. Jahrhundert entschieden sich viele Witwen, nach Ablauf der Trauerzeit die Trauergewänder nicht abzulegen und das Leben als Witwe auch nach außen zu verstetigen. Für die Mehrheit der Bevölkerung gab es keine besondere Trauerkleidung. Zu Beerdigungen trugen Frauen ihre Festkleidung, die häufig aus einem schwarzen Kleid bestand. Schwarze Hauben und Bänder komplettierten die äußere Erscheinung.

Das Vorbild der britischen Königin als First Lady des Trauerns wirkte in ganz Europa. Jetperlen, schwarze Steine aus gepresster Kohle, wurden zum Trauerschmuck, der schwarz glänzend schmücken sollte, aber durch seinen geringen Wert auch die Bescheidenheit im Angesicht des Todes symbolisierte. Trauerkleidung für Frauen wurde in der zweiten Hälfte des 19. Jahrhunderts chic und bald ebenso der Mode unterworfen wie die Krinolinenkleider der Oberschicht. Schleier, Bänder und Hauben ermöglichten auch denjenigen Frauen modische Teilhabe, die nicht über die Mittel verfügten, sich regelmäßig neue Kleider anfertigen zu lassen.[3]

Die Trauer als Lebensphase schloss Ober- und Mittelschichtfrauen vielfach von geselligen Ereignissen aus. Während von Männern weiterhin die Erfüllung ihrer Amts- und Berufspflichten erwartet wurde, sollten die Frauen ihr Leben der Trauer widmen. Die gesellschaftliche Pflicht des Trauerns wurde nicht verdrängt, aber einseitig auf die Frauen übertragen, gelegentlich auch von diesen usurpiert. Die Beerdigung des Gatten wurde aufwendig gestaltet, die Witwe verbrachte viel Zeit damit, die Kondolenzbriefe zu lesen und zu beantworten. In diesen Briefen ging es einerseits um die Würdigung des Verstorbenen, andererseits um Trost für die Witwe, die im tätigen Gedächtnis an ihren Mann gesehen wurde. Ziel waren nicht wie bei Männern die Überwindung der Trauer und ein Neuanfang, sondern gewissermaßen eine geistig-ideelle Fortführung der Ehe.

Der Witwenstatus wurde zum prägenden Merkmal der Identität. Die Beschäftigung der Witwe mit den Angelegenheiten des Gatten führte zu einer Verstetigung des Verlustgefühls. Die Witwen Freiligrath, Gutzkow und Lagarde befassten sich mit der Erstellung eines Buchkatalogs, der die Versteigerung der umfangreichen Bibliotheken ihrer Männer vorbereitete. Nach wenigen Jahren wurde die Trauer zum Alltag. Rituale wie die jährliche Gedenkfeier für die verstorbene Geistesgröße gaben Gelegenheit, auch der Witwe die Referenz zu erweisen, und wurden so zu einem mit Vorfreude erwarteten Ereignis. Anna de Lagarde wurde geradezu zum Verehrungszentrum eines besonderen Lagarde-Kults. Die Witwen der Bildungsbürger führten ein Leben aus Arbeit am Nachlass, nahmen Einfluss auf die Biographen des Ehemannes und krönten Feierlichkeiten zu Ehren des Verstorbenen.[4]

Die skizzierten Beispiele sind natürlich nicht repräsentativ für bürgerliche Witwen insgesamt. Viele Frauen übernahmen geschäftliche Pflichten des verstorbenen Ehemannes und kümmerten sich vorrangig um die wirtschaftliche Zukunft der Familie. Die niedrigere Wiederverheiratungsrate von Frauen folgte nicht bloß aus den geringeren Heiratschancen der Frauen, sondern war häufig Resultat bewusster Entscheidungen. Manche Frauen erlebten als Witwen zum ersten Mal eine Form von Autonomie, die durch eine günstige ökonomische Lage, rechtliche Unabhängigkeit und die Vorzüge allgemeiner Witwenverehrung gewährleistet war. Wichtige gesellschaftliche Vorzüge der Ehe blieben für die Witwe bestehen.

Erbrecht der Ehegatten in Europa

Die erbrechtliche Stellung des Ehegatten war in Europa traditionell schlecht. Erben bedeutete grundsätzlich zunächst die Weitergabe von Besitz an die nächste Generation. Vor allem wurden Kinder und Enkel als Erben angesehen und vom Recht privilegiert. Die Rechtsgeschichte führt diese Konstellation auf die vormoderne, eher statische Wirtschaft mit ihrer Ressourcenknappheit zurück. Erst in dem Moment, in dem die Wirtschaftsdynamik zunahm und einzelne Personen ihr Vermögen deutlich vermehrten, entstand das Bedürfnis, den Ehegatten, der dieses Wachstum mit ermöglicht hatte, an den Erträgen zu beteiligen.

Die nachteilige Stellung des überlebenden Ehegatten wurde in vielen europäischen Regionen durch ein eheliches Güterrecht modifiziert, das Gütergemeinschaft vorsah. In der Frühen Neuzeit waren aber auch Ehe- und Erbverträge unter landbesitzenden Familien weithin üblich. Diese Gewohnheit besaß den Vorteil, dass man der jeweiligen familiären Konstellation individuell gerecht werden konnte. So ließen sich die Interessen eines einheiratenden Ehegatten oder der Nachkommen aus erster oder zweiter Ehe schützen. Häufig bestand die Möglichkeit, unter den Kindern einen Erben für den bäuerlichen Besitz auszusuchen. Auch der Code Civil führte die ungünstige erbrechtliche Situation des überlebenden Ehegatten weiter. Die individualistische Grundtendenz des Gesetzbuches sah keine Teilung des Zugewinns vor.[5]

Das preußische Allgemeine Landrecht von 1794 beschäftigte sich vornehmlich damit, der Witwe die Wiedererlangung ihres eingebrachten Vermögens und der Mobilien, also Gegenstände der Aussteuer wie Möbel, Wäsche oder Schmuck, zu sichern. Allerdings wurden Witwer gut gestellt, wenn sie Grundstücke aus dem Eingebrachten zu Nießbrauch nutzten und keine anderen vertraglichen Vereinbarungen vorlagen: «Hat die Frau dem Manne Grundstücke oder Gerechtigkeiten (Nutzungsrechte) eingebracht: so hat, wenn sie zuerst stirbt, der Mann die Wahl: ob er das Grundstück zur Verlassenschaft zurückgeben, oder dafür den Werth bezahlen wolle.»[6] Der Ehemann konnte überlegen, das Grundstück zu behalten, auch in der Hoffnung auf eine spätere Wertsteigerung. Die Erben der Ehefrau mussten mit dem Gegenwert zufrieden sein, den die gerichtliche Taxierung zu diesem Zeitpunkt festsetzte.

Das Allgemeine Landrecht bestimmte vorbehaltlich provinzieller oder anderer Sonderrechte, dass der überlebende Ehegatte ein Viertel des Nachlasses erhalten sollte, wenn Kinder vorhanden waren. Wenn das nicht der Fall war, bekam er immerhin ein Drittel, waren nur entfernte Verwandte zu ermitteln, erhielt der Ehegatte die Hälfte. Das Landrecht favorisierte also die Blutsverwandtschaft gegenüber der Ehe. Allerdings muss man berücksichtigen, dass das Ehegattenerbrecht in der Praxis eng mit dem ehelichen Güterstand zusammenhing. Lebten die Eheleute in Gütergemeinschaft, nahm der überlebende Ehegatte zunächst seine Hälfte zurück und konnte dann vom Ehegatten erben, vor allem in einer Ehe ohne Kinder. Die eheliche Gütergemeinschaft brachte also dem überlebenden Ehegatten, vor allem dann, wenn er ursprünglich weniger wohlhabend war, Vorteile.[7]

Das Erbrecht bevorzugte eheliche Kinder, aber auch die nächsten Angehörigen der Herkunftsfamilie. Eheleute bemühten sich durch Eheverträge und Testamente, die Versorgung der Witwen zu gewährleisten. Unverheiratete ältere Personen mit Immobilienbesitz machten häufig ein Testament; hier war der Wunsch größer, die gesetzliche Erbfolge abzuwandeln oder Legate auszusetzen. Unter den männlichen Testamentsverfassern waren viele Geschäfts- oder Unternehmensinhaber, die die Firmennachfolge regeln oder die Liquidierung der Firma zugunsten der Erben anordnen mussten. Eheleute mit Kindern waren mit einer Erbfolge von Kindern und überlebendem Ehegatten meist einverstanden. Testamentarisch wurden gemeinnützige Stiftungen bedacht und persönliche Gegenstände Familienmitgliedern oder Freunden vermacht. Über manche Gegenstände wurde in geschlechtsspezifischer Weise verfügt; Frauen vererbten Schmuck an Töchter, Männer die Taschenuhr dem Sohn oder einem besonderen Freund.[8]

Das Bürgerliche Gesetzbuch blieb bei den Vorgaben des Landrechts und setzte das Erbteil des Ehegatten bei Vorhandensein von Kindern auf ein Viertel des Nachlasses fest. Wenn nur entfernte Verwandte vorhanden waren, vergrößerte sich der Erbteil des Gatten. Aus der bürgerlichen Frauenbewegung kamen Stimmen, die diese Regelung für Witwen als unzureichend ansahen. Marianne Weber forderte einen modernen Zugewinnausgleich und argumentierte damit, dass Ehemann und Ehefrau zum ökonomischen Gewinn beitrugen.

Eine weitergehende Reform fand in der Bundesrepublik erst 1958 statt. Das Gleichberechtigungsgesetz setzte die Besserstellung des überlebenden Ehegatten auch für die Frauen durch. Neben dem bisherigen Viertel kam ein zusätzliches Viertel als Zugewinnausgleich dem überlebenden Ehegatten zu. Wenn keine Kinder vorhanden waren, erhöhte sich dieser Anteil auf 75 Prozent; entfernte Seitenverwandte wurden zugunsten des Ehegatten gänzlich vom Erbe ausgeschlossen. Bis zum Ende des 20. Jahrhunderts hat sich das Recht zugunsten des Ehegatten vom Prinzip der Blutsverwandtschaft ein Stück weit abgewandt. Das Erbe wird heute als Ausdruck der Solidarität mit dem Lebenspartner verstanden, weniger als Besitz, der in die nächste Generation transferiert wird. Vom Erbrecht her gesehen, kann man von einer Aufwertung der Ehe in der Gesellschaft sprechen. Die Bestimmungen sind grundsätzlich nicht geschlechtsspezifisch und bedeuten eine Verbesserung für den ökonomisch schwächeren Gatten.[9]

In der zweiten Hälfte des 20. Jahrhunderts haben viele europäische Staaten wie Frankreich, Belgien und die Schweiz das Erbrecht zugunsten des Ehegatten reformiert. Seit 1975 erbt der Ehegatte in Italien bei einem Kind den halben Erbteil und ein Drittel, wenn mehrere Kinder vorhanden sind. Dieselbe Tendenz war auch in der DDR unter anderen eigentumsrechtlichen Bedingungen zu beobachten. Das Zivilgesetzbuch von 1975 garantierte dem überlebenden Ehegatten ein Viertel und zusätzlich einen Kindesanteil.[10]

Liest man Testamente von männlichen Bürgern im 19. Jahrhundert, fällt auf, wie stark das Motiv der Absicherung der Ehegattin war. Viele Eheverträge und Testamente sicherten der Witwe entweder ein eigenes Erbrecht am Wohnhaus oder ein lebenslanges Wohnrecht zu, vor allem wenn der Großteil des Vermögens an Kinder oder andere Erben ging. Für adlige Witwen aus Landbesitzerfamilien war der Auszug aus der

Hauptwohnung des Schlosses aber meist unvermeidlich. In der Mehrheit der Testamente war für die Frau ein Witwensitz vorgesehen, der allerdings auch armselig sein konnte. Bis ins 20. Jahrhundert wählten manche Witwen ein Damenstift oder Kloster zum neuen Wohnsitz. Auf diese Weise konnten Frauen sich ein gewisses Maß an Selbständigkeit erhalten, ohne vollständig alleinzustehen.

Handwerker-, Unternehmer- und Beamtenwitwen

In Handwerk und Gewerbe spielte die Witwe in der Frühen Neuzeit eine wichtige Rolle. Starb der Meister und gab es noch keinen erwachsenen Sohn für das Gewerbe, konnte die Witwe das Geschäft weiterführen. Manche Handwerkerwitwe wurde zur begehrten Partie, weil sie einem ansonsten chancenlosen Gesellen die Einheirat in den Meisterbetrieb ermöglichte.

Bis weit ins 20. Jahrhundert hinein führten Witwen die Firma meist nur übergangsweise. In Leipzig beauftragte 1879 Fleischermeister Göthel seine Frau, das Geschäft für die drei Söhne weiterzuführen: «Dass so lange dies Seiten meiner Frau geschieht, auch meine Söhne den Anordnungen meiner Frau im Geschäft unbedingt Folge zu leisten, überdies äquivalent für ihre Unterstützung der Mutter Lebensunterhalt gemeinsam aus dem Geschäft zu bestreiten haben.»[11] Solche Bestimmungen richteten sich nach der Anweisung des Erblassers, gelegentlich auch nach dem Alter der für die Nachfolge vorgesehenen Kinder.

Frauen, die selbst an der Gründung des Unternehmens beteiligt waren, führten es nach dem Tod des Ehemanns weiter, bis die Übergabe an die nächste Generation erfolgte. Martha Kaufeld gründete 1920 gemeinsam mit ihrem Ehemann Hans eine Polstermöbelfabrik in Brake bei Bielefeld. Nach dem Tod ihres Ehemanns im Zweiten Weltkrieg führte sie das Geschäft gemeinsam mit ihrer entsprechend ausgebildeten Tochter weiter. Insgesamt stand für Familienunternehmen die Kontinuität des Betriebes im Mittelpunkt. Die Arbeits- wie die Finanzkraft von Frauen durch Mitgift oder Erbe wurde selbstverständlich eingeplant. Natürlich hing der Einfluss von Witwen stark von der Familienkonstellation ab.[12]

In Leipziger Familien der zweiten Hälfte des 19. Jahrhunderts war es nicht üblich, die Hinterbliebenen zur Liquidation des Geschäfts und zur Teilung des Erlöses zu verpflichten. Die Aufgabe des Betriebes kam jedoch vor, wenn die Firma überschuldet war oder sich für eine Fortführung durch Ehefrauen und Kinder nicht eignete. Die männlichen Firmeninhaber überließen diese Entscheidung meist den Erben. Im englischen Leeds neigten männliche Unternehmer und Gewerbetreibende dazu, den Verkauf des Unternehmens und die Aufteilung des Erlöses im Sinn eines gleichen bürgerlichen Erbrechts – für Söhne und Töchter – anzuordnen. Die Witwen in Leeds führten jedenfalls deutlich seltener das Geschäft fort. Unternehmen in Familienbesitz, der über mehrere Generationen reichte, besaßen in Leipzig also einen höheren Stellenwert als in Leeds.[13]

Das englische *common law* sprach der Witwe ein Drittel des Nachlasses des Ehemannes zu. Das Erbe von Witwen und Töchtern wurde vielfach in Form eines Trusts verwaltet. Das Kapital war festgelegt, über die Zinsen konnten die Erbinnen meist frei, ohne Einflussnahme des Ehemanns, verfügen. Die Mehrheit der männlichen Erblasser stellte der Ehefrau diese Einkünfte ohne Bedingungen auf Lebenszeit zur Verfügung. Ein Drittel der Männer machte Einschränkungen: Eine komplette Aberkennung der Ansprüche der Witwe nach einer Wiederverheiratung galt zwar als wenig «gentlemanlike», aber viele Männer reduzierten das Einkommen ihrer Frau bei einer Wiederverheiratung.[14]

In Deutschland vermieden manche bürgerlichen Männer die Einsetzung ihrer Ehefrau als Haupterbin. Sie gestanden ihr den Nießbrauch des gesamten Nachlasses bis zum Tod oder der Wiederheirat zu, das Erbe aber wurde den Kindern vermacht. Die Witwe war so durch eine Rente versorgt, verfügte aber über kein Kapital. Oft verlor sie bei einer zweiten Eheschließung ihre Ansprüche. Vor der Zumutung, praktisch mittellos in eine zweite Ehe zu gehen, scheuten viele Witwen zurück.[15]

Für Beamtenwitwen war die Lage oft noch heikler. Seit dem 17. Jahrhundert hatte es Witwenkassen auf freiwilliger Basis gegeben. Im 18. Jahrhundert entstanden die ersten staatlichen Pensionskassen, die für Witwen und Waisen sorgten. Die Ehemänner mussten einen regelmäßigen Beitrag zwischen einem und fünf Prozent entrichten. Die

Witwenkassen litten zunächst an massiven Zahlungsschwierigkeiten, weil der übliche Altersunterschied zwischen Ehefrau und Ehemann zu langjährigem Leistungsbezug führte. Seit den 1890er Jahren betrug die Pension der Witwen in Preußen 40 Prozent des Pensionsanspruchs des Mannes. Hinzu kam Waisengeld für die Kinder. Die Witwenpension endete meist mit der Wiederverheiratung. Die ökonomische Situation von Witwen blieb unterschiedlich und oft prekär. Gertrud Bäumer errechnete, dass 1907 1,5 von insgesamt 2,4 Millionen Witwen im Deutschen Reich unversorgt waren, und nur ein Drittel von 140 000 Beamtenwitwen konnte ausschließlich von der Pension leben. Zusätzliche Erwerbstätigkeit stellte deshalb eher die Regel als die Ausnahme dar.[16]

Witwen von Professoren, Juristen oder Dichtern setzten die Arbeit am und mit dem Werk des Ehemannes fort, wenn sie schon als Ehefrauen an der Tätigkeit des Mannes beteiligt gewesen waren. Im 19. Jahrhundert fehlte Frauen zwar der Zugang zu akademischer Bildung, aber die Herkunft aus Bildungsbürgerfamilien machte das gelegentlich möglich. Eine auskömmliche Witwenversorgung war die wichtigste Voraussetzung. Wie die Künstlerwitwen Clara Schumann und Katia Mann bezogen auch Dichterwitwen wie Berta Gutzkow einen wichtigen Teil ihres Einkommens aus Tantiemen und Neuauflagen der Werke des verstorbenen Ehemannes. Von 1877 bis 1885 erhielt Ida Freiligrath vom Cotta-Verlag jährliche Zahlungen zwischen 1000 und 2000 Mark.[17]

Arbeiterwitwen am Beispiel der Zeche Radbod

Meist blieben die ökonomischen Nöte von Arbeiterwitwen der breiten Öffentlichkeit verborgen. Das änderte sich nur im Katastrophenfall. Am 12. November 1908 ereignete sich auf der Zeche Radbod bei Hamm in Westfalen eine Grubenexplosion. 350 Bergleute fanden den Tod, es wurden 235 Witwen und 626 Halbwaisen gezählt.

Das Unglück regte eine Debatte über den Arbeitsschutz, vor allem in Bergwerken, an. Außer einem Sterbegeld von 80 Mark und einer kleinen Hinterbliebenenrente aus der Unfallversicherung erhielten die

Familien nichts. Als konkrete Hilfsmaßnahme initiierte das Kaiserhaus die «Radbodspende». Der Spendenaufruf war sehr erfolgreich; bis Anfang 1909 kamen mehr als 1,5 Millionen Mark zusammen. Ein Honoratiorenkomitee verwaltete die Gelder, allerdings wurde nur zögerlich ausgezahlt. Das Hilfskomitee sah sich ganz traditionell als Instanz gesellschaftlicher Wohltätigkeit, während sich die Radbod-Witwen als Anspruchsberechtigte verstanden. Die paternalistische Überheblichkeit des Komitees, das die Witwen als hilflos und unmündig ansah, provozierte einige Witwen zu Prozessklagen, die von den Gerichten abgeschmettert wurden. Gegen den Willen der Witwen behielt das Komitee die Verwaltung der Spendengelder. Anfang Januar 1909 versammelten sich die Witwen von Radbod zum Protest: «Zirka 200 Frauen und Mütter, deren Ernährer auf Zeche Radbod zu Tode gekommen sind, verwahren sich dagegen, dass das Zentral-Hilfs-Komitee, welches ausschließlich aus Personen besteht, die von der Lage der Arbeiter und deren Frauen gar keine Ahnung haben, uns zumutet, die von der Öffentlichkeit für uns gespendeten Gelder nicht verwalten zu können. Es ist eine Rohheit, die ihresgleichen sucht, dass man, nachdem unsere Ernährer auf dem Schlachtfelde der Industrie zu Hunderten dahingemordet, uns auch noch solche Beleidigungen ins Gesicht zu sagen wagt wie ‹wenn ihr das Geld auf einmal bekommt, bringt ihr euch ja um›.» Sechs Witwen reichten im März 1909 eine Zivilklage gegen das Lokalkomitee ein, und am 1. Mai, dem Tag der Arbeit, zogen die Witwen in einer Demonstration in Trauerkleidung und mit roten Schleifen durch Hamm. Prompt beschlagnahmte die Polizei die Schleifen. Sie dienten als Beweismittel in einem Strafverfahren wegen groben Unfugs, in dem die Witwen zu je 25 Mark Geldstrafe beziehungsweise fünf Tagen Haft verurteilt wurden. Schließlich gewährte das Hilfskomitee jährliche Zusatzrenten in Höhe von je 150 Mark für Witwen und 75 Mark für jede Halbwaise. Das Kapital wurde in der Inflation der zwanziger Jahre vernichtet.[18]

Mit der Reichsversicherungsordnung von 1911 wurde nach jahrzehntelanger Diskussion eine Hinterbliebenenrente in der Arbeiterversicherung eingeführt, der bald entsprechende Bestimmungen für Angestellte folgten. Zwar konnten Witwen schon früher Leistungen aus

Karikatur zur Einführung der Reichsversicherungsordnung, 1911

der Unfallversicherung erhalten, wenn der Ehemann bei einem Arbeitsunfall tödlich verunglückt war, eine ausreichende Versorgung aber stellte das nicht dar; entsprechend war 1907 mehr als die Hälfte aller Witwen erwerbstätig. Die Witwen- und Waisenversicherung wurde von der Regierung als Entlastung der Armenfürsorge angesehen. Einen Rentenanspruch konnte nur eine Frau geltend machen, deren verstorbener Ehemann fünf Jahre unfallversichert gewesen war. Die Rente war sehr niedrig und lag bei 30 Prozent der Ansprüche der versicherten Männer. Hinzu kam ein Zuschuss von 50 Mark jährlich.[19]

In Großbritannien gestaltete sich die Versorgung der Arbeiterwitwen anders. Der britische Sozialstaat orientierte sich nicht an einem Versicherungsmodell, sondern folgte dem Pfad einer steuerfinanzierten Grundsicherung. Der *Pensions Act* von 1908 führte eine Altersrente für Männer ab dem 70. Lebensjahr ein; für Frauen lag die Grenze bei 65 Jahren. Der Familienstand der Frauen interessierte dabei nicht, entscheidend war die Bedürftigkeit, die durch eine strenge Prüfung der Lebensverhältnisse bestätigt werden musste. In Großbritannien stammte das Modell aus der Armenfürsorge, in der nur die «respektablen Armen», also Kranke und Alte, unterstützt wurden. In Deutschland dagegen hatte die Bismarck'sche Sozialversicherung ihren Ursprung in der Auseinandersetzung von Regierung und Arbeiterbewegung. Die Sozialpolitik ergänzte die Sozialistengesetze. Entsprechend standen die männlichen (Fach-)Arbeiter als politisch handlungsfähige Gruppe im Mittelpunkt der Pläne einer sozialen Absicherung, nicht die ärmsten Gruppen der Bevölkerung. Frauen und Kinder erschienen in diesem Modell nur als Familienangehörige von versicherten Männern. Fehlte es an dieser familiären Zugehörigkeit zu Ehemännern und Vätern, konnten auch keine Versicherungsleistungen beansprucht werden. Da eine eigenständige Einbeziehung in das Versicherungssystem für die meisten Arbeiterfrauen im Kaiserreich schon wegen ihrer oft unterbrochenen Erwerbstätigkeit kaum in Frage kam, waren Frauen und Kinder weiterhin auf Lohnarbeit und Armenfürsorge angewiesen.[20]

Die Hinterbliebenenrente nach 1918 und nach 1945

Nach dem Ende des Ersten Weltkrieges ging man von 600 000 Kriegerwitwen in Deutschland aus, in Frankreich sogar von 700 000. In beiden Ländern wurden die Frauen gemäß den Regelungen der Militärversorgungsgesetze notdürftig alimentiert. Großbritannien dagegen überließ die Kriegerwitwen weiterhin der Armenfürsorge. 1924 zählte man in Deutschland nur noch 370 000 Witwen – vermutlich hatte ein hoher Anteil wieder geheiratet. In vielen europäischen Staaten wurde die Kriegsopferversorgung in den beiden ersten Nachkriegsjahren neu geregelt. Als Hinterbliebenenrente erhielten die Frauen meist zwischen 40 und 60 Prozent der Rente, die der Ehemann als Invalide erhalten hätte. Für den Lebensunterhalt reichten solche Renten nicht aus. Nach Kriegsende wurden viele erwerbstätige Frauen von einer Entlassungswelle getroffen, da die Demobilmachung Hunderttausende Soldaten zurück ins Berufsleben führte. Zunächst bemühten sich die Behörden, wenigstens den Kriegerwitwen ihre Arbeitsstellen zu erhalten. Im Verlauf der zwanziger Jahre sammelten sich Kriegerwitwen aus der Arbeiterschicht in den am schlechtesten bezahlten Branchen und am unteren Ende der Qualifikationshierarchie. Eine zeitgenössische Untersuchung stellte noch 1930 fest, dass 30 Prozent der erwerbstätigen Kriegerwitwen in Darmstadt ein Monatseinkommen unter 25 Reichsmark hatten. In der Zwischenkriegszeit besaß Armut ein weibliches Gesicht.[21]

Das Ende des Zweiten Weltkrieges zeigte eine ähnliche Entwicklung in größerer Dimension. 1945 lebten in Deutschland mehr als eine Million Frauen, die dieser Krieg zu Witwen gemacht hatte. Zunächst waren die Renten bescheiden, weil die meisten Soldaten zu jung gewesen waren, um ausreichende Rentenansprüche zu erwerben. Die Zahlungen aus der Invalidenversicherung blieben gering. Mit dem Bundesversorgungsgesetz von 1950 erhielten die Witwen 40 DM monatliche Grundrente und eine Ausgleichsrente für minderjährige Kinder. Die Beträge reichten in keinem Fall zur Existenzsicherung aus; viele Witwen gingen einer Erwerbstätigkeit nach.[22]

Als in der Bundesrepublik in den fünfziger Jahren nicht nur von den konservativen Parteien das Hoch auf die Nur-Hausfrau-und-Mutter ausgerufen wurde, waren 33 Prozent der Witwen mit Kindern unter 15 Jahren erwerbstätig. Die Rentenreform von 1957 stellte eine wichtige Zäsur dar. Die Witwenrente aus der Invalidenversicherung stieg durchschnittlich auf fast das Doppelte, 124 DM, an. Generell hatten Witwen nun Anspruch auf 60 Prozent der Rentenbezüge des Ehemannes. 1960 reichte dieses Einkommen für 95 Prozent der Arbeiterwitwen und 65 Prozent der Witwen von Angestellten kaum für das Existenzminimum.[23]

1961 legte die CDU eine Bilanz ihrer Familienpolitik vor. Zu den Errungenschaften nach 1945 gehörte die Witwenrente für alle Frauen, deren Männer rentenversichert waren. Die Ansprüche waren nach Geschlecht verschieden; Witwer hatten nur dann einen Anspruch auf Hinterbliebenenrente, wenn die Ehefrau den Unterhalt der Familie überwiegend bestritten hatte, aber unter den Beschäftigungsbedingungen der fünfziger Jahre wurde diese Bedingung nur selten erfüllt. Auch aus der Unfallversicherung besaßen Witwen und Kinder von tödlich verunglückten Männern Ansprüche, die mit einer Wiederverheiratung endeten. In der Kriegsopferversicherung endete die Hinterbliebenenrente ebenfalls mit der Wiederverheiratung, allerdings wurde eine Abfindung von 5000 DM gezahlt. Die Kriegsopferversorgung von Witwen und Kindern stellte seit dem Reformgesetz von 1964 den Lebensunterhalt auf niedrigem Niveau sicher. Kriegerwitwen erhielten Anfang der sechziger Jahre 310 Mark pro Monat. Damit wollte die CDU sicherstellen, dass Mütter nicht erwerbstätig werden mussten.[24]

Die Einführung des Kindergeldes ab dem dritten Kind 1954 benachteiligte Witwen, die von staatlichen Renten und Transferleistungen lebten. Das Kindergeldgesetz knüpfte nämlich die Kindergeldzahlungen an die Erwerbstätigkeit. Die Schlechterstellung von Familien von Arbeitslosen und Rentenempfängern und denjenigen mit weiblichen Haushaltsvorständen, die nicht erwerbstätig waren, rief den Widerspruch der SPD-Opposition hervor. Die Bestimmungen wurden im folgenden Jahr geändert. Nun erhielten auch Empfänger von Transferleistungen Kindergeld.[25]

Die Familienpolitik der DDR stellte Männer und Frauen rechtlich gleich. Materiell hatte dieser Grundsatz für Witwen zur Folge, dass der Staat nicht von einer Versorgungspflicht ausging, sondern alle Einwohner zur Aufnahme einer Erwerbstätigkeit anhielt. Im Gegensatz zur Bundesrepublik, wo die Soldaten der Wehrmacht nicht in erster Linie als Kämpfer für das nationalsozialistische Regime, sondern als Vaterlandsverteidiger angesehen wurden, hatte die DDR kein Interesse, Kriegsversehrte und Hinterbliebene in der Gesellschaft positiv hervorzuheben. Das galt nicht für Widerstandskämpfer und die Opfer des Nationalsozialismus. Deren Witwen wurden mit einer vergleichsweise hohen Rente versorgt. 1953 betraf das aber nur 5000 Frauen.[26]

Die Versorgung für Kriegsopfer, die in der DDR 1948 eingerichtet wurde, hatte nur ein bescheidenes Niveau. Eine Kriegerwitwe und ihre Kinder erhielten zwischen 50 und höchstens 80 Mark monatlich. Die Rente wurde an unter 60-jährige Witwen nur gezahlt, wenn sie nicht erwerbsfähig waren oder ein Kind unter drei Jahren erzogen. Die Gerichte sahen scharf auf die Erwerbsfähigkeit und wiesen selbst Anträge von Frauen zurück, die gesundheitlich beeinträchtigt waren und Kinder unter acht Jahren betreuten. 1947 bezogen nur 100 000 Witwen solche Renten. Während in der Bundesrepublik die Vorstellung regierte, der Staat müsse nach dem Tod des Ernährers für die Versorgung der Hinterbliebenen einspringen, verzichtete die DDR zwar auf eine Pflicht zur Erwerbstätigkeit für Ehefrauen, legte sie aber für Witwen fest. Die meisten Kriegerwitwen wurden daher systematisch in den Arbeitsmarkt eingegliedert. Kriegerwitwen, die nicht erwerbstätig waren, gehörten in beiden deutschen Staaten bis in die sechziger Jahre zu den ärmsten Gruppen der Bevölkerung.[27]

Onkelehen

Nach dem Zweiten Weltkrieg entspann sich in Deutschland eine Debatte über Kriegerwitwen, die angeblich aus Vergnügungssucht mit Männern zusammenlebten, diese aber nicht heirateten, um die Hinterbliebenenrente nicht zu verlieren. Auf Verständnis stießen vor allem diejenigen Frauen, die mit einem kriegsversehrten Mann zusammenlebten. Mitte der fünfziger Jahre wurde die Zahl dieser Lebensgemeinschaften auf 100 000 geschätzt. Onkelehen wurden sie genannt, weil die Kinder die neuen Männer ihrer Mütter als Onkel ansprachen. Dabei setzte sich in der Nachkriegszeit die Missbilligung fort, die junge Ehefrauen, deren Männer im Feld standen, im Krieg erlebt hatten. Ehefrauen, die sich trotz der Abwesenheit ihrer Männer in Tanzlokalen amüsierten, stießen auf Unverständnis. Als Witwen erlebten dieselben Frauen nochmals die Verachtung vor allem der älteren Generationen.[28]

Mit Einführung der Abfindung bei einer Wiederheirat wurden die Onkelehen seltener. 1950 erhielten Witwen den dreifachen Jahresbetrag der Kriegsopferrente. Frauen mit Ansprüchen aus der Arbeiter- und Angestelltenversicherung konnten mit dem fünffachen Jahresbetrag rechnen. Beamtenwitwen mussten zwar auf einen Geldbetrag verzichten, erhielten aber die Zusicherung, dass ihre Ansprüche bei einem eventuellen Ende der zweiten Ehe wiederaufleben würden.

Bis 1960 erhielten 140 000 Kriegerwitwen Abfindungen, die bis zu 5000 DM betragen konnten.[29]

Im Zusammenhang mit den wilden Ehen der Kriegerwitwen wurde eine Frage virulent, die in jüngster Zeit wieder diskutiert wird: der Zusammenhang zwischen ziviler und kirchlicher Eheschließung. Um dem Argument moralischer Verwahrlosung zu begegnen und der Lehre der Kirche zu folgen, begaben sich einige katholische Paare auf die Suche nach einem Pfarrer, der eine kirchliche Trauung ohne vorhergehende Ziviltrauung vornähme; für Protestanten kam das nicht in Frage, weil die kirchliche Trauung allein als nicht konstitutiv für die Ehe angesehen wurde. Die Paare wollten demonstrieren, dass ihre Lebensgemeinschaft eine dauernde Perspektive hatte. Letztlich verebbte die Debatte, und das aufkommende Wirtschaftswunder erleichterte für viele den Entschluss zur Ehe.

Ein Exkurs: Die Witwenverbrennung in Indien

In weiten Teilen Europas bedeutete der Tod des Ehemanns für viele Frauen Armut bis hin zur Existenznot neben größerer rechtlicher und ökonomischer Unabhängigkeit. Global gesehen, bildet die Verbrennung von Hindu-Witwen in Indien einen Extremfall. Während ihrer Herrschaft in Indien waren die Briten mit dem jahrhundertealten Brauch konfrontiert worden. Abgestoßen von der Grausamkeit einer religiös-gesellschaftlich fundierten Sitte, nahm die koloniale Herrschaft im 19. Jahrhundert den Kampf auf. Die Praxis der Witwenverbrennung konzentrierte sich vor allem auf Bengalen. Meist handelte es sich um Angehörige der höchsten Kasten, der gesellschaftlichen Elite. Für die religiöse Legitimation war die Freiwilligkeit der Selbsttötung zentral, aber die Praxis erweckte oft einen anderen Eindruck. Kein Zweifel konnte dagegen am Hintergrund der Witwenverbrennung herrschen: am extrem niedrigen gesellschaftlichen Ansehen von Witwen und Frauen generell, an der Auffassung von der Unauflöslichkeit der Ehen für Frauen und an der männerzentrierten sozialen Ordnung. Ein Witwenleben in der Familie des Ehemannes war schwierig. Die Frauen

Witwenverbrennung in Indien, Gemälde von James Atkinson, 1831

wurden häufig gedemütigt und ausgegrenzt, geschlagen und bekamen nur wenig Nahrung. Eine Witwe, die «Sati» beging, erfreute sich hingegen hoher Wertschätzung und brachte ihrer Familie Ehre ein.

Die koloniale Regierung in London versuchte zunächst, den Brauch durch Reglementierung einzudämmen, indem man Verbrennungen verbot, die erst Jahre nach dem Tod des Ehemanns stattfinden sollten. Der Höhepunkt der Praxis der Witwenverbrennung wurde im kolonialen Indien 1816 mit 442, 1817 707 und 1818 839 Fällen erreicht. In den Kontroversen der Forschung ist die These geäußert worden, gerade das Eingreifen der britischen Regierung und die große Popularität des Themas habe die Praxis gefördert: Die Briten hätten durch ihre Reglementierungsversuche in der indigenen Bevölkerung Widerstand in dieser Form neu hervorgerufen. In dieser Sichtweise erscheint die Witwenverbrennung als Zeugnis für den radikalen antikolonialen Protest.[30]

Nach langen Debatten erließ die britische Regierung 1829 ein Verbot. Im Parlament ging es um die schlechte Stellung von Frauen in der Hindu-Gesellschaft und den Zusammenhang mit anderen grausamen Praktiken wie der Tötung von unerwünschten Neugeborenen, die meisten von ihnen Mädchen. Vor allem die evangelikale Bewegung in Großbritannien, an der viele Frauen beteiligt waren, sah eine moralische Verpflichtung zu einer aktiven Politik. 1821 war die Debatte im britischen Parlament noch zu dem Schluss gekommen, es vorerst bei dem Versuch der Eindämmung der Witwenverbrennung zu belassen. Man hoffte auf das allmähliche Verschwinden durch die Verbreitung europäischer Bildung in Indien. In den folgenden Jahren wuchs im Parlament die Front der Befürworter eines Verbots, und der Protest weitete sich 1827 auf Aktionäre der East India Company aus. Unter Führung des bedeutenden Reformpolitikers Ram Mohun Roy meldeten sich nun auch Hindus zu Wort. Sie verwiesen darauf, dass die Frauen häufig gezwungen wurden, was auch gegen die Hindu-Gesetze verstieß. Das Verbot von 1829 galt nur im kolonialisierten Bengalen, nicht in den nach innen autonomen Fürstenstaaten. Bis 1860 übernahmen diese Gebiete, in denen die Witwenverbrennung hauptsächlich bei Herrscherbestattungen praktiziert worden war, unter dem Druck Großbritanniens das Verbot.[31]

Schließlich flankierte die Kolonialregierung 1856 das Verbot der Verbrennung mit einem Gesetz über die Wiederverheiratung von Witwen. In diesem Gesetz wurde die Wiederverheiratung, die unter Hindus aus hohen Kasten nicht vorkam, in der Mehrheit der Hindu-Bevölkerung aber verbreitet war, explizit erlaubt. Die Regierung beabsichtigte, ihre Vorstellungen vor allem mit besitz- und erbrechtlichen Verfügungen durchzusetzen. Die schlechte Behandlung der Witwen, so wurde vermutet, ließ sich aus den ökonomischen Motiven der Familie des verstorbenen Ehemannes erklären. Das Gesetz garantierte wiederverheirateten Witwen ein Erbrecht. Das unabhängige Indien von 1947 übernahm das Verbot der Witwenverbrennung und setzte sich für die Möglichkeit der Wiederverheiratung für Witwen ein. Trotzdem änderten sich die Anschauungen vor allem der Eliten nur langsam. Selbstmord von Witwen als «Sati» kommt bis in die Gegenwart vor.[32]

SCHLUSS

Die Ehe hat historisch ihre Wandlungsfähigkeit unter Beweis gestellt, aber ihre Zukunft ist ungewiss. Nach einer Studie der Universität Wien vertraten 2009 25 Prozent der Männer und 19 Prozent der Frauen die Ansicht, die Ehe sei eine überholte Einrichtung. Die negative Meinung äußerten besonders die Männer, die sich am traditionellen Modell familiärer Arbeitsteilung orientierten. Umgekehrt zeigt sich, dass drei Viertel der Befragten keine fundamentale Ehekritik übten. Partnerschaftlich eingestellte Männer und Frauen hielten mit deutlicher Mehrheit die Ehe für eine Institution mit Zukunft. Freilich führt nichts an der Feststellung vorbei, dass die Ehe nicht mehr das alleinige Modell des Zusammenlebens von Paaren in der Moderne darstellt. Neben der eheähnlichen Gemeinschaft gibt es homosexuelle Paare und Paare, die in getrennten Wohnungen dennoch zusammenleben, alle Formen auch mit Kindern als Patchworkfamilie und als Alleinerziehende. Die Ehe scheint für diejenigen besonders attraktiv zu sein, die bisher nicht heiraten konnten. Daher stellt die Ehe zwischen Homosexuellen in vielen europäischen Staaten und in Nordamerika einen wichtigen Gegenstand progressiver Gesellschaftspolitik und ihrer Ablehnung dar.[1]

Im vormodernen Europa war die Ehe in verwandtschaftliche Netzwerke eingebettet, in denen Liebe oder mindestens Zuneigung nur einen Aspekt darstellte. Sie hat sich in einem Prozess der Individualisierung zu einer reinen Liebesfrage entwickelt, in der es um die Dichotomie von Freiheitsgewinn und Abhängigkeit geht: «Von der einen Seite: Freiheit, Entscheidung, von der anderen: Zwang, Exekution verinnerlichter Marktanforderungen.» Die Unsicherheit reicht von ökonomischer Unsicherheit über die Flexibilität von Geschlechterrollen bis zu Fragen des Lebenssinnes. Mit der Zunahme der Freiheit wurde die Liebe als Ausdruck von Individualität immer wichtiger. Auch für die Ehe wuchsen die Ansprüche an die Gefühle, und Defizite resultieren immer öfter in einem Scheitern der Ehe: «Die Ehe hat durch ihren Formenwandel von der Besitz- und Machtvererbung zum luftigen Gebilde der Gefühls-, leidenschaftlichen und Selbstfindungsehe wohl an Stabilität, nicht aber an Attraktivität verloren.» Doch die niedrige Eheschließungsrate in der Bundesrepublik lässt auch auf ein Abnehmen der Attraktivität schließen. Gesellschaftlich folgt aus den millionenfachen Beziehungsversuchen eine enorme Diskrepanz: Einerseits werden Liebe, Partnerschaft, Ehe und Familie idealisiert und in den Medien trivialisiert, auf der anderen Seite stehen Zerfall und Scheitern als individuelle Dauer- oder Mehrfacherfahrung.[2]

Dass sich die Ehe verändert, ist keineswegs neu. Vieles, was wir in ihr heute als traditionell wahrnehmen, hat faktisch nur wenige Jahrzehnte im 20. Jahrhundert geprägt. Das persönliche Kennenlernen der Partner unter den Vorgaben einer romantischen Liebesidee bleibt auch im 21. Jahrhundert entscheidend. Zunächst machen sich Männer und Frauen auf die Jagd nach Liebe, und wenn die Suche erfolgreich war, stellt die Ehe nur eine Möglichkeit von mehreren dar. Auf Partnerschaftsbörsen sucht man nach einem passenden Menschen, auch dem zweiten oder dritten. Die Rolle von Verliebtheit und Liebe als legitimierende Grundlagen für diese Wahlentscheidungen wird dabei größer. Liebe in der Moderne bezieht sich vor allem auf persönliche Anerkennung, nur sie erlaubt ein positives Selbstwertgefühl. Die Ehe ist nicht mehr als selbstverständliches Kennzeichen einer Privilegiengesellschaft wie noch im 19. Jahrhundert zu verstehen, sondern als eine Möglichkeit, das Geliebtwerden sozial zu dokumentieren.

Als Institution hat sie sich seit dem 19. Jahrhundert allerdings nicht fundamental gewandelt. Unter der Oberfläche einer Wahlfreiheit in der Rhetorik der Liebe wirken weiterhin Paritätsgesichtspunkte. Der Zufall der Liebe, gar die «Liebe auf den ersten Blick» suggeriert eine Voraussetzungslosigkeit, die eine Illusion ist. Im Zufall konkretisieren sich die bereits bestehenden Vorstellungen vom Liebesziel.[3] Man stellt in puncto attraktivem Aussehen, Lebensstandard und Lebensstil hohe

Ansprüche, zumal wenn man glaubt, solche Ansprüche selbst zu erfüllen. Zunehmend müssen zwar nicht mehr soziale Milieus vereinbart werden, aber unterschiedliche religiöse und kulturelle Hintergründe machen es schwierig, eine Ehe zu schließen und aufrechtzuerhalten. In binationalen und bireligiösen Ehen der Gegenwart setzen sich die Schwierigkeiten der bikonfessionellen Ehen im 19. Jahrhundert fort.[4]

Das weiße Brautkleid mit Schleier oder die kirchliche Trauung kommen als Ausweis der romantischen Liebe zurück. Dennoch wissen die Brautleute um die große Gefahr des Scheiterns von Ehen. Aussteuer und Mitgift und damit ökonomische Faktoren als solche spielen als rechtliche Institute keine Rolle mehr, aber vermögende Männer und Frauen regeln das mögliche Ende der Ehe durch Verzicht auf nachehelichen Unterhalt oder Bestimmungen über eine Abfindung eines Ehegatten. Die Vereinbarkeit von Erwerbstätigkeit und Familie wird bei der Eheschließung implizit erwartet, stößt aber in der Praxis für verheiratete Mütter weiterhin auf große Schwierigkeiten. Die skandinavischen Länder und Frankreich sind in diesem Punkt weiter.

Die Geburtenrate in der Bundesrepublik gehört gegenwärtig zu den niedrigsten in der Welt. In diesem Punkt könnte der Wandel seit dem 19. Jahrhundert, als viele Paare und besonders Frauen deutlich mehr Kinder hatten, als sie sich wünschten, kaum größer sein. An die Stelle großer Kinderscharen traten Zwei- und Ein-Kind-Familien, und heute bleibt der Kinderwunsch oft unerfüllt. An die Ehe gebunden ist die Elternschaft nicht mehr. Vor allem in den Großstädten kommen mehr Kinder nichtehelich als ehelich zur Welt. Allerdings lässt sich diese Entwicklung nicht überall auf der Welt beobachten. In den USA bleibt vor allem die weiße Mittelschicht an das Ehemodell gebunden; in Japan und den islamischen Ländern sind nichteheliche Geburten selten. Angesichts der hohen Mobilität verlieren familiäre Bindungen an Selbstverständlichkeit. Eine Schwiegermutter, die Hunderte Kilometer entfernt wohnt, kann kaum bei der Kinderbetreuung helfen, taugt aber auch nicht mehr zum Schreckgespenst oder zur Witzfigur.

Die Lebenschancen von Kindern bleiben in globaler Perspektive unterschiedlich. In vielen Ländern Afrikas ist die Kindersterblichkeit weiterhin hoch, in der westlichen Welt müssen dagegen nur noch wenige

Eltern mit dem Tod eines Kindes zurechtkommen. Auch andere Entwicklungen lassen sich uneingeschränkt positiv sehen: Während im 19. Jahrhundert die körperliche Züchtigung von Kindern zum selbstverständlichen Alltag gehörte, ist das heute viel seltener der Fall und gesellschaftlich verpönt sowie gesetzlich verboten.

Die Trennung einer Ehe als Scheitern der Liebe ist in den westlichen Ländern heute weitgehend akzeptiert, wenngleich religiös geprägte Milieus sich auch hier schwerer tun. Sicher ist es ein unbestreitbarer Fortschritt, wenn sich Frauen und Männer aus untragbar gewordenen Ehen lösen können. In der Bundesrepublik ist die Eherechtsreform von 1977 mit dem Übergang vom Schuld- zum Zerrüttungsprinzip zur Zäsur geworden. Die Ehescheidungsziffern in sämtlichen europäischen Ländern stabilisieren sich auf hohem Niveau oder steigen weiter. Heute scheitert in der Bundesrepublik jede dritte Ehe, und es ist kaum anzunehmen, dass sich diese Zahlen in nächster Zeit verringern.

Aus dem Dreieck Liebe, Ehe und Elternschaft ist im 21. Jahrhundert ein dreidimensionales Gebilde mit multiplen Möglichkeiten geworden. Mehr noch als im 19. Jahrhundert erfordert die Ehe eine Wahlentscheidung, die allerdings individuell so revidierbar wie wiederholbar ist. Zugänglichkeit, Wahlfreiheit, das partnerschaftliche Ideal und die Gleichberechtigung von Männern und Frauen und liberale Ehescheidungsgesetze sind als Grundsätze keineswegs selbstverständlich.[5] Zwangsehen vor allem sehr junger Frauen in vielen Regionen der Welt liefern erschütternde Beispiele. Weniger die Liebe als vielmehr die Freiheit als Freiwilligkeit ist daher die wichtigste Eigenschaft der modernen Ehe. Nur unter der Bedingung der Freiheit hat Ehe als Institution Zukunft. Ihre Öffnung für homosexuelle Paare macht ihre Universalität deutlich. Die Ehe steht allen offen, auch wenn im 21. Jahrhundert längst nicht alle diese Option wählen.

ANHANG

Anmerkungen

Einleitung

1 Friedrich Schlegel, *Lucinde. Bekenntnisse eines Ungeschickten* (1799), Stuttgart 1999, S. 17. Die erste Fassung dieses Buches entstand im akademischen Jahr 2011/12, das ich als Fellow an der School of History des FRIAS der Albert-Ludwigs-Universität in Freiburg verbringen konnte. In einer intellektuell stimulierenden Atmosphäre bestand die großartige Möglichkeit, kontinuierlich an einem größeren Projekt zu arbeiten. Ich danke den Direktoren, Ulrich Herbert und Jörn Leonhard, sowie den Fellows meines Jahrgangs für viele produktive Fragen, permanente inhaltliche Unterstützung und anregende Geselligkeit.

2 Jean-Étienne-Marie Portalis, *Discours sur le projet de loi sur la mariage* (1803), zit. nach Klaus Schubert, *Nation und Modernität als Mythen. Eine Studie zur politischen Identität der Franzosen*, Wiesbaden 2004, S. 164. Vgl. Ute Gerhard, «Die Rechtsstellung der Frau in der bürgerlichen Gesellschaft des 19. Jahrhunderts. Frankreich und Deutschland im Vergleich», in: Jürgen Kocka und Ute Frevert (Hg.), *Bürgertum im 19. Jahrhundert*, Bd. I: *Einheit und Vielfalt Europas*, München 1988, S. 439–468, hier S. 465.

3 Vgl. Dieter Schwab, «Familie», in: *Geschichtliche Grundbegriffe*, Bd. 2, Stuttgart 1975, S. 253–301.

4 Hazel Rosenstrauch, *Wahlverwandt und ebenbürtig. Caroline und Wilhelm von Humboldt*, Frankfurt a. M. 2009; Dagmar von Gersdorff, *Caroline von Humboldt. Eine Biographie*, Berlin 2011; Lothar Gall, *Wilhelm von Humboldt. Ein Preuße von Welt*, Berlin 2011.

5 Beatrix Borchard, *Clara Schumann. Ihr Leben*, Frankfurt a. M. 1994; Arnfried Edler, *Robert Schumann*, München 2009.

6 Hannah Pakula, *An Uncommon Woman. The Empress Frederick, Daughter of Queen Victoria, Wife of the Crown Prince of Prussia, Mother of Kaiser Wilhelm*, London 1996; Hans-Christof Kraus, «Friedrich III.», in: Frank-Lothar Kroll (Hg.), *Preußens Herrscher. Von den ersten Hohenzollern bis Wilhelm II.*, München 2000, S. 265–289; Frank Lorenz Müller, *Der 99-Tage-Kaiser. Friedrich III. von Preußen. Prinz, Monarch, Mythos*, München 2013.

7 Hermann Kurzke, *Thomas Mann. Das Leben als Kunstwerk*, München 2006; Inge und Walter Jens, *Frau Thomas Mann. Das Leben der Katharina Pringsheim*, Reinbek [6]2003.

8 Günter Brakelmann, *Helmuth James von Moltke 1907–1945. Eine Biographie*, München 2007; Frauke Geyken, *Freya von Moltke. Ein Jahrhundertleben 1911–2010*, München 2011.

Vorgeschichten

1 Theodor Gottlieb von Hippel, *Über die Ehe* (1774 u.ö.), Berlin 1828, S. 71. Allg. dazu Peter Borscheid, «Geld und Liebe. Zu den Auswirkungen des Romantischen auf die Partnerwahl im 19. Jahrhundert», in: ders. und Hans Jürgen Teuteberg (Hg.), *Ehe, Liebe, Tod*, Münster 1983, S. 112–134.

2 Nicole Rutkowski, «Kontaktanzeigen im intermedialen Vergleich», 2003, http://www.linse.uni-due.de/linse/esel/pdf/kontaktanzeigen.pdf, S. 9 <1.3.2014>; Peter Kaupp, *Das Heiratsinserat im sozialen Wandel. Ein Beitrag zur Soziologie der Partnerwahl*, Stuttgart 1968.

3 Karin Hausen, «Die Ehe in Angebot und Nachfrage. Heiratsanzeigen historisch durchmustert», in: Ingrid Bauer, Christa Hämmerle und Gabriella Hauch (Hg.), *Liebe und Widerstand. Ambivalenzen historischer Geschlechterbeziehungen*, Wien, Köln, Weimar 2005, S. 428–448, hier S. 433.

4 Annegret Braun, *Ehe- und Partnerschaftsvorstellungen von 1948–1996. Eine kulturwissenschaftliche Analyse anhand von Heiratsinseraten*, Münster 2001, S. 90.

5 Ebd., S. 87.

6 Vgl. Walter Hasenclever, *Ein besserer Herr. Lustspiel in zwei Teilen*, Berlin 1927.

7 Dagmar Herzog, *Sexuality in Europe. A Twentieth-Century History*, Cambridge 2011, S. 169; Sybille Steinbacher, *Wie der Sex nach Deutschland kam. Der Kampf um Sittlichkeit und Anstand in der frühen Bundesrepublik*, München 2011, S. 123.

8 Monika Wienfort, *Patrimonialgerichte in Preußen. Ländliche Gesellschaft und bürgerliches Recht 1770–1848/49*, Göttingen 2001, S. 65.

9 Elisabeth Mantl, *Heirat als Privileg. Obrigkeitliche Heiratsbeschränkungen in Tirol und Vorarlberg 1820–1920*, Wien 1997.

10 Karin Gröwer, *Wilde Ehen im 19. Jahrhundert. Die Unterschichten zwischen städtischer Bevölkerungspolitik und polizeilicher Repression. Hamburg – Bremen – Lübeck*, Berlin 1999.

11 Mantl, *Heirat*, bes. S. 51–76; Hans-Jürgen Matz, *Pauperismus und Bevölkerung. Die gesetzlichen Ehebeschränkungen in den süddeutschen Staaten während des 19. Jahrhunderts*, Stuttgart 1980.

12 Kermit L. Hall, *The Magic Mirror. Law in American History*, Oxford 1989, S. 157.

13 Birthe Kundrus, *Moderne Imperialisten. Das Kaiserreich im Spiegel seiner Kolonien*, Köln, Wien, Weimar 2003, hier S. 219–223.

14 Merith Niehuss, «Eheschließung im Nationalsozialismus», in: Ute Gerhard (Hg.), *Frauen in der Geschichte des Rechts. Von der Frühen Neuzeit bis zur Gegenwart*, München 1997, S. 851–870, hier S. 858 f.

15 Angela Schnabl, «Kodifikation und Eherecht im Königreich Sachsen während

des 19. Jahrhunderts», in: Heinz Mohnhaupt (Hg.), *Rechtsgeschichte in den beiden deutschen Staaten (1988–1990)*, Frankfurt a. M. 1991, S. 426–463, hier S. 455.

16 Dirk Blasius, *Ehescheidung in Deutschland im 19. und 20. Jahrhundert*, Frankfurt a. M. 1992, S. 93.

17 Schnabl, *Kodifikation*, S. 454; Hans Wittenberg, Ernst Hückstädt und Carl Julius Immanuel Wagner, *Die geschlechtlich-sittlichen Verhältnisse der evangelischen Landbewohner im Deutschen Reiche, dargestellt auf Grund der von der Allgemeinen Konferenz der deutschen Sittlichkeitsvereine veranstalteten Umfrage*, Leipzig 1895, S. 212.

18 Mary Gabriel, *Love and Capital. Karl and Jenny Marx and the Birth of a Revolution*, New York 2011, S. 97.

19 W. John Koch, *Daisy von Pless. Fürstliche Rebellin*, Frankfurt a. M. 1991, S. 307, 332 f.

20 M. Page Baldwin, «Subject to Empire. Married Women and the British Nationality and Status of Aliens Act», in: *Journal of British Studies*, 40.2001, S. 522–556.

21 Hall, *Mirror*, S. 157; Nancy F. Cott, *Public Vows. A History of Marriage and the Nation*, Cambridge, Mass., 2000, S. 110–120.

22 Adam Kuper, *Incest & Influence. The Private Life of Bourgeois England*, Cambridge, Mass., 2009, S. 18–25; Jon Mathieu, «Kin Marriages. Trends and Interpretations from the Swiss Example», in: ders., David W. Sabean und Simon Teuscher (Hg.), *Kinship in Europe. Approaches to Long-Term Development (1300–1900)*, New York, Oxford 2007, S. 211–230; Margaret L. Meriwhether, *The Kin Who Count. Family and Society in Ottoman Aleppo 1170–1840*, Austin 1999; David W. Sabean, *Property Production, and Family in Neckarhausen, 1700–1870*, Cambridge 1990.

23 Birgit Wörner, *Frankfurter Bankiers, Kaufleute und Industrielle. Werte, Lebensstil und Lebenspraxis 1870 bis 1930*, Frankfurt a. M. 2011, S. 37; Necla Kelek, *Die fremde Braut. Ein Bericht aus dem Inneren des türkischen Lebens in Deutschland*, Köln 2005; Yvonne Riaño, Janine Dahinden, *Zwangsheirat. Hintergründe, Maßnahmen, lokale und transnationale Dynamiken*, Zürich 2010.

24 Kuper, *Incest*; David W. Sabean, «Die Ästhetik der Heiratsallianzen. Klassencodes und endogame Eheschließung im Bürgertum des 19. Jahrhunderts», in: Joseph Ehmer, Tamara K. Hareven und Richard Wall (Hg.), *Historische Familienforschung*, Frankfurt a. M. 1997, S. 157–170, hier S. 158.

25 David W. Sabean, *Kinship in Neckarhausen, 1700–1870*, Cambridge 1998, S. 449–470. Vgl. die Beispiele in Christophe Duhamelle und Jürgen Schlumbohm (Hg.), *Eheschließungen im Europa des 18. und 19. Jahrhunderts. Muster und Strategien*, Göttingen 2003.

26 Martin Friedrich, «Die preußische Landeskirche im Vormärz. Kirchenpolitik und Verfassungsfrage», in: Bärbel Holtz und Hartwin Spenkuch (Hg.), *Preußens Weg in die politische Moderne*, Berlin 2001, S. 141–167; Thomas Mergel, *Zwischen Klasse und Konfession. Katholisches Bürgertum im Rheinland 1794–1914*, Göttingen 1994, S. 83.

27 Vgl. die Einführung der Zivilehe in Genf (1821), im Tessin (1855) und allge-

mein in der Schweiz 1876, in: *Historisches Lexikon der Schweiz*, Art. «Eherecht», http://www.hls-dhs-dss.ch/textes/d/D9608.php <1.3.2014>.

28 *Beloved Mama. Private Correspondence of Queen Victoria and the German Crown Princess 1878–1885*, hg. von Roger Fulford, London 1981, 8.5. und 11.5.1881, S. 101.

29 Annett Büttner, *Hoffnungen einer Minderheit. Suppliken jüdischer Einwohner an den Hamburger Senat im 19. Jahrhundert*, Münster 2003, S. 117; Stephan Buchholz, «Anfänge christlich-jüdischer Mischehen in Kurhessen», in: *Festschrift für Ulrich Huber zum siebzigsten Geburtstag*, hg. von Theodor Baums, Johannes Wertenbruch, Marcus Lutter und Karsten Schmidt, Tübingen 2006, S. 3–26; Kerstin Meiring, *Die christlich-jüdische Mischehe in Deutschland 1840–1933*, Hamburg 1998; Dirk Schumann, *Bayerns Unternehmer in Gesellschaft und Staat 1834–1914*, Göttingen 1992, S. 104.

30 Büttner, *Hoffnungen*, S. 117.

31 Niehuss, «Eheschließung im Nationalsozialismus», S. 863.

32 Victor Klemperer, *Ich will Zeugnis ablegen bis zum letzten*, Bd. 2: *Tagebücher 1942–1945*, Darmstadt [8]1996, S. 252, 280, 490; Wolf Gruner, *Widerstand in der Rosenstraße. Die Fabrik-Aktion und die Verfolgung der «Mischehen» 1943*, Frankfurt a. M. 2005.

33 Wörner, *Bankiers*, S. 198; vgl. das Beispiel der Familie Reusch bei Cornelia Rauh-Kühne, «Zwischen ‹verantwortlichem Wirkungskreis› und ‹häuslichem Glanz›. Zur Innenansicht wirtschaftsbürgerlicher Familien im 20. Jahrhundert», in: Dieter Ziegler (Hg.), *Großbürger und Unternehmer. Die deutsche Wirtschaftselite im 20. Jahrhundert*, Göttingen 2000, S. 215–248.

34 Michael Stolleis, «Der Streit um den Vorrang, oder: Der Wasunger Krieg», in: Karl Hermann Kästner, Knut W. Nörr und Klaus Schlaich (Hg.), *Festschrift für Martin Heckel zum siebzigsten Geburtstag*, Tübingen 1999, S. 631–640; Monika Wienfort, *Der Adel in der Moderne*, Göttingen 2006, S. 111–119.

35 Stephan Buchholz, «Standesungleichheit als Ehehindernis im 19. Jahrhundert», in: *Aspekte europäischer Rechtsgeschichte. Festgabe für Helmut Coing zum 70. Geburtstag*, Frankfurt a. M. 1982, S. 29–64.

36 Lieselotte Jelowik, «Die standesungleiche Ehe in Preußen im 19. Jahrhundert», in: *Zeitschrift für Neuere Rechtsgeschichte* 17.1995, S. 177–200.

37 Marko Kreutzmann, *Zwischen ständischer und bürgerlicher Lebenswelt. Adel in Sachsen-Weimar-Eisenach 1770 bis 1830*, Köln 2008, S. 78–80.

38 Heinz Reif, «Adelserneuerung und Adelsreform in Deutschland 1815–1874», in: Elisabeth Fehrenbach (Hg.), *Adel und Bürgertum in Deutschland 1770–1848*, München 1994, S. 203–230.

39 Edgar Feuchtwanger, *Englands deutsches Königshaus. Von Coburg nach Windsor*, Berlin 2010, S. 60.

40 Borscheid, «Geld», in: ders. und Teuteberg (Hg.), *Ehe*, S. 112–134, hier S. 124.

41 Hans Medick, *Weben und Überleben in Laichingen 1650–1900. Lokalgeschichte als Allgemeine Geschichte*, Göttingen [2]1997, S. 330.

42 Silke Lesemann, «Liebe und Strategie. Adlige Ehen im 18. Jahrhundert», in: *Historische Anthropologie* 8.2000, S. 189–207; Alexander Fürst zu Dohna-Schlobitten, *Erinnerungen eines alten Ostpreußen*, Berlin 1989, S. 113.

43 Dorothee Wierling, *Mädchen für alles. Arbeitsalltag und Lebensgeschichte städtischer Dienstmädchen um die Jahrhundertwende*, Berlin, Bonn 1987, S. 250–252; Gerhard A. Ritter und Klaus Tenfelde, *Arbeiter im Deutschen Kaiserreich 1871–1914*, Bonn 1992, S. 618–622; David W. Sabean, *Ästhetik der Heiratsallianzen*, S. 163.

44 David I. Kertzer und Marzio Barbagli, «Introduction», in: dies. (Hg.), *Family Life in the Long Nineteenth Century, 1789–1913*, New Haven 2002, S. IX–XXXVIII.

45 Das Bevölkerungswachstum und seine Komponenten, in: Gerd Hohorst, Jürgen Kocka und Gerhard A. Ritter, *Sozialgeschichtliches Arbeitsbuch*, Bd. 2: *Materialien zur Statistik des Kaiserreichs 1870–1914*, München 1975, S. 30.

46 Claire Duchen, *Women's Rights and Women's Lives in France 1944–1968*, London 1994, S. 97; «Wachstum der Bevölkerung», in: Dietmar Petzina, Werner Abelshauser und Anselm Faust (Hg.), *Sozialgeschichtliches Arbeitsbuch*, Bd. III: *Materialien zur Statistik des Deutschen Reiches 1914–1945*, München 1978, S. 32.

47 Pressemitteilung des Statistischen Bundesamts vom 21.6.2011, https://www.destatis.de/DE/PresseService/Presse/Pressemitteilungen/zdw/2011/PD11_025_p002.html <1.3.2014>.

Caroline und Wilhelm von Humboldt

1 Rosenstrauch, *Wahlverwandt*, S. 11 f.

2 Caroline an Wilhelm, 28.7.1788, in: *Wilhelm und Caroline von Humboldt in ihren Briefen*, hg. von Anna von Sydow, Bd. 1, Berlin 1906, S. 3 f.

3 Caroline an Wilhelm, 24.8.1788, in: ebd., S. 7.

4 Wilhelm an Caroline, 1.9.1788, in: *Wilhelm und Caroline von Humboldt in ihren Briefen 1788–1835*, hg. von Anna von Sydow, Berlin 1920, S. 3.

5 Wilhelm an Caroline, 30.8.1823, in: Humboldt, *Briefe*, Bd. 7, S. 164.

6 Rosenstrauch, *Wahlverwandt*, S. 74 f.

7 Schlegel, *Lucinde*, S. 49.

8 Wilhelm an Caroline, 19.6.1804, in: Humboldt, *Briefe*, Bd. 2, S. 189 f.

9 Wilhelm an Caroline, 15.1.1810, in: ebd., Bd. 3, S. 317.

10 Wilhelm an Caroline, 9.6.1816, in: ebd., Bd. 5, S. 258.

11 Caroline an Wilhelm, 29.3.1816, in: ebd., S. 219 f.; Wilhelm an Caroline, 9.4.1816, in: ebd., S. 228.

12 Wilhelm an Caroline, 19.8.1815, in: ebd., Bd. 5, S. 32; Wilhelm an Caroline, 18.4.1815, in: ebd., Bd. 4, S. 532; Wilhelm an Caroline, 22.5.1810, in: ebd., Bd. 3, S. 400.

13 Wilhelm an Caroline, 26.5.1804, in: ebd., Bd. 2, S. 188; Wilhelm an Caroline, 4.3.1809, in: ebd., Bd. 3, S. 107.

14 Wilhelm an Caroline, 29.6.1809, in: ebd., Bd. 3, S. 192; Wilhelm an Caroline, 30.6.1814, in: ebd., Bd. 4, S. 363; Wilhelm an Caroline, 13.3.1816, in: ebd., Bd. 5, S. 210.

15 Rosenstrauch, *Wahlverwandt*, S. 83, 104; über Caroline und Burgsdorff 1797, zit. nach ebd., S. 115.

16 Wilhelm an Caroline, 29.9.1818, in: Humboldt, *Briefe*, Bd. 6, S. 325.
17 Rosenstrauch, *Wahlverwandt*, S. 123.
18 Caroline an Wilhelm, 2.4.1797, in: Humboldt, *Briefe*, Bd. 2, S. 26.
19 Caroline an Wilhelm, 18.7.1804, in: ebd., Bd. 2, S. 207.
20 Caroline an Wilhelm, 20.7.1804, in: ebd., S. 214.
21 Caroline an Wilhelm (Jena 1795), in: ebd., S. 23.
22 Caroline an Wilhelm (Jena 1795), in: ebd., S. 24.
23 Caroline an ihren Vater, 2.9.1803, in: ebd., S. 115–122.
24 Rosenstrauch, *Wahlverwandt*, S. 171.
25 Caroline an Wilhelm, 28.3.1804, in: Humboldt, *Briefe*, Bd. 2, S. 141; Wilhelm an Caroline, 18.4.1815, in: ebd., Bd. 4, S. 539.
26 Caroline an Wilhelm, 3.1.1819, in: ebd., Bd. 6, S. 427.
27 Ebd.
28 Wilhelm von Humboldt an August von Hedemann, 12.12.1828, in: ebd., Bd. 7, S. 340.
29 Wilhelm von Humboldt an Welcker, zit. nach von Gersdorff, *Caroline*, S. 253.
30 Wilhelm an seine Tochter Gabriele, 14.1.1833, in: Humboldt, *Briefe*, Bd. 7, S. 369.
31 Caroline an Wilhelm, 23.12.1817, in: ebd., Bd. 6, S. 80.
32 Wilhelm an seine Tochter Caroline, 10.7.1830, in: ebd., Bd. 7, S. 355.
33 Wilhelm an seine Tochter Gabriele, 14.1.1833, in: ebd., S. 370.

Hochzeit

1 John Hajnal, «European Marriage Patterns in Historical Perspective», in: David Glass und David E. C. Eversley (Hg.), *Population in History*, Chicago 1965, S. 101–143; Peter Laslett, *The World We Have Lost*, New York 1965; David I. Kertzer, «Living with Kin», in: Kertzer und Barbagli (Hg.), *Family Life*, S. 40–72.
2 Josef Ehmer, «Marriage», in: Kertzer und Barbagli (Hg.), *Family Life*, S. 282–321, hier S. 301.
3 «Heiratsalter und Zahl der Eheschließungen in Hessen 2010 und 2011», http://www.statistik-hessen.de/PresseWeb/pm_150.html <27.2.2014>; «Heiratsalter in Deutschland 1911–1934», http://www.dhm.de/lemo/objekte/statistik/epbev3/ <27.2.2014>; Göran Therborn, *Between Sex and Power. Family in the World 1900–2000*, London 2004, S. 165.
4 Stephanie Coontz, *In schlechten wie in guten Tagen*, Bergisch-Gladbach 2006, S. 254. Zur Debatte in Spanien vgl. http://www.saz-aktuell.com/Verschiedenes/Heiratsalter-bleibt-14-Keine-Plane-fur-neues-Gesetz-/18106.html <12.12.2012>; http://www.saz-aktuell.com/Verschiedenes/-Ja-ich-will-Spanien-erhoht-Heiratsalter-auf-16-Jahre/25458.html?refresh=y <25.2.2014>.
5 Stefan Brakensiek, *Fürstendiener – Staatsbeamte – Bürger. Amtsführung und Lebenswelt der Ortsbeamten in niederhessischen Kleinstädten (1750–1830)*, Göttingen 1999, S. 229, weist auf die allmähliche Verringerung des Altersabstandes zwischen den Beamten und ihren Ehefrauen hin.

6 Sigmund Freud an Martha Bernays, 18.8.1882, in: ders., *Brautbriefe. Briefe an Martha Bernays aus den Jahren 1882–1886,* Frankfurt a.M. 1968, S.24. Zu Freuds Vorstellung von der Arbeitsteilung in der Ehe vgl. Brief vom 15.11.1883, in: ebd., S.57.

7 Bericht von Paul Schlenther, zit. in: Emilie Fontane und Theodor Fontane, *Der Ehebriefwechsel,* Bd.3, Berlin 1998, S.744.

8 Wörner, *Bankiers,* S.199 f.

9 Eduard Mörike an Luise Rau, die die Verbindung zu Mörike später auf Anweisung ihrer Verwandten löste, 4.1.1830, in: Friedrich Seebaß (Hg.), *Eduard Mörike. Briefe,* Tübingen 1939, S.172.

10 Emilie an Theodor, 10.6.1883, in: Fontane, *Ehebriefwechsel,* Bd.3, S.302.

11 Fanny Mendelssohn an Felix, 3.10.1829, 9.10.1829, in: Eva Weissweiler (Hg.), *Fanny Mendelssohn. Ein Porträt in Briefen,* Frankfurt a.M. 1985, S.95–99.

12 Ruth von Waldow, «Brautfeiern und Jungmädchenverein», in: *Land und Frau. Organ des Reichsverbandes landwirtschaftlicher Hausfrauenvereine* 13.1929, S.312.

13 Wittenberg u.a., *Verhältnisse,* Bd.1, S.33; Jürgen Schlumbohm, *Lebensläufe, Familien, Höfe. Die Bauern und Heuerleute des Osnabrücker Kirchspiels Belm in proto-industrieller Zeit, 1650–1860,* Göttingen 1994, S.423.

14 Volker Wehrmann (Hg.), *«Unter dem Volke und mit dem Volke gelebt». Die vertraulichen Berichte der Pfarrer an das Fürstlich Lippische Konsistorium 1840–1880,* Detmold 1988, S.239 f.

15 Schlumbohm, *Lebensläufe,* S.423; Louise Otto, «Die Heirat auf dem Lande», in: *Frauenzeitung* 3.1851, S.171 f., zit. nach htthttp://germanhistorydocs.ghi-dc.org/sub_document.cfm?document_id=449 <1.3.2014>.

16 Schlumbohm, *Lebensläufe,* S.411–417.

17 Wörner, *Bankiers,* S.203.

18 Franz Rehbein, *Das Leben eines Landarbeiters,* Darmstadt 1973, S.253.

19 Vgl. http://www.pdxhistory.com/html/marshall_fields.html <26.2.2014>.

20 Margareth Lanzinger, Gunda Barth-Scalmani, Ellinor Forster und Gertrude Langer-Ostrawsky, *Aushandeln von Ehe,* Wien 2010, S.362 f.; Ehestiftung Johann Drewes und Catherine Möller, 15.9.1806, in: Cornelia Eva Adler, *Eheverträge im Amt Lauenburg,* Berlin 2010, S.53–56; Christiane Polemann und J.O. Schlüter, 14.7.1851, in: ebd., S.121–123.

21 Angiolina Arru, «Die nicht bezahlte Mitgift. Ambivalenzen und Vorteile des Dotalsystems im ausgehenden 19. und beginnenden 20. Jahrhundert», in: *L'Homme* 22.2011, S.55–69.

22 Rehbein, *Leben,* S.249; Moritz Bromme, *Lebensgeschichte eines modernen Fabrikarbeiters* (1905), S.220, http://www.zeno.org/Kulturgeschichte/M/Bromme,+Moritz+Theodor+William/Lebensgeschichte+eines+modernen+Fabrikarbeiters/Verheiratet <1.3.2014>.

23 Thomas Abeler und Manfred Altrogge, «Heiratsmarkt, wer heiratet wen?», http://miami.uni-muenster.de/servlets/DerivateServlet/Derivate-5144/wandel_hochzeit_20_jh.pdf, S.123 <1.3.2014>; Dohna-Schlobitten, *Erinnerungen,* S.117; Bromme, *Lebensgeschichte,* S.216.

24 J. von Wedell, *Wie soll ich mich benehmen?,* Stuttgart 1896, S.420.

25 Dohna-Schlobitten, *Erinnerungen*, S. 116.
26 Veronika Jüttemann (Hg.), *Verliebt – Verlobt – Verheiratet. Wandel der Hochzeit im 20. Jahrhundert*, Münster 2009, http://miami.uni-muenster.de/servlets/DerivateServlet/Derivate-5144/wandel_hochzeit_20_jh.pdf <1.3.2014>.
27 Justinus Kerner an Ludwig Uhland, 25.2.1813, in: Theobald Kerner (Hg.), *Justinus Kerners Briefwechsel mit seinen Freunden*, Stuttgart 1897, S. 360.
28 Bericht Pastor Crede, Juni 1863, in: Wehrmann (Hg.), *Volke*, S. 249; Pastor Meyer, 1.3.1864, in: ebd., S. 261; Pastor Vorberg, 3.2.1863, in: ebd., S. 248.
29 Vgl. zur Beneke-Hochzeit Ann-Charlott Trepp, *Sanfte Männlichkeit und selbständige Weiblichkeit. Frauen und Männer im Hamburger Bürgertum zwischen 1770 und 1840*, Göttingen 1996, S. 169; John R. Gillis, *For Better, For Worse. British Marriages, 1600 to the Present*, New York 1985, S. 234, beschreibt für die Hochzeit in den USA einen klaren Trend. Bis zur Mitte des 19. Jahrhunderts fanden Trauungen im bürgerlichen Elternhaus der Braut statt, dann vermehrt in der Kirche.
30 Michael Koller, «Medizinisch-topographische und ethnographische Beschreibung des Physikatsbezirks Augsburg» (Auszug), zit. in: Hartwig Brandt und Ewald Grothe (Hg.), *Quellen zur Alltagsgeschichte der Deutschen 1815–1870*, Darmstadt 2005, S. 77.
31 Bernd Nürmberger, «Eine Hochzeitsfeier in einem fränkischen Pfarrhause des Jahres 1825 und eine Fahrt durch die Fränkische Schweiz», in: *Erlanger Bausteine zur fränkischen Heimatforschung* 29.1982, S. 85–115, hier S. 92.
32 Friedrich Meinecke, *Erlebtes 1862–1919*, Stuttgart 1964, S. 125; Adolf Wermuth, *Ein Beamtenleben*, Berlin 1922, S. 35.
33 August Bebel, «Aus meinem Leben», unter der Überschrift «Persönliches», S. 161, http://www.zeno.org/Kulturgeschichte/M/Bebel,+August/Aus+meinem+Leben/Erster+Teil/Pers%C3%B6nliches.
34 Jenny Marx, «Kurze Umrisse eines bewegten Lebens» (1865), in: Jörn Schütrumpf (Hg.), *Jenny Marx oder die Suche nach dem aufrechten Gang*, Berlin 2008, S. 55.
35 Reichsgesetz über die Beurkundung des Personenstandes und die Eheschließung vom 6.2.1875; *Stolgebühren-Reglement für die Diözese Breslau preußischen Anteils*, Breslau 1933, S. 25.
36 J. Hessing, *Civilehe und kirchliche Trauung*, Nördlingen 1874, S. 25 f.; Otto von Leixner, *Soziale Briefe aus Berlin*, Berlin 1894, S. 125; Rehbein, *Leben*, S. 250.
37 Bromme, *Lebensgeschichte*, S. 219 <1.3.2014>.
38 Von Wedell, *Wie soll ich mich benehmen?*, S. 416; Friedrich Payer, *Autobiographische Aufzeichnungen und Dokumente*, Göppingen 1974, S. 136.
39 Gunilla-Friederike Budde, *Auf dem Weg ins Bürgerleben*, Göttingen 1994, S. 38; als Ratgeber: *Zu fröhlicher Hochzeitsfeier! Neueste und beste Vorträge und Gedichte für grüne, silberne, goldene und diamantene Hochzeitsfeiern*, Reutlingen 1897, das Gedicht zur Mischehe auf S. 9.
40 Dietrich Kuessner, «Der kirchliche Alltag in den Braunschweiger Stadtkirchen zur Zeit des Nationalsozialismus», 2009, bs.cyty.com/kirche-von-

unten/archiv/kvu126/kasualien.htm <1.3.2014>; vgl. die Fotografie eines Bräutigams bei der kirchlichen Trauung in SS-Uniform, http://germanhistorydocs.ghi-dc.org/sub_image.cfm?image_id=2050 <1.3.2014>.

41 Hans-Dieter Arntz, *Ordensburg Vogelsang 1934–1945*, Aachen 2010, S. 152–160.

42 Susanne Rouette, «Kriegstrauung», in: Gerhard Hirschfeld, Gerd Krumeich und Irene Renz (Hg.), *Enzyklopädie Erster Weltkrieg*, Paderborn 2003, S. 662 f.; Helene Christaller, «Kriegshochzeit», in: *Die Gutsfrau* 5.1916, S. 413 f.

43 Ruth von Wedemeyer, *In des Teufels Gasthaus. Eine preußische Familie 1918–1945*, Moers ^{3}1995, S. 39.

44 Cornelia Essner und Edouard Conte, «Fernehe, Leichentrauung und Totenscheidung. Metamorphosen des Eherechts im Dritten Reich», in: *Vierteljahrshefte für Zeitgeschichte* 44.1996, S. 201–227.

45 Elisabeth Noelle-Neumann und Edgar Piel, *Eine Generation später. Bundesrepublik Deutschland 1953–1979*, München 1983, S. 134; Umfrage des Magazins «Apothekenumschau», Mai 2010, durchgeführt von GfK Marktforschung Nürnberg, http://www.presseportal.de/pm/52678/1610879/ja-vorm-altar-umfrage-fuer-jeden-zweiten-ein-muss <20.5.2014>.

46 *Gewerkschaftliche Frauenzeitung* 4, 16.1919, zit. nach Jens Flemming, Klaus Saul und Peter-Christian Witt (Hg.), *Familienleben im Schatten der Krise*, Düsseldorf 1988, S. 159.

47 Georg Stötzel und Martin Wengler, *Geschichte des öffentlichen Sprachgebrauchs in der Bundesrepublik Deutschland*, Berlin 1995, S. 542.

48 Robert Michels, «Analyse einer Verlobungskarte», in: ders., *Soziale Bewegungen zwischen Dynamik und Erstarrung*, Berlin 2008, S. 120–126, hier S. 124.

49 Nachlass Löwenstein: http://fes.de/archiv/adsd_neu/inhalt/nachlass_l/Loewenstein <3.1.2014>.

50 Vgl. u. a. Florian Sperling, *Familiennamensrecht in Deutschland und Frankreich*, Tübingen 2012.

51 Nürmberger, *Hochzeitsfeier*, S. 85–115.

52 Payer, *Aufzeichnungen*, S. 137; Dohna-Schlobitten, *Erinnerungen*, S. 118.

53 Guenther Roth, *Max Webers deutsch-englische Familiengeschichte 1800–1950*, Tübingen 2001, S. 552; Wörner, *Bankiers*, S. 201; vgl. die verschiedenen Ziele (Italien, Konstantinopel, die Frankfurter Messe) in: Budde, *Bürgerleben*, S. 38 f.

54 Zur Wohnungsnot siehe Rudolf Virchow, «Die Not im Spessart» (1852), in: Brandt und Grothe (Hg.), *Quellen*, S. 69 f.

55 Robert Michels, «Die Grenzen der Brautstandsmoral», in: ders., *Bewegungen*, S. 113–119, hier S. 115.

56 Artur Rode, «Zur neuen Liebe. Gegenwartsforderungen», in: Kulturwille 7.1930, S. 18 f., zit. nach Flemming, Saul und Witt (Hg.), *Familienleben*, S. 229–232.

Clara und Robert Schumann

1 Clara Wieck an Robert Schumann, 24.11.1837, zit. nach Janny Dittrich, «Liebesbeziehungen im 19. Jahrhundert. Drei Beispiele aus dem Leipziger Bildungsbürgertum», in: Susanne Schötz (Hg.), *Frauenalltag in Leipzig*, Weimar, Köln, Wien 1997, S. 145–179, hier S. 158.
2 Robert Schumann an Clara, 28.11.1837, in: Berthold Litzmann, *Clara Schumann. Ein Künstlerleben*, Bd. 1, Leipzig [5]1912, S. 149, vgl. S. 373.
3 Clara Wieck an ihren Vater, 1.5.1839, in: Litzmann, *Clara*, Bd. 1, S. 317.
4 Angela Schnabl, «Kodifikation und Eherecht im Königreich Sachsen während des 19. Jahrhunderts», in: Heinz Mohnhaupt (Hg.), *Rechtsgeschichte in den beiden deutschen Staaten (1988–1990)*, Frankfurt a. M. 1991, S. 426–463, hier S. 437. Eingabe Wieck und Schumann, Sept. 1839, in: Fritz Böttger (Hg.), *Frauen im Aufbruch. Frauenbriefe aus dem Vormärz und der Revolution 1848*, Darmstadt 1979, S. 291.
5 Litzmann, *Clara Schumann*, Bd. 1, S. 140 f.
6 Ebd., S. 151.
7 Ebd., S. 429 f.
8 Ebd., S. 430.
9 Ebd., Bd. 2, Leipzig [4]1910, S. 2; Karla Höcker, *Clara Schumann*, München 1978, S. 52 f.; Clara Wieck an Robert Schumann, 21.9.1839, in: Litzmann, *Clara Schumann*, Bd. 1, S. 371 f.
10 Ebd., Bd. 2, S. 2.
11 Robert Schumann und Clara Schumann, *Ehetagebücher 1840–1844*, hg. von Gerd Nauhaus und Ingrid Bodsch, Bonn 2007, S. 50.
12 Ebd., S. 173.
13 Litzmann, *Clara Schumann*, Bd. 1, S. 377.
14 Schumann, *Ehetagebücher*, S. 16, 40, 163, 167.
15 Ebd., S. 154. Vgl. Janina Klassen, *Clara Schumann. Musik und Öffentlichkeit*, Köln 2009, S. 206.
16 Schumann, *Ehetagebücher*, S. 155.
17 Höcker, *Clara Schumann*, S. 116.
18 Schumann, *Ehetagebücher*, S. 143, 151; Litzmann, *Clara Schumann*, Bd. 2, S. 329.
19 Schumann, *Ehetagebücher*, S. 167.
20 Ebd., S. 97; Klassen, *Clara Schumann*, S. 237.
21 Schumann, *Ehetagebücher*, S. 97.
22 Ebd., S. 112.
23 Clara Schumann, Tagebuch, 7.6.1857, in: Litzmann, *Clara Schumann*, Bd. 3, Leipzig 1908, S. 19.
24 Ebd., S. 11.
25 Klassen, *Clara Schumann*, S. 254, 442.
26 Clara Schumann, Tagebuch, April 1861, in: Litzmann, *Clara Schumann*, Bd. 3, S. 100.
27 Ebd., S. 269.
28 Ebd., S. 284, 297, 359.
29 Ebd., S. 387.

Eheleben

1 Renate Köcher, *Einstellungen zu Ehe und Familie im Wandel der Zeit*, Stuttgart 1985, S. 25.
2 Theodor an Emilie, 11.6.1883, in: Fontane, *Ehebriefwechsel*, Bd. 3, S. 305.
3 Emilie an Theodor, 27.4.1870, in: ebd., Bd. 2, S. 454 f.; Theodor an Emilie, 6.5.1870, in: ebd., S. 463 f.
4 Theodor an Emilie, 5.9.1868, in: ebd., S. 356.
5 Bromme, *Lebensgeschichte*, S. 354 f.
6 Jens Lehmann, *Die Ehefrau und ihr Vermögen. Reformforderungen der bürgerlichen Frauenbewegung zum Ehegüterrecht um 1900*, Köln, Wien, Weimar 2006.
7 Vgl. Koller, «Beschreibung», zit. in: Brandt und Grothe (Hg.), *Quellen*, S. 77; Vertrag zwischen Aloys Berger und Sophie Mimler von 1850, der ausgestellt wurde «im Namen der allerheiligsten Dreyfaltigkeit, Gott des Vaters, des Sohnes und des heiligen Geistes», http://www.kurt-beier.at/Ehevertrag.htm <2.3.2014>; Heinrich Westphal und Friederike Schenkemeyer, 1862, http://www.lauritzen-hamburg.de/ehevertrag_westphal.html <2.3.2014>; Kai-Oliver Giesa, *Eheverträge im Großherzogtum Baden in der zweiten Hälfte des 19. Jahrhunderts*, Hamburg 2008, S. 365.
8 Kinder aus gemischtkonfessionellen Ehen 1871, in: Giesa, *Eheverträge*, S. 298, S. 393.
9 Adler, *Eheverträge*; Ehevertrag Heinrich und Catherina Tietje, in: Archiv der Kirchengemeinde Wittlohe, Sign. A347: Eheverträge Wittlohe (1745–1848), zusammengestellt von Dr. Klaus Tietje, dem ich für die Informationen sehr zu Dank verpflichtet bin.
10 Lanzinger, Barth-Scalmani, Forster und Langer-Ostrawsky, *Aushandeln von Ehe*, S. 336 f.; Adler, *Eheverträge*, S. 54.
11 Ebd., S. 96.
12 Vgl. Schumann, *Bayerns Unternehmer*, S. 223–226.
13 Giesa, *Eheverträge*, S. 328, 330, 413–421.
14 Ehevertrag Carl Benz und Bertha Ringer, 19.7.1872, in: Mercedes-Benz Classic, Archiv, Bestand Carl Benz und Familie.
15 Jonathan Sperber, *Property and Civil Society in South-Western Germany 1820–1914*, Oxford 2005, S. 30.
16 Bärbel Meurer, *Marianne Weber. Leben und Werk*, Tübingen 2010, S. 72 f., die Zitate S. 73.
17 Nur bei «Gefahr im Verzug» ließen die Gerichte ein selbständiges Handeln der Ehefrau zu, vgl. Hans Lieske, «Krieg und eheliches Güterrecht», in: *Die Gutsfrau* 5.1916, S. 125 f.
18 Urteil vom 8.10.1906, VI 21/06, in: RGZ 64, S. 323–329.
19 Urteil vom 5.7.1923, IV507/22, in: RGZ 158, S. 213–217.
20 Zahlen für 1990: http://www.jurathek.de/showdocument.php?session=0&ID=5222&referrer=520 <1.3.2014>.
21 Klaus Schmid, *Die Entstehung der güterrechtlichen Vorschriften im Bürgerlichen Gesetzbuch*, Berlin 1990, S. 69–74.

22 August Bebel, *Die Frau und der Sozialismus*, Zürich 1879. Das Werk erschien in zahlreichen Auflagen und machte Bebel weltbekannt.

23 Vgl. Marianne Weber, *Ehefrau und Mutter in der Rechtsentwicklung*, Tübingen 1907, S. 473. Anita Augspurg und Lida-Gustava Heymann, *Erlebtes – Erschautes*, Frankfurt a. M. 1992. In diesen Erinnerungen kommt das eheliche Güterrecht als Thema nicht vor.

24 Gottlieb Planck, «Familienrecht 1», Begründung, S. 299, zit. nach Barbara Dölemeyer, «Frau und Familie im Privatrecht des 19. Jahrhunderts», in: Gerhard (Hg.), *Frauen*, S. 633–658, hier S. 649; *Entscheidungen des Königlichen Geheimen Obertribunals*, hg. von August Heinrich Simon und Heinrich Leopold von Strampff, Bd. 2, Berlin 1837, S. 196–201; Oberappellationsgericht Jena, 27.2.1845, in: J. A. Seuffert (Hg.), *Archiv für Entscheidungen der obersten Gerichte in den deutschen Staaten*, Bd. 1, München 1847, S. 387.

25 Joan Perkin, *Women and Marriage in Nineteenth-Century England*, London 1989, S. 74.

26 Perkin, *Women*, S. 298.

27 Eileen Spring, «The Settlement of Land in Nineteenth-Century England», in: *The American Journal of Legal History*, 8.1964, S. 209–223; Deborah Wilson, *Women, Marriage and Property in Wealthy Landed Families in Ireland*, 1750–1850, Manchester 2009, S. 62.

28 Vgl. die Petition in Perkin, *Women*, S. 294 f.

29 *Daily News*, 19.4.1877, in: Marie Mulvey Roberts und Tamae Mizuta, *The Wives. The Rights of Married Women*, London 1994, S. 4; *Glasgow Herald*, 17.4.1877, in: ebd. Vgl. für Zitate aus der Parlamentsdebatte Patricia Hollis, *Women in Public. The Women's Movement 1850–1900*, London 1979, S. 194–196; Special Report from the Select Committee on Married Women's Property Bill […], 17.7.1868, in: *British Parliamentary Papers. Married Women's Property Bills and Nonconformist Marriages*, Shannon 1970.

30 Margot Finn, «Working-class Women and the Contest for Consumer Control in Victorian County Courts», in: *Past and Present* 161.1998, S. 116–154, hier S. 143.

31 Weber, *Ehefrau*, S. 328.

32 Honoré de Balzac, *Le Contrat de Mariage* (1835), dt.: *Der Ehevertrag* (1846); André Maurois, *Prometheus oder das Leben Balzacs*, Wien 1966.

33 Paul Smith, *Feminism and the Third Republic*, Oxford 1996, S. 163–169.

34 Adolph Freiherr von Knigge, *Über den Umgang mit Menschen*, Göttingen 2010, S. 138.

35 Ute Holfelder, *Die Schwiegermutter. Formung und Tradierung eines Stereotyps*, Münster 2009, S. 150; Hermann Grieben, «Die Geschichte von der Schwiegermutter», in: *Die Gartenlaube* (1874), http://de.wikisource.org/w/index.php?title=Die_Geschichte_von_der_Schwiegermutter&oldid=1727775 <1.3.2014>.

36 Rolf Rother, *Das Intimste der Liebe und Erotik* (1951), Stuttgart ^{14}1955, S. 98.

37 Adler, *Eheverträge*, S. 54.

38 Wörner, *Bankiers*, S. 38, S. 221.

39 Ritter und Tenfelde, *Arbeiter im Deutschen Kaiserreich 1871 bis 1914*, S. 582–617; Albert Südekum, *Großstädtisches Wohnungselend*, Berlin [3]1908.

40 Theodor an Emilie, 10.7.1862, in: Fontane, *Ehebriefwechsel*, Bd. 2, S. 239.

41 August an Julie, 6.4.1887, in: *August und Julie Bebel. Briefe einer Ehe*, hg. von Ursula Herrmann, Bonn 1997, S. 430. Theodor an Emilie, 16.10.1868, in: Fontane, *Ehebriefwechsel*, Bd. 2, S. 365; von Wedell, *Wie soll ich mich benehmen?*, S. 13.

42 Theodor an Emilie, 21.10.1869, in: Fontane, *Ehebriefwechsel*, Bd. 2, S. 414; *Zur silbernen Hochzeitsfeier den 14. September 1849 unseren lieben Herrn und Frau Director Manitius in Freude und Verehrung gewidmet*, Dresden 1849.

43 Uwe Danker und Stefan Wendt (Hg.), *Das Tagebuch des Adolf Buhmann (1945–1969)*, http://www.beirat-fuer-geschichte.de/filead-min/pdf/band_12/Demokratische_Geschichte_Band_12_Essay_9.pdf <1.3.2014>.

44 Knigge, *Umgang*, S. 163, 166.

45 Von Wedell, *Wie soll ich mich benehmen?*; Franz Ebhardt, *Der gute Ton in allen Lebenslagen*, Berlin [3]1878; Alban von Hahn, *Der Verkehr in der guten Gesellschaft. Ein Buch über Lebensart und feine Sitte*, Leipzig 1896. Es ist allerdings nicht auszuschließen, dass es sich bei einem adligen Autorennamen um ein Pseudonym gehandelt haben könnte, um besondere Kompetenz zu suggerieren. Vgl. allgemein Thomas Klein, *Verhaltensstandards in der Ehe. Kontinuität und Wandel*, Hamburg 1993.

46 Meurer, *Marianne Weber*, S. 140; Marie Stritt, «Rechtsschutz für Frauen», in: Helene Lange und Gertrud Bäumer (Hg.), *Handbuch der Frauenbewegung*, Bd. II, Berlin 1901.

47 Ellen Key, *Über Liebe und Ehe*, Berlin [5]1905.

48 Zur Geburtenkontrolle-Gesetzgebung in den USA vgl. Hall, *Mirror*, S. 161. Ben Lindsey und Wainwright Evans, *Die Kameradschaftsehe*, Stuttgart 1928.

49 Theodor van de Velde, *Die vollkommene Ehe* (1926), Herrsching [78]1991. Eine begeisterte Rezension druckte *Die Weltbühne*, 23.1927, S. 73 f.

50 Kristin Celello, *Making Marriage Work*, Chapel Hill 2009, S. 32–39.

51 Gerhard Gierse, *Was Mann und Frau wissen müssen*, Bödefeld 1952, S. 36, 40.

52 Ernst Michel, *Ehe. Eine Anthropologie der Geschlechtsgemeinschaft*, Stuttgart 1948, S. 114.

53 Klein, *Verhaltensstandards*, S. 51.

54 Christiane Kuller, *Familienpolitik im föderativen Sozialstaat. Die Formierung eines Politikfeldes in der Bundesrepublik 1949–1975*, München 2004, S. 228–240.

55 Karen Nolte, «‹Ich traute ihm nicht viel›. Gattenmord, Hysterie und Geschlechterverhältnisse um 1900», in: *Lesarten der Geschichte. Ländliche Ordnungen und Geschlechterverhältnisse. Festschrift für Heide Wunder zum 65. Geburtstag*, hg. von Jens Flemming, Pauline Pappel, Werner Troßbach, Christina Vanja und Ortrud Wörner-Heil, Kassel 2004, S. 447–464.

56 Barbara Dölemeyer, «Frau und Familie im Privatrecht des 19. Jahrhunderts», in: Gerhard (Hg.) *Frauen*, S. 640; Knigge, *Umgang*, S. 185.

57 Ebd., S. 179 f.

58 Susan Pedersen, *Family, Dependence, and the Origins of the Welfare State. Britain and France, 1914–1945*, Cambridge 1993.
59 Kuller, *Familienpolitik im föderativen Sozialstaat*, S. 176–189.
60 Ute Frevert, «Kunstseidener Glanz. Weibliche Angestellte», in: Kristine von Soden und Maruta Schmidt (Hg.), *Neue Frauen. Die zwanziger Jahre*, Berlin 1988, S. 25–30, hier S. 27; A. Hedwig Herrmann, *Die außerhäusliche Erwerbstätigkeit verheirateter Frauen*, Stuttgart 1957, S. 132 f.; Ute Frevert, *Frauen-Geschichte*, Frankfurt a. M. 1986, S. 171–180.
61 Pat Thane, «Visions of Gender in the Making of the British Welfare State», in: Gisela Bock und Pat Thane (Hg.), *Maternity and Gender Politics*, London 1991, S. 93–118, hier S. 98.
62 Zum fehlenden Engagement der Männer im Haushalt vgl. Köcher, *Einstellungen*, S. 129; Herrmann, *Erwerbstätigkeit*, S. 123.
63 Ebd., S. 127.
64 David I. Kertzer, «Economy and Family Organization», in: David I. Kertzer und Marzio Barbagli (Hg.), *Family Life in the Twentieth Century*, New Haven 2003, S. 88.
65 Köcher, *Einstellungen*, S. 104.
66 David I. Kertzer und Marzio Barbagli, «Introduction», in: dies. (Hg.), *Family Life in the Twentieth Century*, S. XXV.

Victoria und Friedrich von Preußen

1 Pakula, *Woman*, S. 66 f.
2 Ebd., S. 71 f.
3 *Birmingham Daily Post*, 26.1.1858; *Morning Chronicle*, 27.1.1858.
4 *The Leeds Mercury*, 26.1.1858.
5 Pakula, *Woman*, S. 75.
6 Ebd., S. 78.
7 *Friedrich III. Tagebücher von 1848–1866*, hg. von Heinrich Otto Meisner, Leipzig 1929, S. 87, 195.
8 *Your Dear Letter. Private Correspondence of Queen Victoria and the Crown Princess of Prussia 1865–1871*, hg. von Roger Fulford, London 1971, hier 9.7.1866, S. 79; *Beloved Mama. Private Correspondence of Queen Victoria and the German Crown Princess 1878–1885*, hg. von Roger Fulford, London 1981, hier 29.1.1880, S. 63.
9 *Friedrich III. Tagebücher*, S. 80; Fulford (Hg.), *Beloved Mama*, Januar 1883, S. 132 f.
10 Fulford (Hg.), *Your Dear Letter*, 22.2.1865, S. 18.
11 Pakula, *Woman*, S. 215.
12 Fulford (Hg.), *Your Dear Letter*, 31.10.1867, S. 156.
13 *Friedrich III. Tagebücher*, S. 156; Fulford (Hg.), *Your Dear Letter*, 7.3.1868, S. 176 f.
14 Ebd., 24.3.1868, S. 180.
15 *Friedrich III. Tagebücher*, S. 178.
16 Ebd., S. 426–430.

17 Fulford (Hg.), *Your Dear Letter*, 19.6.1866, S. 77; Pakula, *Woman*, S. 238 f.
18 Fulford (Hg.), *Your Dear Letter*, 25.1.1868, S. 172.
19 Pakula, *Woman*, S. 373.
20 Fulford (Hg.), *Your Dear Letter*, 2.6.1868, S. 193 f.
21 Ebd., 8.1.1868, S. 168 f. Die Kronprinzessin sprach von *swaddling clothes* und *baby-binder*, also vermutlich dem Einwickeln des ganzen Körpers einschließlich der Arme.
22 Ebd., 6.5.1865, S. 24.
23 Ebd., 10.12.1866, S. 112; vgl. «Pride, conceitness, selfishness, laziness [Stolz, Dünkel, Selbstsucht, Faulheit]» als Beschreibung von Willys Charakter, in: ebd., 19.8.1868, S. 206.
24 Fulford (Hg.), *Your Dear Letter*, 17.11.1866, S. 108; *Friedrich III., Tagebücher*, S. 373.
25 Fulford (Hg.), *Your Dear Letter*, 17.8.1867, S. 149.
26 Pakula, *Woman*, S. 502 f.
27 Ebd., S. 596.

Ehepaare als Eltern

1 Zur Geschichte der Kinderlosigkeit vgl. Christina Benninghaus, «Brennende Sehnsüchte, heimliche Ängste – Kinderlosigkeit, Vererbung und Adoption im naturalistischen Roman um 1900», in: *zeitenblicke* 7, Nr. 3 [2008], URL: http://www.zeitenblicke.de/2008/3/benninghaus/index_html, URN: urn:nbn:de:0009-9-16388 <1.3.2014>.
2 Daniel Schäfer (Hg.), *Rheinische Hebammengeschichte im Kontext*, Kassel 2010.
3 Bromme, *Lebensgeschichte*, S. 219.
4 William H. Hubbard, *Familiengeschichte*, München 1983, S. 109.
5 F. v. G. [Friedrich Wilhelm Dietrich von Geisler], *Über Ehesachen und insbesondere Ehescheidungen, uneheliche Vaterschaft, Stuprum und Bordelle*, Minden 1835, S. 83; «Statistisches Jahrbuch 1891», in: Hohorst, Kocka und Ritter, *Sozialgeschichtliches Arbeitsbuch II*, S. 251.
6 Flemming und Witt (Hg.), *Familienleben*, S. 157 f.
7 Kuller, *Familienpolitik*, S. 55.
8 Sybille Buske, «‹Fräulein Mutter› vor dem Richterstuhl», in: *Werkstatt Geschichte* 27.2000, S. 48–67, hier S. 50, 58.
9 Kuller, *Familienpolitik*, S. 55; Kertzer und Barbagli, «Introduction», in: dies. (Hg.), *Family Life*, S. XXXIII.
10 Herrmann, *Erwerbstätigkeit*, S. 89.
11 Geisler, *Ehesachen*, S. 84; Bromme, *Lebensgeschichte*, S. 224 f.; *Adels- und Salonblatt* 11.1902, S. 58.
12 Budde, *Bürgerleben*, S. 57; Hall, *Mirror*, S. 161 f., 318 f.
13 Tabelle: «Der Rückgang der ehelichen Fruchtbarkeit», in: Hohorst, Kocka und Ritter (Hg.), *Sozialgeschichtliches Arbeitsbuch II*, S. 56; Karen Hagemann, *Frauenalltag und Männerpolitik. Alltagsleben und gesellschaftliches Handeln von Arbeiterfrauen in der Weimarer Republik*, Bonn 1990, S. 199; van de Velde, *Ehe*, S. 202 f.

14 Michel Pierre, *Die Freude in der Ehe. Gespräch mit meinem Sohn*, Salzburg 1957; Gerhard Gierse, *Was Mann und Frau wissen müssen*, Bödefeld 1952, S. 68.
15 Hans Wirtz, *Vom Eros der Ehe. Die naturgetreue Lebensgemeinschaft*, Heidelberg 1952 (und früher), S. 96, 244, 248 f. über van de Velde.
16 Steinbacher, *Sex*, bes. S. 166–204.
17 Rother, *Intimste*, S. 18 f.
18 Elsa Cantacuzene an Hugo Bruckmann, 22.10.1898, Bayerische Staatsbibliothek München, Nachlässe, Nachlass Elsa Bruckmann, Bruckmannia Suppl. Schachtel 3, Briefe 1898.
19 Dietrich Kuessner, «Der kirchliche Alltag in den Braunschweiger Stadtkirchen zur Zeit des Nationalsozialismus im Spiegel von Taufen, Konfirmationen und Trauungen», 2009, http://bs.cyty.com/kirche-von-unten/archiv/kvu126/kasualien.htm <1.3.2014>.
20 Forschungsgruppe Weltanschauungen in Deutschland, Taufen und Geburten, evangelisch, katholisch, insgesamt, 1953–2002 (2005), http://fowid.de/fileadmin/datenarchiv/Taufen_Geburten,%201953-2002.pdf <17.3.2014>.
21 «Babynahrung», http://de.wikipedia.org/wiki/Babynahrung <1.3.2014>.
22 Gisela Bock, *Frauen in der europäischen Geschichte*, München 2000, S. 232–236.
23 Robert G. Moeller, *Geschützte Mütter. Frauen und Familien in der westdeutschen Nachkriegspolitik*, München 1997, S. 258–275.
24 Jutta Gysi und Dagmar Meyer, «Leitbild: berufstätige Mutter – DDR-Frauen in Familie, Partnerschaft und Ehe», in: Gisela Helwig und Hildegard Maria Nickel (Hg.), *Frauen in Deutschland 1945–92*, Berlin 1993, S. 139–165.
25 Karen Offen, «Body Politics. Woman, Work and the Politics of Motherhood in France, 1920–1950», in: Gisela Bock und Pat Thane (Hg.), *Maternity and Gender Policies*, London 1991, S. 138–159.
26 Jane Lewis, «Models for Equality for Women. The Case of State Support for Children in Twentieth-Century Britain», in: Bock und Thane (Hg.), *Maternity*, S. 73–92.
27 Bock, *Frauen*, S. 254–259.
28 Ellen Ross, «Motherhood», in: Peter N. Stearns (Hg.), *Encyclopedia of European Social History*, Bd. 4, New York 2001, S. 161–173.
29 Karin Hausen, «Mütter, Söhne und der Markt der Symbole und Waren. Der «deutsche Muttertag» 1923–1933» (1984), in: dies., *Geschlechtergeschichte als Gesellschaftsgeschichte*, Göttingen 2012, S. 255–302.
30 Hagemann, *Frauenalltag*, S. 254; Hubbard, *Familiengeschichte*, S. 115.
31 Kertzer und Barbagli, «Introduction», in: dies. (Hg.), *Family Life*, S. XXVII.
32 Zit. nach Anneliese Bergmann, «Frauen, Männer, Sexualität und Geburtenkontrolle», in: Karin Hausen (Hg.), *Frauen suchen ihre Geschichte*, München 1983, S. 84.
33 Flemming, Saul und Witt (Hg.), *Familienleben*, S. 40 f.; Isabel Heinemann, *«Rasse, Siedlung, deutsches Blut». Das Rasse- und Siedlungshauptamt der SS und die rassenpolitische Neuordnung Europas*, Göttingen 2003, S. 505.
34 Bock, *Frauen*, S. 320.

35 Budde, *Bürgerleben*, S. 92.
36 Moeller, *Geschätzte Mütter*, S. 326.
37 Lloyd Bonfield, «European Family Law», in: Kertzer und Barbagli (Hg.), *Family Life*, S. 126 f.
38 Cosima Wagner, *Die Tagebücher 3, 1878–1880*, hg. von Martin Gregor-Dellin und Dietrich Mack, München ²1982, 13.6.1878, S. 116; 22.7.1878, S. 143.
39 Rudolf Pörtner (Hg.), *Mein Elternhaus*, München 1986, S. 131 (Luise Rinser), S. 179 (Ernst Ney), S. 277 (Josef Ertl).
40 Bericht über Hausagitation in Eßlingen 1922, in: Flemming, Saul und Witt (Hg.), *Familienleben*, S. 211; Bromme, *Lebensgeschichte*, S. 356, 363.
41 Hubbard, *Familiengeschichte*, S. 171.
42 Flemming, Saul und Witt (Hg.), *Familienleben*, S. 158 f.; Urteil des 3. Zivilsenats vom 17.3.1925, in: RGZ 110, S. 297–301.
43 Hubbard, *Familiengeschichte*, S. 122, S. 120 f.
44 Rosenstrauch, *Wahlverwandt*, S. 171.

Katia und Thomas Mann

1 Mann, Katia, *Meine ungeschriebenen Memoiren (1974)*, Frankfurt a. M. 2002, S. 18 f.
2 Katia Mann, *Memoiren*, S. 20.
3 Thomas Mann an Katia Pringsheim, April 1904, in: Thomas Mann, *Briefe 1889–1936*, hg. von Erika Mann, Frankfurt a. M. 1961, S. 43; Hermann Kurzke, *Thomas Mann. Das Leben als Kunstwerk*, München 2006, S. 161.
4 Katia Mann, *Memoiren*, S. 29; Kurzke, *Thomas Mann*, S. 164.
5 Katia Mann, *Memoiren*, S. 29; Kurzke, *Thomas Mann*, S. 167; Thomas Mann an Heinrich Mann, 23.12.1904, in: *Thomas Mann – Heinrich Mann. Briefwechsel 1900–1949*, hg. von Hans Wysling, Frankfurt a. M. 1968, S. 31 f.
6 Thomas Mann an Heinrich Mann, 23.12.1904, in: ebd., S. 32.
7 Kurzke, *Thomas Mann*, S. 168 f.; Thomas Mann an Heinrich Mann, 23.12.1904, in: *Thomas Mann – Heinrich Mann*, S. 32; Julia Mann an Heinrich Mann, 4.1.1905, in: Julia Mann, *Ich spreche so gern mit meinen Kindern. Erinnerungen, Skizzen, Briefwechsel mit Heinrich Mann*, Berlin 1991, S. 134 f. Inge und Walter Jens haben herausgefunden, dass Alfred Pringsheim in der Personalakte der Universität als «israelitisch» bezeichnet wurde, vgl. Jens, *Frau Thomas Mann*, S. 32.
8 Thomas Mann, 17.6.1935, in: *Tagebücher 1935–1936*, Frankfurt a. M. 1978, S. 120.
9 Katia Mann, *Memoiren*, S. 32; Julia Mann an Heinrich Mann, 16.2.1905, in: Julia Mann, *Ich spreche*, S. 143.
10 Thomas Mann an Heinrich Mann, 13.9.1914, in: *Thomas Mann – Heinrich Mann*, S. 108 f.
11 Katia Mann, *Memoiren*, S. 95, 99; Thomas Mann, 22.9.1933, in: *Tagebücher 1933–1934*, Frankfurt a. M. 1977, S. 185; vgl. 6.5.1934: «spätes Glück mit dem Charakter lebensgütiger Erfüllung», in: ebd., S. 411.
12 Katia Mann, *Memoiren*, S. 173.

13 Bernd Hamacher, *Thomas Manns letzter Werkplan «Luthers Hochzeit»*, Frankfurt a. M. 1996.
14 Hermann Graf Keyserling (Hg.), *Das Ehe-Buch. Eine neue Sinngebung im Zusammenklang der Stimmen führender Zeitgenossen*, Celle 1925.
15 Thomas Mann, «Die Ehe im Übergang» (1925), in: ders., *Essays*, Bd. 2: *Für das neue Deutschland 1919–1925*, hg. von Hermann Kurzke und Stephan Stachorski, Frankfurt a. M. 1993, S. 267–282, hier 272–276.
16 Thomas Mann an Erika Mann, 16.8.1925, in: ders., *Briefe 1889–1936*, hg. von Erika Mann, Frankfurt a. M. 1961, S. 247.
17 Thomas Mann an Heinrich Mann, 2.10.1907, in: *Thomas Mann – Heinrich Mann*, S. 62.
18 Thomas Mann, 7.5.1934, in: *Tagebücher 1933–1934*, S. 412.
19 Ders., 23.9.1933, in: ebd., S. 186.
20 Ders., 11.2.1934, in: ebd., S. 318; 11.2.1935, in: *Tagebücher 1935–1936*, S. 34.
21 Katia Mann, *Memoiren*, S. 77 f.; vgl. Kurzke, *Thomas Mann*, S. 194.
22 Katia Mann, *Memoiren*, S. 61.
23 Briefe Hedwig Pringsheims an Katia Mann, 1933–1942, Thomas-Mann-Archiv der ETH Zürich.
24 Katia Mann, *Memoiren*, S. 40.
25 Thomas Mann, 31.10.1933, in: *Tagebücher 1933–1934*, S. 237.
26 Thomas Mann an Heinrich Mann, 8.11.1913, in: *Thomas Mann – Heinrich Mann*, S. 103.
27 Thomas Mann an Heinrich Mann, 5.12.1905, in: ebd., S. 43.
28 Thomas Mann an Heinrich Mann, 25.3.1909, in: ebd., S. 73, 76; Thomas Mann an Kurt Martens, 11.11.1905, in: *Briefe 1889–1936*, S. 60.
29 Jens, *Frau Thomas Mann*, S. 73.
30 Thomas Mann an die Kinder Mann, 12.8.1921, in: *Briefe 1889–1936*, S. 191.
31 Thomas Mann an Heinrich Mann, 5.10.1910, in: *Thomas Mann – Heinrich Mann*, S. 91; Jens, *Frau Thomas Mann*, S. 76 f.
32 Thomas Mann an Philip Witkop, 23.5.1918, in: *Briefe 1889–1936*, S. 144; Katia Mann, *Memoiren*, S. 91.
33 Thomas Mann an Carl Maria Weber, 4.7.1920, in: *Briefe 1889–1936*, S. 178; Thomas Mann an Ernst Bertram, 9.1.1934, in: ebd., S. 348.
34 Thomas Mann an Samuel Fischer, 7.6.1915, in: *Briefe 1889–1936*, S. 120.
35 Katia Mann, *Memoiren*, S. 97.
36 Thomas Mann an Stefan Zweig, 1.9.1928, in: *Briefe 1889–1936*, S. 283. Katia Mann, *Memoiren*, S. 60 f.
37 Ebd., S. 175.
38 Kurzke, *Thomas Mann*, S. 597.
39 Ebd., S. 598.
40 Jens, *Frau Thomas Mann*, S. 290.

Ehescheidung

1 Horst Budjuhn, *Fontane nannte sie «Effi Briest». Das Leben der Elisabeth von Ardenne*, Berlin 1985.

2 Knigge, *Umgang*, S. 188; Marion Gräfin Dönhoff, *Kindheit in Ostpreußen*, Berlin 1988, S. 59.

3 *Teltower Kreisblatt*, 9.12.1884, 9.6.1885; Klein, *Verhaltensstandards*, S. 77–79.

4 *Teltower Kreisblatt*, 9.6.1885, 3.1.1883, 18.12.1880.

5 Sylvia Möhle, «Ehe und Ehescheidung in ländlichen Gemeinden des Kurfürstentums und Königreichs Hannover 1790–1870», in: *Archiv für Sozialgeschichte* 36.1996, S. 127–153.

6 Wilhelm an Caroline, 20.6. und 3.7.1817, in: *Wilhelm und Caroline von Humboldt in ihren Briefen*, Bd. 5, S. 341, 347; vgl. zu Ehescheidungen im Adel Rüdiger von Treskow, «Adel in Preußen. Anpassung und Kontinuität einer Familie 1800–1918», in: *Geschichte und Gesellschaft* 17.1991, S. 344–369.

7 Geheimes Staatsarchiv Preußischer Kulturbesitz (GSTA PK) I. HA Rep. 89 Geheimes Zivilkabinett Nr. 3069.

8 John C. G. Röhl, *Wilhelm II.*, Bd. 2: *Der Aufbau der persönlichen Monarchie 1888–1900*, München 2001, S. 697 f.

9 Ebd., Bd. 3: *Der Weg in den Abgrund 1901–1941*, München 2008, S. 576–579.

10 Key, *Über Liebe und Ehe*, S. 320, 374.

11 Kirsten Kraglund, *Familien- und Erbrecht. Materielles Recht und Methoden der Rechtsanwendung in der Rechtsprechung des Oberappellationsgerichts der vier Freien Städte Deutschlands zu Lübeck*, Frankfurt a. M. 1991, S. 50.

12 Martina Bergmann, *«Allezeit uneinig». Zur Trennung von Tisch und Bett (1768–1783)*, Diplomarbeit Universität Wien 2009, S. 52, http://othes.univie.ac.at/4255/1/2009-04-01_0400920.pdf <1.3.2014>.

13 Bonfield, «European Family Law», S. 111, 116, 118; Allen Horstman, *Victorian Divorce*, New York 1985; Ursula Vogel, «Whose Property? The Double Standard of Adultery in Nineteenth Century Law», in: Carol Smart (Hg.), *Regulating Womanhood*, London 1992, S. 147–165.

14 Caroline Arni, *Entzweiungen. Die Krise der Ehe um 1900*, Köln 2004, S. 6, 24.

15 Wendy Z. Goldman, *Woman, the State and Revolution. Soviet Family Policy and Social Life, 1917–1936*, New York 1993; o. N., «Endlose Ehescheidungen», in: *Heimatbote. Gemeindeblatt für die evangelischen Gemeinden der Parochien Tempelburg, Draheim […]*, 5.6.1927.

16 Kertzer und Barbagli, *History of the Family in the Twentieth Century*, S. 98.

17 Ernst Wolf, Gerhard Lüke und Herbert Hax, *Scheidung und Scheidungsrecht. Grundfragen der Ehescheidung in Deutschland*, Tübingen 1959, S. 156 f., 172 f.

18 Blasius, *Ehescheidung*, S. 159; Charlotte Höhn, «Rechtliche und demographische Einflüsse auf die Entwicklung der Ehescheidungen seit 1946», in: *Zeitschrift für Bevölkerungswissenschaft* 6.1980, S. 335–371.

19 Nancy F. Cott, «Divorce and the Changing Status of Women in Eighteenth-Century Massachusetts», in: *William and Mary Quarterly* 33.1976, S. 586–

614; Rainer Beck, «Frauen in Krise. Eheleben und Ehescheidung in der ländlichen Gesellschaft Bayerns während des Ancien Régime», in: Richard van Dülmen (Hg.), *Dynamik der Tradition*, Frankfurt a. M. 1992, S. 137–212, hier S. 142; Robert Chester, «England and Wales», in: ders. (Hg.), *Divorce in Europe*, Leiden 1977, S. 84; Christine Bard, *Les filles de Marianne. Histoire des féminismes 1914–1940*, Paris 1995, S. 226; Höhn, *Einflüsse*, S. 344.

20 Blasius, *Ehescheidung*, S. 77; GSTA PK I. HA Rep. 214 «Westpreußische Pfarrakten», Nr. 776, Bl. 36–39, Bl. 80.

21 Wolf, Lüke und Hax, *Scheidung*, S. 144–152.

22 Gerhard Dilcher, «Ehescheidung und Säkularisation», in: ders. (Hg.), *Christentum und modernes Recht*, Frankfurt a. M. 1984, S. 304–359.

23 Urteil des Zivilsenats vom 1.12.1890, IV 177/90, in: RGZ 27, S. 370–376.

24 Paul Mikat, «Zur Diskussion um die Scheidungsrechtsreform nach der Veröffentlichung des Entwurfs eines bürgerlichen Gesetzbuches für das Deutsche Reich», in: Louis Carlen und Friedrich Ebel (Hg.), *Festschrift für Ferdinand Elsener zum 65. Geburtstag*, Sigmaringen 1977, S. 182–198, hier S. 197.

25 Blasius, *Ehescheidung*, S. 160 f.

26 Ebd., S. 159; Chester, «England and Wales», S. 86.

27 Coontz, *In schlechten wie in guten Tagen*, S. 267; Hall, *Mirror*, S. 166.

28 Oliver Hilmes, *Witwe im Wahn. Das Leben der Alma Mahler-Werfel*, München 2004, S. 192 f.

29 *Sammlung ehegerichtlicher Entscheidungen des königlich-bayerischen Oberappellationsgerichtes [...]*, hg. von Christian Carl Glück, München 1864, S. 57.

30 Vogel, «Whose Property?».

31 Landgericht Dessau, 195/24, in: *Archiv für Rechtspflege in Sachsen, Thüringen, Anhalt*, 3.1936, S. 454 f.

32 Höhn, *Einflüsse*, S. 340–344.

33 GSTA PK I. HA Rep. 84a Nr. 9331.

34 Beverly Schwartzberg, «‹Lots of Them Did That›. Desertion, Bigamy, and Marital Fluidity in Late-Nineteenth-Century America», in: *The Free Library* (March, 22, 2004), http://www.thefreelibrary.com/«Lots of them did that»: desertion, bigamy, and marital fluidity in late nineteenth-century America -a0115966474 <1.2.2014>.

35 Lynn Abrams, «Restabilisierung der Geschlechterverhältnisse. Die Konstruktion und Repräsentation von Männlichkeit und Weiblichkeit in Scheidungsprozessen des 19. Jahrhunderts», in: *Westfälische Forschungen* 45.1995, S. 9–25; In Sachen des Apothekers Johann Heinrich Ferdinand Henkel, Kläger, wider seine Ehefrau Caroline Amalie geb. Flemming, Verklagte, 11.11.1846, in: GSTA PK I. HA Rep. 97 Kammergericht Nr. 5486.

36 Lynn Abrams, «Whores, Whore-Chasers, and Swine. The Regulation of Sexuality and the Restoration of Order in the Nineteenth Century German Divorce Court», in: *Journal of Family History* 21.1996, S. 267–280.

37 Kraglund, *Familien- und Erbrecht*, S. 47 f.

38 *Sammlung ehegerichtlicher Entscheidungen* (Entscheidung 1845), S. 128; GSTA PK I. HA Rep. 84 a Nr. 9333; Möhle, *Ehe*, S. 146.

39 Wittenberg, Hückstädt und Wagner, *Verhältnisse*, Bd. 1, S. 34.

40 Urteil des Zivilsenats vom 20.10.1930, VIII 298/30, in: Entscheidungen des Reichsgerichts in Zivilsachen 130, S. 178–180.

41 Höhn, *Einflüsse*, S. 339.

42 Lassalle an Graf Clemens von Westphalen (Konzept), Ende Mai/Anfang Juni 1853, http://www.historische-kommission-muenchen-editionen.de/lassalle/anzeige/seite.php?bandid=L-002&seite=64 <1.3.2014>; Britta Stein, *Der Scheidungsprozess Hatzfeldt (1846–1851)*, Münster 1999, S. 151.

43 Cosima Wagner, 4.7.1869, 2.8.1869, in: *Tagebücher 1869–1872*, S. 122, 135.

44 Ebd., S. 171, 248, 264.

45 Urteil des Zivilsenats vom 12.1.1911, IV 721/09, in: RGZ 75, S. 124–128.

46 Urteil des Zivilsenats vom 5.7.1923, IV507/22, in: RGZ Bd. 108, S. 213–217; Urteil des OLG Jena, 8.4.1925, in: *Archiv für Rechtspflege in Sachsen, Thüringen, Anhalt*, 3.1926, S. 380 f.

47 Simon und Strampff (Hg.), *Entscheidungen des Königlichen Geheimen Obertribunals*, Bd. 1, S. 1–8.

48 Cott, *Vows*, S. 51.

49 GSTA PK 1. HA Rep. 84a Nr. 9331.

50 GSTA PK I. HA Rep. 89 Geheimes Zivilkabinett Nr. 17714.

51 Urteil des Oberlandesgerichts Dresden vom 18.6.1927, in: *Archiv für Rechtspflege in Sachsen, Thüringen, Anhalt* 4.1927, S. 359 f.

52 GSTA PK I. HA Rep. 84a Nr. 9331.

53 Adolf Frantz, *Handbuch der Statistik nach den neuesten und besten Quellen*, Breslau 1864, S. 26.

54 Carl Schwarz, *Rede, gehalten bei der Trauung eines in Preußen geschiedenen Beamten am 1. Juni 1857 in der Schloßkirche zu Gotha*, Gotha 1857.

55 Josef Miller, *Der Papst über die Ehe. Eine Sammlung von päpstlichen Kundgebungen*, Innsbruck 1959.

56 Blasius, *Ehescheidung*, S. 155; Chester, «England and Wales», S. 92.

57 Caroline an Wilhelm, 5.11.1814, in: *von Humboldt in Briefen*, Bd. 4, S. 404.

58 GSTA PK XV. HA, Rep. 76, Nr. 690; Blasius, *Ehescheidung*, S. 222.

59 Werner Schubert, «Die Stellung der Frau im Familienrecht und in den familienrechtlichen Reformprojekten der NS-Zeit», in: Gerhard (Hg.), *Frauen*, S. 828–850; Alexander von Unwerth, *Die Rassenmischehe in den Entscheidungen des Reichsgerichts und der Landgerichte Hamburg und Altona (1933–1944)*, Kiel 2005, S. 159–168.

60 Dieter Schwab, «Gleichberechtigung», in: Gerhard (Hg.), *Frauen*, S. 809.

61 Klein, *Verhaltensstandards*, S. 80–84.

62 Noelle-Neumann und Piel (Hg.), *Eine Generation später*, S. 127.

Freya und Helmuth James von Moltke

1 Freya von Moltke, *Erinnerungen an Kreisau, 1930–1945*, München 2003, S. 16–18.

2 Brakelmann, *Moltke*, S. 386.

3 Geyken, *Freya*, S. 36.

4 Freya von Moltke, Michael Balfour und Julian Frisby, *Helmuth James von Moltke 1907–1945*, Stuttgart 1975, S. 52.
5 Dorothy von Moltke, *Ein Leben in Deutschland. Briefe aus Kreisau und Berlin 1907–1934*, hg. von Beate Ruhm von Oppen, München 1999, S. 189 f.; Geyken, *Freya*, S. 48 f.
6 Freya an Helmuth, 30./31.12.1944; Helmuth an Freya, 31.12.1944/1.1.1945, in: *Helmuth James und Freya von Moltke. Abschiedsbriefe Gefängnis Tegel. September 1944 bis Januar 1945*, hg. von Helmuth Caspar von Moltke und Ulrike von Moltke, München 2011, S. 411 f., S. 420.
7 Freya von Moltke, *Erinnerungen*, S. 18.
8 Dorothy von Moltke, *Leben*, S. 189.
9 Helmuth James an Freya, 8.3.1930, in: Moltke, Balfour und Frisby, *Helmuth James von Moltke*, S. 47; Brakelmann, *Moltke*, S. 49 f.
10 Helmuth James an Freya, 28.9.1939, in: Helmuth James von Moltke, *Briefe an Freya 1939–1945*, hg. von Beate Ruhm von Oppen, München 1988, S. 73; Helmuth James an Freya, 30.11.1940, 19.10.1941, in: ebd., S. 210, 306.
11 Freya von Moltke, *Erinnerungen*, S. 18, 34.
12 Helmuth an Freya, 18.10.1943, in: Helmuth James von Moltke, *Briefe an Freya*, S. 557; Freya an Helmuth, 18.10.1944, in: *Helmuth James und Freya von Moltke. Abschiedsbriefe*, S. 81.
13 Freya von Moltke, *Erinnerungen*, S. 8 f.
14 Geyken, *Freya*, S. 77 f.
15 Helmuth James an Freya, 24.9.1941, in: Helmuth James von Moltke, *Briefe an Freya*, S. 291.
16 Helmuth James an Freya, 9.11.1941, in: ebd., S. 315.
17 Helmuth an Freya, 5.10.1941, 5.11.1941, 8.11.1941, in: ebd., S. 303 f., 311, 314 f.
18 Helmuth an Freya, 5.–7.1.1945, in: *Helmuth James und Freya von Moltke. Abschiedsbriefe*, S. 455; Freya an Helmuth, 24.11.1944, in: ebd., S. 231.
19 Helmuth an Freya, 11.1.1945, in: Helmuth James von Moltke, *Briefe an Freya*, S. 624.
20 Helmuth an Freya, 10.1.1945, 11.1.1945, in: ebd., S. 620, 624 f.
21 Helmuth an Freya, 11.1.1945, in: ebd., S. 625.
22 Freya an Helmuth, 29.11.1944, in: *Helmuth James und Freya von Moltke. Abschiedsbriefe*, S. 256; Freya an Helmuth, 13.1.1945, in: ebd., S. 492.
23 Freya von Moltke, «Die letzten Monate in Kreisau», in: Helmuth James von Moltke, *Briefe an Freya*, S. 627–662, hier S. 627.

Witwen und Witwer

1 Sherri Klassen, «Widows and Widowers», in: *Encyclopedia of European Social History from 1350 to 2000*, Bd. 4, Detroit, New York 2001, S. 207–218, hier S. 207.
2 Hoftrauer für Elisabeth Christina, verwitwete Königin von Preußen, 1797, http://bavarica.digitale-sammlungen.de/de/fs1/object/context/bsb10320095_00001.html?prox=true&phone=true&ngram=true&hl=scan&fulltext

=elisabeth+christine+preu%C3%9Fen&mode=simple&context=elisabeth%20christine%20preu%C3%9Fen <1.3.2014>.

3 Helen Rappaport, *Magnificent Obsession. Victoria, Albert and the Death that Changed the Monarchy*, London 2011, S. 150.

4 Ursula Machtemes, *Leben zwischen Trauer und Pathos. Bildungsbürgerliche Witwen im 19. Jahrhundert*, Osnabrück 2001, S. 117, 125.

5 Ernst Holthöfer, «Fortschritte in der Erbrechtsgesetzgebung seit der Französischen Revolution», in: Heinz Mohnhaupt (Hg.), *Zur Geschichte des Familien- und Erbrechts*, Frankfurt a. M. 1987, S. 121–175, bes. S. 157.

6 Hans Hattenhauer (Hg.), *Allgemeines Landrecht für die preußischen Staaten von 1794*, Zweiter Teil, Erster Titel, Siebter Abschnitt, § 570, Frankfurt a. M. 1970, S. 369.

7 Ebd., §§ 623–627, S. 371.

8 Stefanie Bietz, *Erbschaften im Bürgertum. Eigentum und Geschlecht in Sachsen (1865–1900)*, Leipzig 2012, S. 157–164.

9 Jens Beckert, *Unverdientes Vermögen. Soziologie des Erbrechts*, Frankfurt a. M. 2004, S. 112.

10 Holthöfer, *Fortschritte*, S. 166 f.

11 Bietz, *Erbschaften*, S. 219.

12 Christiane Eifert, *Deutsche Unternehmerinnen im 20. Jahrhundert*, München 2011, S. 57.

13 Robert John Morris, *Men, Women and Property in England, 1780–1870. A Social and Economic History of Family Strategies Amongst the Leeds Middle Classes*, Cambridge 2005.

14 Ebd., S. 101.

15 Machtemes, *Leben*, S. 7.

16 Ebd., S. 39.

17 Ebd., S. 190.

18 Ute Knopp, «Die ‹Radbod›-Witwen», http://www.frauenruhrgeschichte.de/frauenregion/personen/personen-single/?tx_frgdatabases_pi1[showUid]=63 <1.3.2014>.

19 Gerhard A. Ritter, *Sozialversicherung in Deutschland und England*, München 1983, S. 56.

20 Ebd., S. 55–57; Ernest P. Hennock, *The Origin of the Welfare State in England and Germany, 1850–1914*, Cambridge 2007, S. 182–226.

21 Richard Bessel, *Germany after the First World War*, Oxford 1993, S. 226 f.; Susanne Rouette, «Kriegerwitwen», in: Gerhard Hirschfeld, Gerd Krumeich und Irene Renz (Hg.), *Enzyklopädie Erster Weltkrieg*, Paderborn 2003, S. 626 f.

22 Lu Seegers, «Absente Väter der Nachkriegszeit», http://www.tau.ac.il/GermanHistory/TAJB%202008%20Seegers.pdf, S. 128 <1.3.2014>.

23 Merith Niehuss, *Familie, Frau und Gesellschaft. Studien zur Strukturgeschichte der Familie in Westdeutschland 1945–1960*, Göttingen 2001, S. 116–122; Moeller, *Geschützte Mütter*, S. 212.

24 Franz Josef Wuermeling, *Acht Jahre Familienpolitik*, München 1961.

25 Moeller, *Geschützte Mütter*, S. 203.

26 Elizabeth D. Heineman, *What Difference Does a Husband Make? Women and Marital Status in Nazi and Postwar Germany*, Berkeley 1999, S. 196.

27 Heineman, *Difference*, S. 199.

28 Niehuss, *Familie*, S. 122; Heineman, *Difference*, S. 168.

29 Heineman, *Difference*, S. 170.

30 Jörg Fisch, *Tödliche Rituale. Die indische Witwenverbrennung und andere Formen der Totenfolge*, Frankfurt a. M. 1998, S. 382; Lata Mani, *Contentious Traditions. The Debate on Sati in Colonial India*, Berkeley 1998.

31 Clare Midgley, «From Supporting Missions to Petitioning Parliament. British Women and the Evangelical Campaign against Sati in India, 1813–1830», in: Kathryn Gleadle und Sarah Richardson (Hg.), *Women in British Politics, 1760–1860. The Power of the Petticoat*, Basingstoke 2000, S. 75–83.

32 Lucy Caroll, «Law, Custom and Statutory Social Reform. The Hindu Widows' Remarriage Act of 1856», in: Sumit Sarkar und Tanika Sarkar (Hg.), *Women and Social Reform in Modern India. A Reader*, Bloomington 2008, S. 78; Linda Heaphy, http://www.kashgar.com.au/articles/life-in-india-the-practice-of-sati-or-widow-burning <1.3.2014>.

Schluss

1 Rainer Volz und Paul M. Zulehner (Hg.), *Männer in Bewegung. 10 Jahre Männerentwicklung in Deutschland*, Baden-Baden 2009.

2 Jack Goody, *Die Entwicklung von Ehe und Familie in Europa*, Frankfurt a. M. 1989, S. 16, zu Monogamie oder Mitgift; Ulrich Beck und Elisabeth Beck-Gernsheim, *Das ganz normale Chaos der Liebe*, Frankfurt a. M. 1990, S. 15, 227.

3 Niklas Luhmann, *Liebe als Passion. Zur Codierung von Intimität*, Frankfurt a. M. 1982, S. 180 f.

4 Eva Illouz, *Warum Liebe weh tut. Eine soziologische Erklärung*, Frankfurt a. M. 2012.

5 Coontz, *In schlechten wie in guten Tagen*, S. 455.

Zeittafel

1788 Adolph Freiherr Knigge, *Über den Umgang mit Menschen*
1794 Allgemeines Landrecht für die preußischen Staaten
1799 Friedrich Schlegel, *Lucinde*, Roman
1804 Code Civil in Frankreich
1829 Verbot der Witwenverbrennung in Bengalen durch die Kolonialregierung
1835 Honoré de Balzac, *Der Ehevertrag*, Roman
1847 Reform des ehelichen Güterrechts in Vermont (USA)
1851 Ehescheidung Gräfin Sophie von Hatzfeldt
1861 Tod des Prinzgemahls Albert, Ehemann der Königin Victoria
1866 Eheschließung August und Julie Bebel
1870 Erste Reform des ehelichen Güterrechts in Großbritannien
1870 Ehescheidung Cosima und Hans von Bülow; Eheschließung Cosima und Richard Wagner
1875 Einführung der Zivilehe im Deutschen Reich
1878 Einführung einer Mutterschutzfrist im Deutschen Reich
1893 Heirat von Max und Marianne Weber
1896 Theodor Fontane, *Effi Briest*, Roman
1900 Das Bürgerliche Gesetzbuch (BGB) tritt im Deutschen Reich in Kraft
1904 Ellen Key, *Über Liebe und Ehe*, Essays
1908 Grubenexplosion auf der Zeche Radbod bei Hamm in Westfalen
1908 Rentengesetz in Großbritannien
1911 Reichsversicherungsordnung
1919 Reformen der Kriegsopferversorgung (z. B. im Deutschen Reich, in Großbritannien, Frankreich)
1925 Hermann Graf Keyserling, *Das Ehebuch*
1926 Theodor Henrik van de Velde, *Die vollkommene Ehe*
1927 Ben Lindsey, *Die Kameradschaftsehe*
1938 Nationalsozialistisches Ehegesetz
1945 Einführung eines staatlichen Familiengeldes in Großbritannien
1948 Albert C. Kinsey, *The Sexual Behaviour in the Human Male*
1952 Reform des Mutterschutzes in der Bundesrepublik
1954 Einführung von Kindergeld in der Bundesrepublik
1958 Gleichberechtigungsgesetz in der Bundesrepublik
1966 Familiengesetzbuch der DDR
1976 Reform des § 218 in der Bundesrepublik
1977 Ehe- und Familienrechtsreformen in der Bundesrepublik zu Ehescheidung, Versorgungsausgleich, Namensrecht
2001 Lebenspartnerschaftsgesetz in der Bundesrepublik

Quellen und Literatur

Werke

Friedrich III. Tagebücher von 1848–1866, hg. von Heinrich Otto Meisner, Leipzig 1929.

Wilhelm und Caroline von Humboldt in ihren Briefen, hg. von Anna von Sydow, 7 Bde., Berlin 1906–1916.

Wilhelm und Caroline von Humboldt in ihren Briefen 1788–1835, hg. von Anna von Sydow, Berlin 1920.

Mann, Katia, *Meine ungeschriebenen Memoiren (1974)*, Frankfurt a. M. 2002.

Mann, Thomas, «Die Ehe im Übergang» (1925), in: ders., *Essays*, Bd. 2: *Für das neue Deutschland 1919–1925*, hg. von Hermann Kurzke und Stephan Stachorski, Frankfurt a. M. 1993, S. 267–282.

Mann, Thomas, *Briefe 1889–1936*, hg. von Erika Mann, Frankfurt a. M. 1961.

Ders., *Briefe 1937–1947*, hg. von Erika Mann, Frankfurt a. M. 1963.

Ders., *Briefe 1948–1955 und Nachlese*, hg. von Erika Mann, Frankfurt a. M. 1965.

Ders., *Tagebücher*, hg. von Peter de Mendelssohn und Inge Jens, 10 Bde., Frankfurt a. M. 1977–1995.

Thomas Mann – Heinrich Mann. Briefwechsel 1900–1949, hg. von Hans Wysling, Frankfurt a. M. 1968.

Moltke, Freya von, *Erinnerungen an Kreisau 1930–1945*, München 2003.

Helmuth James von Moltke, *Briefe an Freya 1939–1945*, hg. von Beate Ruhm von Oppen, München 1988.

Helmuth James und Freya von Moltke, *Abschiedsbriefe Gefängnis Tegel. September 1944 bis Januar 1945*, hg. von Helmuth Caspar von Moltke und Ulrike von Moltke, München 2011.

Robert Schumann und Clara Schumann, *Ehetagebücher 1840–1844*, hg. von Gerd Nauhaus und Ingrid Bodsch, Bonn 2007.

Your Dear Letter. Private Correspondence of Queen Victoria and the Crown Princess of Prussia 1865–1871, hg. von Roger Fulford, London 1971.

Quellen

Bromme, Moritz Theodor William, *Lebensgeschichte eines modernen Fabrikarbeiters (1905)*, 2013, http://www.zeno.org/nid/20003602885 <1.3. 2014>.

Dohna-Schlobitten, Alexander Fürst zu, *Erinnerungen eines alten Ostpreußen*, Berlin 1989.

Flemming, Jens, Klaus Saul und Hans-Christian Witt (Hg.), *Familienleben im Schatten der Krise. Dokumente und Analysen zur Geschichte der Weimarer Republik 1918–1933*, Düsseldorf 1988.

Fontane, Emilie, und Theodor Fontane, *Der Ehebriefwechsel*, Bd. 1: *Dichterfrauen sind immer so. Der Ehebriefwechsel 1844–1857*, Bd. 2: *Geliebte Ungeduld. Der Ehebriefwechsel 1857–1871*, Bd. 3: *Die Zuneigung ist etwas Rätselvolles. Der Ehebriefwechsel 1873–1898*, hg. von Gotthard Erler unter Mitarbeit von Therese Erler, Berlin 1998.

Fontane, Theodor, *Effi Briest*, Berlin 1894–95/1896.
Freud, Sigmund, *Brautbriefe. Briefe an Martha Bernays aus den Jahren 1882–1886*, hg. von Ernst L. Freud, Frankfurt a. M. 1968.
Hippel, Theodor Gottlieb von, *Über die Ehe* (1774), Berlin 1828.
Hubbard, William H., *Familiengeschichte. Materialien zur deutschen Familie seit dem Ende des 18. Jahrhunderts*, München 1983.
Key, Ellen, *Über Liebe und Ehe (1904)*, Berlin ⁵1905.
Keyserling, Hermann Graf (Hg.), *Das Ehe-Buch*, Celle 1925.
Knigge, Adolph Franz Friedrich Ludwig Freiherr von, *Über den Umgang mit Menschen (1788)*, Göttingen 2010.
Lindsey, Ben, und Wainwright Evans, *Die Kameradschaftsehe* (1927), Stuttgart 1928.
Litzmann, Berthold, *Clara Schumann. Ein Künstlerleben. Nach Tagebüchern und Briefen*, Erster Band: *Mädchenjahre 1819–1840*, Zweiter Band: *Ehejahre 1840–1856*, Dritter Band: *Clara Schumann und ihre Freunde 1856–1896*, Leipzig 1920.
Mann, Julia, *Ich spreche so gern mit meinen Kindern. Erinnerungen, Skizzen, Briefwechsel mit Heinrich Mann*, Berlin 1991.
Moltke, Dorothy von, *Ein Leben in Deutschland. Briefe aus Kreisau und Berlin 1907–1934*, hg. von Beate Ruhm von Oppen, München 1999.
Noelle-Neumann, Elisabeth, und Edgar Piel, *Eine Generation später. Bundesrepublik Deutschland 1953–1979*, München 1983.
Pörtner, Rudolf (Hg.), *Mein Elternhaus. Ein deutsches Familienalbum*, München 1986.
Rehbein, Franz, *Das Leben eines Landarbeiters*, Darmstadt 1973.
Rother, Rolf, *Das Intimste der Liebe und Erotik* (1951), Stuttgart ^{14}1955.
Schlegel, Friedrich, *Lucinde. Bekenntnisse eines Ungeschickten (1799)*, Stuttgart 1999.
Van de Velde, Theodor Hendrik, *Die vollkommene Ehe. Eine Studie über ihre Physiologie und Technik (1926)*, Herrsching ^{78}1991.
Wagner, Cosima, *Die Tagebücher 1. 1869–1872*, *Die Tagebücher 3. 1878–1880*, hg. von Martin Gregor-Dellin und Dietrich Mack, München ^{2}1982.
Wedell, J. von, *Wie soll ich mich benehmen? Ein Handbuch des guten Tones und der feinen Lebensart*, Stuttgart 1896.
Wittenberg, Hans, Ernst Hückstädt und Carl Julius Immanuel Wagner, *Die geschlechtlich-sittlichen Verhältnisse der evangelischen Landbewohner im Deutschen Reiche, dargestellt auf Grund der von der Allgemeinen Konferenz der deutschen Sittlichkeitsvereine veranstalteten Umfrage*, Leipzig 1895.

Literatur

Adler, Cornelia Eva, *Eheverträge im Amt Lauenburg. Studien zur Rechtsgestaltung durch Vertrag in einem Partikularrecht*, Berlin 2010.
Beckert, Jens, *Unverdientes Vermögen. Soziologie des Erbrechts*, Frankfurt a. M. 2004.
Bietz, Stefanie, *Erbschaften im Bürgertum. Eigentum und Geschlecht in Sachsen (1865–1900)*, Leipzig 2012.
Blasius, Dirk, *Ehescheidung in Deutschland im 19. und 20. Jahrhundert*, Frankfurt a. M. 1992.

Bock, Gisela, *Frauen in der europäischen Geschichte. Vom Mittelalter bis zur Gegenwart*, München 2000.

Borchard, Beatrix, *Clara Schumann. Ihr Leben*, Frankfurt a. M. 1994.

Borscheid, Peter, «Geld und Liebe. Zu den Auswirkungen des Romantischen auf die Partnerwahl im 19. Jahrhundert», in: Peter Borscheid und Hans Jürgen Teuteberg (Hg.), *Ehe, Liebe, Tod*, Münster 1983, S. 112–134.

Brakelmann, Günter, *Helmut James von Moltke 1907–1945. Eine Biographie*, München 2007.

Budde, Gunilla-Friederike, *Auf dem Weg ins Bürgerleben. Kindheit und Erziehung in deutschen und englischen Bürgerfamilien 1840–1914*, Göttingen 1994.

Büttner, Annett, *Hoffnungen einer Minderheit. Suppliken jüdischer Einwohner an den Hamburger Senat im 19. Jahrhundert*, Münster 2003.

Coontz, Stephanie, *In schlechten wie in guten Tagen. Die Ehe – eine Liebesgeschichte*, Bergisch Gladbach 2006.

Cott, Nancy F., *Public Vows. A History of Marriage and the Nation*, Cambridge, Mass. 2000.

Dilcher, Gerhard, «Ehescheidung und Säkularisation», in: ders. und Ilse Staff (Hg.), *Christentum und modernes Recht. Beiträge zum Problem der Säkularisierung*, Frankfurt a. M. 1984, S. 304–359.

Dölemeyer, Barbara, «Frau und Familie im Privatrecht des 19. Jahrhunderts», in: Gerhard, Ute (Hg.), *Frauen in der Geschichte des Rechts. Von der Frühen Neuzeit bis zur Gegenwart*, München 1997, S. 633–658.

Duchen, Claire, *Women's Rights and Women's Lives in France 1944–1968*, London 1994.

Fisch, Jörg, *Tödliche Rituale. Die indische Witwenverbrennung und andere Formen der Totenfolge*, Frankfurt a. M. 1998.

Frevert, Ute, *Frauen-Geschichte. Zwischen Bürgerlicher Verbesserung und Neuer Weiblichkeit*, Frankfurt a. M. 1986.

Gall, Lothar, *Wilhelm von Humboldt. Ein Preuße von Welt*, Berlin 2011.

Gerhard, Ute, «Die Rechtsstellung der Frau in der bürgerlichen Gesellschaft des 19. Jahrhunderts. Frankreich und Deutschland im Vergleich», in: Jürgen Kocka und Ute Frevert (Hg.), *Bürgertum im 19. Jahrhundert*, Bd. I: *Einheit und Vielfalt Europas*, München 1988, S. 439–468.

Gerhard, Ute (Hg.), *Frauen in der Geschichte des Rechts. Von der Frühen Neuzeit bis zur Gegenwart*, München 1997.

Gersdorff, Dagmar von, *Caroline von Humboldt. Eine Biographie*, Berlin 2011.

Geyken, Frauke, *Freya von Moltke. Ein Jahrhundertleben 1911–2010*, München 2011.

Giesa, Kai-Oliver, *Eheverträge im Großherzogtum Baden in der zweiten Hälfte des 19. Jahrhunderts. Normative Grundlagen und Vertragspraxis*, Hamburg 2008.

Gillis, John R., *For Better, For Worse. British Marriages, 1600 to the Present*, New York 1985.

Goody, Jack, *Die Entwicklung von Ehe und Familie in Europa*, Frankfurt a. M. 1989.

Gröwer, Karin, *Wilde Ehen im 19. Jahrhundert. Die Unterschichten zwischen städ-*

tischer Bevölkerungspolitik und polizeilicher Repression. Hamburg – Bremen – Lübeck, Berlin 1999.

Hagemann, Karen, *Frauenalltag und Männerpolitik. Alltagsleben und gesellschaftliches Handeln von Arbeiterfrauen in der Weimarer Republik*, Bonn 1990.

Hajnal, John, «European Marriage Patterns in Historical Perspective», in: David Glass und David E. C. Eversley (Hg.), *Population in History. Essays in Historical Demography*, Chicago 1965, S. 101–143.

Hall, Kermit L., *The Magic Mirror. Law in American History*, New York 1989.

Hausen, Karin, «Mütter, Söhne und der Markt der Symbole und Waren: Der ‹deutsche Muttertag› 1923–1933», in: dies., *Geschlechtergeschichte als Gesellschaftsgeschichte*, Göttingen 2012, S. 255–302.

Dies., «Die Ehe in Angebot und Nachfrage. Heiratsanzeigen historisch durchmustert», in: Ingrid Bauer, Christa Hämmerle und Gabriella Hauch (Hg.), *Liebe und Widerstand. Ambivalenzen historischer Geschlechterbeziehungen*, Wien, Köln, Weimar 2005, S. 428–448.

Heineman, Elizabeth D., *What Difference Does a Husband Make? Women and Marital Status in Nazi and Postwar Germany*, Berkeley 1999.

Held, Wolfgang, *Geliebte Clara. Die Geschichte von Clara und Robert Schumann*, Frankfurt a. M. 2008.

Helwig, Gisela, und Hildegard Maria Nickel (Hg.), *Frauen in Deutschland 1945–1992*, Berlin 1993.

Herzog, Dagmar, *Sexuality in Europe. A Twentieth-Century History*, Cambridge 2011.

Holfelder, Ute, *Die Schwiegermutter. Formung und Tradierung eines Stereotyps*, Münster 2009.

Holthöfer, Ernst, «Fortschritte in der Erbrechtsgesetzgebung seit der Französischen Revolution», in: Heinz Mohnhaupt (Hg.), *Zur Geschichte des Familien- und Erbrechts. Politische Implikationen und Perspektiven*, Frankfurt a. M. 1987, S. 121–175.

Illouz, Eva, *Warum Liebe weh tut. Eine soziologische Erklärung*, Frankfurt a. M. 2012.

Jelowik, Lieselotte, «Die standesungleiche Ehe in Preußen im 19. Jahrhundert», in: *Zeitschrift für Neuere Rechtsgeschichte* 17.1995, S. 177–200.

Jens, Inge, und Walter Jens, *Frau Thomas Mann. Das Leben der Katharina Pringsheim*, Reinbek [6]2003.

Jüttemann, Veronika (Hg.), *Verliebt – Verlobt – Verheiratet. Wandel der Hochzeit im 20. Jahrhundert*, Münster 2009.

Kaupp, Peter, *Das Heiratsinserat im sozialen Wandel. Ein Beitrag zur Soziologie der Partnerwahl*, Stuttgart 1968.

Kertzer, David I., und Mario Barbagli (Hg.), *The History of the European Family*, Bd. 2: *Family Life in the Long Nineteenth Century, 1789–1913*, New Haven 2002.

Klassen, Janina, *Clara Schumann. Musik und Öffentlichkeit*, Köln 2009.

Klein, Thomas, *Verhaltensstandards in der Ehe: Kontinuität und Wandel. Eine Analyse von Anstandsbüchern der Jahre 1834 bis 1987*, Hamburg 1993.

Knopp, Ute, «Die ‹Radbod›-Witwen, ab 1908», http://www.frauenruhrgeschichte.de/frauenregion/personen/personen–single/?tx_frgdatabases_pi1%5BshowUid5D=63 <1.3.2014>.

Köcher, Renate, *Einstellungen zu Ehe und Familie im Wandel der Zeit. Eine Repräsentativuntersuchung*, Stuttgart 1985.

Kühl, Stefan, *Die Internationale der Rassisten. Aufstieg und Niedergang der internationalen Bewegung für Eugenik und Rassenhygiene im 20. Jahrhundert*, Frankfurt a. M. 1997.

Kuller, Christiane, *Familienpolitik im föderativen Sozialstaat. Die Formierung eines Politikfeldes in der Bundesrepublik 1949–1975*, München 2004.

Kurzke, Hermann, *Thomas Mann. Das Leben als Kunstwerk. Eine Biografie*, München 2006.

Lanzinger, Magareth, Gunda Barth-Scalmani, Ellinor Forster und Gertrude Langer-Ostrawsky, *Aushandeln von Ehe. Heiratsverträge der Neuzeit im europäischen Vergleich*, Wien 2010.

Mantl, Elisabeth, *Heirat als Privileg. Obrigkeitliche Heiratsbeschränkungen in Tirol und Vorarlberg 1820–1920*, Wien 1997.

Matz, Hans-Jürgen, *Pauperismus und Bevölkerung. Die gesetzlichen Ehebeschränkungen in den süddeutschen Staaten während des 19. Jahrhunderts*, Stuttgart 1980.

Medick, Hans, *Weben und Überleben in Laichingen 1650–1900. Lokalgeschichte als Allgemeine Geschichte*, Göttingen ^{2}1997.

Meiring, Kerstin, *Die christlich-jüdische Mischehe in Deutschland 1840–1933*, Hamburg 1998.

Mergel, Thomas, *Zwischen Klasse und Konfession. Katholisches Bürgertum im Rheinland 1794–1914*, Göttingen 1994.

Mikat, Paul, «Zur Diskussion um die Scheidungsrechtsreform nach der Veröffentlichung des Entwurfs eines bürgerlichen Gesetzbuches für das Deutsche Reich», in: Louis Carlen und Friedrich Ebel (Hg.), *Festschrift für Ferdinand Elsener zum 65. Geburtstag*, Sigmaringen 1977, S. 182–198.

Möhle, Sylvia, «Ehe und Ehescheidung in ländlichen Gemeinden des Kurfürstentums und Königreichs Hannover 1790–1870», in: *Archiv für Sozialgeschichte* 36.1996, S. 127–153.

Moeller, Robert G., *Geschützte Mütter. Frauen und Familien in der westdeutschen Nachkriegspolitik*, München 1997.

Moltke, Freya von, Michael Balfour und Julian Frisby, *Helmuth James Graf von Moltke 1907–1945*, Stuttgart 1975.

Morris, Robert John, *Men, Women and Property in England, 1780–1870. A Social and Economic History of Family Strategies Amongst the Leeds Middle Classes*, Cambridge 2005.

Müller, Frank Lorenz, *Der 99-Tage-Kaiser. Friedrich III. von Preußen. Prinz, Monarch, Mythos*, München 2013.

Niehuss, Merith, *Familie, Frau und Gesellschaft. Studien zur Strukturgeschichte der Familie in Westdeutschland 1945–1960*, Göttingen 2001.

Dies., «Eheschließung im Nationalsozialismus», in: Gerhard, Ute (Hg.), *Frauen in der Geschichte des Rechts. Von der Frühen Neuzeit bis zur Gegenwart*, München 1997, S. 851–870.

Nürmberger, Bernd, «Eine Hochzeitsfeier in einem fränkischen Pfarrhause des Jahres 1825 und eine Fahrt durch die Fränkische Schweiz», in: *Erlanger Bausteine zur fränkischen Heimatforschung* 29.1982, S. 85–115.

Pakula, Hannah, *An Uncommon Woman. The Empress Frederick, Daughter of Queen Victoria, Wife of the Crown Prince of Prussia, Mother of Kaiser Wilhelm*, London 1996.

Pedersen, Susan, *Family, Dependence, and the Origins of the Welfare State. Britain and France, 1914–1945*, Cambridge 1993.

Perkin, Joan, *Women and Marriage in Nineteenth-Century England*, London 1989.

Ritter, Gerhard A., *Sozialversicherung in Deutschland und England*, München 1983.

Rosenstrauch, Hazel, *Wahlverwandt und ebenbürtig. Caroline und Wilhelm von Humboldt*, Frankfurt a. M. 2009.

Rouette, Susanne, «Kriegerwitwen», in: *Enzyklopädie Erster Weltkrieg*, hg. von Gerhard Hirschfeld, Gerd Krumeich und Irina Renz, Paderborn 2003, S. 626 f.

Dies., «Kriegstrauung», in: ebd., S. 662 f.

Sabean, David W., *Property, Production, and Family in Neckarhausen, 1700–1870*, Cambridge 1990.

Sabean, David W., «Die Ästhetik der Heiratsallianzen. Klassencodes und endogame Eheschließung im Bürgertum des 19. Jahrhunderts», in: Josef Ehmer, Tamara K. Hareven und Richard Wall (Hg.), *Historische Familienforschung*, Frankfurt a. M. 1997, S. 157–170.

Schlaffer, Hannelore, *Die intellektuelle Ehe. Der Plan vom Leben als Paar*, München 2011.

Schlumbohm, Jürgen, *Lebensläufe, Familien, Höfe. Die Bauern und Heuerleute des Osnabrücker Kirchspiels Belm in proto-industrieller Zeit, 1650–1860*, Göttingen 1994.

Schumann, Dirk, *Bayerns Unternehmer in Gesellschaft und Staat 1834–1914*, Göttingen 1992.

Schwab, Dieter, «Familie», in: *Geschichtliche Grundbegriffe*, Bd. 2, Stuttgart 1975, S. 253–301.

Sperber, Jonathan, *Property and Civil Society in South-Western Germany 1820–1914*, Oxford 2005.

Stein, Britta, *Der Scheidungsprozess Hatzfeldt (1846–1851)*, Münster 1999.

Steinbacher, Sybille, *Wie der Sex nach Deutschland kam. Der Kampf um Sittlichkeit und Anstand in der frühen Bundesrepublik*, München 2011.

Stolleis, Michael, «Der Streit um den Vorrang, oder: Der Wasunger Krieg», in: *Festschrift für Martin Heckel zum siebzigsten Geburtstag*, hg. von Karl-Hermann Kästner, Knut W. Nörr und Klaus Schlaich, Tübingen 1999, S. 631–640.

Therborn, Göran, *Between Sex and Power. Family in the World 1900–2000*, London 2004.

Trepp, Ann-Charlott, *Sanfte Männlichkeit und selbständige Weiblichkeit. Frauen und Männer im Hamburger Bürgertum zwischen 1770 und 1840*, Göttingen 1996.

Unwerth, Alexander von, *Die Rassenmischehe in den Entscheidungen des Reichsgerichts und der Landgerichte Hamburg und Altona (1933–1944)*, Kiel 2005.

Vogel, Ursula, «Whose Property? The Double Standard of Adultery in Nineteenth

Century Law», in: Carol Smart (Hg.), *Regulating Womanhood. Historical Essays on Marriage, Motherhood and Sexuality*, London 1992, S. 147–165.
Weber, Marianne, *Ehefrau und Mutter in der Rechtsentwicklung*, Tübingen 1907.
Wienfort, Monika, *Patrimonialgerichte in Preußen. Ländliche Gesellschaft und bürgerliches Recht 1770–1848/49*, Göttingen 2001.
Dies., «Ledige Mütter und unversorgte Kinder. Zur Entstehung bürgerlichen Rechtsbewußtseins im 19. Jahrhundert», in: Andrea Griesebner, Martin Scheutz und Herwig Weigl (Hg.), *Justiz und Gerechtigkeit. Historische Beiträge (16.–19. Jahrhundert)*, Innsbruck 2002, S. 407–429.
Wienfort, Monika, «Marriage, Family, and Nationality. Letters from Queen Victoria and Crown Princess Victoria, 1858–1885», in: Karina Urbach (Hg.), *Royal Kinship. Anglo-German Family Networks 1815–1918*, München 2008, S. 117–130.
Wörner, Birgit, *Frankfurter Bankiers, Kaufleute und Industrielle. Werte, Lebensstil und Lebenspraxis 1870 bis 1930*, Frankfurt a. M. 2011.

Eine umfangreiche Bibliographie ist im Internet zu finden unter:
www.chbeck.de/go/Wienfort-Ehegeschichte-Bibliographie

Bildnachweise

S. 22 bpk – Bildagentur für Kunst, Kultur und Geschichte, Berlin
S. 44 Getty Images, München
S. 56 akg-images, Berlin/De Agostini Picture Lib./De Agostini
S. 88 akg-images, Berlin
S. 89 Benno Levi
S. 97 ullstein bild, Berlin
S. 100 ullstein bild, Berlin
S. 105 Germanisches Nationalmuseum Nürnberg
S. 106 ccc-film
S. 110 bpk – Bildagentur für Kunst, Kultur und Geschichte, Berlin/RMN – Grand Palais
S. 128 akg-images, Berlin/De Agostini Picture Lib.
S. 147 akg-images, Berlin
S.152 ullstein bild, Berlin – Imagno
S. 171 akg-images, Berlin
S. 205 bpk – Bildagentur für Kunst, Kultur und Geschichte, Berlin
S. 207 bpk – Bildagentur für Kunst, Kultur und Geschichte, Berlin/Lutz Braun
S. 209 ullstein bild, Berlin
S. 211 Deutsches Historisches Museum
S. 215 akg-images, Berlin/Bildarchiv Pisarek
S. 238 Cinetext/Sammlung Richter
S. 253 Staatsbibliothek Preußischer Kulturbesitz

S. 268 Helmuth Caspar von Moltke
S. 282 akg-images, Berlin/Album/Oronoz
S. 292 akg-images, Berlin
S. 298 The Bridgeman Art Library/British Library Board